反垄断法

在互联网领域的实施

张江莉　著

THE ENFORCEMENT OF THE
ANTI-MONOPOLY LAWS IN THE INTERNET WORLD

中国法制出版社
CHINA LEGAL PUBLISHING HOUSE

序

Preface

北京师范大学法学院副教授张江莉历时六年完成了专著《反垄断法在互联网领域的实施》，邀我写个序言。我花了 20 多天看完了这 30 万字，觉得这是一部好作品，欣然命笔做此序。

张江莉博士细致地对我国互联网领域的竞争和垄断问题进行了调研，其间，她在美国密歇根大学和英国剑桥大学进行了学术访问和资料收集工作，结合美国、欧盟等国家和地区的互联网竞争理论及重要反垄断案件，进行观察、记录、总结、抽象和分析，悉心写作，形成了这一著作。

互联网诞生至今半个世纪，中国全面接入互联网也不过二十几年，而互联网行业仍在迅猛发展。互联网改变着我们的生活，互联网带来的竞争与创新也对传统商业模式发起了颠覆性的挑战。本书比较细致地分析了互联网经济中企业新的盈利模式、运作模式如何导致互联网竞争方式发生了极大的改变。根植于传统制造业和服务业而发展起来的反垄断法律制度，面对这种新的竞争方式必然会产生新的问题。传统产业的竞争，主要体现为合约竞争和对抗性竞争；而在互联网领域，合约竞争出现了从收费竞争到免费竞争、从质量竞争到标准竞争、从对抗竞争到合作竞争等新趋势和新特点，同时还出现了对新型数字资产的产权竞争。这些新的竞争特点对反垄断法在互联网领域的实施提出了新的关注点和新的要求。

互联网竞争的新特点给竞争法律制度带来的挑战正成为竞争法学界热议的话题，现已有形成共识的观点。学者们普遍认为传统竞争法的原则和理念不会因为互联网竞争的特殊性而崩溃，但互联网竞争确实带来了技术性的严重挑战。

本书的基本观点也在于，对互联网领域反垄断事件的分析可以被传统的反垄断理论框架和分析框架所包容。但是互联网竞争的一些新特点，仍然能够在细节上对反垄断分析产生微妙却又重要的影响。本书最显著的特点就是在理论研究的基础之上，将中国和其他国家或地区的互联网反垄断纠纷的应用场景进行了全面而有针对性的梳理和分析，关注了互联网反垄断分析的细节。例如，在分析平台竞争背景下的相关市场界定时，作者敏锐地观察到“替代性分析”环节之前的“产品界定”环节，并通过国内外多组案例对比和类型化研究，探讨了平台生态系统下多个产品市场相互依存和勾连的现象。为了详细地探讨互联网反垄断案件的重要节点，除了介绍和梳理多边平台理论、网络中立理论、标准竞争理论、数据竞争理论等基础理论之外，作者更是充分考察了互联网竞争的应用场景，讨论、分析了中国、美国、新加坡、韩国、欧盟等国家和地区近百个互联网竞争案件、事件和实例，真正形成了理论联系实际且既有宽广视野又接地气的研究。

本书全面地探讨了反垄断法在互联网领域实施所需要关注的新节点。

首先，作者关注了互联网的平台竞争，构建了互联网平台经营的基本概念、模式和竞争层面。平台不仅仅是用户群的集合，也是产品的集合，在平台生态系统中最终会形成不同相关市场的集合和勾连。界定独立的产品、判定行为发生的市场范围和企业的市场力量成为平台背景下分析竞争问题首先要解决的问题。在此基础之上，对平台经营者的滥用市场支配地位行为、垄断协议行为和集中分析行为虽然在很大程度上仍然能够被传统的反垄断理论分析框架所包容，但特别需要关注平台经营模式下不同产品之间补贴的效应、平台作为技术接口所产生的杠杆效应，反多属行为对平台的危害等问题。

随后，作者还讨论研究了互联网的“中立”争议及反垄断规制问题。互联网经营中的“中立”要求也与反垄断法息息相关。互联网的“中立”要求最初可以追溯到骨干网接入的“网络中立”理论。“中立”的要求也不断扩散到互联网的应用中，在搜索中立、API 中立等方面引起了广泛的讨论。作者从法律制度的应对角度阐述了要求互联网经营者“中立”作为独立管制制度之后，仍然主要依据反垄断法的框架来判断互联网企业“非中立”行为的合法性和合理性。

此外，作者还关注了互联网兼容性要求基础之上的合作竞争问题，即互联网时代的标准竞争：合作与滥用。作为与以产品质量标准为代表的传统标准不同的互联网交互型技术标准，其在网络驱动型市场中更多地体现为合作，其竞争的环节也从标准层面转移到标准形成的过程中。因此，反垄断法需要对标准化的合作行为进行更多的豁免；但同时也要防止标准化过程中知识产权（尤其是标准必要专利）的滥用。

以数据为要素、网络为载体、技术为推动力的数字经济紧随网络经济扑面而来，本书的最后一部分开启了大数据竞争的大门，张开学术怀抱，以最新的视角讨论数字经济下的竞争法与竞争政策。大数据时代产生的新问题很大程度上在于对新兴数字资产的“产权竞争”，本书描述了我国对这些新兴数字资产确权的现实过程，同时也关注了其他国家对大数据资产收集、使用过程中的反垄断应对问题。

阅读完本书，我们可以清晰地看到张江莉博士不断地在追逐互联网竞争理论的新发展，不断地通过理论分析和实例总结，力图在反垄断法的抽象规范和现实应用之间建立起桥梁。但互联网的发展是如此迅速，当下的中国，俨然已经进入到互联网的“大数据时代”和“算法时代”……

江莉正在酝酿并开始写作下一部作品，我们期待她对“数据竞争”和“算法竞争”更为深刻和细致探讨的新作品早日问世。

盛杰民
2019 年 12 月 16 日于北京

目录 Contents

第一部分　互联网领域的竞争和垄断

第二部分 互联网平台竞争及反垄断法规制

第三部分 互联网的“中立”争议及反垄断规制

第四部分　互联网时代的标准竞争：合作与滥用

第五部分 大数据下的产权竞争及其规制

第一部分

互联网领域的竞争和垄断

第一章 互联网产业及其特征

一、互联网

（一）互联网的范畴

当今人们的生活已经完全离不开互联网。从字面上讲，互联网是一个非常宽泛的概念：凡是能彼此通信的设备组成的网络就可称为互联网。所以，即使仅有两台机器，不论用何种技术使其彼此通信，都可以叫互联网。与“互联网”概念相近的用语，还包括“因特网”与“万维网”。互联网包含因特网，因特网包含万维网。国际标准的互联网写法是 Internet，因特网是互联网的一种。因特网不是仅由两台机器组成的互联网，它是由上千万台设备组成的互联网。而因特网是基于传输控制协议 / 网际互联协议（TCP/IP）实现的，TCP/IP 由很多协议组成，不同类型的协议又被放在不同的层，其中，位于应用层的协议就有很多，比如 FTP、SMTP、HTTP。只要应用层使用的是超文本传输协议（HTTP），就称为万维网（World Wide Web）。

当下人们所称的互联网，主要指的就是因特网。因特网使用 TCP/IP 协议让不同的设备可以彼此互联互通。例如，霍尔（Eric Hall）在《*Internet Core Protocols*：*The Definite Guide*》一书中这样界定互联网：“互联网是一个全球互联计算机的网络，其中任一计算机的用户可以与网络上的其他计算机进行互动。”国际电信联盟第 13 研究组在关于全球信息技术基础设施属于的 Y. 101

建议书中将互联网界定为："采用互联网协议的一组相互连接的网络，该协议允许这些网络作为一个大型虚拟网络进行工作。"霍金森（Hawkison）认为，互联网是一个计算机网络的集合。① 1995 年，美国联邦网络委员会（FNC）通过一项决议，认为"互联网"是一种信息系统，该决议指出"互联网"是"符合以下条件的全球信息系统：1. 根据网络间协议（IP）或其今后的扩展协议 / 后续协议，由一个全球独一无二的地址空间逻辑地连接在一起；2. 能够支持使用传输控制协议 / 互联网协议（TCP/IP）套件或其今后的扩展协议 / 后续协议，和 / 或其他与 IP 兼容的协议之通信；3. 公开或私下地提供、使用本书中介绍的相关基础设施上分层的高级别服务，或使这些服务可访问"。②

因此，互联网是一个由各种不同类型和规模的、独立运行和管理的计算机网络组成的世界范围的巨大计算机网络——全球性计算机网络。在此基础上，不同领域的研究者从不同的角度去理解互联网：③

有的人偏向从"供给"和技术的角度看互联网，定义互联网是如何组成的。例如，传统电信公司认为：互联网是传统电话网的发展和延伸。互联网由三个部分的"比特管道"组成：一是把内容提供者（如互联网数据中心、网站等）连接到骨干网的本地连接，通常是容量很大的光纤连接；二是骨干网自身，包括核心网和城域网，通常也是光纤方式的；三是把用户连接到骨干网的海量本地接入，介质和速率差异很大，接入方式可以是有线或无线、光纤或铜质，速率可以是窄带、Mbit/s 级别甚至 Gbit/s 级别等。此类观点强调互联网提供比特传输服务，由电信公司提供的三种类型的比特管道组成。

网络工程师认为互联网是以 TCP/IP 为代表的计算机网络。TCP/IP 的发明人之一罗伯特 · 卡恩（Robert Kahn）在 2006 年的一次演讲中指出，互联网是一个独立于其特定组成元素的"逻辑架构"，它可以把任何类型的网络与

① 参见唐子才、梁雄健编著：《互联网规制理论与实践》，北京邮电大学出版社 2008 年版，第 8 页。

② Leiner，Barry M.，et al.，"The past and future history of the Internet"，2 the Communications of the ACM，102-108（1997）.

③ 何宝宏：《什么是互联网》，载《电信网技术》2009 年第 10 期。

网络、网络与设备连接起来。因此，互联网具有三个最典型的特征：（1）尽力提供包传送服务；（2）把不同网络连接起来的网关（即路由器）不保留任何经过它的包的状态信息；（3）不具有集中式的、全球性的运营控制和管理。可以看到，这里更多强调了电信网与互联网的区别：电信网有服务质量保证；互联网采用的核心技术是无连接的包交换技术，而电信网通常采用的是面向连接的电路交换或包交换技术；在管理方面，电信网通常是层次结构、集中控制和管理的，而互联网是分布式的，任何企业、组织和政府手里都没有互联网的“开关”。

而从人们社会生活的角度看，互联网也是一种生活系统、一种虚拟世界。[①] 社会学专家认为互联网是由一组技术标准和各种“联系”组成的按比特方式工作的一种新型交流载体。人们可以创造性地在这个载体上的虚拟世界里从事各种各样的活动并在线交流。虽然 TCP/IP、HTTP、超文本标记语言（HTML）等技术标准是互联网的关键组成部分，但它们只是让虚拟世界的“联系”成为可能，且变得更加稳定。而“联系”是人类彼此之间的文化和智力活动，可以位于文本之间（如超文本技术），也可以位于机器和机器之间（M2M），甚至可以位于其他组合方式之间（如人和机器之间，P2M）。

总的来讲，“互联网”的范畴是不同的具有代表性的群体达成的共识，“互联网”是物理介质、网络链接，也是社会群体交流的载体。

（二）互联网的发展[②]

从互联网发展的历史看，互联网从关键性技术的产生，一直到现今全面渗入人们的生活，并没有经历一个很长的时期。

1961 年，美国麻省理工学院的伦纳德·克兰罗克（Leonard Kleinrock）博士发表了分组交换技术的论文，该技术后来发展为互联网的标准通信方式。由此开始，主要基于主机架构的低速串行连接、提供应用程序运行、远程打印和数据服务功能的计算机网络，在 20 世纪 60 年代开始逐渐兴起。

---

① 沈岿：《互联网经济的政府监管原则和方式创新》，载《国家行政学院学报》2016 年第 2 期。

② 唐守廉主编：《互联网及其治理》，北京邮电大学出版社 2008 年版，第 1—2 页。

1969 年，美国国防部为了开发能够抵抗核打击的计算机网络，资助建立了一个基于算组交换的网关，委托开发了阿帕网（ARPANET），就是今天互联网的早期雏形。

1971 年，BBN 科技公司的工程师雷·汤姆林森（Ray Tomlinson）发明了通过分布式网络发送消息的 Email 程序。最初的程序由两部分构成：同一机器内部的 Email 程序（SENDMSG）和一个实验性的文件传输程序（CPYNET）。此后，ARPANET 开始向大学等研究机构普及。

1973 年，哈佛大学鲍勃·麦卡夫（Bob Metcalfe）的博士论文首先提出了以太网的概念。他的概念在 Xerox 公司的 PARC 研究中心的 Alto 计算机上进行了测试，第一个以太网叫作 Alto Aloha System（5 月）。

同年，传输控制协议（TCP）正式投入使用；1981 年，互联网协议（IP）投入使用；1983 年，TCP/IP 正式出现在美国加州大学伯克利分校 UNIX 版本中，该网络版适应了当时各个大学、机关、企业强烈的网络需求。随着免费发展的 UNIX 操作系统的广泛使用，TCP/IP 得到了更为广泛的推广。

也正是在 1983 这一年，ARPANET 从过去的通信协议网络控制协议（NCP）切换为新的 TCP/IP，即传输控制协议 / 互联网协议。随着越来越多的厂家加入并支持，TCP/IP 成为将各个分散于各地的网络连接起来的纽带。TCP/IP 事实上也成为世界标准，IP 网络逐渐成为计算机网络的主流。

1988 年，美国伊利诺伊大学学生史蒂夫·多那（Steve Dorner）开始开发电子邮件软件 Eudora。1991 年，欧洲粒子物理研究所（CERN）科学家蒂姆·伯纳斯·李（Tim Berners-Lee）发布了 World-Wide Web（WWW）和极其简单的网络浏览器。此后，互联网开始向社会大众普及。

1993 年，伊利诺伊大学美国国家超级计算机应用中心的学生马克·安德里森（Mark Andreesen）等人开发出了真正的浏览器 Mosaic，该软件后来被作为网景浏览器（Netscape Navegator）推向市场。互联网由此真正走进并深刻影响了全人类的生活。

（三）互联网的层级

互联网由各个具有不同拓扑结构、操作系统及分属于不同运营公司的网络组成。[①] 关于互联网的层级，有各种不同的观点和讨论，包括三层模型[②]、四层模型[③]、七层模型等不同分类。1984 年，国际标准化组织（ISO）提出了“开放系统互联参考模型”（Open Systems Inter Connection Reference Model）的国际标准 ISO7498，建立了七层模型[④]。ISO 将计算机网络体系结构（Architecture）划分为物理层、数据链路层、网络层、传输层、会话层、表示层和应用层七层。

二、互联网经济及其特征

（一）互联网经济和互联网产业

按照字面意思，互联网经济可解释为以互联网为基础条件进行的资源生产、分配、交换和消费的经济活动的总称。在互联网经济中，微观主体的生产、交换、分配、消费等经济活动，以及金融机构和政府职能部门等主体的经济行为，都越来越多地依赖信息网络，人们不仅要从网络上获取大量经济信息，依靠网络进行预测和决策，还要在信息网络上直接进行许多交易行为。[⑤]互联网经济可以视为基于互联网进行的经济活动，即经济活动的网络化。网络经济有时候也被称为“数字经济”而不同于传统的工业经济、农业经济和游牧经济。网络经济与电子商务密不可分，形成了基于网络的以信息资源

---

① 唐子才、梁雄健编著：《互联网规制理论与实践》，北京邮电大学出版社 2008 年版，第 9 页。

② 参见［美］劳伦斯·莱斯格：《思想的未来》，中信出版社 2004 年版，第 23—25 页介绍了 Yochai Benkler 的物理、逻辑 / 代码、内容三层结构。

③ 唐子才、梁雄健编著：《互联网规制理论与实践》，北京邮电大学出版社 2008 年版，第 9—15 页介绍了骨干互联网业务提供商、接入网络、联网内容提供商、传统电话业务提供商等四个层级。此外，IEFT 编写的 FRC 介绍了应用层、传输层、互联网层和链接层的四层结构，参见 Requirements for Internet Hosts-Communication Layers，see https：//tools.ietf.org/pdf/rfc1122.pdf，pp. 8-10，最后访问日期为 2019 年 6 月 10 日。

④ ISO 七层模型是由查尔斯·巴赫曼（Charles Bachman）提出，详见国际标准 ISO/IEC 7498-1：http：//standards.iso.org/ittf/PubliclyAvailableStandards/s020269_ISO_IEC_7498-1_1994（E）.zip，最后访问日期为 2017 年 6 月 10 日。

⑤ 纪玉山等、乌家培主编：《网络经济》，长春出版社 2000 年版，第 29 页。

和信息技术为应用特征的大型网络市场或者虚拟市场。[①]我国上海市互联网经济咨询中心 2014 年提出，互联网经济是指基于互联网技术，通过计算机和移动终端进行人机交流形成应用的经济形态，主要包括电子商务、即时通讯、网络游戏、网上招聘、网络搜索等行业。[②]互联网产业是在互联网经济背景下迅速发展的新兴产业。1999 年，美国得克萨斯大学发布了《测量 Internet 经济》的报告。该报告是全球第一份有关经济发展的实证分析报告。该报告也将互联网经济分为四个层次：1. 基础设施层：指互联网，其产业部门包括网络主干提供商、网络服务提供商、网络硬件 / 软件公司、计算机和服务器制造商、光纤制造商等。2. 应用基础层：指互联网的应用，其产业部门包括网络咨询服务、网络商业应用、多媒体应用、网络发展软件、搜索引擎软件、在线培训服务、网上数据库等。3. 中间服务层：指互联网中介商，其产业部门包括在线经纪人、在线旅游代理商、在线股票交易商、门户网站、内容提供商、网络广告代理商等。4. 商务应用层：指电子商务，即利用现代通信网络和计算机进行的一切商务活动，以及企业内容经营管理的信息化和网络化。电子商务是网络经济最为活跃的形态，其产业部门包括电子零售商、制造商的在线销售、在线娱乐、专业服务等。在我国以阿里巴巴为典型代表。[③]

（二）互联网经济的特征

相较于传统制造业和服务业，互联网经济领域内的产业具有一些新的特征。这些新的特征包括：

1. 具有强烈的创新性

互联网时代是创新的时代，技术创新、产品创新、制度创新、模式创新已经成为市场发展和经济增长的重要驱动力。不断发展的个性化消费需求不断促进产业技术革新，产品和技术的生命周期迅速缩短。生产要素、销售模式、产品设计、制度细节上的每一个创新点，都可能形成新的市场和增长点，

① 纪玉山等、乌家培主编:《网络经济》，长春出版社 2000 年版，第 2 页。

② 上海市互联网经济咨询中心编著:《互联网经济》，上海远东出版社 2014 年版，第 1 页。

③ 仲春:《创新与反垄断——互联网企业滥用行为之法律规制研究》，法律出版社 2016 年版，第 8 页。

从而导致市场结构的变化和更迭。知识和创新成为决定经济发展的最重要甚至是决定性的因素。

2. 生产和经营具有标准性

网络起源于计算机之间的相互连接，而要达到各个计算机网络之间的连接和协同工作，服务器、路由器等各种硬件设备应具有相应的功能，但最关键的还是沟通各种网络系统（包括软件、硬件）并使之互相连接和共享的标准化协议。仅仅提高某一种机器的性能相对容易，而要促成行业内全球各个厂商、各种型号之间的硬件都能相互连接、协同工作，并非易事。如果没有统一施行的标准，网络就不可能产生——因为使用互不兼容的软件和硬件的各种计算机网络，根本就无法互相连接。换言之，网络系统标准是网络赖以生存的基础。从某种意义上说，谁制定和掌握了网络系统标准，就意味着谁组织、指挥，甚至掌控网络。

3. 产品具有信息性

互联网的建立，主要的作用是为人们提供充分的信息，将社会中的事物信息化，然后对收集的数字信息进行整合、排序，使之具有特定的社会和经济意义。互联网领域的产品主要是信息产品，这就决定了互联网经济不同于传统经济。信息产品生产出来以后非常容易被复制，并且复制的成本接近于零。因此，信息产品一旦生成，即可在边际成本为零的基础上进行运用，从而导致收益递增。[①] 信息、知识、技术本身还具有再生性和共享性，其累积的边际成本越来越低，从而可以通过边干边学来不断增加生产功能而使边际收益递增。此外，信息产品还具有准公共品的属性。网络信息产品提供后，不仅任何人都可以“消费”，而且在网络信息产品效应覆盖范围和区域内的消费者人数的多寡，与该网络的产品数量和成本的变化几乎无关。但是网络信息产品并非必须要政府来提供，而且也不是完全非交易性和无法收费的。所以有学者称这种消费为“准公共品消费”。[②]

① 蒋岩波:《网络产业的反垄断政策研究》，中国社会科学出版社2008年版，第30页。

② 楚尔鸣、王恒远:《基于网络经济的消费理论创新》，载《消费经济》2003年第3期。

4. 网络外部性和锁定规律

外部性（Externalities），指一个经济主体的行为对另一经济主体的福利产生影响，而这种影响并没有从货币上或市场交易中反映出来。如果这种影响增加了他人的收益，可称之为产生了正的外部性；反之，若造成了他人的损失，就是产生了负的外部性。网络外部性（Network Externality）是一种积极的外部性，指一种产品对用户的价值随着采用相同产品或可兼容产品的用户增加而增大。在网络经济条件下锁定规律是普遍存在的。所谓锁定是指由于各种原因，导致从一个系统转换到另一个系统的转移成本高到转移不经济，从而使得经济系统达到某个状态之后就很难退出，系统逐渐适应和强化这种状况，从而形成一种“选择优势”，把系统锁定在这个均衡状态。要是系统从这个状态退出，转移到新的均衡状态，就要看系统的转移成本是否能够小于转移收益。例如，当一个 Windows 操作系统的用户要转移使用 Linux 操作系统时，其他转移成本尚且不说，仅是学习成本就很高。因此，大部分 Windows 用户在很大程度上被锁定在微软的产品中。在网络外部性存在时，市场份额越大的产品，消费者也越发偏好于该商品，该产品的市场份额也会相应增加，即产生了所谓的“赢者通吃，输家出局”的局面。①

互联网经济的这些特性，不仅影响了企业的营销方式，改变了消费者的消费模式，也极大地影响了市场竞争的模式。互联网竞争模式的改变，更直接地影响到竞争法尤其是反垄断法的实施，进而对反垄断法的价值、反垄断法的具体实施制度、反垄断法与相邻法律制度之间的关系产生了全面的影响。

三、对互联网的法律约束

我国大约于 20 世纪末大踏步进入互联网时代，由于一定的“后起优势”，我国互联网市场以前所未有的速度向前发展。新产品、新技术、新市场、新的生活和交易方式的出现，自然会伴随新的矛盾和冲突出现。人们企盼着能

① 郭立仕:《网络经济时代中竞争政策的新课题》，载《网络法律评论》2004 年第 2 期。

够有完善的互联网监管机制出现，从而及时化解这些矛盾和冲突，实现互联网市场的有序发展和有效竞争。然而，这个美好愿望的实现，必须要依赖于良好的互联网网规的形成和运行。

互联网市场和传统的实体市场一样，其发展背后都存在着一套基本的制约机制。这套机制我们可以统称为网规。网规是一个复杂的体系。《2010 年网规发展研究报告》指出，网规是一个按照不同标准划分的规则形成的结构和整体，按照效力、内容、关系、来源、应用领域可以分为不同的类别。[①]因此，网规是一个多维度体，我们可以从不同的角度来探讨其产生、发展和运作。为了适应和规范互联网经济的发展，我国已经形成了针对互联网经济活动的一系列法律规范体系，其中一个重要维度便是互联网的竞争规则。正如前文所述，互联网世界是由不同层次、不同范围的虚拟的、实体的网络所构成的整体。网规可以是特定层次的网络规范，也可以是特定虚拟交易空间的规则，抑或是某类活动需要遵循的准则。无论如何，规则的根本目的在于分配利益，网规也不例外。而利益分配从本质上来说，也是一个利益争夺的过程，或曰竞争过程中互联网的任何层面和范畴上，只要存在稀缺资源，竞争都是最为基础和普适的规则。由于互联网市场具有与传统市场不同的特征，其竞争的维度也不一样。因此，从这个意义上来讲，讨论互联网市场运行的“网规”，可以探讨互联网市场竞争的维度为起点，寻求网络世界的竞争道德和规则。这种竞争规则无疑是网络世界内生秩序的基础，也是对网络世界进行规范的国家法产生和发展之倚仗。

① 阿里巴巴集团研究中心：《新商业文明的治理规则：2010 年网规发展研究报告》，载 http: //www.docin.com/p-76737126.html，最后访问日期为 2015 年 5 月 6 日。

第二章
互联网领域竞争的特点

一、分析的框架：互联网领域的竞争性与规则

竞争产生的前提是资源相对稀缺。而稀缺资源的分配，在现代社会中主要通过市场机制进行。

从制度学派的角度看，市场的形成主要依靠两种基本的制度：确定的产权制度和合约制度。[①]映射在法律制度的范畴中，也就是近代以来私法的两个主要领域，即物权（及知识产权）法律制度和债法制度。从既存的法律制度来看，竞争这一维度在法律制度中的贯穿主要体现在竞争法上，包括反不正当竞争法和反垄断法。竞争法在传统市场领域中，以维持竞争秩序为直接目标，以市场纠正为基本原则，以消费者权益保护为最高宗旨，对市场中的行为进行约束和规范。但是，在互联网市场中，传统竞争法的规范将大大失灵，因为互联网领域中的利益形态、竞争方式、活动行为迥异于传统世界。对网规中的竞争性必须重新进行考量。

市场，指的是主要以当事人意思自治为基础的以自由交换为主的资源分配模式。市场经济模式的确立过程和近代民法的发展乃同一个过程，确保初始产权和确保交易自由、践诺履约的法律制度，乃真正催生市场经济的制度基础。竞争法尤其是反垄断法的出现，始于市场从自由竞争阶段发展至垄断

① ［日］青木昌彦：《比较制度分析》，周黎安译，上海远东出版社 2001 年版，第 35—97 页。

阶段而产生的市场纠正目的。因此，传统市场中垄断资本阶段出现之后的竞争法，并未参与到传统产权确立的过程中去，而仅仅限于市场（交易）修正层面。

在互联网领域却非如此。互联网领域中存在的利益和资源，也是一类复杂的结合体。一部分利益和资源与传统市场中的利益和资源吻合，一部分可以通过传统资源的延续而获得，还有一部分则是全新的。因此，互联网领域的竞争包含了两个层面，即产权的竞争和市场的竞争（或曰合约的竞争）。换言之，传统市场依次经历了市场形成和市场纠正这两个阶段，但在新兴互联网领域，市场形成和市场纠正这两个阶段合并为同一个过程。互联网市场的竞争秩序体现在两个层面——产权竞争和合约竞争。

传统领域规则的竞争性不适合互联网领域，主要体现在两个方面：第一，传统规则的竞争性不考虑产权分配的初始竞争；第二，传统规则的竞争性不适合互联网市场的新特性。下文将从产权竞争和合约竞争这两个层面，从互联网活动的新特征的角度来考虑互联网网规的竞争性维度，探讨传统世界竞争规则在互联网世界中的新发展。

二、产权竞争

产权本身具有竞争属性。在传统的产品市场中，根据物品的排他性与竞争性的不同组合，可将物品分为四种不同的类型：第一种是兼具排他性和竞争性的物品，可以通过收费等措施阻止他人共同使用，如面包、汽车等，我们把这种兼具排他性与竞争性的物品称为私人物品（private goods）；第二种是兼具非竞争性和非排他性的物品，我们称之为纯公共物品（public goods），对这类物品我们难以控制其使用行为，如难以进行收费控制的国防、环保、天气预报等；第三种是具有排他性但不具备竞争性的物品，如影剧院、有线电视、收费公路等，这些物品一人使用后他人仍然可以继续使用，然而每个人的使用是可以控制的，如通过收费来控制，我们称这种物品为俱乐部产品（club goods）；第四种是具有竞争性但不具备排他性的物品，如公共池塘资源，一部分人去用了，另一部分人就无法使用了，但由于这些资源的非私有化性质，谁可以使用其实难以控制，我们可称之为“拥挤性的公共物品”。[①] 在漫长的历史中形成的传统产品市场上的产权分配方式，通过物权和知识产权制度得以确定，与经济学的解释也大致吻合。

随着互联网时代的到来，新的资源形态开始出现。传统产权规则尤其是物权规则根植于物理世界，互联网市场中的资源部分可以根据物权规则或者知识产权规则进行初始分配。而更多的互联网新资源，在特征、表现、运行、组织形式和价值实现等方面与传统资源存在根本的差别。数据、信息、电子邮箱、店铺、虚拟财产中的权力形态既不同于物质世界中的物权形态，也不同于基于智慧结晶而生的知识产权。[②] 这些新的资源往往同时具有物品的私人属性和社会属性，因而具有一定的公共产品属性。对其使用具有正的外部性，而这些资源尤其是其中的虚拟资源、信息资源的价值也正是体现在对它的使用及传播中。界定这些资源的产权归属需要较高的技术性要求，所花费的成本往往也是巨大的，甚至远远大于获得的收益。因此，信息资源相当多的有价值的属性会没有被清晰地界定而留在公共领域内。信息资源的公共领域对应著作权法中对著作权“合理使用”的规定。这些资源的产权界定往往是处于模糊状态的。对其的使用只需付出较少的取得成本，而不必为资源本身支付代价。[③]

但是，如果新资源的排他性突出，而本身涉及巨大的经济利益的时候，就必须要对这些资源的归属作出界定。例如，价值较大的 QQ 号、玩家等级身份等虚拟的信息、大数据等，一旦价值突出，具有排他性，必然会导致多方主体的争夺。正如经济学家巴泽尔所指出的，产权的界定是能够从资产中获取收益的人们直接努力加以保护、他人企图夺取和政府予以保护三方面力量综合作用的结果。[④] 在这一轮初始利益的竞争中，新规则应当如何对利益

① 方福前：《公共选择理论——政治的经济学》，中国人民大学出版社 2000 年版，第 32—33 页。

② 阿里巴巴集团研究中心：《新商业文明的治理规则：2010 年网规发展研究报告》，载 http://www.docin.com/p-76737126.html，最后访问日期为 2015 年 5 月 6 日。

③ 张蕴萍：《互联网免费资源存在的原因——基于产权经济学的视角》，载《山东财政学院学报》2008 年第 5 期。

④ ［美］Y. 巴泽尔：《产权的经济分析》，费方域、段毅才译，上海人民出版社 1997 年版，第 2 页。

进行分配呢？对此，我们可以回顾20世纪末21世纪初的域名争夺战。这一场有始有终的产权竞争过程，完全可以为新资源的产权竞争提供利益分配的新规则框架，并实现新规则与既有规则之间的衔接和配合。

域名是一种典型的互联网时代的新资源，其产权竞争的过程十分具有代表性。一方面，域名不是原子意义上的“物”，也不具备知识产权的特征，因此无法根据物权制度和知识产权制度而确立权利归属。[①]2001年6月26日，我国最高人民法院审判委员会发布了《最高人民法院关于审理涉及计算机网络域名民事纠纷案件适用法律若干问题的解释》，对新的域名资源的初始分配进行了界定。而在此之前，我国已经存在大量的关于域名的纠纷，包括恶意的域名抢注、盗用和善意的权利冲突等。

利益竞争的自然状态是抢先占有，域名也不例外。在法律作出最终的裁断之前，域名作为具有极大财富意义的商业标志，其产权的分配自发地依照“先占”的竞争规则进行分配。域名是一种虚拟资源，而拥有虚拟资源的实体化方法是注册。因此，当域名巨大的商机显露时，利益争夺者抢先占有的方式则是注册先占。但注册在先，属于一种“形式上的在先”，即对于资源本身（域名）的先占；但域名的内容本身关联到企业的商标、商号等既有权利，因此也出现了商标权人或者商标权人所依据“内容的在先”（即对域名所含的知识产权内容的在先性）对域名的权利提出产权要求。

① 域名与知识产权之间的冲突主要体现在：1. 域名的全球性与知识产权的地域性之间的矛盾。商标、商号等知识产权都只能基于特定国家或地区的法律在特定区域内受到保护，而域名则是在全球性的国际互联网上有效。2. 域名的唯一性与知识产权的多重性之间的矛盾。知识产权具有专有性，但法律允许相同商标或商号为不同的人使用，尤其是在不同类别的行业之间。但域名系统要求域名具有严格的唯一性，完全相同的域名是不允许存在的。3. 域名的分毫必计与商标、商号的相似禁止。商标、商号的专有性不仅及于商标或商号本身，而且及于与其商标或商号近似的标记。而对域名注册来说，只要两个申请注册的域名与在先注册的域名稍有差异，就会获得注册。4. 域名系统及网络通信技术的复杂性。域名系统呈现等级状态，又有国际顶级域名和国家顶级域名之分，因此同一个商标能被注册在不同类别或等级的域名中，给驰名商标的保护带来很大的挑战。5. 域名注册组织的不审查政策。域名注册组织尽可能地制定域名注册的“免责条款”，即域名注册不负责向商标注册或商号管理机关查询用户申请注册的域名是否与他人受法律保护的商标或商号相冲突，是否侵害第三人的利益。

在对新资源的竞争过程中，对权利归属的判断第一步考虑的是对既有制度的继承，即通过对既有法律规则的解释来应对新事物和新矛盾，实现规则的延续性和稳定性；如果对既有制度的解释难以应对新问题，则再颁布新规则。与域名有关的法律冲突，主要可分为三类："抢注"、"盗用"和"权利冲突"。对于以恶意为特征的"抢注""盗用"，法律上以民事行为能力的有效性进行解释，可以摒除此类行为。而对于缺乏"恶意"要件的权利冲突，既有的制度已经难以提供评判标准，在一系列案例研究的基础之上，颁布了新规则。回顾当时的典型案例和最高人民法院针对新资源所发布的新规则[①]，可以看到，在产权竞争中利益分配所遵循的规则是"形式在先"构成产权分配的基本框架。

事实上，无论是有形的物还是无形的权利义务，因形式先占而推演出的"现状维持"都是分配制度中的基本规则。物权法和知识产权法中的先占制度、诉讼法中举证责任的分配规则，都极大地体现出了现状维持的基本规则。如果要打破形式上占有的现状，则需要付出代价。

在"形式在先"的框架下，如果要推翻现状，考虑的主要因素有：（一）在先权利的公示性。如果域名内容涉及在先的知识产权或者其他民事权利，而在先权利具有较强的公示性而得以彰示，如构成驰名商标，则形式在先需要让位于内容在先或者权利在先。（二）主体的主观意图。对单纯以阻碍在先权

① 《最高人民法院关于审理涉及计算机网络域名民事纠纷案件适用法律若干问题的解释》第4条："人民法院审理域名纠纷案件，对符合以下各项条件的，应当认定被告注册、使用域名等行为构成侵权或者不正当竞争：（一）原告请求保护的民事权益合法有效；（二）被告域名或其主要部分构成对原告驰名商标的复制、模仿、翻译或音译；或者与原告的注册商标、域名等相同或近似，足以造成相关公众的误认；（三）被告对该域名或其主要部分不享有权益，也无注册、使用该域名的正当理由；（四）被告对该域名的注册、使用具有恶意。"第5条："被告的行为被证明具有下列情形之一的，人民法院应当认定其具有恶意：（一）为商业目的将他人驰名商标注册为域名的；（二）为商业目的注册、使用与原告的注册商标、域名等相同或近似的域名，故意造成与原告提供的产品、服务或者原告网站的混淆，误导网络用户访问其网站或其他在线站点的；（三）曾要约高价出售、出租或者以其他方式转让该域名获取不正当利益的；（四）注册域名后自己并不使用也未准备使用，而有意阻止权利人注册该域名的；（五）具有其他恶意情形的。被告举证证明在纠纷发生前其所持有的域名已经获得一定的知名度，且能与原告的注册商标、域名等相区别，或者具有其他情形足以证明其不具有恶意的，人民法院可以不认定被告具有恶意。"

利人权利行使为目的而进行的先占，法律认定为恶意，不予保护。（三）资源的可利用性。将资源分配给何种主体，从而使得资源能够得到充分的利用，也是新资源分配要考虑的重要组成部分。（四）经济学上社会成本的考虑。新资源如果必须经过转让才能产生更高的社会价值，则存在交易成本；而交换之中存在的转移支付的价值本身是否用于产生新价值，也关系到经济学上社会成本的增加。

与传统资源相比，在新资源分配过程中，打破“形式在先”框架的力量要强大得多，因此竞争也更为激烈。互联网市场的快速发展使得市场主体的实力、在先权利的公示性、资源的可利用性都处于不断变化之中，所以对于产权的分配也更多地受到这种力量对比变化的影响。这使得产权的界定具有相对性和渐进性。互联网领域中的市场交换，一方面是既定产权的交换，另一方面也是产权重新界定的过程。

三、合约竞争的新特点

在合约竞争领域，互联网的新经济特征也导致了互联网竞争方式的改变：互联网的标准性，导致了标准竞争的兴起；标准性和信息性分享、交流的要求，又导致了互联网产业的合作竞争；互联网的外部性和锁定规定，促进了免费经营的新模式和新竞争。

（一）从质量竞争到标准竞争

在传统的制造业和服务业，经营者之间的竞争主要是通过产品（包括服务）的质量和价格来展开的。提供质量更高的产品，突出产品在质上的差异化，同时尽量降低价格，是经营者进行竞争的基本形式。所谓“性价比”正是消费者在传统制造业和服务业领域选择产品的准则。而在“性价比”的竞争模式中，“质量”竞争具有更为基础的价值。即使是同类的产品，也总是会存在一定的“质”的差异。要想在竞争中获得优势，单纯关注“制造更廉价的产品”是没有出路的，制造与其他人不同的产品，才是传统产业竞争获胜的王道。

而在互联网市场中，由于网络效应的存在，不同产品之间强调互补兼容，同类产品需要遵循在先产品的技术思路。产品单纯在技术上的差异并不必然导致互联网市场的繁荣，也不会给后起的竞争者带来优势，技术兼容是互联网经营者必须重视的问题。为了持续地获取利润，经营者必须要成为互联网市场中的技术领导者，这就需要其成为一个标准的制定者，使得其他的同质产品和互补产品遵守其技术标准。在互联网市场中，尽管竞争的本质仍然是利益之争，但竞争的直接形式是争夺技术标准在市场上的领导权。标准竞争是市场竞争的高级形式。2000 年，美国联邦标准局局长指出："与其说 21 世纪是信息时代，不如说 21 世纪是标准时代。"①

国家标准 GB/T 20000.1–2002《标准化工作指南》的第一部分"标准化和相关活动的通用术语"将标准定义为"为在一定的范围内获得最佳秩序，经协商一致制定并由公认机构批准，共同使用的和重复使用的一种规范性文件"。这些文件包括专门用于产品、工艺或生产方法的术语、符号、包装、标志或标签要求。标准可以分为多种类别，质量标准和兼容标准是一种重要的分类。②质量标准是规定单独使用该产品、服务时，该产品和服务必须提供的功能和质量水平。③质量标准不具有网络性。在传统产业中，尤其是制造业中，质量标准在产品的生产和销售中起到了非常关键的作用。质量标准包括强制性标准和非强制性标准。例如，我国《产品质量法》将未达到行业标准和国家标准等强制性标准的产品（不包含服务）作为判断产品缺陷的重要依据。强制性质量标准是确保产品安全的最低限度。而产品的质量竞争是通过非强制性质量标准，尤其是依赖市场经营者个体的质量标准来展开的。不同的经营者能够根据自己的产品标准生产出与众不同的产品，不同经营者个体质量的"差异化"导致了传统产品市场的丰富多彩和多元。

互联网市场中更关注"兼容标准"。兼容标准也称为交互性标准，用于解决系统商品中各个部件之间的互联互通问题，即兼容问题。部件之间的连接

① 熊红星：《网络效应、标准竞争与公共政策》，上海财经大学出版社 2006 年版，第 18 页。

② Peter Grindley, *Standards Strategy and Policy: Cases an Stories*, Oxford: Oxford University Press, 1995, p.21.

③ 熊红星：《网络效应、标准竞争与公共政策》，上海财经大学出版社 2006 年版，第 36 页。

包括水平连接和垂直连接。水平连接指具有大致相同功能的两件或多件产品及服务之间的连接、配合，包括同规格产品间和不同规格产品间的连接，前者如固话之间的连接，后者如固话与移动之间的连接。垂直连接主要指互补产品之间的连接。[①]标准竞争的焦点在于互补品市场和产品本身。标准在市场推广过程中，时间和预期是最重要的因素。不同于传统的产品竞争，标准内部的后续竞争战略集中于技术开发和有限的产品差异化，其较多依赖于生产和创新中厂商的广泛兼容，而不是战略性地操纵市场。[②]

标准战略区别于普通产品竞争的根源在于规模经济，即某个个体标准的用户越多，标准产品满足用户欲望的能力就越强，用户的支付意愿就越强。在标准竞争中，基本市场策略是先发制人和预期管理。先发制人指在早期积极地建立顾客安装基础，找到那些最渴望尝试新技术的人，迅速占领市场。此外，为了确保市场能够为初始用户提供互补品，克服协调中的障碍，在早期推广阶段，标准领导者可能需要通过提供信息、教育和培训以及其他的激励，或者与互补厂商建立联盟等手段，鼓励独立的互补品厂商生产配套互补品。在先发制人的基础上，企业必须尽最大努力来管理预期：维持和争取更大的安装基础，确保足够大的生产能力和分销渠道，减少个体的投资成本，消除潜在的竞争性标准，限制标准竞争的范围。

（二）从对抗竞争到合作竞争

对抗是竞争的题中之义。竞争一词源于《庄子·齐物论》："夫道未始有封，言未始有常，为是而有畛也。请言其畛：有左有右，有伦有义，有分有辩，有竞有争；此之谓八德。""竞争"的本意为相互争胜，作为市场行为，竞争体现为经营者为了获取有限资源而进行的相互争斗。因此，竞争本身具有"对抗性"的含义。

在制造业和服务业领域，竞争通过"性价比"，通过个体产品的差异化

① 熊红星：《网络效应、标准竞争与公共政策》，上海财经大学出版社2006年版，第36页。
② 熊红星：《网络效应、标准竞争与公共政策》，上海财经大学出版社2006年版，第50—51页。

展开。而竞争的对抗性得到了充分的体现，竞争者之间的合作极为不稳定。[①]在互联网时代，尽管经营者之间仍然有需要争夺的利益和稀缺资源，然而在“分蛋糕”的同时还必须共同努力“做大蛋糕”。互联网产业的发展体现了经营者之间的合作历程。在互联网领域，竞争的合作性增强，而对抗性需要建立在合作性的基础之上。互联网合作竞争的产生有如下两个方面的原因：

互联网时代更容易促成知识的交流和合作。互联网时代不仅仅是信息的时代，同时也是知识的时代。互联网提供给人们一个天然的合作环境：没有任何管理上的投入，没有一个中央控制机构的接入。[②]互联网所具有的双向信息流、信息获取方便快捷、持续学习、协调并整合共同目标、创建社区等特点，创造出了一个理想的合作与知识管理媒介。在工业时代，信息和知识被当作私有财产来对待和保护。知识共享的精神在因特网环境中自然发展起来。例如，万维网的设计就是以信息交换为目的的；而因特网最成功的使用范例之一是非正式知识型社区的出现。通过合作，通过知识的共享与共创，个体的内部以及个体之间得以将其各个主体拥有的全部知识发挥到极致。[③]

互联网时代以生产合作型产品或称兼容性产品为主。互联网形成的基本原理在于互通互联，协调相容，也就是说，互联网市场中的产品和技术必须能够相互贯通和相互联系使用，并且保证通过一方程序输入的信息能被相连的另一方在其网络程序中进行处理——这便是网络的兼容性要求。而另一方面，网络各独立系统之间要达到相互连接和协同工作，关键就在于它们之间存在着能共同使用的网络系统标准，而这一标准必须统一，否则只能形成“各自为政、画地为牢”的分散独立系统，构不成共同的网络；并且多种标准的存在也不利于提高市场效率，反而会由于标准之间的互不兼容与标准之间的竞争造成社会资源的浪费、消费者不必要支出的增多以及系统转换上的不便

① 例如，经营者比较容易背离竞争者之间的垄断协议。这时一部分法学家和经济学家主张反垄断法不干预或者少干预垄断协议，因为合作会自动瓦解。

② ［美］罗伯特·洛根、路易斯·斯托克：《合作竞争——如何在知识经济环境中催生利润》，陈小全译，华夏出版社2005年版，第2页。

③ ［美］罗伯特·洛根、路易斯·斯托克：《合作竞争——如何在知识经济环境中催生利润》，陈小全译，华夏出版社2005年版，第23页。

捷。在互联网市场中，一种统一的网络系统标准的存在更为经济和合理，而为了使得同类产品和互补产品的经营者能够可持续地发展下去，企业之间的知识分享、创新合作显得非常必要。

（三）从收费竞争到免费竞争

在传统产业中，经营者通过“销售”产品来获得利润。而“销售”从本质上要求消费者支付对价，不需要支付对价的赠品或者试用品仅仅是促进更大销售量的方式，并且均已经计入成本。

而“免费”是互联网时代的一大特点。用户可以免费浏览网页，使用搜索引擎，使用免费的邮箱，游戏，免费进行网上聊天，使用杀毒软件。互联网经营者竞相为用户提供免费的服务，成为互联网竞争的新特点。提供免费的产品和服务是标准竞争的重要策略。努力向客户提供免费产品，互联网经营者通过下面的途径获得利益：

其一，通过双边市场中的一方市场营利。竞争是在一定的市场范围中展开的。在传统的市场中，企业是根据消费者的需求来制定价格并获得利润的。如果需求弹性大，那么价格会定得低一些；如果需求弹性小，则价格会定得高一些。在这类市场中，不同的客户群体之间并不相互影响。这是一种单边市场。[①] 而在互联网领域，企业往往面向的是两个或两个以上的消费群体，而且群体之间存在关联性。例如，百度提供搜索引擎服务就面对两个群体——利用搜索引擎进行信息搜索的网络用户和参与竞价排名的经营者。网络用户和参与竞价排名的经营者会相互影响：竞价排名的商户之所以愿意向北京百度公司支付费用，是因为有大量用户使用百度；而网络用户之所以使用百度，是因为它以竞价排名所收取的广告费支持营运搜索引擎，对网络用户是免费的，并可以实现信息搜索功能。双边市场一方群体的数量也会对另一方群体的数量造成影响。一方面，百度必须吸引足够多的观众、读者、网民等，这样企业才愿意到平台上发布广告或产品信息；而另一方面，百度所

① 李剑：《双边市场下的反垄断法相关市场界定——“百度案”中的法与经济学》，载《法商研究》2010 年第 5 期。

收录的经营者的链接越多，越能吸引更多的访问者。[①]双边市场需要满足三个条件：（1）有两个或者两个以上相互区分的消费者群体；（2）存在因消费者群体A、B相联系和一定方式的合作而产生的外部性；（3）将一个群体为另一个群体创造的外部性内部化所必需的媒介。双边市场的形成是与网络的外部性相关联的。双边市场的网络外部性不仅取决于交易平台的同类型用户数量，更取决于交易平台的另一边的用户数量，是一种具有交叉性质的网络外部性。

其二，通过客户端提供“一站式”产品进行交叉补贴。交叉补贴主要指经营者通过营利的业务产品来补偿非营利的一种经营模式。除了在双边市场中，针对不同的用户群体制定免费和收费的政策之外，互联网经营者往往会向用户提供一系列产品，通过收费产品的营利来补贴免费产品，而免费产品则是抢先占领市场的关键手段。例如，腾讯推出免费的即时通讯软件“腾讯QQ”，借助QQ的终端安装，在移动及通信增值、网络增值收费和网络广告方面获得了巨大的收益；[②]360在互联网安全领域取得巨大市场份额的原因是360率先推出的免费杀毒服务迅速地击败了其他竞争对手，而360主要的收入来自360浏览器流量推广带来的收入。[③]

其三，通过用户支付非金钱对价营利。在互联网的免费服务中，用户尽管没有支付金钱去“购买”产品和服务，但用户仍然通过其他方式支付了对价。用户所支付的对价包括“注意力”和用户信息。

迈克尔·戈德海伯（Michael H. Goldhaber）于1997年发表了《注意力购买者》一文。文章指出，“注意力经济”是指如何更有效地配置企业现有的资源，以最低成本去吸引用户或消费者的注意力，通过培养潜在的消费群体，以期获得最大的未来无形资产，即经营消费者的注意力。文章同时指出，在互联网时代，信息非但不是稀缺资源，而且还是过剩的。相对于过剩的信息，只有人们的注意力才是稀缺的资源。以互联网为基础的“新经济”从本质上

① 参见“人人诉百度”案，北京市高级人民法院民事判决书（2010）高民终字第489号。

② 左晓萌：《腾讯网的盈利模式及发展趋势》，载《中国广播电视学刊》2010年第7期。

③ 李晓明：《3Q大战：谁动了谁的奶酪》，载《商业模式》2010年第12期。

讲就是“注意力经济”，在这种经济状态中，最重要的资源，既不是传统意义上的货币资本，也不是信息本身，而是注意力。①

在互联网时代，电脑用户的信息可以被系统记录、收集、加工、分析、出售，变成中性的个人信息，从而进一步成为商业资产的一部分。例如，杀毒软件的运行必然会扫描电脑中的个人文件；用户在网上注册个人信息成为网络社区成员或者在网上购物，必然会在信息交换过程中留下痕迹。而在云计算时代，互联网运营商甚至能够根据用户的浏览、搜索历史，定制化地向不同的用户发放广告。个人信息可以和新兴经济的商业模式相契合，个人化的定制可以实现更好的消费者服务，消费者用他们自己的个人数据与隐私来换取更便利的服务。

四、互联网市场中的“新自然垄断”

互联网市场是一个不同于传统产品市场的独特领域，拥有诸多与传统市场不同的特质，这些特质是由互联网本身的特性所决定的。概括起来，我们可以将互联网市场的这些特征总结为“新自然垄断”性质。

对自然垄断的探讨，最初源于 19 世纪末的平均成本理论。平均成本理论根据企业平均成本的递增性和递减性将各个产业划分为两类：成本递增行业（Increasing-cost Industry）和成本递减行业（Decreasing-cost Industry）。成本递增行业即随着行业规模的扩大，要素价格上升，资源约束、要素生产边际成本递增，成本递增行业一般为竞争性行业；成本递减行业即随着行业规模的扩大，要素价格下降，因此生产的平均成本下降。成本递减行业就具有自然垄断属性。②随着可竞争理论的出现，自然垄断得到重新定义。研究者鲍莫尔认为，规模经济效益不是自然垄断的本质性必要条件，成本的次可加性

---

① 魏小红、陈李斌：《浅析核心竞争力与注意力经济》，载《合作经济与科技》2009 年第 5 期。

② Gorge E. Garvey and Gerald J. Garvey, *Economic Law and Economic Growth*: *Antitrust*, *Regulation*, *and the American Growth System*, New York, Westport, and London: Greenwood Press, 1990, pp. 33–52.

才是自然垄断的必要条件。而对“次可加性”的界定是：假定某产业存在n个企业，i企业的产量为Xi，i企业生产产量Xi时的成本函数为C（Xi）。假定该产业的总产量为X，X=ΣXi，由一家企业全部生产时的成本函数为C(X)，这时若C（X）<C（X1）+C（X2）+C（X3）+…+C（Xn）（i=1，2，…，n，n≥2）成立，就说这个成本函数C对产出X是次可加的，它意味着一家企业生产全部产品时的成本比分为两家企业以上生产时的成本还低。根据“次可加性”可以将自然垄断定义为：如果由一个企业生产整个行业产品的成本比两个或两个以上的企业分别生产该产品的成本总和更低，这个行业就是自然垄断的。这样，即使平均成本上升，只要单一企业生产所有产品的成本小于多个企业分别生产这些产品的成本之和，由单一企业垄断市场的社会成本依然最小，该行业就是自然垄断行业。平均成本下降是自然垄断的充分条件，但不是必要条件。这一定义扩大了自然垄断的范围。[①]

互联网市场具有网络性，规模经济和范围经济效应显著，规模报酬递增，先期投资形成的沉没成本高，这些都体现了互联网市场的自然垄断属性。有学者指出，互联网市场本身就是寡占型的，因为互联网产业是边际成本趋向于零的产业，其供给能力无限大，市场结构本身就具有垄断性质。[②]例如，网络公司只有最好的前三名才能活下去，其余的则会被市场淘汰，正所谓网络时代“只有第一，没有第二”。[③]互联网市场中的这种自然垄断属性之所以被称为“新自然垄断”，是因为这种垄断的状态的形成及改变都同互联网本身的属性密切相关，因而也具有与传统市场不同的特点。

首先，由于网络外部性的存在，互联网市场非常容易形成垄断，或者说网络的外部性效益使得垄断成为自然结果。外部性（Externalities）指一个经济主体的行为对另一经济主体的福利产生影响，而这种影响并没有从货币上或市场交易中反映出来。如果这种影响增加了他人的收益，我们就称之为产

---

① 杨艳：《对自然垄断理论的评价与再认识》，载《经济科学》2002年第2期。

② David Evans and Richard Schmalensee, “Some Economic Aspects of Antitrust Analysis in Dynamically Competitive Industries”, *NBER Working Paper*, No.W8268, 136 (2001).

③ 寥振中、梁远：《论知识经济时代反垄断法的制度设计和价值取向——“微软垄断案”二审判决分析》，载《社会科学研究》2003年第1期。

生了正的外部性；反之，若造成了他人的损失，就是产生了负的外部性。而网络外部性（Network Exemplifies）具有正的外部效应，即一种产品对用户的价值随着采用相同产品或可兼容产品的用户增加而增大。这种网络外部性问题最早是由杰弗里·罗尔夫斯（Jeffrey Rohlfs）在1974年研究消费者消费电信服务时发现的。例如，当消费者在选择电话网络时，新进入者更愿意选择原来用户多的网络。因为网络中的用户越多，潜在通话对象就越多，该网络对新进入者的价值就越大，同时，新进入者也增加了网络对原有电话用户的价值。在信息产业中，很多情况下存在网络外部性，产品的使用者数量和市场份额越大，对消费者而言该产品的价值也就越高。[①] 网络外部性导致的结果是：当使用某种产品的用户超过一定的数量（临界容量）时，需求方（用户）规模得以形成，加之网络时代数字产品高固定成本、低边际成本的特殊成本结构，于是边际收益呈现递增的态势，这样便形成了随之而来的正反馈效应（即强者更强，弱者更弱，从而引起极端结果的效应），而该效应造成的“选择优势”又会自发地增加使用该产品的用户数量，最终导致市场垄断局面的出现。这也被总结为“马太效应”，即强者恒强，弱者恒弱，并最终强化垄断，直至赢者通吃。

其次，网络系统的锁定规律会进一步加速这种垄断。所谓“锁定”或称“消费者黏性”，是指由于各种原因，导致互联网用户从一个系统转换到另一个系统的转移成本较高，从而使得经济系统达到某个状态之后就很难退出，系统逐渐适应和强化这种状况，从而形成一种“选择优势”把系统锁定在这个均衡状态。要是系统从这个状态退出，转移到新的均衡状态，就要看系统的转移成本是否能够小于转移收益。例如，当一个Windows操作系统的用户要转移使用Linux操作系统时，其他转移成本尚且不说，仅是学习成本就很高。因此，大部分Windows用户在很大程度上被锁定在微软的产品中。当网络外部性存在时，市场份额越大的产品，消费者也越发偏好于该商品，该产品的市场份额会相应增加，该经营者的市场力量也会进一步增加。[②]

① 郭立仕:《网络经济时代中竞争政策的新课题》，载《网络法律评论》2004年第2期。

② 郭立仕:《网络经济时代中竞争政策的新课题》，载《网络法律评论》2004年第2期。

最后，网络的兼容性和标准性要求能够进一步加强垄断。正如前文所述，互联网形成的基本原理在互联互通、协调相容，就是说，互联网市场中的产品和技术必须能够相互贯通和相互联系使用，并且保证通过一方程序输入的信息能被相连的另一方在其网络程序中进行处理——这便是网络的兼容性要求。在网络驱动型的市场中，兼容性标准或者说交互性标准的适用范围往往是全行业性的，这要求行业内的企业采用统一的标准，而通过每个不同的企业自行研发形成标准后再通过竞争的方式优胜劣汰形成通用标准的方式会造成社会资源的浪费、消费者不必要支出的增多以及系统转换上的不便捷。具有行业领导力量的企业或者企业之间通过标准设定组织形成统一的标准是必然的趋势。但统一形成标准，又会形成进入壁垒，之后想要进入该网络的新用户就必须与该标准和该系统兼容，而这些网络系统标准又以商业秘密、专利或其他类型的知识产权形式为私人所持有。① 如此一来，控制网络系统标准的企业也就控制了产业的瓶颈部分，并且可以进而将其对该相关市场的垄断延伸至另外的相关市场。

这些情形被总结为网络经济中的达维多定律，强调的是企业在生存和发展的激烈竞争中创新的重要意义，其含义是一家企业若想要在市场上占据主导地位，则必须在本行业中第一个淘汰自己的产品，第一个开发出新一代产品。它其实是"马太效应"的一个应用，即强者越强，弱者越弱。实力强的企业有更多的人力、财力来投入初期的开发和研究，从而更可能获得成功；相反，没有实力的企业则只能面临更不利的处境，甚至被淘汰。英特尔公司的微处理器并不总是性能最好、速度最快的，但它几乎总是新一代产品的首家推出者。同样，微软公司的 Windows 也不是当时最好的微机操作系统，但它通过不断推出新产品，终于成为市场的主流产品，无人能与之抗衡。②

上述因素使得互联网市场极易倾向垄断，但另一方面，特定互联网相关市场的潜在竞争压力也很大，尤其是技术的快速更新能使互联网市场的竞争

---

① Mark A. Lemley and David McGowan, "Legal Implications of Network Economic Effects", *4 the CAL L. REV.*, 520 (1998).

② 杨剑:《网络经济边际收益递增性原因分析》，载《合作经济与科技》2008 年第 5 期。

动态增强。所谓的竞争或者垄断不仅仅是一个结果、一种状态，同时也是一个过程。互联网是技术更新的结果，其本身的发展也伴随着剧烈的技术更新过程。在快速创新的推动下，互联网市场竞争的动态性增强：一方面，上述的三个原因使得在特定的相关市场中容易形成、发展、增强垄断；另一方面，垄断带来的高利润又强烈地吸引着潜在的进入者，激励他们更新技术和产品，不断增加市场内原有企业面临的潜在竞争威胁。经营者不断通过创新来获得新的市场力量，创造新的垄断，再不断地被新的市场优势和垄断所取代。因此，在互联网市场中，技术的变换增加了垄断状态的脆弱性和暂时性。[①] 熊彼得“创造性破坏”所描绘的竞争动态过程，在互联网市场的竞争中体现得十分明显。

① 吕超：《由结构到行为：网络时代反垄断的法律思考——以即时通讯市场为例》，载《网络法律评论》2010 年第 1 期。

第三章 反垄断法对互联网竞争规制的新要求

现有的竞争法律制度所瞄准的对象是市场竞争，市场竞争的直接目的是占有更多的市场份额而获取更多的利润。而销售额或者销售量是市场份额的主要指标，销售本身，就意味着合约。从这个意义上讲，市场竞争主要体现为合约竞争，即在既定的产权制度基础上，能否最大限度地与他人订立合约。为了获得产品或者服务的更多销售对象，订立更多的合约，互联网市场中的经营者的竞争极为激烈。对于这些激烈的竞争，"恶性""垄断"是当下最多的评价。例如，在工业和信息化部发布的《互联网信息服务管理规定》的意见稿中，业界关注度最高的莫过于禁止互联网服务提供者"同行"之间"恶斗"侵犯他人合法权益的相关规定，以避免"3Q大战"的类似事件再次发生。

总的来说，市场中的主体包括"两大阵营、三方关系"，即经营者和消费者两大阵营，竞争者之间的竞争关系和竞争者各方与消费者之间的合同关系。竞争在此框架下展开，竞争的结果发生在两个层面上：第一个层面是利益在竞争者之间的分配；第二个层面是利益在经营者和消费者两个阵营之间进行分配。竞争法的价值目标是保护竞争，这一目标的实现也是通过保护竞争者和消费者来进行的。在既有的竞争法体系中，既有保护竞争者的法律规范，也有保护消费者的法律规范，并且，在二者发生矛盾时，以消费者利益为上。传统市场中合约竞争的制度要求同样也体现在互联网市场的合约竞争之中。不过，互联网市场的合约竞争具有新的特性，这使得互联网领域的市场竞争规则应当有所差别。尽管互联网市场合约竞争的保护也需要通过保护竞争者和消费者来具体实现，但是较之传统领域的市场竞争，它具有两个特点：竞争者强制保护的减弱和消费者强制保护的进一步加强。

一、减弱对竞争者的保护

竞争发生在经营者相互之间。竞争者保护，也就是在争夺合约的过程中，对竞争者之间的利益进行权衡，对于采用不正当方式的竞争者，对企图消灭竞争的经营者予以惩罚，从而恢复和谐健康的竞争秩序。在互联网市场中，强行法对于竞争的保护应当减弱，法律的强制性规则应当更多地让位给竞争者之间的自我调整。理由有三：

其一，互联网资源产权的模糊性及产权竞争激烈性，必然影响合约竞争。如果初始产权的分配存在渐进性和相对性，那么建立在产权制度之上的合约竞争，必然存在不稳定性。在竞争所采取的方式上，如果对既有的权利造成损害，则是法律所不希望的。而在互联网领域，如果部分权利的确认本身是模糊的，那么对于这些权利的损害则难以受到强行法的保护。

其二，在互联网市场中，经营者之间的利益一致性更强。在传统领域中，因为产品生产和销售的规模性和互补性带来“做大蛋糕”而使得竞争者共赢的做法并不鲜见，如一村一品策略的推广等。但在互联网领域中，经营者经营的产品具有多样性和综合性，经营者之间的产品具有交叉性、竞争性和互补性，这使得经营者更容易适当让渡自己的当前利益来做大蛋糕，进而分享蛋糕做大后的盈利。互联网市场上的一种观念是：正在成长的市场细分和市场细分的增长，比市场份额的多少更加重要。因此，在一个非常小的市场细分中占有 50% 的市场份额，获得的利益可能远不如在一个更大的市场细分中拥有 20% 的份额。① 因此，现代的平台领导者可以在开发补足产品和竞争品的公司之间进行充分协调，从而加大产品经营者之间利益的一致性和共荣性。这种共荣性导致互联网竞争的自治性更强，传统法律的强行干预可以适当缩减。

① ［美］安娜贝拉·加威尔、迈克尔·库苏麦诺：《平台领导——英特尔、微软和思科如何推动行业创新》，广东经济出版社 2007 年版，第 57 页。

其三，现代竞争理论认为，在一个可竞争的市场上，企业规模不再是问题，“大”不再为祸，取代产业结构的是市场过程：不用过多考虑企业的数量和规模，只要关于价格的信息能够在消费者之间自由传播，只要资源能够顺利地从效率较低的产业转向效率较高的产业，市场就会像新古典理论所描述的那样运行。[①] 可竞争理论也对竞争政策产生了一定的影响。它认为在接近完全可竞争的市场上，自由放任政策比通常的反托拉斯政策更为有效。在反垄断法实施的现有领域，少数几家大企业采取纵向兼并或横向兼并的方法，传统的观点都认为这会带来垄断弊端，而在可竞争市场条件下，它们都变成无害的甚至可能是更有效率的了。可竞争理论认为，政府的竞争政策与其说应该重视市场结构，倒不如说应该重视是否存在充分的潜在竞争压力。互联网市场的可竞争性强，正是因为具有较大的潜在竞争压力，在这样的市场竞争中反垄断法的实施就必须注意两个方面：减弱对竞争者的保护，加强对交易相对人的直接保护。对此，可以简要地总结为“横向宽容，纵向严格”的反垄断规制立场。

二、加强对消费者的保护

在可竞争的互联网市场环境下，反垄断法需要进一步加强对交易相对人的直接保护。交易相对人（用户）主要包括但不限于消费者。

从既有的研究中，我们已经得知，互联网市场中的竞争主要具有以下特征：（1）网络的外部性效益使得垄断成为自然结果，即当使用某种产品的用户超过一定的数量（临界容量）时，需求方（用户）规模得以形成，加之网络时代数字产品高固定成本、低边际成本的特殊成本结构，于是边际收益呈现递增的态势，这样便形成了随之而来的正反馈效应（即强者更强、弱者更弱，从而引起极端结果的效应），而该效应造成的“选择优势”又会自发地增

---

① Gorge E. Garvey and Gerald J. Garvey: *Economic Law and Economic Growth*: *Antitrust*, *Regulation*, *and the American Growth System*, New York, Westport, and London: Greenwood Press, 1990. p. 98.

加使用该产品的用户数量，最终导致市场垄断局面的出现。这也被总结为“马太效应”，即强者恒强，弱者恒弱，并最终强化垄断，直至赢者通吃。[①]（2）网络系统具有“锁定效应”或称“消费者黏性”，是指由于各种原因，导致互联网用户从一个系统转换到另一个系统的转移成本较高，从而使得经济系统达到某个状态之后就很难退出，系统逐渐适应和强化这种状况，从而形成一种“选择优势”把系统锁定在这个均衡状态。[②]（3）网络需要兼容性和标准性，容易进一步推进强者越强，弱者越弱的效果。（4）互联网是技术更新的结果，其本身的发展也伴随着剧烈的技术更新。在快速创新的推动下，互联网市场的竞争的动态性增强。[③]这意味着，互联网市场的竞争易于形成垄断，也容易消散而被新的垄断所取代。这就意味着，尽管市场上的垄断者会不断地变换，但垄断的状态可能会长期存在。这时，就必须对经营者的相对方进行特殊的保护，这就要求强行法向交易对方倾斜。

此外，正如前文所分析，互联网市场经营者的共荣性、互惠性更加强烈，因此，经营者之间的竞争必然会转化为两大阵营间的利益竞争。除了争夺合约的机会，在同一个合约之中获取更多的利益同样是经营者的共同目标。因此，消费者面对的不是传统领域中的个别经营者，而是竞争者的联合。这就需要法律进一步向消费者利益倾斜。

因此，在涉及消费者利益的时候，法律不可放松管制而信任网络经营者自治，相反，现有的竞争法需要在实体上和程序上作进一步严格的规定。

一方面，在考虑互联网经营者的行为的合理性时，应当更多考虑消费者的利益。企业之间相互对抗的竞争行为，对竞争者往往具有一定的负面作用和敌对意图，考虑竞争者之间的利益得失，很难判断企业行为的正当性。但企业的行为是否损害了消费者的选择权、知情权等利益，应当成为判断企业竞争行为是否合理的最重要因素。例如，在著名的3Q之战中，互联网企业

① 吕超：《由结构到行为：网络时代反垄断的法律思考——以即时通讯市场为例》，载《网络法律评论》2010年第1期。

② 郭立仕：《网络经济时代中竞争政策的新课题》，载《网络法律评论》2004年第2期。

③ 吕超：《由结构到行为：网络时代反垄断的法律思考——以即时通讯市场为例》，载《网络法律评论》2010年第1期。

显然是通过损害消费者的方式在相互进行对抗，一方企业竞争者用“窥探用户隐私”的方式来误导消费者，另一方企业竞争者则要求用户二选一。通过损害消费者的方式来竞争，是反垄断法及反不正当竞争法应当重点关注和坚决禁止的行为。

另一方面，应当进一步保护和完善反垄断法制度下消费者的诉权和求偿权。消费者依据《反垄断法》对垄断带来的伤害提起诉讼要求赔偿仍困难重重。2013 年 5 月 3 日，最高人民法院发布了《最高人民法院关于审理因垄断行为引发的民事纠纷案件应用法律若干问题的规定》。出台前的征求意见稿中曾规定“经营者和消费者”都可以提起反垄断民事诉讼，但是在正式颁布的版本中又删除了“包括经营者和消费者”的表述。[①]2014 年 12 月 9 日，田某伟作为消费者（案件中田某伟为典型的间接购买者）向北京知识产权法院提起诉讼，主张因北京家乐福商业有限公司双井店和雅培贸易（上海）公司之间存在的非法价格垄断协议致使自己承受了不合理的高价，因而主张获取赔偿。田某伟的诉讼资格得到了肯定，但作为消费者，其无力证明企业的垄断状态和垄断行为，其诉讼请求最终被驳回。[②]消费者除了难以有实力完成相关市场界定、市场支配地位、行为合理性方面的证明之外，还难以就其损害进行证明。消费者往往是典型的间接购买者，同时也是竞争结果的接受方。作为间接购买者的消费者认为由于作为被告的垄断者实施的垄断行为致使垄断产品产生了垄断溢价，溢价通过供应链由直接购买者转移到了自身，使自己承担了被转嫁的损害，因此要求被告进行损害赔偿。由于间接购买者与垄断行为实施者和垄断行为之间相距较远，加之本身资源有限，其证明负担非常重。因此，在构建我国间接购买者垄断损害赔偿的相应制度时，需要通过相应的制度设计给间接购买者提供相应的激励措施并适当减轻间接购买者的举证责任。例如，我国可以考虑仿照 2014 年欧盟委员会发布的《诉讼指令》

① 《最高人民法院关于审理垄断民事纠纷案件适用法律若干问题的规定（征求意见稿）》第 4 条规定：“因垄断行为受到侵害的自然人、法人和其他组织，包括经营者和消费者，可以依据反垄断法第五十条的规定，向人民法院提起民事诉讼。”载 http://www.law-lib.com/fzdt/newshtml/20/20110426091143.htm，最后访问日期为 2020 年 6 月 26 日。

② （2014）京知民初字第 146 号民事判决书。

中对于“可反驳推定”的制度设计。《诉讼指令》第 14 条第 2 款提出：“间接购买者能够证实垄断行为实施者的行为违反了《竞争法》的规定，并且这种行为导致了垄断溢价的产生，以及间接购买者购买此行为所在的产品供应链上的产品或者服务，就可以推定间接购买者完成了其证明任务。”①

三、进一步厘清相关市场界定问题

在反垄断法中，相关市场是确定竞争者竞争的产品范畴和地域范畴。我国《反垄断法》第 12 条第 2 款规定：“本法所称相关市场，是指经营者在一定时期内就特定商品或者服务（以下统称商品）进行竞争的商品范围和地域范围。”

界定产品市场，主要指根据产品的特性、用途及价格等因素，将需求者认为具有较为紧密替代关系的一组或一类商品确定的竞争的产品范畴。②仔细分析，相关产品市场界定的过程事实上包括两个环节：第一，确定一个基准产品，如选定一个产品为香蕉（本书称为“产品界定”）；第二，寻找与该产品具有紧密替代关系的同类产品，如判断其他水果能否有效地替代香蕉（即进行“替代性分析”）。在传统的反垄断案件中，市场界定研究的主要内容是第二环节，即产品的替代性分析，而“产品界定”问题却一直被认为是一个简单明了的事实和起点，无须再耗费精力思考。

但在互联网多边平台反垄断案件中，如何能够确定一个基准产品，是一个需要仔细分析的问题。尤其是在互联网平台竞争中，企业同时向用户提供多种补足品，区分“这个产品”还是“那个产品”，涉及对“这个产品”的替代还是对“那个产品”的替代；辨认“一个产品还是多个产品”，涉及“一个市场还是多个市场”的判断。在互联网多边平台竞争中，分辨独立的“产品”，

① Article 14 of Directive 2014/104/EU of the European Parliament and of the Council of 26 November 2014 on certain rules governing actions for damages under national law for infringements of the competition law provisions of the Member States and of the European Union.

② 《国务院反垄断委员会关于相关市场界定的指南》第 3 条。

进而确定经营者竞争的范畴成为一个突出的问题，需要根据产品的供给特征、平台不同用户群之间的相互关系、平台产品的聚合性等要素进行综合判断。

在替代性分析环节，传统上，需求替代是判断相关市场最传统也是最基础的方法。[①]需求替代根据需求者对商品功能用途的需求、质量的认可、价格的接受以及获取的难易程度等因素，从需求者的角度确定不同商品之间的替代程度。原则上，从需求者角度来看，商品之间的替代程度越高，竞争关系就越强，商品就越可能属于同一相关市场。[②]在互联网市场中，免费竞争导致互联网经营者在不同顾客群中提供不同的服务，最终实现以收费产品补贴免费产品，并实现最终的盈利。这导致了双边市场的出现。双边市场增加了需求替代分析的难度。如果通过价格与需求之间的互动来考察产品之间的可替代性，一边市场的价格变化不仅会导致该边需求的变化，同时还会导致另一边市场需求的变化。这反过来将导致市场中所有平台相对和绝对的规模发生变化，引发进一步的问题。也就是说，人们不可能只检查市场一边的价格效应，而不考虑另一边和两边之间的反馈效应。因此，双边市场的竞争往往在每一边都需要考虑，都会对平台的市场支配地位构成影响。在传统的反垄断分析中，假定垄断者测试（SSNIP）思路是一种极为有效的经济学手段，人们可以借助经济学工具分析所获取的相关数据，确定假定垄断者可以将价格维持在高于竞争价格水平的最小商品集合和地域范围，从而界定相关市场。而在互联网竞争中，免费竞争导致非价格竞争比价格竞争更加重要，因此，很难在互联网行业顺利地使用 SSNIP 分析。双边市场也导致价格测试在互联

---

① 由于供给替代受市场进入壁垒、沉没成本及生产设施不完全替换性的制约，其对“被告”的竞争约束存在明显的潜在性和极大的不确定性。如果无条件地应用供给替代性界定相关市场，就会低估“被告”的市场份额和市场势力。因此，各国对应用供给替代性界定相关市场都设定了严格的条件，并确立了相应的供给替代性相关市场界定模式。例如，欧共体委员会在《关于欧共体竞争法中相关市场界定的通知》第二部分“市场界定的基本原则”中就规定，应先按照需求替代性初步界定相关市场，然后再按照供给替代性对相关市场进行调整，并最终界定相关市场。参见胡甲庆、余泓：《反垄断相关市场界定中供给替代性的应用》，载《贵州财经学院学报》2012 年第 3 期。

② 《国务院反垄断委员会关于相关市场界定的指南》第 5 条。

网领域失灵。[①]

这一变化提高了供给替代分析方式的重要性。供给替代是根据其他经营者改造生产设施的投入、承担的风险、进入目标市场的时间等因素，从经营者的角度确定不同商品之间的替代程度。原则上，其他经营者生产设施改造的投入越少，承担的额外风险越小，提供紧密替代商品越迅速，则供给替代程度就越高，界定相关市场尤其在识别相关市场参与者时就应考虑供给替代。[②] 从供给角度界定相关产品市场时，一般主要考虑其他经营者对商品价格等竞争因素的变化做出反应的证据、其他经营者的生产流程和工艺、转产的难易程度、转产需要的时间、转产的额外费用和风险、转产后所提供商品的市场竞争力、营销渠道等。[③] 转产成本等产业壁垒问题是最值得重视的——应当通过判断市场是否具有充分的供应者，尤其是潜在的竞争者，即判断市场是否可竞争的，来判断相关市场的大小。如果转产十分容易，市场的进入和退出壁垒很低，那么相关产品市场的范畴就会更大。在传统的反垄断分析中，供给替代方式并不是主流的相关市场界定方式，但在互联网领域中，供给替代方式避开了价格、需求等要素，能够在相关市场界定中发挥更多的作用。

四、关注知识产权保护与标准竞争的特点

出于兼容的要求，互联网领域的生产和经营具有标准性。产业内标准化的过程就是特定标准被更多经营者和消费者普遍接受形成规则的过程。互联网竞争背景下的知识产权问题主要涉及两个方面：

标准化过程中的知识产权滥用。为实现互联网兼容目标所需要的标准，往往被称为技术标准或者兼容标准。与传统的产品质量标准不同，行业内往往需要更为统一的兼容性标准。因此，独立企业或者标准化组织制定的标准

① 王先林主编:《中国反垄断法实施热点问题研究》，法律出版社 2011 年版，第 336—337 页。

② 《国务院反垄断委员会关于相关市场界定的指南》第 6 条。

③ 《国务院反垄断委员会关于相关市场界定的指南》第 8 条。

最终会通过竞争淘汰掉绝大多数既存标准而只保留一个标准或者极少数标准。这并不符合效率的要求。因此，在互联网领域中出现了“合作”的要求：企业联合起来通过标准制定组织制定统一的标准。这需要反垄断法中关于横向协议的规定一定程度的豁免。但另一方面，一项标准往往包含众多的技术和专利，在行业标准中选择何种技术和专利，也是一个竞争的过程，这需要反垄断法积极关注。

知识产权问题并不仅仅发生在标准化的过程中，也发生在标准形成后实施的过程中。知识产权的开放性也随着标准的实施而被放上桌面。知识产权在多大的程度上是合法的垄断，现行立法对知识产权的保护是否合理，这也是一个竞争法的问题。

在标准竞争中，获利的关键点并不仅仅在于通过许可专利而获取许可费用。正如前文所述，标准战略区别于普通产品竞争的根源在于规模经济，占领市场份额。标准领导者如果同时还追求成为一个“平台领导者”，即成为一个可持续的标准领导者，就必须努力克服知识产权的私益性。事实上，在“知识扩散和知识创新同样重要”的时代，开放知识产权，重新平衡竞争与创新价值的观念早已出现。20 世纪 80 年代，理查德·马修·斯托曼（Richard Stallman）就启动了“自由软件联盟”，引导了软件开源运动。① 作为“平台领导者”，企业必须放弃通过某些专利可能带来的利益，满足互联网拥有“公开的标准”的希望，从而实现合作竞争。② 领导者必须愿意帮助整个行业进行创新，将特定的技术内容免费公开，以鼓励其他公司围绕启动技术进行创新，而不是将这些技术作为产品对待。③

行业标准中的知识产权并不必然被排斥在传统知识产权制度的范畴之外。

---

① 张平、马骁：《共享智慧——开源如见知识产权问题解析》，北京大学出版社 2005 年版，第 2 页、第 9 页。

② 例如，英特尔作为平台领导者时，就没有从个人电脑专利体系结构接口技术中获取利益，而是保证将新的技术规范向每个公司公开。[美] 安娜贝拉·加威尔、迈克尔·库苏麦诺：《平台领导——英特尔、微软和思科如何推动行业创新》，广东经济出版社 2007 年版，第 23 页、第 26 页。

③ [美] 安娜贝拉·加威尔、迈克尔·库苏麦诺：《平台领导——英特尔、微软和思科如何推动行业创新》，广东经济出版社 2007 年版，第 52—53 页。

不过，在互联网的标准竞争背景下，对知识产权私益性保护的减弱已经成为必然。微软在欧洲市场所面临的反垄断诉讼中，减少兼容信息披露的水平，并且拒绝向太阳微系统公司提供其要求的兼容信息，被欧盟委员会认定为具有削弱市场竞争的危险。尽管微软以其知识产权作为抗辩，但是欧盟委员会认为责令微软提供兼容信息对其创新动机的负面影响远远不能与对整个行业创新水平的正面影响相提并论。基于上述理由，欧盟委员会认定微软拒绝披露足够的兼容信息妨碍了相关市场的创新，通过将消费者锁定于微软的产品而限制了他们的选择，因而违反了《欧洲经济共同体条约》第 82 条。①

综上所述，互联网的发展所带来的冲击是全方位的；互联网经济是基于互联网所产生的经济活动的总和；互联网革命发生在市场经济的大背景之下，竞争仍然是资源流通和利益分配的基本机制。反垄断法的目标，还是要通过维护良好的竞争秩序进而促进经济发展和社会福利的增长。然而，互联网经济中企业新的盈利模式、运作模式，导致互联网竞争方式发生了极大的改变。根植于传统制造业和服务业而发展起来的反垄断法律制度，面对这种新的竞争方式，必然会产生新的问题。互联网竞争对反垄断法的挑战，体现在不同层面、多个领域。这些问题之间相互勾连、相互影响。反垄断法在实施过程中，必须全面地考虑这些新的挑战和问题。正确地对待互联网市场的竞争，适当地干预企业行为，理性地作出有效的判断，从而造就、维护一个充满活力和创新的互联网市场，这是反垄断法在新的经济时代中的新课题。

① 罗先觉:《欧盟微软案件裁决对我国的借鉴价值》，载《电子知识产权》2008 年第 8 期。

第二部分

互联网平台竞争及反垄断法规制

平台竞争是当下互联网竞争的主要模式。企业通过搭建一个网络交互空间，使得不同的消费群体和经营者群体能够通过这一空间接口进行各种交易或者交互活动，平台经营者也同时向这些不同的用户群体提供产品或者服务，并通过对一些用户或者一些产品免费而对另一些用户或者另一些产品收费的交叉补贴策略，再最终盈利。

由于平台连接着不同的用户群体和不同的产品、平台，尤其是超大平台逐渐形成了复杂的生态系统，反映在反垄断法上，就体现为不同的相关市场的交错和勾连。因此，在平台竞争的背景下进行反垄断分析，首先要面临的一个难题就是竞争关系分析——分辨相关竞争行为发生在哪个相关市场中，企业在哪个相关市场上相对于其他经营者和消费者具有控制价格或者产品数量的能力。在平台复杂的相关市场系统中分辨出恰当的相关市场，并厘清不同相关市场的相互关系至关重要。

在界定了适当的相关市场之后，平台经营者的滥用市场支配地位行为、协议行为和经营者集中行为，就可以按照反垄断法的规定进行分析。但由于互联网平台竞争的特殊性，在判断市场力量、分辨滥用行为、判断协议的合法性以及审查经营者集中方面，仍然存在诸多需要思考的问题。

第一章 互联网平台及竞争的维度

一、互联网时代的平台

平台竞争是当下互联网竞争的主要形式。我国的互联网应用平台经营模式已经普及，各大互联网企业都先后宣布进入平台战略时代。互联网经济的很多特征，如网络外部性、消费者黏性、网络的兼容性和标准性等，[①]也通过互联网应用平台经营模式得以充分展示。剖析互联网领域的反垄断案，应当对“平台”进行深入了解。人们从不同的维度和层面对平台进行描述和界定。综合各种文献，我们可以从三个维度去理解平台。

（一）平台的多端维度

平台是不同用户端点的交互空间，平台往往与双边市场联系在一起。[②]产业经济理论着重通过对双边市场的界定来阐释平台，或者通过平台来阐释双边市场。[③]双边市场，指的是有两个不同的但相互之间存在关联性客户群的

① 蒋岩波：《网络产业的反垄断政策研究》，中国社会科学出版社2008年版，第30页；张小强：《网络经济的反垄断法规制》，法律出版社2007年版，第33页；郭立仕：《网络经济时代中竞争政策的新课题》，载《网络法律评论》2004年第2期。

② 程贵孙、李银秀：《平台型产业反垄断规制的几个关键问题研究》，载《当代财经》2009年第7期。

③ Mark Armstrong，“Competition in Two - sided markets”，*3 the RAND Journal of Economics*，668–669（Autumn 2006）; David S. Evans：“The Antitrust Economics of Multi-sided Platform Markets”，*20 the Yale Journal on Regulation*，325（Summer，2003）.

市场。[①]双边市场需满足以下三个条件：（1）有两个或者两个以上相互区分的消费者群体；（2）存在因消费者群体A、B相联系和一定方式合作而产生的外部性；（3）将一个群体为另一个群体创造的外部性内部化所需的媒介。平台产业就是一种具有双边市场特征的产业。具有双边市场特征的产业，不再是由一类企业作为供给方和一类用户作为需求方所构成的单边市场，而是通过运营商提供平台服务，两类或者多类用户通过平台实现交换性的双边市场或者多边市场。[②]反过来，双边市场也被定义为一个向两个不同终端的用户提供产品和服务的平台，该平台试图对于每种不同的终端用户设定价格来"使得双边处于同一平面（board）"。[③]例如，QQ作为一种交互空间，能够连接不同的用户、广告商、游戏商等；搜索引擎作为一种交互空间，也可以连接进行检索的用户群和通过搜索引擎进行竞价排名的广告商。在其他领域，平台与双边市场的关系可以通过以下例子来表明：[④]

平台与双边的用户群体

平台	双边用户群	一般定价策略
异性交友网	未婚男女	对男性收费，对女性打折或者不收费
房地产中介	卖方；买方	对卖方收取佣金
杂志	读者；广告商	对双方都收取费用
购物商场	购物者；供货商	对供货商收取入场费
电脑操作系统	用户；程序开发商	可能对双方都收取费用

① Daniel M. Tracer, "Overcharge but Don't Overestimate: Calculating Damages for Antitrust Injuries in Two-sided Markets", *December the Cardozo Law Review*, 807（2011）；李剑：《双边市场下的反垄断法相关市场界定——"百度案"中的法与经济学》，载《法商研究》2010年第5期。

② 陈宏民、胥莉：《双边市场：企业竞争环境的新视角》，上海人民出版社2007年版，第4页。

③ Sujit Chakravorti Roberto Roson: "Platform Competition in Two-Sided Markets: The Case of Payment Networks", *FRB of Chicago Working Paper No. 2004-09*, see http://papers.ssrn.com/sol3/papers.cfm?abstract_id=564564##,（Last visited on June 28, 2015）.

④ 李汇颖、董笃笃、卢鼎亮：《双边市场下反垄断法适用若干问题分析》，载《电子知识产权》2012年第4期。

续表

平台	双边用户群	一般定价策略
银行卡系统	持卡人；商户	对商户收取费用
网上商店	卖方；买方	可能对双方都实行免费政策
门户网站	读者；广告商	对广告商收取广告费
团购网站	消费者；商户	可能对商户收取佣金，对消费者免费甚至补贴

在平台经济学的定义中，平台被认为本质上是一种交易空间或者场所，可以存在于现实世界，也可以存在于虚拟的网络空间，该空间引导或者促成双方或多方客户之间的交易，并且通过收取恰当的费用而努力吸引交易各方使用该空间或场所，最终追求收益最大化。① 这种界定主要是从市场交换的角度展开的，是经典经济学领域所涉及的"市场"概念的外化。②

还有学者综合双边市场、平台空间和平台技术，对平台进行了更为综合和全面的界定：平台是建立在海量端点和通用介质基础上的交互空间，它通过一定的规则和机制促进海量端点之间的协作与交互。③ 按照此概念，平台具有三个基本要素：（1）海量端点：按照端点类型的数量，平台还可以分为单边平台、双边平台和多边平台。如果平台吸聚同一类型的端点，在同一个市场上运作，则是单边平台，如传统的电话、传真机。有的平台吸聚了两种类型的端点或者两种以上的端点，则成为双边平台或者多边平台，前者如互联网搜索引擎，后者如数字电视运营商杭州华数。（2）交互空间：交互空间促进已经接入的海量端点能够有效互动。交互空间是平台的核心组成部分，它具备吸聚和重组两个核心功能。吸聚指能够对特定范围和规模的端点形成聚合引力；重组指能够对端点发出的信息、物质或能量进行重新组织和结构化处理，使其系统化、有序化和匹配化，从而提高端点之间交互效率的能力。

① 徐晋：《平台经济学》，上海交通大学出版社 2013 年版，序。

② 参见谷虹：《信息平台论：三网融合背景下信息平台的构建、运营、竞争与规制研究》，清华大学出版社 2012 年版，第 25 页。

③ 参见谷虹：《信息平台论：三网融合背景下信息平台的构建、运营、竞争与规制研究》，清华大学出版社 2012 年版，第 62 页。

（3）通用介质：通用介质的作用还在于使两个端点得以连接，形成物理的、虚拟的或者虚实兼备的网络。①

（二）平台的产品维度

在对于平台的描述中，多端客户是理解平台的一个必要的、核心的内容，这对于理解现代互联网社会中的交互系统和商业模式有很大的帮助。但是，平台所连接和维系的，不仅仅是客户端点，从另一个角度看，平台所连接和维系的，还包括一系列产品。

在互联网时代，我们通过电脑硬件设备，经由网络所使用的一切产品和获取的服务，都是由各种应用软件来提供。使用软件产品往往需要某种系统，这种系统不仅能运行软件产品中随附的软件，也能运行事先安装在系统中的其他软件。例如，应用软件需要使用事先安装的运行的系统软件。因此，使用一种软件可能有一个前提，就是需要获得另一种事先安装的软件和安装在系统中的该软件的随附软件。这种需要事先安装的软件被称为平台软件。②运行在平台软件基础之上的则是应用软件。

从平台与应用产品关系的维度看，平台是一种通过技术接口，“由多个相互依赖的部件组成的不断发展的系统，构成平台的每一个部件都可能被独自创新”③，“服务与产品相结合的体系”④，“各种工具、编程与信息模型、辅助性的软件运行时组件及相关技术”⑤。韩国学者将平台比作“八音盒”，用以描述

---

① 参见谷虹：《信息平台论：三网融合背景下信息平台的构建、运营、竞争与规制研究》，清华大学出版社 2012 年版，第 65—69 页。

② Andrew Chin, “Antitrust Analysis in Software Product Markets: a First Principles Approach”, *Fall the Harvard Journal of Law & Technology*, 27 (2004).

③ ［美］安娜贝拉·加威尔、迈尔克·库苏麦诺：《平台领导：英特尔、微软和思科如何推动行业创新》，袁申国、刘兰凤译，广东经济出版社 2007 年版，第 2 页。

④ ［韩］赵镛浩：《平台战争——移动互联时代企业的终极 PK》，吴苏梦译，北京大学出版社 2012 年版，第 10 页。

⑤ ［美］芬加：《云计算：21 世纪的商业平台》，王灵俊译，电子工业出版社 2009 年版，第 21 页。

在共享部分的基础配置之上的不同产品的组合。[①] 这些组合在一起的产品，并不限于严格意义上的"互补品"（如茶杯和杯盖、刀架和刀片），而是具有更为广泛的含义的产品聚合。例如，仅仅在QQ菜单上，其聚合的产品组就包括游戏、宠物、音乐、视频团购、杀毒、购物，而通过安装QQ还有可能附带安装搜索引擎带来广告流量等。同样地，随着360免费杀毒软件的安装，安全浏览器、安全桌面、搜索引擎等产品均相伴而来。这些产品之间，同严格意义上的"互补"关系相去甚远，[②] 对于这些产品组合，尽管某些研究中仍然将其称为"互补产品"，[③] 但为了区分于经济学上的"互补品"，将其统称为"补足品"更为适合。"补足品"是围绕着某一类核心应用产品而创建的，如对于微软公司的核心产品Windows操作系统平台而言，大量的各种Windows兼容应用软件，都属于核心平台产品的补足品。在以平台产品为中心的行业里，补足品越多，平台产品的价值就会越高。使用补足品的人数越多，补足品制造商就越愿意生产更多的补足品，继而会刺激更多的消费者购买和使用核心产品进一步激励更多的补足品创新，形成良性循环，[④] 形成所谓的"交叉网络效应"。[⑤]

（三）平台的技术维度

平台不仅连接着不同的客户端点，也连接着不同的产品组合，因此，从技术上讲，平台是一种技术接口。从客户端连接层面看，平台作为一种通用介质，是一种把海量端点连接起来的网络要素，它可以是一个物理传输网

① ［韩］赵镛浩：《平台战争——移动互联时代企业的终极PK》，吴苏梦译，北京大学出版社2012年版，第10页。

② 如果两种商品必须同时使用才能满足消费者的某一种欲望，则称这两种商品之间存在互补关系，这两种商品互为互补品，如磁带和录音机。参见高鸿业：《西方经济学（微观部分）》，中国人民大学出版社2001年版，第52页。

③ 这种广义上所使用的"互补品"，指它们只要不属于同一相关市场，没有严格的可替代关系，就能够在某些方面成为互补。参见［韩］罗俊皓：《免费经济学》，金香兰译，中国铁道出版社2012年版，第67—96页。

④ ［美］安娜贝拉·加威尔、迈尔克·库苏麦诺：《平台领导：英特尔、微软和思科如何推动行业创新》，袁申国、刘兰凤译，广东经济出版社2007年版，第6页。

⑤ 谷虹：《信息平台论：三网融合背景下信息平台的构建、运营、竞争与规制研究》，清华大学出版社2012年版，第105页。

络，或者是一种通用接口，一套标准或者是一组数据。通用介质的作用还在于使两个端点得以连接，形成物理的、虚拟的或者虚实兼备的网络。[①]从产品组合技术上讲，平台的运作依赖于运用平台标准或接口而研发、应用互补产品和服务。应用需要在平台上安装、运行；平台则是承载各种应用的基础。例如，索尼的 PS 游戏系统可以被认为是一种应用，只有搭配专门为它设计的程序才能运行；浏览器和多媒体播放器也是如此，它们需要与平台系统 Windows 视窗互相兼容才能正常运行。同样，QQ 菜单上聚合的一系列产品也是通过共同的接口介质连接在一起的。平台的本质就是平台标准或接口，平台的运行就是针对该标准来发展相应的应用产品并通过用户接口来培养用户经验。平台的逻辑标准和应用设施层同样是密不可分的。[②]

二、互联网平台竞争的基本模式和竞争层面

（一）互联网平台竞争的基本模式

平台的三个维度是相互交织的。例如，对于 QQ 而言，在用户维度上，它连接了各个相互独立而又相互影响的客户群：免费使用 QQ 各种应用服务的客服，收费进行广告、发布游戏的客户，等等。这些不同的客户群使得 QQ 成为一个双边平台，而且具有交叉网络效应，即一方用户数量的变化，会影响另一方用户价值和数量的变化，而且这种影响是相互的、持续的。QQ 通过一定的接口标准，聚合多种产品组合，通过免费服务集聚海量端点，并通过收费服务补贴免费服务的成本，进一步吸引免费使用搜索引擎的用户数量，通过交叉网络效应吸引更多的商户接受收费服务，获得更多的利润。平台的各个维度上的含义都对平台竞争具有重要的影响。平台用户端点、应用产品、技术接口的关系可以通过图 1 来表示：

---

① 谷虹：《信息平台论：三网融合背景下信息平台的构建、运营、竞争与规制研究》，清华大学出版社 2012 年版，第 25 页。

② Philip J. Weiser，"The Internet，Innovation，and Intellectual Property Policy"，*April the Columbia Law Review*，545（2003）.

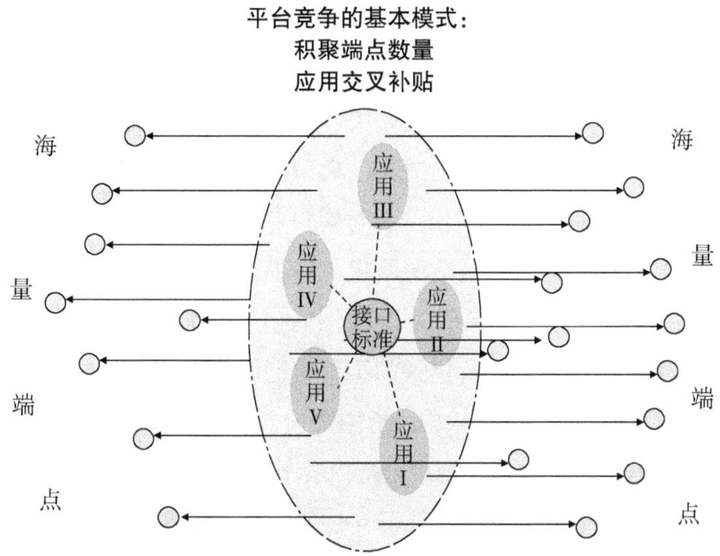

图 1

在互联网的平台竞争中，企业要获取竞争优势，也必须从平台的这些维度来展开。从用户的维度看，企业首先需要的是巨大的客户端数量，也需要单边、双边甚至是多边的用户。多元的客户端类别，尤其是巨大的客户端基数，有利于企业通过平台推出多种产品，并通过适当的价格策略来获得整体上的盈利。其中，免费模式起到非常重要的作用。通过对特定产品的免费提供，企业可以吸纳到更多数量的客户端，并通过在其他产品或者销售环节收费的方式来获得整体上的盈利。而先期的免费产品也能够吸纳更多的平台客户端，从而为进一步的收费创造基础。

互联网平台竞争中的策略囊括了各种形式免费方法。①

① 例如克里斯·安德森在《免费！为什么商业未来是零元》中将免费商业模式总结为直接交叉补贴（direct cross-subsidies）、第三方市场（the 3-party market）、免费加收费模式（freemium）、非货币性市场（non-monetary market）四种；而韩国学者罗俊皓根据消费者是否支付费用和业务相关者的数量这两重标准，将免费经济的盈利模式分为业务重定义型、赞助者型、价值转移型、共享促进型四类。参见［美］克里斯·安德森：《免费：商业的未来》，蒋旭峰、冯斌、璩静译，中信出版社 2009 年版，第 23—30 页。［韩］罗俊皓：《免费经济学》，金香兰译，中国铁道出版社 2012 年版，第 67—68 页。

克里斯·安德森在《免费！为什么商业未来是零元》一书中将免费商业模式总结为四种：（1）直接交叉补贴（direct cross-subsidies），指免费赠送或者低于成本销售特定产品，然后从相关产品或者服务中创造收益，即用一个产品的利润来弥补另一个产品的损失，典型的例子是话费赠手机；（2）第三方市场（the 3-party market），指产品对用户免费后企业从第三方广告商那里获益，在现实生活中，门户网站向用户免费提供信息浏览、邮箱，同时向用户发放广告，所谓"注意力经济"，即如此；（3）免费加收费模式（freemium），指对同一产品免费试用一次后付钱购买，典型的例子是广告样品；（4）非货币性市场（non-monetary market），指用户向经营者提供非货币性质的对价，包括在网站上提供用户信息、用户创造内容 UCC、维基百科等。①

韩国学者罗俊皓根据消费者是否支付费用和业务相关者的数量这两个标准，将免费经济的盈利模式分为四类：（1）业务重定义型，即收益来源于相关的互补产品，类似于产品的交叉补贴，但更加强调其通过免费在根本转移收益来源的同时也深刻地改变业务形态。该模式主要出现在手机、打印机、血糖仪等产业中。在商业模式设计时会多利用互补产品的关系。（2）赞助者型，在这种模式中，消费者无需付出费用，是一种三元的多边平台（也可以视为一种补贴策略）。（3）价值转移型，为了从现有企业抢夺市场占有率、市场支配力、新产品业务基础等战略性目标而愿意亏损实施免费的模式。与业务重定义型不同，其主要运用在替代产品管辖上，如电动企业的免费策略就是为了夺取炼油公司的利益。（4）共享促进型，这是一种产销合一的自发性共享和相互协作。产销合一的共享促进型是企业支持、模仿和运用这种个人的自发性赠与、共享、协作活动的形态。②

从根本上看，这些盈利模式基本上都是在平台所提供的核心产品和补足品之间进行补贴的结果，无论付费方是哪一方。正如安德森所指出的：世界

---

① ［美］克里斯·安德森：《免费：商业的未来》，蒋旭峰、冯斌、璩静译，中信出版社 2009 年版，第 20 页。

② ［韩］罗俊皓：《免费经济学》，金香兰译，中国铁道出版社 2012 年版，第 67—68 页。

就是一个“交叉补贴”的大舞台。[①] 从“交叉补贴”的对象来看，我们可以简单地将“补贴”分为两类：一类是不同客户群体之间的补贴，如百度对使用搜索一方提供免费，但对竞价排名的企业收取费用；另一类则是不同产品之间的交叉补贴，如新浪既提供免费邮箱服务，也提供收费邮箱服务。

以3Q之争为例，奇虎和腾讯之间的利益之争，也正是为了获得更多的客户端，进而顺利进行产品间的交叉补贴，最终获得盈利。3Q之争，是典型的平台之争，其体现出的特点是，双方争夺的不是特定产品市场中的市场份额或者客户，而是各自平台所有产品组合整体的客户端基础。双方矛盾冲突的爆发是因为腾讯推出了杀毒软件，而侵占了杀毒软件的市场份额，最终侵蚀了奇虎主要的客户端基础；同样地，腾讯通过免费提供QQ软件在客户电脑上建立平台基础，腾讯杀毒软件“QQ电脑管家”是该平台向用户提供的补足品之一，腾讯借助已有的客户端平台推广其杀毒软件，则是通过增加补足产品而增加平台综合吸聚能力，收纳更多客户端点。冲击杀毒软件市场仅仅是双方利益冲突的表面现象，而更深层次的矛盾在于，腾讯侵蚀了奇虎免费经济盈利模式的平台基础，使得奇虎面临客户端大量流失的危险，奇虎面临的将不仅仅是丧失杀毒软件市场的份额，而是整个平台及附属的产品组合的整体倾覆。奇虎的回击也是针对腾讯平台的：奇虎宣称腾讯窥探用户隐私，旨在从整体上减少腾讯用户；奇虎发布“QQ保镖”，其11项主要功能将使得使QQ除了用户个人的好友关系之外，其他的产品线几乎都会受到影响，从而QQ变成一只“裸企鹅”，[②] 其完全无法通过其他产品的补贴来为平台盈利。可见，在平台竞争中，企业通过增加补足品争夺平台客户基数，打击对方的

---

① [美]克里斯·安德森：《免费：商业的未来》，蒋旭峰、冯斌、璩静译，中信出版社2009年版，第20页。

② 例如，“QQ保镖”能够过滤QQ软件广告弹窗，让聊天更清爽；清理QQ垃圾，包括QQ影音、QQ音乐等QQ周边软件，清除冗余和临时文件；禁用侧边栏不必要的面板，让QQ界面看起来不再烦琐，运行更流畅，导致腾讯的邮箱、微博、钱包、QQ空间、今日要闻都可能被禁用；等等。这将导致腾讯各种平台组产品的整体丧失，一方面丧失收入来源，另一方面减弱腾讯平台的吸聚力。参见李晓明：《3Q大战：谁动了谁的奶酪》，载《商业模式》2010年第12期，第32—34页。

手段也包括减少对方客户基数或者破坏对方产品间的互补机制。而腾讯最后向其平台用户发出“二选一”的要求，利用的是客户对于其平台的依赖性。这种依赖性是基于平台整体产品组而不是单纯基于杀毒软件市场或者即时通信应用市场上的力量。

（二）互联网平台竞争的层面

具有海量端点、补足产品和技术结构的平台，放在反垄断规制的视角下，必须要注意其产品维度。平台竞争的产品层面，可以根据平台（接口）系统和系统上安装的应用软件之间的相互关系分为三类：独立的平台（接口）产品；应用产品；“平台（接口）+应用”综合产品。平台竞争可能会在不同层面展开竞争。

1. 平台（接口）层面的竞争

正如前文所言，从技术上看，作为用户端点和应用产品连结点的平台，其本质是平台标准或接口。平台在本质上具有一定的抽象性。而这种空间接口的存在形式是多种多样的。

平台技术接口有时候会具有独立的产品形式，这就形成了所谓的平台软件产品。我们使用某种软件产品往往需要某种系统，这种系统不仅能运行软件产品中随附的软件，也能运行事先安装在系统中的其他软件。例如，应用软件需要使用事先安装的运行的系统软件（如浏览器和 Windows 操作系统）。因此，使用一种软件可能有一个前提，就是需要获得另一种事先安装的软件。这种需要事先安装的软件被称为平台软件。[①] 运行在平台软件基础之上的则是应用软件。在微软案中，Windows 操作系统是一款纯粹的平台产品，其功能单纯是承载其他应用程序；同时它也是独立的，用户在选择电脑系统时，也不存在“多属行为”，即同时选择两个以上的操作平台，这使得微软审判案中法院得以通过计算个人 PC 端的安装比例来计算市场份额，考虑微软的平

---

① Andrew Chin，“Antitrust Analysis in Software Product Markets：a First Principles Approach”，*18 Harvard Journal of Law & Technology*，27（2004）.

台垄断力。[①]

但有时候，平台接口技术难以形成独立的产品存在形式，而仅仅是具有抽象特性的技术接口。平台的竞争可能体现为抽象的技术层面上的竞争及标准竞争，这不同于普通的产品竞争，而是一种知识产权竞争。知识产权法通过授予专利权或者版权的形式，赋予技术发明人及创造性作品的作者一项有限期专有权，使得权利人具有排他的对世权，由此达到激励无形产品市场投资的目的。[②]作为知识产权，平台技术标准的使用在构成滥用时，会引起反垄断法的干预。

2. 应用产品层面的竞争

应用软件运行在平台软件的基础之上，如各社交网站中的即时通信工具就是搭载在各个社交网站平台之上的。而不同的应用软件可能由共同的平台接口来连接，并且围绕平台接口形成“补足品”组合，能够增加平台整体对海量端点的聚合力。例如，微软通过开发 IE 浏览器、Office 办公系列软件、Outlook 等补足品应用软件，来增加 Windows 系统的整体聚合力；[③]腾讯公司则通过 QQ 浏览器、QQ 游戏、QQ 医生等软件来增加 QQ 平台的聚合力。作为一款单独的应用产品，如果失去了平台的支持，是非常容易在竞争中被取代的。在平台竞争时代，多种应用产品通过平台接口维系在一起，充分发挥其对于平台的附加值，和平台一起作为整体在竞争中保存下来。

3.“平台 + 应用”产品层面的竞争

平台的技术接口，有时候既不形成独立的平台产品，也不单纯以技术标准形式参与竞争，而是依附于某种应用功能，使得该应用产品成为“具有平台接口功能的应用产品”，同时连接其他应用产品和双边用户。而平台的客户，也往往选择多个平台，即使对于同一应用的使用，客户也可能存在“多

---

① 郭建安:《微软讼案：美国诉微软》，法律出版社 2000 年版，第 303 页、第 389 页、第 393 页。

② Richard A. Posner，*Economic Analysis of Law*，7th ed.，New York：Wolters Kluwer Law & Business，2007，p.367；转引自 Sandeep Vaheesan：“Reviving an epithet：a new way for word for the essential facilities”，*3 Utah L. Rev*，942（2010）。

③［美］安娜贝拉·加威尔、迈尔克·库苏麦诺：《平台领导：英特尔、微软和思科如何推动行业创新》，袁申国、刘兰凤译，广东经济出版社 2007 年版，第 135 页。

属行为”。在这种情况下，既不能因为平台技术接口所附着的应用而认为存在某种独立的“平台产品”或者“平台市场”，也无法依据这样的“平台”来认定相关市场和市场份额。周鸿祎曾指出，互联网平台可以是即时通讯，可以是搜索，也可以是安全（软件），而法院称互联网应用平台的核心产品或者服务各不相同，不能认为不同的互联网平台彼此可以有效替代，① 其原因则在于此。但作为“具有平台接口功能的应用产品”，其可以构成“具有平台性质的即时通讯/搜索引擎/安全软件产品”产品界限的相关市场，而不是某种单纯的“应用产品”市场。

三、互联网平台竞争对反垄断规制的挑战

（一）免费经营模式带来的挑战

平台的免费竞争通过不同客户端群体之间、不同产品之间“交叉补贴”最终获得整体上的利益。免费产品的提供为 SSNIP 分析方法的使用带来困扰。SSNIP 的思路是人们可以借助经济学工具分析获取的相关数据，假定垄断者可以将价格维持在高于竞争价格水平的最小商品集合和地域范围，从而界定相关市场。在平台竞争中，免费竞争导致非价格竞争比价格竞争更加重要，因此，很难在互联网行业顺利地使用 SSNIP 分析。免费竞争对用户转移的影响是双向的：一方面，在平台的产品组合中，免费产品吸聚用户端点，在此基础之上的收费产品的涨价，会因为交叉网络效益及消费者黏性的存在，用户不会轻易地完全放弃一个平台而转向另一个平台；但另一方面，如果免费产品本身发生质变，哪怕是涨到 1 分钱，也会导致免费竞争模式的崩溃，用户大量逃离。因此，有学者认为，在互联网领域中，品质上的竞争大于价格上的竞争，SSNIP 方法中的 5% 的测试法无法导致消费者作出替代选择。②

---

① 广东省高级人民法院民事判决书（2011）粤高法民三初字第 2 号；最高人民法院民事判决书（2013）民三终字第 4 号。

② 王先林主编：《中国反垄断法实施热点问题研究》，法律出版社 2011 年版，第 336—337 页。

（二）双边市场带来的挑战

双边市场增加了需求替代分析的难度。在双边市场中，一边市场的价格变化不仅会导致该边需求的变化，同时还会导致另一边市场需求的变化，进一步又将导致市场中所有平台相对和绝对的规模发生变化，引发进一步的问题。这时，如果仍然从单边市场的角度来分析相关案件，必然会导致相关市场的界定过窄。一个有效的方法是区分所涉主体的不同消费群体和可能的竞争对手，然后再区分出为这些消费者服务的不同商家。双边市场的界定极为复杂，在国际上也没有形成通行的认定标准。[①] 2010 年著名的“人人诉百度”一案通过需求替代界定了相关市场，[②] 随后，针对搜索引擎的双边市场特性，学者撰文指出了该案相关市场界定的不完备性。[③] 对于需求替代方法在平台竞争中的失灵，可以通过更加注重供给替代的方法来弥补。事实上，在奇虎和腾讯的反垄断案中，法院已经注意到了这一点，在进行需求替代分析的同时，充分考虑了供给替代。[④]

（三）平台产品维度带来的影响

平台通过共同的接口，联系一系列的补足产品，这是平台“交叉补贴”经营模式的产品基础。平台竞争必须要通过大量的补足产品吸聚用户端点，从而完成盈利计划。平台产品的这种经营方式，带来首要的竞争效应就是杠杆效应。

传统上，杠杆作用通常被解释为企业利用其在一个市场上的垄断力量来获得另一个市场上的垄断力量。杠杆作用常常被用来证明搭售、捆绑等行为的反垄断违法性，强调搭售能够使垄断者获得比一个产品的垄断利润更多的

---

① 李剑：《双边市场下的反垄断法相关市场界定——“百度案”中的法与经济学》，载《法商研究》2010 年第 5 期。

② 北京市高级人民法院民事判决书（2010）高民终字第 489 号。

③ 李剑：《双边市场下的反垄断法相关市场界定——“百度案”中的法与经济学》，载《法商研究》2010 年第 5 期。

④ 广东省高级人民法院民事判决书（2011）粤高法民三初字第 2 号。

利润。例如，在微软案中，微软被指控“使用操作系统市场中的杠杆，获得浏览器市场中的竞争优势，因而将显著的浏览器市场份额，从网景转移到微软”。但华盛顿特区法官驳回了关于杠杆理论的诉讼请求，理由在于“微软即使垄断了浏览器市场也并不能获得额外的垄断利润”。这意味着需要出现限制市场产出引起消费价格上涨的后果才能判定杠杆效应。[①]但杠杆理论的发展使得对杠杆效应的理解获得了拓宽。例如，提高竞争对手成本理论（Theory of Raising Rival's Cost）产生之后，[②]人们认为，企业延伸自己的垄断力量，不一定是直接为了获得另一个市场的垄断利润，而可以是获得其他方面的利益；或者可以在一定时间段内放弃短期利益，而准备收获长期利益。[③]

从这个角度看，平台竞争中的杠杆或者传导效果容易在补足的产品组中展开。在平台经营模式中，不同的应用安装通过共同的兼容接口标准联系在一起，这些补足品分别属于不同的相关产品市场。产品组合中一个产品市场中的市场力量，能够借助共同的接口得以传导。通过杠杆作用，经营者能够借助一个市场上的力量来获得另一个市场的网络效应，即便短期内不能实现两个市场的垄断利润，也可以在未来得到更多的利益。平台竞争中，杠杆效应或许在经济效果上是无害的（如不会导致消费价格的上升这样的恶性经济效果），但的确能够传导市场力量或者使经营者获得市场优势。在奇虎和腾讯的纠纷中，根据《互联网行业垄断情况调查对策研究报告》，[④] 2010 年腾讯在即时通讯市场上就已经获得了 76% 的市场份额，由于腾讯的产品组合拥有共同的用户，其在即时通讯市场上的市场力量，可能会传导至其他产品市场，

① 邓峰：《传导、杠杆与中国反垄断法的定位——以可口可乐并购汇源反垄断法审查案为例》，载《中国法学》2011 年第 1 期。

② Steven C. Salop and David T. Scheffman："Raising Rival's Cost"，see https：//www.ftc.gov/system/files/documents/reports/raising-rivals-costs/wp081.pdf（Last visited on June 28，2015）.

③ 李剑：《反垄断法中的杠杆作用：以美国法理论和实务为中心的分析》，载《环球法律评论》2007 年第 1 期，第 71 页、第 76 页、第 77 页。

④ 互联网实验室：《中国互联网行业垄断状况调查及对策研究报告》（2010 综合研究报告），载 http：//wenku.baidu.com/link?url=SPHSQflrJA3CIdeuG_rg8DOLwXT-ZInE-B7kKyBjxFgf9Yd5RK5mV1UjvsN6-UgNzKqwDkt475HKUGEGhhpmubMuV9E8NbAP0qWnfDh2Cju，最后访问日期为 2014 年 6 月 20 日。

如杀毒软件市场。这正是3Q战争的起源。①

（四）平台的用户维度带来的影响

与传统竞争相比，在平台竞争中限制网络效应的行为对竞争的危害更大。平台竞争主要围绕网络规模展开，关键在于争夺用户。用户越多，网络对用户的价值越大，则会有更多用户加入网络，从而形成正反馈。在应用层面，容易形成限制竞争者网络效应的行为，既包括因杠杆效应形成的搭售和捆绑，也包括独家交易、向相对人附加不合理的交易条件。这些行为的共同特点在于，由优势企业向其交易对方实施行为，并且该优势企业在相关市场上不见得已经具有“支配地位”，这类行为更多是一种“谋求垄断”的行为。②

以独家交易为例，独家交易指优势地位企业对它的贸易伙伴规定的强制的独特性义务，只能与其进行交易而不能与其竞争对手进行交易，其后果是使具有优势地位企业的竞争对手受到实质性的排除，因此要受到反垄断法规制。网络经济中企业强迫贸易伙伴与其进行独家交易正是为了限制竞争对手网络规模的发展，而使冒尖现象发生在自己一方。独家交易协议带来的冒尖效应会使得具有一定市场优势地位的企业进一步强化其市场力量，真正获得市场支配地位，从而将竞争对手消灭在这个“只有零和一”的战场之中。但企业市场力量的获得是限制了其竞争对手网络规模的扩大而不是消费者认为

① 除了3Q大战之外，当时类似的案例还有3B大战：2012年奇虎360低调推出综合搜索，8月21日起，360自主搜索引擎替换谷歌，成为360网址导航的默认搜索引擎。在一些版本的360浏览器搜索框中，360搜索也被设置为默认搜索引擎。Hitwise数据显示，360综合搜索上线仅五日访问量份额就近10%，仅次于百度位居网页搜索第二位。尽管这一数据的真实性受到同行的质疑，但360搜索引擎发展迅速是不可争辩的事实。在搜索引擎服务领域中，奇虎能够迅速崛起，主要是凭借360强大的安装基础。奇虎凭借免费推出360杀毒软件成为仅次于腾讯的全国第二大客户端，奇虎360拥有360安全浏览器、360保险箱、360杀毒、360软件管家、360网页防火墙、360手机卫士、360极速浏览器等系列产品。在安装360杀毒软件的同时，会自动附带运行360安全浏览器，而360浏览器则自动默认360搜索引擎。这正是“一站式服务”客户端的巨大杠杆效应。

② 美国《谢尔曼法》第2条规定：“任何人垄断或谋求垄断，或与他人联合、共谋垄断州际间或与外国间的商业和贸易，是严重犯罪。”

的其技术更优秀，独家交易的危害大于传统经济，美国反垄断法上的“任天堂”一案充分体现了这一立场。[①]同样地，搭售、捆绑、附加不合理的交易条件（如3Q案中的二选一）都是通过同样的方法来增强市场力量、谋求垄断的。这一类行为在平台竞争中值得特别注意。

① 任天堂在19世纪80年代推出了其游戏系统NES（Nintendo Entertainment System），并开发出超级马莉等游戏（这些游戏只能运行于NES）。任天堂通过这种排他性策略和借助网络经济效应获得了市场优势地位，迅速超过Atari成为行业领导者。1987年，任天堂通过技术手段迫使其他独立的游戏开发者在两年之内开发的游戏只能运行于NES而不能运行于其竞争对手Atari和世嘉的系统中，这种强加给其合作伙伴的义务带来了两个结果。首先，游戏开发者不会为了让游戏运行于其竞争对手的系统而放弃任天堂的用户安装基础，任天堂的排斥行为导致Atari和世嘉的系统吸引力减弱，从而使整个市场都倾向于它。其次，这种独家交易又会影响消费者预期，使任天堂这个市场领导者受益。以上两点，大大加强了任天堂对相关市场的控制。导致进入者难以进入这一市场，也增加了消费者负担，因为使用Atari和世嘉游戏系统的消费者要想和朋友玩一样的游戏，就不得不购买任天堂的游戏系统。在任天堂被提起反垄断诉讼并放弃这一策略后，它对相关市场的控制才得到放松。参见张小强：《网络经济的反垄断法规制》，法律出版社2007年版，第136—138页。

第二章
互联网平台竞争中的相关市场界定

一、多边平台对相关市场界定带来的挑战

（一）我国相关市场界定的一般思路和方法

我国《反垄断法》第 12 条第 2 款规定："本法所称相关市场，是指经营者在一定时期内就特定商品或者服务（以下统称商品）进行竞争的商品范围和地域范围。"该规定明确定义了相关市场的法律概念，同时也确立了相关市场界定的指导原则。该规定将相关市场划分为相关商品市场与相关地域市场，分别表示的是经营者竞争的商品范围和地理范围。

2009 年 5 月 24 日，国务院反垄断委员会公布了《国务院反垄断委员会关于相关市场界定的指南》（以下简称《指南》），《指南》是我国迄今为止关于界定相关市场较为完善的法规，为法院界定反垄断相关市场提供了明确指导。

《指南》第 3 条第 1 款规定："……在反垄断执法实践中，通常需要界定相关商品市场和相关地域市场。"在实践中一般首先需要界定相关商品市场，即判断哪些商品具有竞争关系；其次需要界定相关地域市场，即判断形成竞争关系的商品所在的地理区域。然而，仅仅界定相关商品市场、相关地域市场并不能解决实践中的全部问题，因此《指南》第 3 条还提出了"相关时间市场"与"相关技术市场"，二者均为界定相关市场时的选择性因素。只有当生产周期等事件性因素构成相关商品必备特征时，才考虑相关时间市场；相

关技术市场则只适用于某些涉及知识产权的司法实践。

《指南》规定了界定相关市场的三种基本方法：需求替代分析、供给替代分析和假定垄断者测试。需求替代分析和供给替代分析可以统称为替代性分析方法。根据《指南》第 5 条第 1 款，需求替代是指“根据需求者对商品功能用途的需求、质量的认可、价格的接受以及获取的难易程度等因素，从需求者的角度确定不同商品之间的替代程度”。根据《指南》第 6 条第 1 款，供给替代是指“根据其他经营者改造生产设施的投入、承担的风险、进入目标市场的时间等因素，从经营者的角度确定不同商品之间的替代程度”。根据《指南》第 10 条第 1 款，假定垄断者测试是指“人们可以借助经济学工具分析所获取的相关数据，确定假定垄断者可以将价格维持在高于竞争价格水平的最小商品集合和地域范围，从而界定相关市场”。

关于实践中使用上述三类方法的次序，《指南》第 7 条第 1 款规定，一般来说应当首先进行需求替代分析，在必要时进行供给替代分析，“在经营者竞争的市场范围不够清晰或不易确定时”，可以进行“假定垄断者测试”分析。

根据《指南》第 8 条、第 9 条的规定，当采用需求替代或者供给替代方式界定相关市场时，应当根据不同的相关市场类别考量各类具体因素。

界定相关商品市场时，从需求替代角度可以考虑的因素有：（1）需求者因商品价格或其他竞争因素变化，转向或考虑转向购买其他商品的证据；（2）商品的外形、特性、质量和技术特点等总体特征和用途；（3）商品之间的价格差异；（4）商品的销售渠道；（5）其他重要因素，如需求者偏好或需求者对商品的依赖程度；可能阻碍大量需求者转向某些紧密替代商品的障碍、风险和成本；是否存在区别定价；等等。界定相关商品市场时，从供给替代角度可以考虑的因素有：（1）其他经营者对商品价格等竞争因素的变化做出反应的证据；（2）其他经营者的生产流程和工艺，转产的难易程度，转产需要的时间，转产的额外费用和风险，转产后所提供商品的市场竞争力，营销渠道，等等。

界定相关地域市场时，从需求替代角度可以考虑的因素包括：（1）需求者因商品价格或其他竞争因素变化，转向或考虑转向其他地域购买商品的证据；（2）商品的运输成本和运输特征；（3）多数需求者选择商品的实际区域和主要经营者商品的销售分布；（4）地域间的贸易壁垒，包括关税、地方性法规、环保因素、技术因素等；（5）其他重要因素，如特定区域需求者偏好；商品运进和运出该地域的数量。界定相关地域市场时，从供给替代角度可以考虑的因素包括：（1）其他地域的经营者对商品价格等竞争因素的变化做出反应的证据；（2）其他地域的经营者供应或销售相关商品的即时性和可行性，如将订单转向其他地域经营者的转换成本等。

《指南》第10条、第11条还对SSNIP进行了说明，其基本思路是：

首先界定相关商品市场。假设该经营者是以利润最大化为经营目标的垄断者（假定垄断者），考虑在其他商品的销售条件保持不变的情况下，假定垄断者能否持久地（一般为1年）小幅（一般为5%—10%）提高目标商品的价格。

如果目标商品涨价后其仍然有利可图，那么目标商品构成相关商品市场；如果目标商品涨价后，引起需求者转向其他替代商品，造成目标商品无利可图，那就需要将替代商品增加到相关商品市场中，替代商品与目标商品构成商品集合。考虑如果商品集合涨价，假定垄断者是否有利可图，如果答案是肯定的，那么上述商品集合构成相关商品市场；如果答案是否定的，则继续进行上述分析过程，直到出现某一商品集合，使得假定垄断者可以通过涨价实现盈利。

接下来界定相关地域市场，思路同上：考虑在其他地域的销售条件不变的情况下，假定垄断者对目标地域内的相关商品进行持久小幅涨价是否有利可图。如果答案是肯定的，目标地域就构成相关地域市场；如果其他地域市场的替代使得垄断者无利可图，就需要扩大地域范围，直到涨价最终有利可图，该地域就是相关地域市场。

（二）互联网平台竞争中相关市场界定的主要问题

正如前文所述，多边平台也称“多边平台市场”（Multi-Sited Platform Market）。产业经济学将其主要描述为这样的一类产品和服务：（1）拥有两个或者两个以上不同的客户群体；（2）因为某种外部性的存在，不同的客户群体之间得以连接和协作；（3）必须有某种中介来内化一个客户群体对另一个客户群体产生的外部性。[①] 在对多边平台市场的讨论中，双边市场是各类文献讨论的典型。具有双边市场特征的产业，不是由一类企业作为供给方和一类用户作为需求方所构成的单边市场，而是一类可以成为平台企业的运营商提供平台服务，两类用户通过平台实现交换性的市场。[②] 而对多边平台市场的讨论主要是相对于传统的单边市场而言。相对于单边市场，多边市场最显著的特点在于其具有交叉网络外部性（Cross-group network externalities）特性。这里的网络外部性指某个产品的价值随着该产品的消费者数量的增加而增加。[③] 而多边市场的网络外部性具有交叉性，即一方用户数量的变化，会影响另一方用户数量的变化从而影响到产品的价值，而且这种影响是相互的、持续的。[④] 而在传统的单边市场中，企业向单一客户群提供产品（包括服务，下同），或者也向不同客户提供多种不同的产品，但对于每一种产品而言，只有单一的客户群体。不同的客户群体之间不产生交互作用。这样，企业是根据同类消费者的需求来制定价格并获得利润的。如果需求弹性大，那么价格会定得低一些；如果需求弹性小，则价格会定得高一些；不同的客户群体之间并不相互影响。[⑤]

在反垄断案件中，多边平台市场的特殊性对界定相关产品市场是一个重要的挑战。我国第一个关于多边平台的反垄断案件是 2010 年“人人诉百度”案。在这个案件里，法院将百度搜索引擎的相关市场界定为“搜索引擎服务”市场。[⑥] 该案宣判后，学者们对平台产品的双边性进行了热烈的讨论，指出

① David S. Evans,“The Antitrust Economics of Multi-Sided Platform Markets”, *20 Yale J. on Reg.*, 331-333（2003）.

② 陈宏民、胥莉:《双边市场：企业竞争环境的新视角》，上海人民出版社 2007 年版，第 4 页。

③ 李剑:《双边市场下的反垄断法相关市场界定——“百度案”中的法与经济学》，载《法商研究》2010 年第 5 期。

④ 张江莉:《互联网平台竞争与反垄断规制——以 3Q 反垄断诉讼为视角》，载《中外法学》2015 年第 1 期。

⑤ 李剑:《双边市场下的反垄断法相关市场界定——“百度案”中的法与经济学》，载《法商研究》2010 年第 5 期。

⑥ 参见（2010）高民终字第 489 号民事判决书。

在界定相关产品市场时应当考虑平台的双边性。①但时隔多年，多边平台的产品市场界定或者说产品属性问题仍然未能解决。以最近发生的“魏则西”事件为例，百度搜索引擎所提供的竞价排名服务到底是广告还是信息检索服务，还存在多方争议。尽管该事件不是一个反垄断案件，但仍然暴露出多边平台背景下对产品属性认定的不一致，以及多边平台背景下产品市场界定的复杂性。此外，近年来欧美的反垄断案件中，关于多边平台的产品界定也存在不一致。搜索引擎仍然是典型的例子：Google 在美国和欧盟所遭受到的反垄断诉讼中，在产品市场界定问题上，不同法域、不同机构的裁决也存在差别。②因此，多边平台的产品市场界定还需要进一步的分析和研究。

产业经济学关于多边平台市场的研究积极关注了平台的用户要素，即平台的多边性，这是因为在多边平台中“独立而又交互”的不同客户群体之间所形成的交叉弹性的确是“多边平台”的核心和关键。这从我国诸多介绍多边平台市场的用语中就可以看出：作为多边平台市场典型的双边平台市场，在我国绝大多数文献中被简称为“双边市场”。这样的称谓将平台的“多边性”放在了绝对的位置上，而忽略了多边平台的其他要素。一个完整的“平台”，除了“多边用户”这一要素之外，还包括其他重要的要素：产品要素和技术要素。多边平台通过统一的技术接口连接着不同的客户群体和产品，这些客户群体之间、产品之间，以及客户群体和产品之间产生交互作用，形成所谓的多边平台的整体。不少关于多边平台的经济学文献研究了多边平台的网络

① 李剑：《双边市场下的反垄断法相关市场界定——“百度案”中的法与经济学》，载《法商研究》2010 年第 5 期；蒋岩波：《互联网产业中相关市场界定的司法困境与出路——基于双边市场条件》，载《法学家》2012 年第 6 期。

② 例如，在 Kinderstart.com，LLC v. Google，Inc. 和 Person v. Google，Inc. 案中，美国法院认为“搜索广告”和其他在线广告具有合理的可替换性，不能构成相关市场。See Kinderstart.com，LLC v. Google，Inc.，2007 WL 831806，at 5-6（N.D. Cal. Mar. 16，2007）; Person v. Google，Inc.，2007 U.S. Dist. LEXIS 22499，2007 WL 832941（N.D. Cal. Mar. 16，2007）. 但在后来 Google/Double-click 的合并案中，FTC 认为“搜索广告”构成独立的相关市场。See Statement of FEDERAL TRADE COMMISSION：“Concerning Google/DoubleClick” FTC File No. 071-0170. 而在欧盟对 Google 的调查中，Google 被放在“综合搜索服务”市场中考察其是否滥用了市场力量。See COMMISSION DECISION of 27.6.2017，AT.39740 - Google Search（Shopping）.

外部性和多重产品定价模式。但具体到反垄断案件中的市场界定，多边平台的这些要素到底是如何具体影响到产品市场界定的？其涉及的具体问题可以解析为如下几个方面：

1. 一个产品还是多个产品

多边平台试图对于每种不同的终端用户设定价格来“使得各边处于同一平面（Board）”。[①] 这带来了“一个市场还是多个市场”的困惑。有学者认为平台的多边性伴随着多产品性，“对于双边平台，企业向两个独立但交互的用户群体销售不同的产品和服务，这些用户群体反过来也依赖平台作为中介完成他们之间的交互”[②]。仍以双边平台为例，平台向两个不同的客户群体提供产品——其向两个不同客户群体所提供的产品，是两个独立的产品分别构成独立的相关市场；还是向两边客户群体提供的产品分别都不是独立的，而是向两边客户整体提供的内容构成一个独立的产品，并以此为基点确定一个相关市场？例如，支付卡向持卡人提供付款服务，而向商户提供收款服务，这是两个市场（付款服务市场和收款服务市场），还是一个市场（资金转移服务市场）？报纸向读者提供新闻阅读内容，向商家提供广告空间，这是一个市场（报纸市场），还是两个市场（新闻提供市场和广告市场）？由于判断独立的产品存在是界定相关市场的前提，这个问题可以进一步明确为：对于双边平台而言，其提供的是一个囊括了平台两边的产品，还是分别提供了两个产品？

2. 产品市场的边界如何确定

在确定了独立的产品的起点上，相关产品市场以产品的可替代性为标准确定产品之间相互竞争的范畴。[③] 其具体界定方法大致可以分为两类：第一类

---

① Sujit Chakravorti Roberto Roson：“Platform Competition in Two-Sided Markets：The Case of Payment Networks”，*FRB of Chicago Working Paper No. 2004-09*，see http：//papers.ssrn.com/sol3/papers.cfm?abstract_id=564564##，（Last visited on June 28，2015）.

② United States of America，et al. v. American Express Company and American Express Travel Related Services Company，Inc.，Decision 10-C V-4496（NGG）（RER）.

③《指南》规定，界定相关产品市场应主要从需求角度来考察产品的需求替代性，必要时考察供给替代性。

以哈佛学派的结构主义为基础，侧重于对产品特征和功能的定性分析来描述产品的替代性；第二类即 SSNIP，以强调效率的芝加哥学派和以强调效率公平并重的后芝加哥学派的经济学思想为基础。[①] 从本质上讲，SSNIP 方法是产品需求替代的精确量化，即精确观察价格变化后消费者会在多大程度上转向替代产品。该方法基于经济学理论，克服了产品功能界定法中依据需求交叉弹性理论带来的主观性，因而更具有科学性，[②] 在反垄断法相关市场界定中被广泛使用。但多边平台的出现，使得 SSNIP 遭遇了极大的阻碍：

一方面，多边平台往往以某些产品的免费或者低价为策略，从而集聚海量客户构筑平台的运营基础，再通过从其他客户或产品处收费进行补贴，从而形成整体盈利的经营模式。[③] 在这样的模式下，SSNIP 所提供的 5%—10% 的涨价就不再是一个"数量不大而重要"的涨价。特别是在免费模式下，从免费到收费甚至会摧毁平台免费模式赖以存在的基础，从而使得平台完全瓦解。[④] 另一方面，由于多边平台具有交叉网络效应和反馈效应，[⑤] 平台产品的价格变化不仅会带来一边客户需求的变化，而且会影响到其他边客户需求的变化；其他边客户需求的变化会再反过来影响这一边客户需求的变化……形成所谓的"鸡生蛋蛋生鸡"的影响效应。即使不考虑免费和低价经营模式，多边平台中 5%—10% 的涨幅所带来的需求变化会比在单边市场中更大，也就是说，在多边平台背景下，同样幅度的涨价会损失更多用户，用户转向其他类似产品，从而使得该产品被替代的可能性变大，所以该产品或者产品群独立构成产品市场的可能性会更小，导致相关市场更大。

---

① 蒋岩波：《互联网产业中相关市场界定的司法困境与出路——基于双边市场条件》，载《法学家》2012 年第 6 期。

② 李剑：《双边市场下的反垄断法相关市场界定——"百度案"中的法与经济学》，载《法商研究》2010 年第 5 期。

③ 张江莉：《互联网平台竞争与反垄断规制——以 3Q 反垄断诉讼为视角》，载《中外法学》2015 年第 1 期。

④ 张江莉：《互联网平台竞争与反垄断规制——以 3Q 反垄断诉讼为视角》，载《中外法学》2015 年第 1 期，第 276—277 页。

⑤ 李剑：《双边市场下的反垄断法相关市场界定——"百度案"中的法与经济学》，载《法商研究》2010 年第 5 期。

3. 免费的产品竞争是否受反垄断法调整

免费模式在平台经营中发挥着非常重要的作用。平台往往通过部分免费产品吸纳客户，为进一步的收费创造基础。这些免费产品之间的竞争是否应当适用反垄断法？在 Kinder Start 诉 Google 一案中，原告败诉的一个重要原因就是，法院认为其未能证明搜索引擎市场是“销售分类”（Grouping of Sales）及这种销售分类可以构成一个独立的相关市场。原告未能主张谷歌是在“销售”搜索服务。“由于过去用户的经验和预期，以及先前的关于因特网自由与中立的政府监管和技术政策，搜索引擎对使用者必然是免费的”，而原告未能提供权威证据证明反垄断法会约束免费服务的竞争。“尽管搜索功能可以导致其他收入来源，但原告未能指明谷歌搜索的付费者”。从而法院认为这不是一个反垄断法意义下的市场。①

4. 平台本身是否构成产品并形成市场

在美国诉微软的“世纪审判”和我国著名的“3Q 大战”反垄断案中，微软公司和腾讯公司都就“平台”本身提出了产品市场的主张。在微软案中，微软认为 OS（操作系统）本身是一个平台，但其他非操作系统软件、中间件也可以是平台，如 Lotus Notes 这种中间件，甚至万维网（World Wide Web）——其由提供信息的服务商组成，并包括公共交流网络的应用程序软件。② 在 3Q 案中，腾讯公司认为 QQ 软件是一款综合性平台产品，除承载腾讯公司的即时通讯服务外，还承载腾讯公司的增值服务和广告服务，而互联网应用平台的经营者包括奇虎公司（互联网安全平台）、腾讯公司（即时通讯平台）及业内其他互联网企业，如百度（搜索平台）、新浪（新闻门户平台、微博平台）等。③ 二者都主张“平台”本身构成产品的竞争范畴。二者反映

---

① Kinderstart.com LLC.v.Google Tech.，Inc.，No.C 06 -2057 JF RS，（N.D.Cal.），March 16，2007. KinderStart 是美国康涅狄格州一家专门提供儿童信息的网站（KinderStart.com）。2005 年该公司在没有收到任何警告信息的情况下，被 Google 从搜索结果中排除，导致其网络流量下滑了 70 %。KinderStart 遂向美国加利福尼亚州圣何塞地方法院提起诉讼，指控 Google 垄断。

② ［美］克伍卡、怀特编著：《反托拉斯革命——经济学、竞争与政策》，林平、臧恒等译，经济科学出版社 2008 年版，第 487 页。

③ 最高人民法院民事判决书（2013）民三终字第 4 号。

出的共同问题是：平台作为交互空间和技术接口本身，是否可以构成独立的产品，并进而形成产品市场？

二、相关市场界定中的“产品界定”

（一）产品市场界定中的“产品界定”和“替代性分析”

相关市场界定是绝大多数反垄断案件分析的起点。[①] 相关市场指经营者在一定时期内就特定商品或者服务（以下统称商品）进行竞争的商品范围和地域范围。界定相关市场主要包括界定产品市场和地域市场。界定产品市场，主要指根据产品的特性、用途及价格等因素，将需求者认为具有较为紧密替代关系的一组或一类商品确定的竞争的产品范畴。[②] 仔细分析，相关产品市场界定的过程事实上包括两个环节：第一，确定一个基准产品，如选定一个产品为香蕉（本书称为“产品界定”）；第二，寻找与该产品具有紧密替代关系的同类产品，如判断其他水果能否有效地替代香蕉（即进行“替代性分析”）。在传统的反垄断案件中，市场界定研究的主要内容是第二个环节，即产品的替代性分析，人们发展出了需求替代、供给替代、SSNIP、SSNDQ[③] 等判断产品间替代的方法。而“产品界定”也即确定基准产品的问题一直被人们所忽略，这似乎是一个简单明了的事实和起点，无须再耗费精力思考。

但在多边平台反垄断案件中，如何能够确定一个基准产品，成为一个需要仔细分析的问题。理论界和实务界鲜有人关注这一点，但“产品界定”问题事实上已经成为扰乱反垄断案件起点分析的新难点。尤其是在互联网平台竞争中，企业同时向用户提供多种补足品，区分“这个产品”还是“那个产

① 《指南》第2条。

② 《指南》第3条。

③ SSNDQ指“数量不大但有意义且并非短暂的质量下降”所引起的消费者对于技术产品的态度：是否大量转向另一种替代产品。See OECD Competition Committee：“The Role and Measurement of Quality in Competition Analysis”（Report No DAF/COMP（2013）17），*Organisation for Economic Cooperation and Development*，28 October 2013，p.8，see http：//www.oecd.org/competition/Quality-in-competition-analysis-2013.pdf,（Last visited on June 28，2015）.

品”，涉及对“这个产品”的替代还是对“那个产品”的替代；辨认“一个产品还是多个产品”，涉及“一个市场还是多个市场”的判断。[①]

以搜索引擎平台涉及的反垄断案为例，由于选定的基准产品不同，各国反垄断机构锁定的相关市场就完全不同：有时候相关市场被界定为包含搜索服务和广告排名服务的整体，有时候相关市场集中于广告市场，有时候相关市场被集中于信息检索服务领域。

除了搜索引擎案件之外，还有大量案例和事件存在同样的难题。例如，iPhone 手机上的应用程序下载通道 App Store 构成独立产品，还是作为 iPhone 手机的一部分而存在；[②] 微软的 Windows 系统和 IE 浏览器分别是独立的产品，还是二者共同构成一个产品；eBay 等网络销售平台是向网络销售的卖方和买方提供了一个产品（服务），还是分别向二者提供了不同的产品；[③] 快滴、滴滴和优步的合并到底涉嫌在哪个相关产品市场上垄断（“网约出租车”市场、“召车服务”市场还是“包含召车服务的网约车”市场）；[④]“3Q 大战”到底涉及几个产品市场，企业之间到底有何种竞争关系；[⑤] 互联网平台本身是否构成一个独立的产品，还是平台可以和特定的应用共同构成一个产品；[⑥] 丰

---

① United States of America，et al. v. American Express Company and American Express Travel Related Services Company，Inc.，Decision 10-C V-4496（NGG）（RER）.

② 在对苹果手机强制下架和 30% 提成的举报事件中，举报一方将手机中的应用程序发布市场 App Store 界定为基准产品，并在此基础上得出了“iOS 系统下的智能终端应用程序销售平台”的相关市场界定。

③ 在 2008 年韩国 eBay—Gmarket 合并案中 eBay 主张平台为双方提供的是同一产品，而韩国公平交易委员会则认为平台为双方提供的是不同产品，从而界定了两个市场。类似的观点还有澳大利亚、英国、挪威等反垄断规制实践。参见侯利阳、李剑：《免费模式下的互联网产业相关产品市场界定》，载《现代法学》2014 年第 6 期。

④ 当下几乎所有的报道和研究关注的都是滴滴和优步提供的网约车服务，召车服务被视为其中的一个部分，但是召车服务本身可能也是一个独立的产品。

⑤ 许光耀：《界定相关市场的目的与标准研究》，载《价格理论与实践》2016 年第 11 期。

⑥ 张江莉：《互联网平台竞争与反垄断规制——以 3Q 反垄断诉讼为视角》，载《中外法学》2015 年第 1 期。

巢和菜鸟之争涉及什么样的产品市场的市场力量的使用[①]……

有部分学者触及了该内容，但并没有明确指出这是一个更为前提的、独立于“替代性分析”的“产品界定”问题，而仍然将其视为替代性分析的一部分，只是受到平台多边性影响而加入了新的考虑因素而已。例如，李剑教授基于平台的多边属性指出平台竞争会受到多方面的竞争约束，如搜索引擎会同时受到谷歌（Google）、必应（Bing）这样的双边平台和其他广告服务提供者，以及114信息查询服务提供者的竞争，但其分析的要点仍然是如何对功能替代要素和SSNIP方法进行完善；[②]蒋岩波教授探讨了将平台作为一个独立的产品进行相关市场界定还是将平台一边的市场进行相关市场界定的问题，并指出在“人人诉百度”案中，其涉及的相关市场应该是广告市场，而原告所举证的则是“信息检索”市场，该案实属“伪案”，但其在后续的分析中仍然关注的是替代性分析的方法和内容；[③]许光耀教授认为3Q反垄断案中存在即时通信产品、杀毒软件产品和广告服务三个产品市场，但其分析的是径路还是替代性分析。[④]最为接近的研究是“免费模式下的互联网产业相关产品市场界定”一文，侯利阳和李剑教授在分析双边市场时，重点考察了双边市场两边用户的相互关系，从平台的两边考察了一个市场和两个市场的问题，但该研究仍然是交织地分析“产品界定”和“替代性分析”，并未明确指明产品界定问题。[⑤]

但是，确定基准产品的“产品界定”问题并不是“替代性分析”，而是进

---

① 蜂巢和菜鸟都是将快递流程的“最后一公里”环节独立化所形成的服务。2015年6月6日，顺丰、申通、中通、韵达、普洛斯5家物流公司宣布投资5亿元成立丰巢科技。丰巢“智能快递柜，面向所有快递公司、电商物流使用的24小时自助开放平台，提供平台化快递收寄交互业务”。而菜鸟驿站是由阿里巴巴旗下菜鸟网络牵头，建立面向社区和校园的物流服务平台，为用户提供包裹代收代寄等服务，致力于为消费者提供多元化的最后一公里服务。

② 李剑：《双边市场下的反垄断法相关市场界定——“百度案”中的法与经济学》，载《法商研究》2010年第5期。

③ 蒋岩波：《互联网产业中相关市场界定的司法困境与出路——基于双边市场条件》，载《法学家》2012年第6期。

④ 许光耀：《界定相关市场的目的与标准研究》，载《价格理论与实践》2016年第11期。

⑤ 侯利阳、李剑：《免费模式下的互联网产业相关产品市场界定》，载《现代法学》2014年第6期。

行替代性分析的前提；判断一个产品能否有效替代另一个产品的方法，也不能有效地辨识出一个独立的产品。产品界定的结果，会影响到市场界定的结果并影响反垄断案件的最终结果。搜索引擎的案件已经充分说明这一问题：如果将“信息检索服务”界定为独立的产品，接下来就应该考察各种信息查询服务（如 114 电话查询）对其的替代性；如果“竞价排名的广告”是独立的产品，就应当考察各类广告服务（包括在线广告、非在线广告等）对其的替代性；如果二者共同构成一个产品，则只有谷歌、必应等搜索平台能对其构成替代。显然，被告企业在不同市场中的市场力量是完全不同的，这将导致案件结果的巨大差异。

至于何为一个“独立”的“产品”，反垄断法中并没有明确的规定。但从上述案例分析可以看到，“产品界定”正是要在进行替代性分析之前确认一个独立的基准产品，这要求明确企业所提供的各类实体商品和服务构成“一个产品还是多个产品”，再进一步判断企业在哪个产品市场中展开竞争。

（二）搭售案中的产品界定标准

在传统反垄断案件实务中，有一类案件特别关注到了“产品界定”问题。这类案件就是搭售（Tying）案件。搭售案件为了区分搭售品和被搭售品，产生了判断产品独立性的要求，并形成各种标准。这些实践可以对“产品界定”提供借鉴和帮助。

搭售指除非消费者同意购买另一个产品（被搭售品 Tied Product），否则企业就拒绝出售消费者想购买的产品（搭售品 Tying Product）。[①] 搭售案件中原告必须证明存在两个单独的产品或服务，（卖方）销售一种产品或服务的条件是（买方）购买另一种产品或服务。[②] 这需要辨认卖方同时销售的产品和服务是同一个产品（Single Product）还是两种各自独立的产品（Separate

① 李剑：《合理原则下的单一产品问题——基于中国反垄断法搭售案件的思考》，载《法学家》2015 年第 1 期。

② Monsanto Co. v. Scruggs，459 F.3d 1328，79 U.S.P.Q.2d 1813，2006-2 Trade Cas.（CCH）P 75376（Fed. Cir. 2006）.

Products）（含服务，下同）。

判断经营者销售的产品是一个产品还是多个产品，或者说什么样的商品和服务构成一个独立的产品，搭售的反垄断案件其实并没有形成通行、统一的标准。例如，美国的搭售案反垄断实践就提出了如下标准：（1）将各个部分组合在一起出售是否能够节约成本；（2）组合产品中各个组件的数量是固定的还是多变的；（3）"功能整合"标准；（4）组件组合形成的版本是否有很大差别；（5）同行业其他经营者的做法；（6）出卖人是否曾经将不同的组成部分分别定价；（7）出卖人是否曾经将不同的组成部分分别销售；（8）这些组成部分实际上是否能够被分别销售；（9）这些组成部分是否能够在不同的市场中销售；（10）需求标准；（11）物理标准。[①] 类似地，我国台湾地区"公平交易委员会"也指出，在判断产品是否构成单一产品时，应当考虑以下因素：同类产业之交易惯例；该两产品（或服务）分离后是否仍有效用价值；该两产品（或服务）合并包装、贩卖是否能节省成本；出卖人是否对该两种产品（或服务）分别指定价钱；出卖人是否曾分别贩卖该两种产品（或服务）；须存在明示或默示之约定，买受人无法自由选择是否向出卖人同时购买搭售品与被搭售品。[②]1980 年"美国法律报告"（ALR），将美国多年来 100 多件搭售案例进行了总结，梳理了各类搭售案件中对"一个产品还是多个产品"的判断。根据这些判例，可以看到，搭售案件中区分"一个产品还是多个产品"时，主要存在过三类标准体系。

1. Jefferson 案之前的复杂标准

在 1984 年 Jefferson Parish Hospital 案之前，判断产品独立性的要素是较为复杂和综合的，总的来讲可以大致分为以下三类：

物理性标准：这是最为简单和直观的标准。很多时候，人们可以根据产品在物理上的独立性来判断产品的独立性，比如纸和笔、书和报纸、香蕉和

---

① H. Pasahowaa："Tie-ins and Exclusive Dealing in The Distribution and Franchising Arenas：Emerging Issues and Principles After Hyde Lynn"，*54 the Antitrust Law Journal*，1220-1222（1986）.

② 台湾地区"公平交易委员会"：《公平交易法问答》，增订第 4 版，第 71—72 页，转引自李剑：《合理原则下的单一产品问题——基于中国反垄断法搭售案件的思考》，载《法学家》2015 年第 1 期。

苹果，由于这些物体在外观上具有独立的物理属性，因此他们很容易被辨识为不同的产品。例如在 IBM v. United States 和 International Salt Co. v. United States 两案中，法院认为进行结合的两项产品在日常生活中不论外观或通常使用都是属于不同的东西，因此不需要特别的说明，就能判定二者为不同的产品。[①] 但是物理性的标准在很多时候也很不准确：一方面，某些产品包含多个物理上独立的物体，但其仍然是单一产品，如一双鞋、锅和盖、饮料和包装；另一方面，现代社会有众多的产品是难以通过独立物理区分的，特别是服务和整合产品，实际上无法通过物理的独立性来判断产品的独立性。因此，物理上的独立性标准很快受到了批判。[②]

供给性标准：主要考虑的是从供给方的角度看两个实体是否可以分离[③]——具体而言，主要是从销售者的角度看两个实体或服务通常是否统一销售[④]或者能否分别提供和销售，[⑤] 通常是否由同一家企业生产、销售，[⑥] 这些实体或服务之间的组合比例是否固定，[⑦] 销售这些实体时通常是统一定价还是分别定价。[⑧] 例如，在著名的 Jerrold Electronics Corp 案中，法院判定社区有线电视系统和为该系统设计的设备分别构成不同产品，因为其他经营者对二者进行分别销售、分别定价，系统的构成差别大，卖方曾将其他生产者的天线和自己的设备放在一起销售。[⑨]

功能性标准：主要体现为功能的“可替代性”（Fungibility）分析，[⑩] 具有

---

① 李剑:《MSN 搭售和单一产品问题》，载《网络法律评论》2004 年第 2 期。

② See Dehydrating Process Co. v. A. O. Smith Corp.（1961，CA1 Mass）292 F2d 653.

③ Dehydrating Process Co. v. A. O. Smith Corp.（1961，CA1 Mass）292 F2d 653.

④ In Re Data General Corp. Antitrust Litigation，490 F. Supp. 1089（N.D. Cal. 1980）; United States v. Jerrold Electronics Corp.（1960，ED Pa）187 F Supp 545.

⑤ Refrigeration Engineering Corp. v. Frick Co.（1974，WD Tex）370 F Supp 702; Drinkwine v. Federated Publications，Inc.（1985，CA9 Idaho）780 F2d 735.

⑥ Re Data General Corp. Antitrust Litigation（1980，ND Cal）490 F Supp 1089.

⑦ Id.

⑧ United States v Jerrold Electronics Corp.（1960，ED Pa）187 F Supp 545.

⑨ Id.

⑩ Michael E. Ross，“The Single Product Issue in Antitrust Tying: A Functional Approach”，23 Emory L. J. 973（1974）.

共同功能者均被视为一个产品，如早报上的广告空间和晚报上的广告空间，均属于“广告空间”这一产品的不同组成部分；[①] 由于电视台播放电影可以和其他电视节目互相替代，因此所有可以在电视台播放的节目的本质都是“电视台播放时间”[②] 等。替代性分析与产品界定是不同的问题，其无法判定产品的独立性，而更适合在界定产品之后考察哪些产品之间由于功能相近能够紧密替代进而形成产品市场。可替代性分析方法也遭到拒绝。[③] 但从另一方面看，功能性标准也具有一定的产品辨识价值：不能因为两种实体或服务拥有相似的功能就抽象出一个更为概括的产品名称，而反过来，二者具有不同的功能就容易被辨识为不同的产品。美国司法部《垂直交易限制指南》指出，可以从产品之间的功能关系和产品之间的经济利益两个方面来决定是否存在单一产品：“仅在搭售品和被搭售品作分别不同的使用时，才被认为是单独的两个产品。而且在两种不同产品的共同包装以及交易有实质经济效益时，该两种产品才被视为非独立产品。”[④] 此外，在涉及商标的搭售案件中，功能标准起到了很大的作用：按照功能的不同，商标被分为“标志产品来源的商标”和“标志产品质量的商标”。前者主要体现在品牌商品的销售中，这时，商标表示该商品是由某生产者生产，这样的商标与其代表的商品是一体的，二者共同构成一个商品；[⑤] 而后者主要体现在连锁加盟案件中，这时加盟店的产品和服务可能是由不同的企业生产的，但都必须达到加盟商标所标识的质量标准，这时，商标本身构成一个独立的产品。[⑥]

---

① Times-Picayune Publishing Co. v. United States 8 345 U.S. 594（1953）. 该案被认为是功能的“可替代性”方法分析的起点。

② United States v. Loew's，Inc371 U.S. 38（1962）. 该案被告主张此观点，因此认为自己的行为不是搭售，因为自己销售的只有一个产品。

③ Michael E. Ross，“The Single Product Issue in Antitrust Tying：A Functional Approach”，23 Emory L. J. 973-984（1974）.

④ 李剑:《MSN 搭售和单一产品问题》，载《网络法律评论》2004 年第 2 期。

⑤ Mid-America ICEE，Inc. v John E. Mitchell Co.（1973，DC Or）1973-2 CCH Trade Cas 74681；Laurence J. Gordon，Inc. v Brandt，Inc.（1983，WD Wash）554 F Supp 1144.

⑥ Siegel v Chicken Delight，Inc.（1971，CA9 Cal）448 F2d 43；Fortner Enterprises，Inc. v United States Steel Corp.（1969）394 US 495.

2. Jefferson 案形成的以需求为导向的产品界定标准

1984 年的 Jefferson Parish Hospital 案是美国搭售案历史上的标志性案件。在该案中，需求被用来作为确定产品的独立性的标准，即“涉及一个产品还是两个产品”，取决于“对于二者的需求有什么特点”。[①] 对于医院的麻醉服务和手术服务是同一产品还是分别是独立产品的问题，法院指出：“除非对独立于医院服务的麻醉服务有足够的需求——这可以界定一个独立的产品市场，在该市场中独立于医院服务的麻醉服务是有效的——否则就不存在搭售合同。”[②] 这意味着对独立的麻醉服务有足够的需求使得提供独立的麻醉服务是有效率的，从而能够形成一个独立的产品。该案使得反垄断搭售案件从“前 Jefferson 时代”进入到了“Jefferson 时代”，法院不断在各个案件中重申“独立的需求导致独立的销售”，“是否存在不同的产品……应当关注二者的需求特征，而非功能关系”。[③]

以需求为标准来判断是否存在一个独立产品的做法不仅受到美国下级法院的支持和追随，还影响到其他国家和地区。例如在欧盟，需求标准也是搭售案中判断产品独立性的重要标准。在微软捆绑销售媒体播放器一案中，欧盟委员会指出，“根据《欧共体条约》第 82 条分析搭售品是分开的产品时，必须首先分析消费者的需求，从某种意义上讲，如果没有分开的消费者的单独需求，那么指控企业滥用市场支配地位实施搭售行为就没有实质意义”[④]。在我国的反垄断法实施过程中也重视了需求标准。例如，在吴某秦诉陕西广电网络传媒（集团）股份有限公司一案中，法院认为被告在基本收视维护服务费之外强制原告支付数字电视服务费为非法搭售，原因在于“有线电视的

---

① ［美］赫伯特·霍温坎普：《联邦反托拉斯政策：竞争法律及其实践》（第三版），许光耀、江山、王晨译，法律出版社 2009 年版，第 454 页。

② Jefferson Parish Hospital Dist. No.2 v. Hyde，466 U.S.2（1984）. Hyde 在 Jefferson Parish 医院做手术，医院向其提供麻醉服务并进行手术。Hyde 认为麻醉服务是一种独立的医疗服务（产品），医院向病人同时提供麻醉和手术的行为是搭售。

③ Lynn H. Pasahow，“Tying and the Single-Product Issue”，*54 Antitrust Law Journal*，1219-1228（1985）.

④ See Case COM/C-3/37.792（2004）. 转引自李剑：《合理原则下的单一产品问题——基于中国反垄断法搭售案件的思考》，载《法学家》2015 年第 1 期。

基本服务与增值服务或付费节目虽然同属电视节目，但由于两者可以分别消费，属于可分的商品或服务”。[①]

需求标准之所以具有很高的影响力，原因在于对搭售进行反垄断规制的主要目的是防止被搭售品市场的竞争受到限制。而一个产品之所以成为交易客体，往往是因为存在市场需求，如果市场上对该物品并无足够需求存在，则交易无法发生，或者无足轻重，反垄断法就没有规制的必要。[②]对此有学者认为，在判断产品独立性问题上，需求标准是最基本的标准，在此基础上可以再辅以交易习惯和交易性质标准。[③]

3. 以合理性分析为导向的产品界定标准

严格地讲，以合理性分析为导向的方式并非真正的产品界定标准，它实际上是越过“一个产品还是多个产品”这一有争议的环节，而直接讨论将两个商品或者服务放在一起统一销售是否合理。由于反垄断法下的“搭售”最终是要证明将独立的产品放在一起销售是否合理，而判定“一个产品还是多个产品”过于复杂，因此人们转而研究将两个商品或者服务放在一起统一销售的合理性——反正最终的结果是要判定这种统一销售是否合法，因此即使不能很清晰地区分“一个产品还是多个产品”，只要判定它们在一起是否合理，也能达到这一最终目的。

Anderson Foreign Motors v. New England Toyota Distributors 案开辟了从探索“一个产品还是多个产品”的界定标准转为合理分析的新道路，总结出了“四步分析法”：（1）考察产品自身的结构；（2）考察被告产品市场的实践；（3）考察同行业其他经营者的做法；（4）分析产品组合后在商业上获得的效率。[④]这一分析思路最关注的是搭售最终的“效率”，尤其是考虑统

---

① 参见（2013）陕民三终字第00038号判决书。

② 参见李剑：《从搭售构成到市场的关联性——对德先诉索尼案的思考》，载《河北法学》2008年第6期。

③ 参见杨宏晖：《搭售行为之法律分析》，载《公平交易季刊》第12卷第1辑，第125页。转引自李剑：《合理原则下的单一产品问题——基于中国反垄断法搭售案件的思考》，载《法学家》2015年第1期。

④ Moore v. Jas. H. Matthews & Co.，550 F.2d 1207（9th Cir. 1977）.

一销售是否会节约成本并降低产品价格。[①] 法院按此种思路判定了一系列案例，例如，认为律师目录上的广告不是独立的产品，因为将广告和目录整合对推荐律师而言更有效；[②] 医疗机构出售处方药不是非法的搭售合同，因为统一销售价格更低对消费者更加有利；[③]麦当劳连锁许可体系的整体公式是一个产品，因为唯有如此才能保证最后的成功；[④] 等等。

（三）多边平台案件中"产品界定"的新难点

1. 搭售案件中"产品界定"标准的局限

搭售类案件尽管能够为"产品界定"提供一定的经验和标准，但仍然不足扩展用以解决其他类型的反垄断案件的产品界定问题。从前文的梳理和总结可以看到，搭售案件的产品界定方法存在如下局限：

首先，搭售是一种非正常的销售方式。在传统的正常商业活动中，经营者考虑到消费者需求、产品功能、效率等一系列因素而将产品定价出售。经营者的销售方式和定价行为本身彰示了产品的独立性，如鞋子 100 元一双、衣服 200 元一件，本身就表明（一双）鞋和（一件）衣服是不同的产品，而左鞋和右鞋本身并不能构成独立的产品。因此，在传统的反垄断案件中，大部分情况下"产品界定"这一环节本身并不需要分析——独立的产品是一种既存的事实，由供给特征本身所彰显的事实。在搭售案件中，具有市场支配地位的企业为了特定的目的（主要是将搭售品市场上的支配力量传导到被搭售品市场），将不同的产品统一定价销售，使得在搭售时判断产品独立性的供给性特征受到极大的阻碍和影响，司法实践于是转而求助于其他标准。

其次，以需求为导向的产品界定标准本身存在很大的不确定性。如果以

---

① Lynn H. Pasahow, "Tying and the Single-Product Issue", 54 Antitrust Law Journal, 1223-1224 (1985).

② Hirsh v. Martindale-Hubbell, Inc.（1982, CA9 Ariz）674 F2d 1343.

③ Klamath-Lake Pharmaceutical Asso. v. Klamath Medical Service Bureau（1983, CA9 Or）701 F2d 1276.

④ Principe v. McDonald's Corporation, 631 F.2d 303（4th Cir. 1980）, cert. denied, 451 U.S. 970 (1981).

买方是否存在独立的或者足够的需求为标准判断产品是否独立，会产生判断独立需求或判断足够需求的新问题。此外，独立的产品需求与独立的产品供给之间的关系仍然模糊不清。需求标准没有考虑到消费者需求有局限，同时也忽略了创新问题下需求被创造出来的情形。[①]生产者可能在产品整合中实现效率，而消费者由于缺乏经验根本无法体会得到；[②]生产者也可能因为技术的进步而将传统的产品和服务分解，从而导致消费需求的变化。到底是独立的供给表明存在独立的需求，还是独立的需求表明存在独立的供给从而表明存在独立的产品，难有定论。如前文所述的欧盟微软捆绑销售案，欧盟委员会一方面称“必须首先分析消费者的需求……如果没有分开的消费者的单独需求，那么指控企业滥用市场支配地位实施搭售行为就没有实质意义”，但另一方面又称“根据判例法，如果市场上存在独立的、专门生产搭售品的生产商，那么就说明存在消费者对该产品的单独需求，因此存在独立的搭售品市场”[③]。这意味着只有存在独立的生产，才能表明有独立的销售。

最后，以合理性分析为导向的产品界定方法无法适用于搭售案件之外的其他类型案件。传统搭售案所要解决的最终问题是判断将相关实体和服务统一销售和定价是否合理。如果这种统一定价销售是合理的，那么就并不违反反垄断法，这些实体或者服务是否分别构成独立的产品也就不那么重要；反之，如果统一定价、销售在效果上是不合理的，那么这种销售方式也会被认为违反反垄断法。这使得人们分析搭售案时可以跳过对独立产品的实质界定转而分析统一定价销售的合理性。这种思路只能适用于搭售案件，不能适用于其他类型的反垄断案件。

2. 多边平台的特点对“需求导向”标准的新冲击

除了搭售类案件产品界定标准存在不足之外，多边平台，特别是互联网多边平台的特点和经营模式也使得以需求为导向的产品界定标准进一步失灵。

---

① 李剑：《产品整合与反垄断法规制：创新规则的补充》，载《上海财经大学学报》2007年第6期。

② Samuel Noah Weinstein, “Bundles of Trouble: The Possibilities for a New Separate-Product Test in Technology Tying Cases”, *90（3）California Law Review*, 973（2002）.

③ 李剑：《合理原则下的单一产品问题——基于中国反垄断法搭售案件的思考》，载《法学家》2015年第1期。

多边平台或者“多边平台市场”（Multi-Sited Platform Market）主要被理解为一种交互空间或者介质[①]：（1）拥有两个或者两个以上不同的客户群体；（2）因为某种外部性的存在，不同的客户群体之间得以连接和协作；（3）必须有某种中介来内化一个客户群体对另一个客户群体所产生的外部性。[②] 相比单边市场，多边市场最显著的特点在于其具有交叉网络外部性（Cross-group network externalities）特性。网络外部性或网络效应指网络的收益会随着用户人数的增加而增加。[③] 而多边市场的网络外部性具有交叉性，即一边用户数量的变化，会影响另一边用户数量的变化并最终影响产品的价值。这种影响是交叉的。

除了拥有产业经济学所强调的相互独立而又交互影响的不同客户群体这一特征外，多边平台市场还同时提供一系列产品，以保持、增加平台的吸引力，提升平台的价值。[④] 多边平台的主要经营模式是“免费的交叉补贴”：平台向其用户推出多种产品，并通过对一些产品或者对一类用户免费的价格策略来吸纳更多数量的用户，随后，平台通过对其他产品或者对另一类用户收费的方式来获得整体上的盈利。[⑤]

多边平台经营过程中产生“产品界定”要求的直接原因在于多边平台往往向用户推出一揽子的产品组，为了扩大用户数量、增加平台“黏性”，平台免费提供某些产品，这种产品的统一的提供和免费方式，淡化了独立产品的供给特征——独立的销售和独立的定价。独立的产品不再是一目了然的事实，而需要仔细辨认和判定。

在多边平台经营模式下，需求要素很难弥补供给要素淡化给产品界定带

---

① 张江莉：《互联网平台竞争与反垄断规制——以 3Q 反垄断诉讼为视角》，载《中外法学》2015 年第 1 期。

② David S. Evans, “The Antitrust Economics of Multi-Sided Platform Markets”, *20 Yale J. on Reg.*, 331-333（2003）.

③ 孙晋、钟嫦瑛：《互联网平台型产业相关产品市场界定新解》，载《现代法学》2015 年第 11 期。

④ 张江莉：《互联网平台竞争与反垄断规制——以 3Q 反垄断诉讼为视角》，载《中外法学》2015 年第 1 期。

⑤ 张江莉：《互联网平台竞争与反垄断规制——以 3Q 反垄断诉讼为视角》，载《中外法学》2015 年第 1 期，第 269 页。

来的不足。当平台同时向用户提供一组产品时，有时候是面向同一类用户，如网站向用户提供免费邮箱和收费邮箱，以及新闻阅读服务。但更多的时候，平台是同时向不特定的用户群同时推送一组产品，如搜索引擎同时向不同的用户提供新闻、搜索、广告、天气预报等服务；即时通讯工具向不同的用户提供即时通讯、广告、游戏、弹窗新闻等服务。当涉及两个或者两个以上的用户群体时，无论是判断用户需求还是判断统一销售的合理性，都与传统搭售案件中的条件存在很大的不同，是否因为有独立的需求而导致了独立的供给问题也变得更加复杂。例如，传统的外卖预订、房间预订都是由消费者向餐馆、旅店通过电话完成，打车由消费者在道路上招手完成，这时餐馆、旅店、出租车司机同时向消费者提供“预订 + 住宿”“订餐 + 食品加工”“接单 + 旅客运输”服务。而如今，“百度外卖”“携程”“滴滴打车”等平台通过技术将这些传统上的单一产品进行了分割。消费者作为平台一方并不支付费用，不独立购买订购服务，其并没有独立的需求；但餐厅等经营者作为平台的另一方产生了独立需求和购买。这时，根据需求进行产品界定就会产生矛盾：到底考虑这类用户的需求，还是考虑那类用户的需求呢？有学者认为，双边平台下，每个独立的用户群体都对应着独立的需求，从而存在两个产品市场。[①]但显然，同一个用户群体可能产生不同的需求，如同一用户可能会既需要免费邮箱也需要付费邮箱；不同的用户群体也会产生同一个需求，如房产交易中介向房屋的买卖双方提供的是同一个中介服务。

此外，免费的策略也使得免费用户不关心经营者是否独立提供某个产品。只要产品是免费的，由经营者独立地提供还是合并其他内容一起提供给消费者，由这个经营者提供或者由那个经营者提供，对于消费者而言，并没有很大的差别。仍以订餐服务为例，无论订餐服务是由“百度外卖”这样的平台单独提供，还是属于餐馆提供食物的环节，只要订餐服务是免费的，对消费者而言就没有差别。而传统搭售案件判决中“独立的需求决定了独立的产品”

① 例如，许光耀在分析 3Q 反垄断案时指出，无论是腾讯还是奇虎，由于其均采用“双边市场”经营模式，因此进行一笔交易的过程中必须依次满足两种需求。参见许光耀：《界定相关市场的目的与标准研究》，载《价格理论与实践》2016 年第 11 期。

的逻辑，在平台经营模式下也就失去了意义。

3. 供给特征是产品独立性的直接标志

现行法律体系中并没有关于“产品”的统一概念，不同的法律和具体制度在不同的层面和范畴对产品进行阐释和界定。而这些制度本身的目的，决定了从何种角度去阐释和界定产品。例如，《产品质量法》将产品界定为“经过加工、制造”和“用于销售”的实体产品（不包括无形服务）。正是因为自工业革命以来，产品的复杂性增强、流动范围变广、流通环节增多，导致产品经营者和产品使用者之间在信息、财力等方面实力的失衡。为了重新平衡这两类主体的社会关系，对“产品”进行经济规制。①而《反垄断法》并不具有这一目的，因此其产品范畴还包括了无形服务。在搭售制度下，最终需要判定的是多个实体或者服务的统一定价和销售是否合理，因此产生了“以合理原则为导向”的产品界定方法。那么，到底什么是一个“产品”，如何界定一个产品，在很大程度上取决于相关法律制度的初衷。

正如前文所述，产品市场界定可以分为“产品界定”和“替代性分析”两个环节，“产品界定”是相关产品市场界定的起点。在《反垄断法》中，界定相关市场的本质在于界定竞争关系。②从表面上看，相关产品市场的界定是在寻找可以紧密替代的产品范畴，但其最终的目的是要探求生产这些产品的企业（主体）之间的相互关系，识别目标企业的竞争者，并考察其力量对比状况。③界定相关市场就是判断反垄断法上的竞争关系；而对于某个实体或者服务，只有当其能够由不同的经营者来独立提供的时候，才能够形成竞争关系，也才能够形成竞争的相关市场。④

① 亓培冰、张江莉：《产品责任前沿问题审判实务》，中国法制出版社 2014 年版，第 1—5 页。

② 孔祥俊：《反垄断法原理》，中国法制出版社 2001 年版，第 276 页。相关市场就是包括这些相互之间具有竞争关系的所有的卖者和买者。

③ 许光耀：《互联网产业中双边市场情形下支配地位滥用行为的反垄断法调整——兼评奇虎诉腾讯案》，载《法学评论》2018 年第 1 期。

④ 参见《关于为欧洲共同体竞争法界定相关市场的委员会通知》，载 http://www.euchinacomp.org/attachments/article/190/EUCTP%20A0111%2005.%20Commission%20notice%20on%20the%20definition%20of%20the%20relevant%20market.pdf，最后访问日期为 2017 年 10 月 18 日。

因此，在反垄断法框架下，在界定相关产品市场的过程中要寻找基准产品，就应当从经营者供给竞争的角度也就是经营者提供产品方式的角度来考虑产品界定。[①] 例如，当传统上订餐、送餐和烹饪统一由同一个经营者（餐馆）来提供时，订餐、送餐就是餐馆提供餐饮服务的环节，这些服务被统一定价和销售，这就是一个通行的竞争方式，经营者之间的竞争关系就是由包含订餐、送餐和烹饪的餐饮服务决定的；订餐、送餐本身无法形成经营者之间的竞争关系，因此也就无法分别成为独立的产品。当互联网技术发展起来，订餐服务从餐馆的餐饮服务中独立出来，由中介平台独立提供、独立定价（付费者为饭店）时，竞争的关系就分裂为两类：订餐服务提供者（中介平台以及仍然提供订餐、送餐服务的餐馆）之间的竞争和烹饪服务提供者（餐馆）之间的竞争。[②] 因此，从竞争关系的角度讲，产品提供的方式、行业的惯例、产品是否可以分别提供这样的供给要件本身就是相关市场分析的起点，供给特征才是产品独立性的直接标志。

（四）以供给为导向的产品界定

1. 观察产品供给的一般特征

在市场中，商品销售的常态是经营者根据需求、功能、盈利各方面综合考虑而对产品进行定价销售。多边平台市场中的销售同样如此。销售的独立性和定价的独立性直接彰显了产品的独立性，因此，在一般情形下，“产品界定”是不需要进行理论分析的事实和现象。正如前文所述，在搭售的情形下，统一销售和定价导致供给的独立性特征消失，所以产生了区分“一个产品还是多个产品”的需要。在多边平台竞争中也出现了类似的情形，平台同时向用户提供多个产品并且实行免费策略，因此在产品界定环节也产生了模糊和争议。

在多边平台经营模式下，平台往往向各用户群综合性地提供一揽子产品，通过产品的免费和补贴来达到最终的盈利。在大多数情况下，产品供给的一般特征仍然足以表明独立产品的存在。通常情况下，值得考虑的产品供给的一

---

① 而在界定基准产品之后所进行的替代性分析，“需求替代”才是重要的分析要素。

② 类似地，出租车电召服务、旅馆预订活动、餐饮业中对餐具清洗消毒的服务能否成为独立的产品（服务），也是基于此分类情况。

般要素包括价格、产品的提供主体、产品的提供时间、交易惯例等。多边平台的经营者往往首先为不同的用户群体提供一个交互空间，然后平台自身向用户提供各种产品；同时平台的某一边用户，也通过平台接口向其他边用户提供产品。（见图 2）对于平台所聚合的产品，通过区分产品的提供者辨识不同的定价（收费和免费、整体定价和分别定价都是不同的定价策略）产品提供的时间等，都能够辨识不同的产品。正是这些供给特征，使得我们在多边平台背景下的多数情况中仍然能够观察到基准产品，而无须进行复杂的产品界定分析。

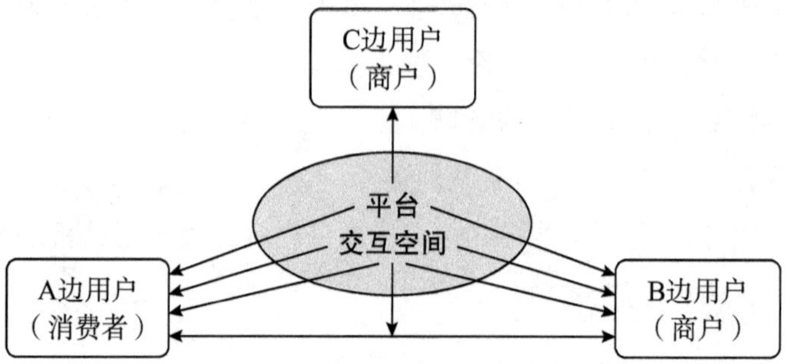

图 2　多边平台的用户和产品聚合示意图

以滴滴与优步合并事件为例，二者涉及的相关市场普遍被认为是网约车市场。市场研究机构中国 IT 研究中心发布的报告显示，按订单量计，2016 年第一季度，滴滴所占专车市场份额达到 85.3%，而优步中国为 7.8%——这一合计超过九成的市场份额反映了合并后新公司的市场地位。[①] 交通运输部等部门发布的《网络预约出租汽车经营服务管理暂行办法》第 2 条第 2 款规定："本办法所称网约车经营服务，是指以互联网技术为依托构建服务平台，整合供需信息，使用符合条件的车辆和驾驶员，提供非巡游的预约出租汽车服务的经营活动。"这些视角均未明确意识到"约车服务"与"旅客运输"是不同的产品，涉及不同的竞争范畴。然而根据产品供给的一般特征，就能够观察到这两类服务具有不同的定价和不同的产品提供主体，而分别构成不同的产品。其中"约车服务"既包括预约专车、私家车等网约出租车，也包括

① 转引自陆璐：《滴滴与 Uber 并购案竞争法律分析——是双赢还是垄断》，载《法制与社会》2016 年第 36 期。

预约传统的巡游出租车，其产品的提供者是滴滴平台，平台对每一单成交的运输服务收取费用，其替代品主要是传统的电召服务（如96103）和其他约车平台；而城市的“旅客运输”则包括各类网约出租车和巡游出租车，甚至包括其他公共交通，其产品的提供者是不同的承运人，基本计费标准是行驶距离。滴滴在“约车服务”市场上占有更大的份额，而在“旅客运输”市场上则不具有显著优势。

再以iPhone滥用市场支配地位事件为例。举报方将手机中的应用程序发布市场App Store界定为基准产品，并在此基础上界定相关市场为“iOS系统下的智能终端应用程序销售平台”。具有应用程序分发功能的App Store是否能够界定为一个独立的产品市场，首先取决于App Store是否能够作为一个独立的产品销售从而观察产品生产者之间的竞争关系。无论是iPhone手机的App Store还是华为应用市场，或者小米应用商店，从供给的角度看，它们均不具有独立定价、独立销售等特征。缺乏独立的交易，自然无法以其为基点观察企业间的竞争关系。用户使用何种手机应用分发市场，完全由其使用何种手机而定。企业之间的竞争关系发生在手机销售市场层面，不发生在手机中预装的应用分发市场层面。App Store无法界定为独立的产品，自然也不能以此为起点进一步进行替代分析、判定相关市场。

因此，对于平台经营中的绝大多数情况而言，并不需要复杂的产品界定，更为重要的是建立“产品界定”的观念，根据产品供给的一般特征观察选取独立的基准产品，再进行替代分析，从而判定产品生产者之间的竞争关系。

2. 多边平台中产品界定难题的化解

尽管在多数情况下，通过对供给特征的观察，可以发现并确定独立的基准产品，但正如前文所述，在特定的个案中，平台不同用户的交互性、平台不同产品的补足性和平台接口的技术性等特征，给通过观察供给特征来界定产品带来了困扰。下文将从三个方面来探讨如何化解相应的挑战和困难。

（1）对平台用户关系的分析

平台的重要特征是拥有多边用户。平台不同用户之间具有交互关系，并彼此受到对方数量的交叉外部性影响，但这种相互影响的关系仍然存在不同的疏密程度，会影响到“一个产品还是多个产品”的判断。以双边平台为例，研究者根据平台两边之间是否具有交易性，将双边市场分为交易型的双边市场和非交易型的双边市场，前者只界定一个产品市场，后者则可能需要界定两个产品市场。[①]交易型的双边市场指平台的两边客户之间互有交易，如支付卡平台的两边客户彼此之间有交易产生；而非交易型的双边市场的两边客户虽有互动，但彼此无交易，或者其交易不可观测，[②]如门户网站的读者虽然可能关注广告，但本身与广告商之间无直接交易。交易型的双边平台向两边客户提供的是同一个产品，即银行向双边用户提供同一个收付款服务；而非交易型的双边平台向两边客户提供的是不同产品——门户网站向读者提供阅读服务，向广告商提供广告发布的服务。[③]

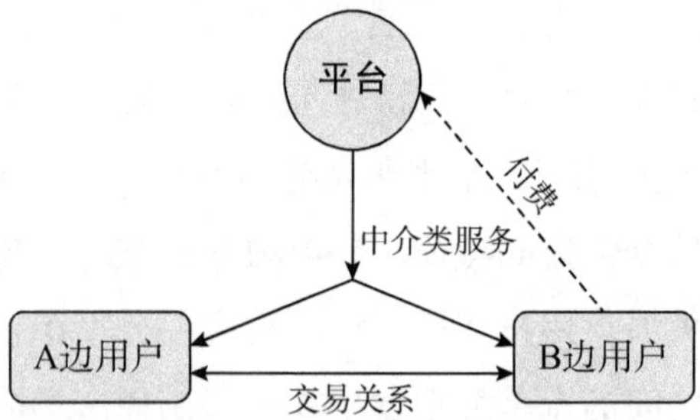

图 3　具有交易型用户关系的平台

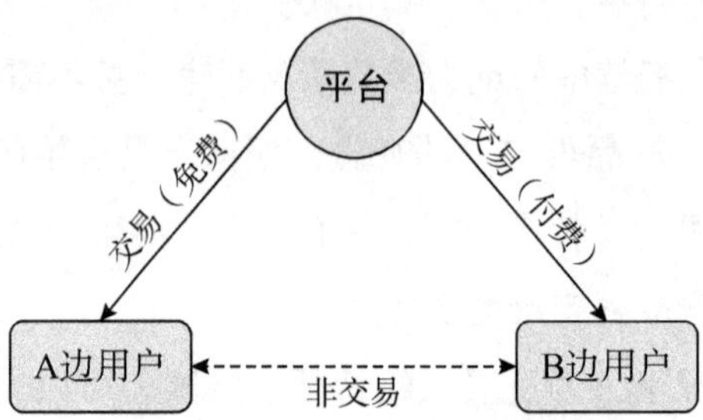

图 4　具有非交易型用户关系的平台

① Lapo Filistrucchi et al,“Market Definition in Two-Sided Markets: Theory and Practice”, Working Paper N., 10 (2013), see http: //www.disei.unifi.it/upload/sub/pubblicazioni/repec/pdf/wp05_2013.pdf, (Last visited on June 28, 2015).

② 孙晋、钟嫦瑛:《互联网平台型产业相关产品市场界定新解》，载《现代法学》2015 年第 11 期。

③ Julian Wright,“One-sided Logic in Two-sided Markets”, Review of Network Economics Vol.3, Issue 1, 62 (2004).

在交易型用户关系的平台中，平台的作用很大程度上是将交易双方的隐形市场显性化，[①] 即使得原交易中的一个环节显性化或者独立化，使得原交易双方的直接互动裂变出具有中介服务性质的新产品，因此平台向双边用户提供的是同一产品。仍然以打车为例，传统上乘客通过挥手获得旅客运输服务，乘客和出租车之间因为“挥手”这一行为促成了交易，“挥手叫车”本身既不具有明显独立的表现形式，也不具有价格特征，而是隐藏在旅客运输服务中的附随环节；而随着技术和网络的发展，“挥手”这一传统的叫车方式逐渐发展出通过电话或者平台叫车，约车系统将传统上隐性的叫车环节显性化和独立化，使其具有了显性的特征和价格特征，“电召”或者“网约”形成了新的、独立的产品和市场，平台中介同时向两边用户（乘客和出租车）提供了同一产品。

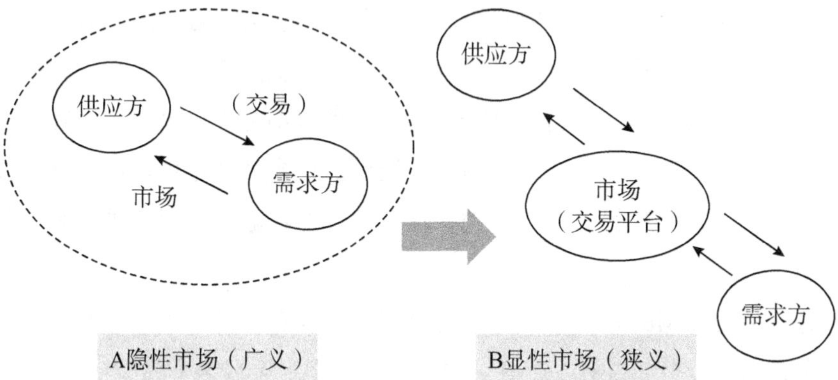

图 5　具有交易型用户关系的平台：交易环节的显性化[②]

具有非交易型用户关系的平台，平台的作用并非将用户之间原有的交易环节显性化，而是通过一个产品来搭载另一个产品。搜索引擎是典型的非交易型双边平台。在平台的一边，平台向搜索用户提供信息检索服务，而用户向平台支付非金钱对价（如注意力）；而在平台的另一边，平台向商户提供广告服务，而商户向平台支付金钱对价。因此，非交易型的平台分别向不同的用户提供了不同的产品，并进而形成了不同的产品市场。

① “隐性市场”与“显性市场”的概念，参见徐晋：《平台经济学》，上海交通大学出版社 2013 年版，第 19 页。

② 关于隐性市场的显性化，参见徐晋：《平台经济学》，上海交通大学出版社 2013 年版，第 18 页。

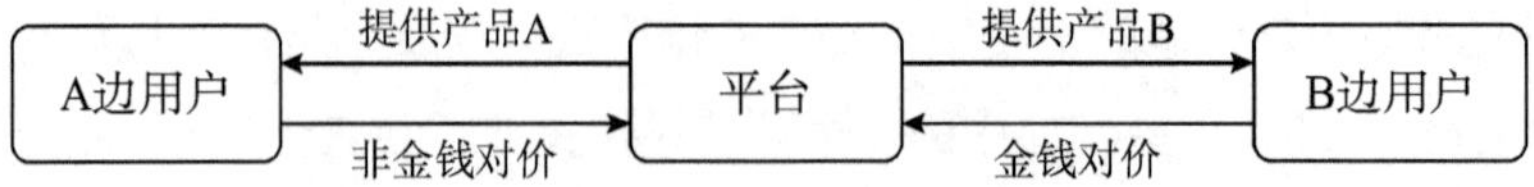

图6 具有非交易型用户关系的平台

以用户间关系为标准的分类，只是一种大致的划分。单纯观察平台用户的相互关系，并不能完全明确地进行产品界定。例如，对于婚介、交友、信息分享这一类的“社交型”用户聚合的平台，其向用户提供的产品的界定，就难以完全简单按照非交易型来进行套用。多边平台中的产品界定，还需要考虑其他因素。

（2）平台聚合产品的可分性解析

平台不仅仅是不同用户的聚合，也是不同产品的聚合。除了观察供应主体、价格等一般供给条件，产品界定还需要进行更加细化的分析。特别是对于服务产品，其有不同的组成部分，交易也可以细分为更多环节。在多边市场中，产品组成部分可能向不同的主体提供，交易环节也可能由不同主体完成。这时，就需要从另一个方面进一步求证，即考虑一边服务项目是否可以脱离另一边而存在。

这一视角强调的是，对于特定的使用目的或者交易要求，组合产品的各个部分是否可以分离并独立存在。事实上，将平台区分为交易型或非交易型，也是从另一个角度观察了平台两边客户所接受的产品是否能够相互分离。而考察平台服务项目的独立性，能够从新的视角分析、印证、补充基于平台客户关系所形成的对产品的界定。

当平台为作为交易双方的用户群体提供产品时，其并不能只为买方提供服务，或者只为卖方提供服务，因为出于交易的目的，交易必须由交易双方同时完成，一方不能脱离另一方而存在——双方必须同时选择该平台或者均放弃该平台。例如房产租赁中介公司针对每一笔交易进行收费，对于租赁双方而言，双方的交易要么通过中介进行，要么不通过中介进行，无法分开。[①]

① Julian Wright, “One-sided Logic in Two-sided Markets”, *3 Review of Network Economics*, 62（2004）.

又如对于信用卡，持卡人持卡支付服务和商户的收款服务也是同时进行且不可分的，因此收单服务包含了交易双方通过网络进行支付和收款的服务，与网络服务不可分，从而构成网络（收单）服务市场。[①]

向非交易型用户提供的服务，则不存在需要各方用户同时存在才能向其提供不可分的服务的情况，而是在向一类用户提供产品的同时，搭载一款新的产品。这些产品之间是独立的、可分的，应当识别为不同的产品以及各自相应的相关产品市场。平台的广告模式显然是在免费产品基础之上搭载了广告推送服务，因此平台向检索用户提供的免费检索服务和向经营者付费的竞价排名广告服务，是两个不同的服务。而从搜索引擎发展的历史来看，检索服务和竞价排名服务事实上也是可以分离的。

此外，正如前文所述，平台的用户关系，除了典型的交易关系和非交易关系，还有一种特殊的"社交型"关系，包括以交友、婚介、信息交流共享为目的形成的用户聚合。这些用户的聚合具有模糊性：既可以将其看作不同的用户群体，也可以将其看作同一用户群体。以婚介平台为例，其用户可以分为男性群体和女性群体，如果将婚姻关系视为一种契约，婚介平台就类似于交易型平台，是向不同用户提供了交易机会的显性市场。而对于其他一般的交友、分享型社交中介而言，由于用户之间并没有一种"类契约"的关系，使得用户的身份（友谊和信息的需求者、获得者）产生极大的混同，导致用户倾向于同质。这时，将用户视为统一的"社交需求者"似乎更为合适。如果不是引进了另一个用户群体（如广告推送者），用户的同质化就会使得所谓的"平台"变得不是一个真正意义上的平台，因为其事实上可以视为只有一个用户群。

（3）平台接口的产品化判断

平台是不同用户群体的交互空间，也是不同产品的聚合，这意味着平台是不同用户群、不同产品的连结点。整个平台的运作依赖于运用平台标准或接口而研发、应用互补产品和服务。应用需要在平台上安装、运行；平台则

① Unite States of America，et al. v. American Express Company and American Express Travel Related Services Company，Inc.，Decision 10-CV-1196（NGG）（RER）.

是承载各种应用的基础。平台的逻辑标准层和应用设施层是密不可分的。[①]

平台作为一种通用介质，其表现形态千差万别。[②]它可以体现为使不同两端点得以连接的物理的、虚拟的或者虚实兼备的网络，也可能是一种通用接口、一套标准或者是一组数据；[③]它可能具有用户可以感知的实体形态，也可能仅仅呈现为抽象的技术接口。平台接口可能体现为独立的产品，也可能无法构成独立产品。一般而言，在以下两种情况下，平台可能体现为独立的产品：

当平台经营者能够对平台收取费用时，平台可以构成独立的产品。对于进入平台空间所收取的费用可以称为“入场费”。无论是用户还是产品，进入平台这样的连接空间，总会具有一定的有形或者无形的壁垒。用户和产品通过登录、注册、付费、代码兼容等方式，进入平台的交互空间。当平台得以明确收取一笔“入场费”时，平台接口本身就构成了独立的产品，其不再仅仅是一个抽象的技术接口，而与连接在平台上的其他产品一样，形成了同样的商品价值。“入场费”体现为各种不同的形式。微软的Windows操作系统需要用户花钱购买，这就构成了进入操作系统的入场费，同时，Windows系统还具有独立的产品形态，因此能够被明确辨识为独立的产品。苹果手机的iOS系统向软件开发商收取注册费，也是在获取平台入场费。然而需要注意的是，即使平台经营者在技术上可以实现对平台收取费用，但平台经营者也可能将平台接口产品免费提供给用户使用，从而实现聚集用户的目的。

此外，接口技术并不是仅仅外化在某种有形产品或者具有进入壁垒的平台系统之上，接口技术本身的专利、代码等知识产权，能够在技术市场上进行交易，其也构成另一种独立的产品。这时，竞争的范畴体现为抽象的技术层面上的竞争，这不同于普通的产品的竞争，而是一种知识产权竞争。知识

---

① Philip J. Weiser, “The Internet, Innovation, and Intellectual Property Policy”, *103 Columbia Law Review*, 545 (2003).

② 例如，在3Q反垄断诉讼中，腾讯公司指出，即时通信、搜索、安全都可以成为平台。参见最高人民法院民事判决书（2013）民三终字第4号。

③ 参见谷虹：《信息平台论：三网融合背景下信息平台的构建、运营、竞争与规制研究》，清华大学出版社2012年版，第67页。

产权法通过授予专利权或者版权的形式，赋予技术发明人及创造性作品的作者一项有限期专有权，使得权利人具有排他的权利，由此达到无形产品市场投资刺激的目的。[①] 作为知识产权，平台技术标准的使用在构成滥用时，会引起反垄断法的干预。以终端系统为例，企业产品的源代码一方面包含在某种操作系统中，使其构成一种有形的、纯粹的平台产品，其功能单纯是为了承载其他应用程序而存在；而另一方面源代码本身也具有商品价值，可以作为独立的产品构成“源码交易”。[②]

（五）延伸的问题：这个市场还是那个市场

选择独立的基准产品，仅仅只是相关市场界定的最初起点。在“产品界定”完成之后，还要进行复杂的工作，才能完成对产品市场的界定。在多边平台的经营模式下，即使通过观察一般供给特征、分析平台的用户关系、分解聚合产品、剖析平台接口的独立性完成最初的产品界定，明确了平台向不同的用户提供了一个还是多个产品，我们还要面临一个需要仔细辨析的问题：这个市场还是那个市场。

当平台同时向用户提供了多个产品的时候，反垄断案件涉及的到底是这个产品市场还是那个产品市场，这关系到对这个产品进行替代分析还是对那个产品进行替代分析，以最终完成产品市场界定。尤其是当平台同时对非具有交易关系的用户群提供不同的产品时，特别需要区分竞争关系是在对这类用户的产品市场上发生，还是在对另一类用户的产品市场上发生，以及平台经营者运用哪个市场中的力量。仍然以搜索引擎平台为例，搜索引擎平台为用户提供了信息检索和广告服务两个不同的产品，并分别在不同的市场上分

---

① Richard A. Posner，*Economic Analysis of Law*，7th ed.，New York：Wolters Kluwer Law & Business，2007，p.367；转引自 Sandeep Vaheesan：“Reviving an epithet：a new way for word for the essential facilities”，*3 Utah L. Rev*，942（2010）。

② 在很多情况下，源代码也并不作为商品在市场上进行交易，而是通过对源代码在内部保密，或者通过开源的方式共享寻求合作竞争。例如，微软公司就长期坚持闭源，后来有选择、有条件地开放源代码。参见张平、马骁：《共享智慧——开源软件知识产权问题解析》，北京大学出版社2005年版，第1—12页。

别与其他企业展开竞争。当平台与信息检索用户群产生矛盾纠纷时，相关行为发生的相关市场为信息检索服务市场，如类似我国“魏则西事件”所体现的搜索引擎平台不向用户进行信息披露，不明确区分搜索结果中的广告性内容和非广告性内容；当搜索引擎平台与另一类交易相对人广告主用户发生矛盾纠纷时，对相关行为进行分析的产品市场应当是在线广告服务市场，典型的例子是我国的“人人诉百度”案。而当搜索引擎平台与同质的其他搜索引擎发生竞争问题时，如百度与 Google 之间的竞争，则同时发生在信息检索服务市场和广告服务市场中。

进行“产品界定”，并以此产品为基准进行替代分析形成相关产品市场，再进而分辨案件涉及的市场是哪个市场，才真正构成了反垄断法分析的起点“相关市场分析”的全部内容。聚合了不同用户和不同产品的多边平台，其相关产品市场的界定更为复杂，需要对每一个环节进行细致的解剖，方能为多边平台的反垄断分析提供真正适当的基础。

三、相关市场界定中的其他问题

（一）产品市场的边界——替代性分析

在界定产品的基础上，需要进一步进行替代性分析，从而明确相关产品市场的边界。平台的补贴经营及多边客户群体之间的交叉网络效应和反馈效应，对通过 SSNIP 来界定产品市场的边界带来了极大挑战。反垄断理论与实践考虑和采用了下列措施来应对这些挑战：

沿用传统的考虑产品特征和功能的定性分析来考虑产品的替代性。尽管人们认为传统的产品特征分析具有主观性，不够精确，从而建立了以经济学分析为基础的 SSNIP 分析法来降低判断相关市场时的主观性。但 SSNIP 方法是一种理想化的模式，它以精确测知其他约束条件并保持不变为其可行性前提，现实中很难满足。[①] 因此，以产品特征和功能分析为基础的替代分析仍

① 徐斌:《SSNIP 市场界定方法、缺陷及其改进》，载《江西行政学院学报》2008 年第 1 期。

具有重要的作用，在多边平台的市场界定中也是如此。

更加注重供给替代分析。消费者对产品的偏好是市场界定的关键，也是SSNIP方法的基础。[①] 因此需求替代在传统市场界定中具有更为关键的地位。而供给替代是根据其他经营者改造生产设施的投入、承担的风险、进入目标市场的时间等因素，从经营者的角度确定不同商品之间的替代程度。原则上，经营者生产转产时设施改造的投入越少，承担的额外风险越小，提供紧密替代商品越迅速，则供给替代程度越高，界定相关市场尤其在识别相关市场参与者时就应考虑供给替代。[②] 从供给角度界定相关产品市场时，一般主要考虑：其他经营者对商品价格等竞争因素的变化做出反应的证据、其他经营者的生产流程和工艺、转产的难易程度、转产需要的时间、转产的额外费用和风险、转产后所提供商品的市场竞争力和营销渠道等。[③] 转产成本等产业壁垒问题是最值得重视的——应当通过判断市场是否具有充分的供应者，尤其是潜在的竞争者，即判断市场是否可竞争的，来判断相关市场的大小。如果转产容易，市场的进入和退出壁垒很低，那么相关产品市场的范畴就会更大。

用SSNDQ取代SSNIP。[④]SSNDQ指“数量不大但有意义且并非短暂的质量下降”所引起的消费者对于技术产品的态度：是否大量转向另一种替代产品。SSNDQ和SSNIP的原理是类似的，只是前者关注的是质量变化而后者关注的是价格变化。在我国的“3Q大战”的二审中，法院就指出当难以使用SSNIP方法时，可以考虑使用SSNDQ。[⑤]

---

① OECD Competition Committee，“The Role and Measurement of Quality in Competition Analysis”，Report No. DAF/COMP（2013）17 Organisation for Economic Cooperation and Development，8（2013），see http：//www.oecd.org/competition/Quality-in-competition-analysis-2013.pdf，最后访问日期为2016年6月29日。

② 《指南》第6条。

③ 《指南》第8条。

④ OECD Competition Committee，“The Role and Measurement of Quality in Competition Analysis”，Report No. DAF/COMP（2013）17 Organisation for Economic Cooperation and Development，8（2013），see http：//www.oecd.org/competition/Quality-in-competition-analysis-2013.pdf，最后访问日期为2016年6月29日。

⑤ 参见（2013）民三终字第4号。

越过市场界定而直接分析市场力量。当精确界定相关市场出现困难时，美国在反垄断实践中开始尝试越过市场界定，直接证明企业是否具有市场力量。尤其是在经营者集中问题上，2010年，美国司法部和美国联邦贸易委员会（以下简称FTC）大幅度修订了其横向合并指南，大大降低了市场界定在合并案中的作用。美国司法实践中发展出了一系列能够直接证明市场力量的参数和指标，包括进入壁垒、利润幅度、价格歧视和价格控制、定价不连续、存在排他行为、转移率、竞争性参照等。尽管这些方法尚不完善，其中某些指标甚至在逻辑上存在缺陷而应当被抛弃，但定价不连续、转移率和竞争性参照的方法在某些情况下仍然可以作为有用的参考。[①]

（二）免费产品

多边平台经营中采用多种形式的免费方法，本质都是在平台所提供的不同产品或者客户群体之间进行“交叉补贴”。补贴可能是在同一产品的不同客户群体之间展开，如支付卡向两边客户提供的交易服务中，由商户就刷卡付费；也可能是对同一客户群体在不同产品间展开补贴，如新浪既提供免费邮箱服务，也提供收费邮箱服务；还可能是对不同客户在不同产品间展开补贴，如广播站免费向客户提供收听内容并插播广告，而广告商支付广告费。对于其中的免费产品部分，平台多边用户之间的交叉弹性，可以使得免费产品从整体上看具有营利性基础，纳入反垄断法调整范围之内。[②]

而更多的案例也普遍承认，多边平台在免费产品领域的竞争属于反垄断法规制的范畴。例如，在我国的“人人诉百度”案中，法院也指出：“搜索引擎服务商向用户提供的免费搜索服务不能等同于公益性的免费服务，它仍然可以通过吸引用户并借助广告等营销方式来获得现实或者潜在的商业利益。”“竞价排名作为一种搜索引擎的营销模式，是基于自然排名而建立的，它根据用户使用搜索引擎的方式，利用用户检索信息的机会尽可能地将营销

---

① Daniel A.Crane, “Market Power Without Market Definition”, *1 Notre Dame L.Rev.*, 74-75（2014）.

② 蒋岩波：《互联网产业中相关市场界定的司法困境与出路——基于双边市场条件》，载《法学家》2012年第6期。

信息传递给用户，通过‘排名靠前’的方式获得最大的来自搜索引擎的访问量，从而产生相应的商业价值。在这种情况下，百度公司提供的竞价排名与自然排名两种服务方式在其经营搜索引擎服务过程中是密不可分的，其主张二者为相互独立的服务系统并以自然排名部分免费搜索结果为由主张不存在相关市场，缺乏事实和法律依据[①]。”近年来美国和欧盟对于Google各类案件的反垄断审查虽然没有直接论及免费问题，但其对Google在“综合搜索服务”领域的调查，也已经表明了类似的立场。[②]

（三）平台本身涉及的产品市场

抽象的平台接口往往和平台所链接的产品紧密结合在一起，并依附于某一产品之中。例如，QQ作为一款免费的即时通讯软件，就承载了平台的接口，同时也是用户尤其是消费者通向其他产品的入口；[③]报纸的平台则依附于新闻提供服务之中，但也是通向广告的入口；信用卡平台接口依附于发卡服务之中，伴随着物理卡片的发行而获得存在形式。因此，平台接口本身一般难以具有独立的形态或者功能，能够作为独立的产品而存在。

只有在少数情况下，当平台具有不依附于其产品的独立形态和功能时，平台才有可能作为独立的产品存在。电脑和智能手机的操作系统平台就是可以独立以产品形式存在的平台软件产品。对于各种应用软件而言，其运行需要一个前提，即需要另一种事先安装的软件。这种需要事先安装的软件被称为平台软件。[④]例如，微软操作系统是一款纯粹的平台产品，其单纯是为了承载其他应用程序而存在；同时它也是独立的，不依附于其所承载的应用软件而独立存在；用户在选择电脑系统时，也不存在“多属行为”，即同时选择两个以上的操作平台，这使得微软审判案中法院得以通过计算个人PC的安

---

① 参见（2010）高民终字第489号民事判决书。

② See COMMISSION DECISION of 27.6.2017，AT.39740 - Google Search（Shopping）.

③ 张江莉：《互联网平台竞争与反垄断规制——以3Q反垄断诉讼为视角》，载《中外法学》2015年第1期。

④ Andrew Chin，“Antitrust Analysis in Software Product Markets：a First Principle Approach”，*Harvard Journal of Law & Technology*，27（Fall，2004）.

装比例来计算市场份额考虑微软的平台垄断力。[①]同样，如今在智能手机领域,iOS 系统和 Android 系统等移动智能终端操作系统就类似于电脑操作系统，能够形成独立的产品，是管理移动智能终端硬件与软件资源的程序，但与电脑操作系统等其他产品差异明显，构成单独的相关商品市场。[②]

---

① 郭建安:《微软讼案：美国诉微软》，法律出版社 2000 年版，第 303 页、第 389 页、第 393 页。

② 商务部《关于附加限制性条件批准谷歌收购摩托罗拉移动经营者集中反垄断审查决定的公告》（2012 年第 25 号）。

第三章 互联网多边平台背景下的垄断行为规制

一、对互联网平台竞争中滥用市场支配地位行为的规制

（一）搭售

搭售是将两种或两种以上产品（指广义上的产品，包括服务和知识产权在内）捆绑在一起进行销售，以致购买者为得到其所想要的产品就必须购买其他产品的商业行为。[①] 除非消费者同意购买另一个产品（被搭售品，Tied Product），否则企业就拒绝出售消费者想购买的产品（搭售品，Tying Product）。[②]

关于搭售的一般要件，学术界中存在三要件学说、四要件学说和五要件学说。

三要件学说认为，是否构成搭售要件要看：（1）被搭售品是否完全独立于主商品（搭售品）；（2）经营者在市场上是否存在充分的控制消费者的市场势力或能力；（3）消费者对被搭售品是否有选择的能力。[③]

① 王先林主编：《知识产权与反垄断法——知识产权滥用的反垄断问题研究》，法律出版社 2011 年版，第 234 页。

② 李剑：《合理原则下的单一产品问题——基于中国反垄断法搭售案件的思考》，载《法学家》2015 年第 1 期。

③ 文学国：《滥用与规制——反垄断法对企业滥用市场优势地位行为之规制》，法律出版社 2003 年版，第 362—364 页。

四要件学说认为构成搭售需要满足四个条件：（1）有两个独立的产品。在司法实践中，判定搭售品和被搭售品是否存在必然的联系进而判定其是否可以构成单一产品的问题往往成为案件的争议焦点。关于在搭售案件中如何判断独立的产品，可参见本书第二部分第二章中“搭售案件中的产品界定标准”部分。（2）消费者被迫购买搭售品。搭售的成立需要商品和服务的提供者“迫使”购买者购买搭售品，也就是说商品和服务的提供者利用其对主要产品（被搭售品）的控制力，迫使购买者购买他不愿意购买或者可以从其他供应商处买到的产品。是否存在强迫，实践中可以通过合同条款判断。在无正式合同时，如果存在只购买被搭售品而拒绝购买搭售品合同关系就会终止的事实，或者从长期交易的情况看，存在购买搭售品的条件的事实，就可能成为“强迫”存在的证明。①（3）搭售方具有市场支配地位。即该企业在相关市场具有某种优势，如资金优势、技术优势或市场份额优势等并在市场上拥有独立控制产品生产、价格及销售的能力，从而不受市场竞争的制约，而是由企业制约市场竞争。②（4）对竞争的影响。一般来说，认定搭售行为对竞争的效果时，可从是否排斥、限制竞争，是否阻碍技术创新，是否损害消费者福利这几个维度来进行考量。③实质地影响到交易量也是考察的重要内容。违法的搭售必须实质地影响到商业交易量，如果仅仅只是对某一个人或者小群体有限制或影响，对整个市场的竞争不会产生太大的影响或损害时，就没有必要对其进行禁止或者惩罚。

五要件学说主要是美国部分地区法院在对搭售进行判断时所持的观点，认为搭售应当具备以下五个要素：（1）被搭售品和搭售品必须是各自独立的产品；（2）必须有证据证明，卖方存在强制，使得买方事实上不得不接受搭售品；（3）卖方必须在市场上拥有相当大的经济力量，来强制买方接受搭售品；（4）必须在市场上产生了反竞争效果；（5）必须牵涉到搭售品市场上的并

---

① 刘宁元、司平平、林燕萍：《国际反垄断法》（第二版），上海人民出版社 2009 年版，第 126 页。

② 刘天蕙：《专利搭售许可的违法性认定研究——兼评高通公司的搭售行为》，载《法制博览》2015 年第 24 期。

③ 叶明、商登珲：《互联网企业搭售行为的反垄断法规制》，载《山东社会科学》2014 年第 7 期。

非少量的周际商业。[①]

可以看到，在反垄断判例法中，考虑搭售是否违法的一个非常重要的因素是看搭售行为是否对竞争产生负面影响。搭售并不一定是反竞争，而且有时候还能够促进效率、保护商誉、保证产品质量。[②]必须对竞争存在实质性的威胁的搭售，才是反垄断法所禁止的，这就要求搭售方能够在被搭售品市场上获得市场力量。如果被搭售品市场被众多稳定的卖家占据，而这些卖家也不太可能因搭售而被排挤出市场；或者进入被搭卖产品市场的壁垒低，则不具有实质性威胁。[③]关于搭售对市场竞争的扭曲，包括多种理论和学说。杠杆的传导学说是其中之一。怀特（White）法官指出搭售可能会导致的经济危害。他认为，当搭售品拥有经济力量时，搭售具有两个主要危害：基于对某一产品的力量以获得对另一产品的力量，还可能扭曲后者产品市场上的贸易自由和竞争。怀特法官认为，搭售品的垄断者通过对该产品的垄断实现对被搭售品市场的垄断和扭曲，迫使后者市场上的竞争者退出市场或者阻碍其进入市场。[④]而奥康纳（O'Connor）法官从另一个角度阐述了搭售对竞争的扭曲，他认为搭售最基本的危害是，搭售对被搭售品市场可能有明显的排他性影响。有的时候，企业会利用搭售品市场上的力量在被搭售品市场上形成一个额外的市场力量，从而使得被搭售品市场的竞争减弱。[⑤]

在平台竞争中，搭售的确是非常容易出现的情况。当平台的某个用户群在使用某一产品或者服务的时候，平台要求其接受另一种产品或者服务。如前所述，传统上，杠杆作用通常被解释为企业利用其在一个市场上的垄断力量来获得另一个市场上的垄断力量，而传统上往往需要通过掠夺性定价的后果来判定杠杆效应。但另一方面，企业也可以通过提高成本来打击竞争对

① ［美］赫伯特·霍温坎普：《联邦反托拉斯政策：竞争法律及其实践》（第三版），许光耀、江山、王晨译，法律出版社2009年版，第433页。

② 李剑：《法律经济学的分析与搭售合理性的认知》，载《西南大学学报（人文社会科学版）》，2006年第2期。

③ Jefferson Parish Hosp. Dist. No. 2 v. Hyde，466 U.S. 2，36（1984）.

④ Fortner Enters.，Inc. v. U.S. Steel Corp.，394 U.S. 495，510（1969）（White，J.，dissenting）.

⑤ Jefferson Parish Hosp. Dist. No. 2 v. Hyde，466 U.S. 2，36（1984）.

手。对具有市场力量的企业而言，提高竞争对手的成本比掠夺性定价有明显的优势——与高成本公司竞争比与低成本公司竞争更容易。提高竞争对手的成本可能导致竞争对手退出市场；即使竞争对手不退出市场，一个成本较高的竞争对手也很快就会降低产量，让具有市场力量的企业有能力提高价格或市场份额。此外，与经典的掠夺性定价行为不同，成本增加策略不需要“更大的口袋”或更优越的财务资源，对于一家占主导地位的公司来说，大幅提高竞争对手的成本可能相对容易。这就是提高竞争对手成本理论（Theory of Raising Rival's Cost）。[①] 在平台竞争中，如果平台经营者利用自己在一个相关市场上的力量将不同的产品进行捆绑，从而提高了另一个产品市场中竞争对手的生产成本或者销售成本的话，可以考虑该搭售行为排除和限制了竞争。

在我国互联网交易的实践中较为突出的一个现象还涉及“默认捆绑”，如“默认勾选”“诱导性安装”等，都构成了消费者被动选择，甚至具有欺诈性质。[②] 但由于缺乏市场力量和反竞争效果的要件，这些“默认捆绑”行为更多涉及消费者保护问题，如我国工业和信息化部《规范互联网信息服务市场秩序若干规定》第 9 条就规定：“互联网信息服务终端软件捆绑其他软件的，应当以显著方式提示用户，由用户主动选择是否安装或者使用，并提供独立的卸载或者关闭方式，不得附加不合理条件。”

（二）免费与低价倾销

低价倾销也称“掠夺性定价”（Predatory Pricing），英国学者亚格纽将其定义为：“为防止或取消竞争而收取的暂时比成本低的价格。”波斯纳将其定义为：“一个企业在有些市场以低于成本的价格销售产品，而在其竞争者退出市场后它又规定一个垄断价格。”在美国司法实践中，掠夺性定价被定义为：“为了在短期内消除竞争、长期地减少竞争，低于合理定价。”[③] 经济学家丹尼

① Steven C. Salop and David T. Scheffman, “Raising Rival's Cost”, see https: //www.ftc.gov/system/files/documents/reports/raising-rivals-costs/wp081.pdf，最后访问日期为 2018 年 5 月 7 日。

② “‘默认勾选’等软件捆绑横行，多地消协联合出手大力整治”，载 https: //www.ithome.com/html/win10/351441.htm，最后访问日期为 2018 年 5 月 7 日。

③ 谢晓尧：《竞争秩序的道德解读——反不正当竞争法研究》，法律出版社 2005 年版，第 406 页。

斯·卡尔顿也认为“掠夺性定价”是指某家厂商为将对手挤出市场或吓退意欲进入该市场的潜在对手，降低价格至其成本以下，待对手退出市场后再提价。[①] 我国《反垄断法》第17条规定：“禁止具有市场支配地位的经营者从事下列滥用市场支配地位的行为：……（二）没有正当理由，以低于成本的价格销售商品；……”

在理论上，关于低价倾销行为的构成要件，存在两要件说、三要件说及四要件说。两要件说强调反竞争的目的和低于成本的价格销售商品的事实。[②] 而三要件说和四要件说则进一步增加了损害结果，如掠夺性定价最终有没有可能成功，是否损害了国家利益或者其他经营者的合法权益，是否限制了竞争，也就是排他的结果——竞争者退出市场后能够回复到垄断价格从而收回成本并赚取更大的利润。

从这个角度来看，“低于成本”的销售，并不能仅仅看某一个产品销售的价格是否单纯低于成本价格，而需要进一步考察低于成本的行为的合理性。平台的免费经营模式在涉及该要件时，显然会面临更加复杂的情况。免费即意味着零价格，这似乎显然是低于成本的，其在免费产品方面就构成一个形式上的低价倾销，但从平台交叉补贴的模式来看，低价或者免费仅仅只是为整体盈利所使用的一种手段。衡量免费产品是否倾销不能仅仅看单个产品是否低于成本，更需要复杂计算整个营业模式的成本和收益分配。

有学者以免费软件为例，认为免费软件作为双边市场的一边，虽然不直接获得利润，但为另一边提供广告平台、用户信息等，也可视为消费者对免

① 伍争荣：《对“低价倾销”行为的经济学思考》，载《价格理论与实践》2000年第1期。

② 参见［美］赫伯特·霍温坎普：《联邦反托拉斯政策：竞争法律及其实践》（第三版），许光耀、江山、王晨译，法律出版社2009年版，第372页。此外，我国“北京共和联动图书有限公司与北京世纪卓越信息技术有限公司低价倾销纠纷上诉案”中，法官苏志甫也认为，针对低价倾销的构成要件，由于目前反不正当竞争法没有明确规定，相关司法解释也未予以明确，因此就会导致在实践中适用该条款时产生分歧。同时，他还强调在本案的审理中存在两个观点，其中一种强调既要考虑行为人销售价格是否低于成本价，还要考虑行为人主观目的以及行为后果等要件的观点是最终合议庭采纳的，这就说明了他们认为有关低价倾销的构成要件应该包括两个部分：其一是低价倾销的目的；其二是价格要低于成本价。参见王晓晔：《保护竞争应为本——关于低价倾销行为的法律思考》，载《国际贸易》1999年第11期。

费软件的偿付，也就是说，这种免费仅仅是形式上的，用户通过其他方式支付了“对价”。同时，它指出如果具有市场支配地位的主体为排挤竞争对手而降低偿付或者割裂另一边市场的联系，如同降低价格一样，也会产生不正当竞争的后果。因此，主张在免费经营模式下，对低价倾销的认定需要突破价格的困境，通过衡量其盈利模式与本身使用价值的关联性，来判断盈利与成本的比重和经营者的竞争意图，从而实现竞争法对企业经营行为的合理规制，而不能仅仅以表面的免费形式来判定具有市场支配地位的经营者怀有故意排挤对手的目的。①

2012 年 1 月，在谷歌公司与 Bottin Cartographes 的诉讼案中，法国商业法庭判决谷歌公司支付 50 万欧元的赔偿给 Bottin Cartographes，并处以 1.5 万欧元的罚款。后者是由路易斯·威登、Airbus 等几家公司提供付费的地图服务，而谷歌公司则向他们提供免费的服务。这一判决引起了不少的争论，有学者认为谷歌公司存在多边市场，法院直接无视其他市场的盈利，而以传统商品方式判断谷歌公司的价格行为的不正当性，这一裁判结果过于草率，并没有全面考虑其他情况。②

我国北京共和联动图书有限公司与北京世纪卓越信息技术有限公司低价倾销纠纷案，是较早涉及互联网销售平台低价销售的案件。2008 年 6 月，江苏文艺出版社出版发行了《不生病的智慧 3》一书，定价 29 元，并将该书交由共和联动公司在全国独家发行。共和联动公司称以图书定价 5.5 折即 15.95 元的价格在全国范围内发行了该书。该书发行后不久，世纪卓越公司的卓越亚马逊网（http：//www.amazon.cn）却以低于该发行定价的价格销售了图书。共和联动公司认为该定价过低，明显低于发行价，亦低于其成本价，这是世纪卓越公司以排挤竞争对手为目的，以明显低于其成本的价格销售涉案图书，构成不正当竞争。

法院经审理认为，共和联动公司和世纪卓越公司属同业竞争者。至于该低价行为是否具有不正当性，法院指出：

① 曲衍东：《试论免费软件掠夺性定价行为的竞争法规制》，载《法制与经济》2016 年第 1 期。

② 王小芳、纪汉霖：《双边市场的识别与界定：争论及最新进展》，载《产业经济评价》2013 年第 3 期。

在市场竞争中，经营者有权根据自身经营成本和市场变化自主制定商品价格，适度的价格竞争是经营者经常采用的营销策略并会使消费者获益，法律对此不予干预。但违背公平、合法和诚实信用的原则，以排挤竞争对手为目的、以低于成本的价格销售商品的行为，是损害其他经营者合法权益、扰乱经济秩序的行为，属于我国反不正当竞争法禁止的价格竞争行为。

在本案中，5.5 折的价格是共和联动公司自行限定其对外发行涉案图书的价格。虽然共和联动公司以上述价格向部分图书经销商发行了涉案图书，但该价格仅为双方自行商定的合同价款，约束力仅及于共和联动公司与合同相对方，并不具有约束合同以外其他经营者的效力。因此，不能将上述价格作为涉案图书的成本价，亦不能推定世纪卓越公司低于上述价格销售涉案图书即构成低价倾销。

而世纪卓越公司以低于 5.5 折的价格销售涉案图书是否构成低价倾销？共和联动公司主张世纪卓越公司的上述销售价格低于世纪卓越公司自身的成本，其应就此承担举证责任。现共和联动公司未能举证证明世纪卓越公司所售涉案图书的实际成本，也没有提供证据证明涉案图书本身的成本和图书行业的平均成本。因此，根据现有证据，不能认定世纪卓越公司以上述价格销售涉案图书的行为属于以低于成本的价格销售商品。[①]

该案还没有明确地进入平台销售的层面，而是按照传统的成本分析就解决了问题。而 2012 年的法国谷歌与 Bottin Cartographes 诉讼案，由于搜索引擎明显的双边市场属性，避开市场的多变性讨论案件就引发了争议。Bottin Cartographes 是一家提供收费地图服务的法国公司，而谷歌公司则向人们提供免费的服务。[②] 巴黎商事法庭指出，谷歌在法国搜索引擎市场上占有事实上的垄断地位，在与搜索引擎相关联的广告市场和在线地图市场上占有支配地位。由于搜索引擎、广告、在线地图之间的紧密关联，谷歌能够顺畅地将

① 参见（2008）朝民初字第 29012 号民事判决书。该案的依据是《反不正当竞争法》中涉及倾销的规定。

② 《谷歌为其免费地图在法付 66 万美元罚款》，载 http：//www.techweb.com.cn/world/2012-02-03/1147329.shtml，最后访问日期为 2019 年 5 月 9 日；判决书原文载 http：//www.hot-map.com/corporate/Bottin_Cartographes_Google_English.pdf，最后访问日期为 2019 年 5 月 6 日。

其在搜索引擎市场上的强大地位传导至广告市场和在线地图市场。依据欧洲法院在 Akzo v. Commission 案掠夺性定价中的分析方法，法庭指出，以零价格销售在线地图程序不能使谷歌收回其产品研发和分销成本，低于平均可变成本免费提供产品是谷歌排他策略的一部分，旨在排除相关市场上的竞争者。最终，法庭判决谷歌公司支付 50 万欧元的赔偿给 Bottin Cartographes，并对谷歌公司处以 1.5 万欧元的罚款。这一判决引起了不少争论，有人认为，法院无视搜索引擎的多边平台特征，直接适用单边市场分析方法，是一种“无视现实”的做法。①

2019 年我国国家市场监督管理总局《禁止滥用市场支配地位行为暂行规定》第 15 条规定了低于成本的价格销售商品“正当理由”的范畴，包括：降价处理鲜活商品、季节性商品、有效期限即将到期的商品和积压商品；因清偿债务、转产、歇业降价销售商品；在合理期限内为推广新商品进行促销；以及能够证明行为具有正当性的其他理由。该条还规定，认定低于成本的价格销售商品，应当重点考虑价格是否低于平均可变成本。平均可变成本是指随着生产的商品数量变化而变动的每单位成本。该条特别强调，涉及互联网等新经济业态中的免费模式，应当综合考虑经营者提供的免费商品以及相关收费商品等情况。

（三）垄断高价

我国《反垄断法》第 17 条禁止具有市场支配地位的经营者以不公平的高价销售商品。2019 年国家市场监督管理总局《禁止滥用市场支配地位行为暂行规定》第 14 条规定了认定“不公平的高价”或者“不公平的低价”可以考虑的因素，包括：

1. 销售价格或者购买价格是否明显高于或者明显低于其他经营者在相同或者相似市场条件下销售或者购买同种商品或者可比较商品的价格。认定市场条件相同或者相似，应当考虑销售渠道、销售模式、供求状况、监管环境、交易环节、成本结构、交易情况等因素。

① 苏华:《多边平台的相关市场界定与反垄断执法发展》，载《价格理论与实践》2013 年第 8 期。

2. 销售价格或者购买价格是否明显高于或者明显低于同一经营者在其他相同或者相似市场条件区域销售或者购买商品的价格。

3. 在成本基本稳定的情况下，是否超过正常幅度提高销售价格或者降低购买价格。

4. 销售商品的提价幅度是否明显高于成本增长幅度，或者购买商品的降价幅度是否明显高于交易相对人成本降低幅度。

5. 需要考虑的其他相关因素。

早在世纪之交中的美国诉微软案中，法院就关注到了 Windows 系统的定价稳定。杰克逊法官指出通过对微软内容的调查显示，当时的 Windows98 系统定价 49 美元就可以获得合理利润，但是定价 89 美元可以将收入最大化，这是需求曲线上的最优点，超过这一价格点以后，很多潜在购买者都将放弃购买。这只有垄断者才能做到。[①] 这是平台垄断高价的一种形式：Windows 平台技术接口具有独立的产品形式，形成了独立平台软件产品，价格问题主要体现在平台系统购买者身上，因此法院并没有从双边市场的角度去考察其价格效应问题。

而当平台经营者对各边用户各自提供服务并收取费用时，在多边用户背景下讨论价格问题，必须要同时考虑到价格对平台各边用户群体的影响。美国运通公司案就是一个不错的例子。[②] 尽管该案件从整体上看是一个纵向限制的案件，即“由不同分销级别的公司之间的协议所施加的限制”，从而涉及美国《谢尔曼法》第 1 条关于禁止“限制州际贸易或商业的、以信托或其他形式结合的合同或合谋”的规定；但是判决在具体的分析过程中涉及大量关于在双边市场中对一边用户的涨价是否排除、限制了竞争的内容。这些分析内容有助于我们理解在双边平台中如何分析价格问题：[③]

美国信用卡相关市场主要存在四家发卡公司：Visa（维萨）、MasterCard（万

① ［英］查尔斯·亚瑟：《数字战争：苹果、谷歌与微软的商业较量》，余淼译，中信出版社 2013 年版，第 21 页。

② United States Supreme Court：OHIO ET AL. v. AMERICAN EXPRESS CO. ET AL.（2018），No. 16-1454.

③ Id.

事达)、American Express(美国运通)和 Discover(发现)。

为了与维萨卡和万事达卡进行竞争，美国运通卡选择了与前两者不同的收费策略：维萨卡和万事达卡向商户收取手续费的同时，向持卡人收取支付款项的利息；而美国运通卡则不向持卡人收取利息(相反还对持卡人的消费予以奖励)，仅向商户收取手续费。这样就形成了对持卡人更多地进行消费的激励。但由于只对商户收费而不对持卡人收费，美国运通卡向商户收取的手续费高于其他信用卡公司的手续费标准。

因此，商户非常不喜欢消费者使用运通卡，经常在消费者使用运通卡时以各种理由劝说消费者改用其他公司的信用卡，这就构成了所谓的"转介行为"(steering)。为了防止这种转介行为，美国运通卡在与商户签订的信用卡服务协议中，明确约定商户在接受持卡人使用美国运通卡进行结账消费时，不得推荐持卡人改为使用其他信用卡进行结算，这就是所谓的禁止转介条款(anti-steering provisions)。

针对美国运通公司的这一禁止转介条款，2010 年，美国司法部和俄亥俄州等原告向法院提起诉讼，诉称该禁止转介条款构成了对商户的纵向限制，并阻碍了其他信用卡公司对于商户可展开的竞争，因此违反《谢尔曼法》第 1 条。一审法院支持了原告的诉请，判决美国运通公司构成违法，而二审法院则进行了改判，认定一审法院未结合信用卡交易的双边市场效应分析该项纵向限制的竞争效果。原告遂向美国联邦最高法院申请调查审理。如前文所述，联邦最高法院经审理后，最终判决该纵向限制并不违反《谢尔曼法》。

这里首先涉及的是相关市场的界定。

在一审中，信用卡市场被视为两个独立的市场——一个是商户市场，一个是持卡人市场；地区法院评估了市场对商家的影响后发现，美国运通的反垄断规定是反竞争的，因为它们会导致更高的商家费用。第二巡回上诉法院撤销了该判决，认为信用卡市场是一个市场，而不是两个市场。本案中到底有几个产品、几个相关市场，判断涉嫌垄断的行为主要发生在哪个市场并进行竞争分析十分重要。

第二巡回上诉法院认为，信用卡网络是双边平台。由于间接的网络效应，双边平台在冒着需求下降的反馈循环风险的情况下，无法单方面提高价格。

双边平台向一方用户收取低于或高于成本的价格，反映了双方用户需求弹性的差异，而不是市场力量或反竞争定价。同样，平台一侧的价格上涨并不意味着会产生反竞争效应，因为没有证据表明它们会增加平台服务的总体成本。因此，在定义信用卡市场时，必须包括平台的两边——商户和持卡人。

有的平台并不总是需要考虑双边平台的两面。当市场的间接网络效应和相对定价的影响较小时，应将市场视为单边市场。例如，出售广告的报纸可以被视为一个双边平台，因为广告的价值随着越来越多的人的阅读而增加。但在报纸广告市场中，间接网络效应只在一个方向上起作用——报纸读者对报纸所包含的广告数量基本不关心。由于这些间接的网络效应很弱，报纸广告市场其实表现得很像一个单边市场，而不需要进行双边的分析。

但信用卡市场这样的双边交易平台是不同的。这些平台促进了参与者之间的单一、同时的事务处理。对于信用卡，只有当商户和持卡人同时选择使用该网络时，网络才能出售其服务。因此，每当信用卡网络向商户出售一笔交易的信用卡受理服务价值时，它也必须向持卡人出售一笔交易的信用卡支付服务价值，它不能单独向持卡人或商户出售交易服务。为了优化销售，网络必须找到鼓励持卡人和商户之间最大数量匹配的价格平衡。

由于平台的两边用户必须同时同意使用其服务，否则他们无法进行销售，双边交易平台表现出更为明显的间接网络效应和相互关联的定价和需求，因此，交易平台最好被理解为“只提供一种产品”——交易。信用卡市场中的交易是“由使用信用卡进行付费的持卡人和接受信用卡支付的商户的共同消费”。信用卡通过衡量其售出的交易量来确定其市场份额。只有其他双边平台才能与该双边平台竞争交易。

在此基础上，法院指出，只有评估双边交易平台的双方才能准确评估竞争，而仅从平台的一侧单独观察，无法准确评估竞争。在对竞争进行评估时，法院指出，原告把他们的全部重点都放在证明美国运通的反转介协议增加了商业费用上，但仅仅关注商家这一边的收费，就忽略了信用卡市场的双边性。信用卡公司销售的产品是交易，而不是向商家提供的服务，因此限制交易的竞争效应不能单从商家的角度来判断。双边交易平台一侧价格上涨的证据本身不能证明市场力量和反竞争行为。原告必须证明，美国运通的反转介规定将信用卡交易成本提高到了竞争水平以上，减少了信用卡交易的数量，或以其他方式扼杀了信用卡市场的竞争，才能证明其对双边信用卡市场的整体反竞争效应。但他们没有这样做。

首先，原告没有提供任何证据证明信用卡交易的价格高于竞争市场中人们预期的价格。在一审中，原告就未能提供任何可靠的衡量美国运通交易价格或利润率的方法。尽管运通向商户提高了费用，但只是反映了其服务价值和交易成本的增加，而没有反映出其高于竞争价格的收费能力。运通在2005年开始提高其商户费用，此前维萨卡和万事达卡在更早的时候就提高了他们的费用。如前所述，美国运通历来向商户收取比这些竞争对手更高的费用，从而吸引更富有、花费更多的持卡人。美国运通向商户收取更高费用的基础是仔细研究了其持卡人向商户提供的附加价值。在市场的另一边，美国运通利用其较高的商户费用为持卡人提供更强大的奖励计划，这对于保持持卡人的忠诚度和鼓励消费水平很有助益。美国运通在商户和持卡人之间的价格分配不同于维萨卡和万事达卡，但这并不能证明美国运通利用市场力量来达到反竞争目的。原告还认为美国运通的反转介条款是导致商户费用增加的原因，但证据表明并非如此：即使在不使用美国运通卡的地方，维萨卡和万事达卡的商户费用也在继续增加。

其次，原告没有证明美国运通收取的费用超过其竞争对手。原告指出美国运通在2005年至2010年将其向商户收取的购买价格百分比平均提高了0.09%，而且这一增长并不完全用于持卡人奖励。法院认为这也不能证明美国运通的反垄断规定赋予其收取反竞争价格的权力。“市场力量是通过限制产量来提高价格盈利的能力。”如果缺乏证据证明产量受到限制或价格高于竞争水平，法院不会从价格和产量数据中推断竞争性损害。本案中没有这样的证据：信用卡的交易量从2008年到2013年大幅增长，增加了30%。交易量增长的同时价格也在上涨，上涨的价格与不断增长的产品需求同样一致。

再次，原告也未能证明美国运通的反转介条款抑制了信用卡公司之间的竞争。相反，反转介协议达成后，信用卡市场经历了扩大产量和提高质量的过程。美国运通的商业模式促使维萨卡和万事达卡以更高的回报提供新的高级卡类别。此外，它还提高了卡服务的可用性，包括为低收入客户提供免费银行卡支付服务。在 1970 年至 2001 年间，拥有信用卡的家庭比例翻了两番以上，拥有信用卡的最低收入五分之一家庭的比例从 2% 上升到 38% 以上。

美国运通的反转介条款也没有结束信用卡网络之间关于商家收费的竞争。相反，网络之间的激烈竞争限制了美国运通提高这些费用的能力，有时还迫使美国运通降低费用。例如，当美国运通在 2005 年至 2010 年提高其商户价格时，一些商户选择退出其网络；有时候，运通也会因为商户的抱怨而停止提价。20 世纪 80 年代末和 90 年代初，竞争迫使美国运通向“日常消费”商家（超市、加油站、药店等）提供较低的商家费用，以说服它们接受美国运通。

此外，美国运通的竞争对手通过收取较低的商户费用获得了更广泛的商户认可——维萨、万事达和发现比美国运通多了大约 300 万个网点。这是美国运通面临的一个重大挑战，因为网络效应消费者更喜欢在任何地方都可以接受的卡。为了进一步与美国运通竞争，维萨卡和万事达卡对不同类型的卡收取不同的商户费用，以保持相对较低的商户费用和更广泛的接受度。从长远来看，这场竞争造成了信用卡市场上商户费用下降的趋势。事实上，自 20 世纪 50 年代推出第一张信用卡以来，包括美国运通在内的商户费已经下降了一半以上。

最后，美国运通的反转介规定本身没有任何反竞争性。这些协议实际上抑制了信用卡市场的负外部性，促进了品牌间的竞争。当商户在一个店劝说持卡人不用运通卡的时候，会削弱持卡人对该卡“好使”的预期。在一个商户那里不好使，持卡人就不愿意在其他商户那里使用美国运通卡。这种外部性会危及整个美国运通网络的生存能力；也损害了美国运通为鼓励增加持卡人支出而进行的投资，最终损害了持卡人和商户。也许最重要的是，反转介条款并不能阻止维萨、万事达和发现通过提供较低的商户费用或促进其更广泛的商户接受来与美国运通竞争。美国运通的商业模式刺激了强大的品牌间竞争，提高了信用卡交易的质量和数量，这正是反垄断法的目的。

总之，对整个信用卡市场进行评估后，第二巡回上诉法院得出结论，美国运通的反垄断规定不具有反竞争性，也不违反《谢尔曼法》。

（四）互联网平台的二选一

近年来，在互联网平台的竞争中，较为普遍地出现了“二选一”的情况，主要体现为互联网平台经营者要求其用户（主要是经营者一方的用户）只能进入自己的平台，而不能进入竞争对手的平台，引起了广泛的关注。但是否要对此类行为进行规制，以及最终到底如何规制，仍然存在一定的争议。近年来涉及二选一的热门事件主要包括：

3Q 大战不兼容事件

作为国内最大的客户端软件，腾讯在 QQ 强盛时期推出杀毒软件 QQ 医生，后改为 QQ 电脑管家，从而直接威胁到 360 安全卫士的市场地位。2010 年，360 向用户提供“360 隐私保护器”，并称 QQ 聊天软件在未经用户许可的情况下偷窥用户个人隐私文件和数据。360 还推出“QQ 保镖”，该软件具有过滤 QQ 软件广告、清理 QQ 垃圾、检测 QQ 安全性并修复 QQ 软件漏洞等功能。这些功能形式上是维护 QQ“安全”，而事实上使得 QQ 失去广告和收入、禁锢了 QQ 的附属功能。2012 年 11 月 3 日，腾讯宣布在装有 360 软件的电脑上停止运行 QQ 软件，用户必须卸载 360 软件才可登录 QQ，强迫用户“二选一”（具体内容见本部分第四章案例）。

美团二选一事件①

2018 年 9 月 5 日，工商部门接到《关于美团外卖“二选一”的举报》材料，称美团外卖以多种方式要求商家“二选一”或者签署“独家”合作协议，退出或关闭饿了么等其他外卖服务平台，否则将会受到美团外卖下线处罚，请求工商部门查处。

经工商部门调查：美团在四川省通江县与通江县飞达电子商务有限公司（以下称当事人）签订《美团外卖合作协议》。合同约定由美团外卖为商户提供外卖展示与交易的网络服务平台，当事人通过自有渠道、资源及人员独立负责在通江县范围内从事美团外卖业务推广、运营、商家资质审核及上单、商家上下线日常管理，并依靠自身资源组织配送人员独立负责所推广运营商家的在线外卖订单配送业务。

四川省通江县市场监督管理局表示：自 2018 年 4 月以来，当事人为更好

① “强制商家二选一 美团合作商被罚 25 万”，载 https://baijiahao.baidu.com/s?id=1629384898718088287&wfr=spider&for=pc，最后访问日期为 2019 年 12 月 1 日。

地拓展外卖业务，排挤其他外卖平台，达到独家经营的目的，利用其市场占有率及优势地位，多次以独家协议的方式，要求已入网商户和新入网商户签订独家协议。

独家协议中明确：入网商户不得与当事人经营的网络服务平台存在竞争关系的其他第三方平台或集团公司等进行相同或类似业务合作；入网商户不得在店铺内或店铺其他推广渠道展示与当事人经营网络服务平台存在竞争关系的其他第三方平台的有关标识、物料等内容。否则将上调服务费，缩小或扩大配送范围。

通报表示：当事人利用技术手段提高服务费、调整配送范围影响了入网商户选择其他外卖平台，导致多家入网商户被迫放弃使用其他外卖平台。

2019 年 1 月 8 日，通江县市场监督管理局向当事人送达了《行政处罚听证告知书》（通市监管处听告字〔2019〕001 号），并经案审会集体讨论作出行政处罚决定，责令美团外卖停止违法行为，并处以罚款 25 万元。

天猫和京东二选一事件

2017 年 6 月，服装品牌裂帛创始人汤大风在微博上表示要“申请关闭裂帛京东旗舰店”，弃京东选天猫，拉开了商家“二选一”的序幕。多名服装类电商表示天猫以“独家合作”为名，要求商家签署“独家合作”协议，协议内容就是商家以后只能在天猫上售卖，天猫之外的平台如京东、唯品会、当当等都不能售卖。随后，唯品会、京东联合发表声明称，近期不断有商家分别向唯品会和京东反馈，某电商平台利用其市场垄断地位，以各种方式要求商家签署所谓的“独家”合作协议，要求商家从唯品会和京东平台退出。唯品会和京东认为该电商平台的行为涉嫌违反了《反不正当竞争法》，并对此表示强烈谴责。尽管唯品会和京东并未在声明中指出“某电商”平台的具体名字，但是业内人士均认为，该电商平台指向的是淘宝、天猫。

天猫很快作出回应，先是嘲讽对手是“碰瓷式竞争”，认为“某些电商公司”一遇到竞争就拿“二选一”来误导公众、混淆视听。接着天猫又解释，商家将天猫作为唯一的出售平台完全是商家自主选择的结果，“是真正的市场的选择”。临了也不忘谴责一下对手“打着平台的名义，做着假平台的事”：

锁定商家后台、发动商品价格、强制促销等。[①]

但京东最终将天猫诉诸法院，称天猫自 2013 年以来就不断以各种手段强迫商家进行“二选一”。天猫的行为包括但不限于要求在天猫商城开设店铺的服饰、家居等众多品牌商家不得在京东商城参加“618”“双 11”等促销活动，不得在京东商城开设店铺进行经营，甚至只能在天猫商城一个平台开设店铺进行经营。2017 年，北京市高级人民法院一审驳回天猫管辖权异议，天猫不服上诉至最高人民法院。[②]2019 年 10 月，最高人民法院驳回天猫管辖权异议上诉，认定北京市高级人民法院对这起滥用市场支配地位纠纷案享有管辖权。[③]

“二选一”是 Exclusive Dealing 的一种，在我国也翻译成排他性交易或者独家交易，有时候也表达为限定交易。

在市场经济中，排他性交易是一种非常常见的合约形式或商业模式，在商业活动中普遍存在。排他或者独家的形式多种多样，体现在合约中就是合约一方对合约另一方的特定要求或者条件，从表面形式上看属于“契约自由”的一种体现。

在现实的商业活动中，排他或者独家的交易根据排他或者独家的内容，可以分为以下几种情形：

（1）对交易相对人（交易主体）的独家或者排他要求，即体现为合约一方要求合约相对方只与自己交易，或者与自己指定的人交易，而不得与其他经营者尤其是相关市场的竞争者进行交易。这是最为严格的排他性交易行为，被要求一方除了合同允许的主体以外，不能跟其他经营者进行任何层面的交易。

---

① 爱德华：《2017 年零售大盘点：阿里 VS 京东 既生瑜何生亮》，载 http://www.dsb.cn/71836.html，最后访问日期为 2019 年 9 月 20 日。

② 《京东诉天猫滥用市场支配地位有新进展，向“二选一”说不》，载 https://laoyaoba.com/html/share/news?source=app_ios_2.7.0&news_id=731544，最后访问日期为 2019 年 11 月 2 日。

③ 《京东诉阿里“二选一”垄断案进展：北京高院审理！阿里：尊重判决》，载 https://finance.sina.cn/stock/relnews/us/2019-10-15/detail-iicezuev2202888.d.html?vt=4&pos=102，最后访问日期为 2019 年 11 月 2 日。

（2）产品的独家或者排他，即合同一方当事人要求交易对方只能向自己提供独特的产品，而不能向其他经营者尤其是自己的竞争对手提供同一款产品，以成就自己产品的独特性。这在互联网交易平台经营中十分常见，如特定款型的打印机，可能只出现在某一个特定的平台网店上；某一特定款式的服装，只出现在特定平台的网店上。

（3）交易条件的独家或者排他，指对于特定的产品，其销售条件只能由特定平带的店铺享有，而不能由其他平台的店铺享有。这些交易条件包括特定的价格折扣、特定的运输条件、特定的退换条件等。

除了以上这些比较直接的排他性要求，还存在间接的限定交易方式，主要是通过价格折扣的手段进行，其典型表现是"忠诚折扣"。忠诚折扣可以被理解为卖方向买方提供的一种附加限制条件的商业利益，其中的限制条件是指买方在一定期间内向卖方采购商品的数量、品种、比例或价款等，必须达到卖方预先设定的数值门槛条件，体现出对卖方商品的一定程度的偏好；对于满足阈值条件和忠诚度要求的买方，卖方提供某些形式的商业利益作为激励和诱因，包括但不限于：返还前期收取的部分价款、降低单位商品的售价、免费提供某些商品或服务等。[①]我国著名的"利乐案"就涉及了忠诚折扣，该案将忠诚折扣定性为"国务院反垄断执法机构认定的其他滥用市场支配地位的行为"，对于忠诚折扣的定义是"经营者以交易相对人在一定时期内累计的商品交易数量、交易金额、交易份额为条件或根据其他忠诚度表现给予的折扣"[②]。

现实中，排他性交易广泛存在于市场交易中，体现为合约自由基础上的特定条件的合约，从形式上看是符合契约自由精神的，因此，独家交易在很大程度上是合法的，是当事人意思自治的体现。部分独家交易合同为法律所禁止。这些对独家交易行为有所限制的法律规定包括如下几类：

① 李俊峰：《"忠诚折扣"的垄断违法性判定——以利乐公司行政处罚案为材料》，载《当代法学》2019年第2期。

② 国家工商行政管理总局工商竞争案字（2016）1号行政处罚决定书。

（1）反垄断法关于滥用市场支配地位的规定

《反垄断法》第 17 条第 1 款规定："禁止具有市场支配地位的经营者从事下列滥用市场支配地位的行为：……（四）没有正当理由，限定交易相对人只能与其进行交易或者只能与其指定的经营者进行交易；……"

早在 2010 年，原国家工商行政管理总局就颁布了《工商行政管理机关禁止滥用市场支配地位行为的规定》（现已失效），该规定的第 5 条对于限定交易行为进行了进一步补充说明："禁止具有市场支配地位的经营者没有正当理由，实施下列限定交易行为：（一）限定交易相对人只能与其进行交易；（二）限定交易相对人只能与其指定的经营者进行交易；（三）限定交易相对人不得与其竞争对手进行交易。"该规定的前两项与《反垄断法》中的规定并无二样，第（3）项则是将"限定交易相对人不得与其竞争对手进行交易"作为一种独立的限定交易形式。

2019 年国家市场监督管理总局《禁止滥用市场支配地位行为的规定》第 17 条第 1 款、第 2 款规定："禁止具有市场支配地位的经营者没有正当理由，从事下列限定交易行为：（一）限定交易相对人只能与其进行交易；（二）限定交易相对人只能与其指定的经营者进行交易；（三）限定交易相对人不得与特定经营者进行交易。从事上述限定交易行为可以是直接限定，也可以是以设定交易条件等方式变相限定。"

作为滥用市场支配地位的行为，要求提出排他要求的市场经营者在相关市场具有市场支配地位，并且没有正当理由——不合理地限定了交易。

（2）关于垄断协议的规定

合同一方要求交易相对人签订排他性协议的行为，一方面可以看作合同强势一方利用其市场力量强制对方答应自己的不合理要求，但协议的达成，同时也是双方意思表示的一致。因此，双方的行为也涉及《反垄断法》关于纵向协议的规定。

我国《反垄断法》第 14 条规定了纵向垄断协议："禁止经营者与交易相对人达成下列垄断协议：（一）固定向第三人转售商品的价格；（二）限定向第三人转售商品的最低价格；（三）国务院反垄断执法机构认定的其他垄断协议。"

该规定并未直接列举通过纵向垄断协议达成独家交易目的的行为，但该条规定第（3）项的兜底条款为这一规制路径提供了空间。以电商市场为例，不具备市场支配地位的互联网电商平台可能通过与知名品牌商家达成协议，约定该商家只在其平台上进行销售，如果这种行为最终损害了竞争，那么有可能构成纵向垄断协议。

采用纵向垄断协议方式规制独家交易行为时，需要判定企业之间存在合意，即必须存在协议或者其他证据能够证明企业之间就独家交易达成了合意。另外是相关企业至少有两家，达成合意的双方是纵向的上下游企业关系。除此之外，垄断协议双方还需不具备《反垄断法》第15条所规定的豁免情形。[①]

（3）《反不正当竞争法》中的规定

用《反垄断法》来规制排他行为，需要界定相关市场、判定企业的市场力量、评价企业行为的合理性，其适用难度较大。因此人们转向《反不正当竞争法》寻求救济。美团二选一事件的行政处罚，就是根据《反不正当竞争法》的相关规定做出的。[②]

《反不正当竞争法》第2条第1款规定："经营者在生产经营活动中，应当遵循自愿、平等、公平、诚信的原则，遵守法律和商业道德。"第12条第2款规定："经营者不得利用技术手段，通过影响用户选择或者其他方式，实施下列妨碍、破坏其他经营者合法提供的网络产品或者服务正常运行的行为：……（二）误导、欺骗、强迫用户修改、关闭、卸载其他经营者合法提供的网络产品或者服务；……（四）其他妨碍、破坏其他经营者合法提供的网络产品或者服务正常运行的行为。"

依据《反不正当竞争法》规制排他性交易行为，有两个方面需要注意：第一，《反不正当竞争法》第12条的规定，存在着一定的限制，即要求经营者"利用技术手段"实施相关行为，在事实上给该条规定的实施带来了一定的限制；第二，该法第2条的一般性规定，其主要落脚点仍然是需要判断相

① 更多关于互联网平台的排他性纵向协议的探讨，参见本章"二、平台的排他性垄断协议"部分。

② 《强制商家二选一　美团合作商被罚25万》，载https://baijiahao.baidu.com/s?id=1629384898718088287&wfr=spider&for=pc，最后访问日期为2019年11月22日。

应的行为是否公平合理。

（4）《电子商务法》对互联网企业的要求

《电子商务法》与排他性交易直接相关的规定主要是在第22条和第35条。该法第22条规定：“电子商务经营者因其技术优势、用户数量、对相关行业的控制能力以及其他经营者对该电子商务经营者在交易上的依赖程度等因素而具有市场支配地位的，不得滥用市场支配地位，排除、限制竞争。”第35条规定：“电子商务平台经营者不得利用服务协议、交易规则以及技术等手段，对平台内经营者在平台内的交易、交易价格以及与其他经营者的交易等进行不合理限制或者附加不合理条件，或者向平台内经营者收取不合理费用。”

其中，第22条的规定虽然涉及部分交易中的“相对优势地位”情形，但最终将法律禁止的情况指向了“不得滥用市场支配地位，排除、限制竞争”，其适用的根本条件和《反垄断法》中滥用市场支配地位的规定是一致的。第35条的规定类似于向电子商务企业施加的一种管制性义务，并不要求被规制企业具有何种程度的市场力量，适用前提相对简单，但最终仍然要求了行为的“合理性”，这跟《反不正当竞争法》的要求实际是一致的。

（5）针对促销行为的特别规定

2015年原国家工商行政管理总局《网络商品和服务集中促销活动管理暂行规定》根据《消费者权益保护法》《反不正当竞争法》《广告法》等法律法规的规定，对网络商品和服务集中促销活动进行了规范。其中，第5条规定：“网络集中促销组织者、经营者应当遵守相关法律、法规、规章的规定，遵循自愿、公平、诚实信用的原则，遵守商业道德和公序良俗。”第11条规定：“网络集中促销组织者不得违反《反垄断法》《反不正当竞争法》等法律、法规、规章的规定，限制、排斥平台内的网络集中促销经营者参加其他第三方交易平台组织的促销活动。”这一规定最终将对排他性行为的规范又转向了《反垄断法》和《反不正当竞争法》。

综上，从我国立法的整体情况来看，对“二选一”这类排他性交易的法律规制，主要还是依靠《反垄断法》和《反不正当竞争法》。其中，要适用《反垄断法》来规制“二选一”的行为相对更加困难，因为其要求界定相关市场，判断平台经营者的市场力量，并判断该行为的合理性；而适用《反不正当竞争法》来规范该行为相对简单，只需要判断行为的合理性。那么，对于市场经济中的行为，如何判断其合理性呢？2019 年国家市场监督管理总局《禁止滥用市场支配地位行为暂行规定》第 17 条列举的正当理由包括：

①为满足产品安全要求所必需；

②为保护知识产权所必需；

③为保护针对交易进行的特定投资所必需；

④能够证明行为具有正当性的其他理由。

可见，在《反垄断法》体系下，“二选一”行为的合理化考虑主要还是涉及安全、创新、环保、效率等较为宏观的相关市场层面的要素。

而《反不正当竞争法》考虑的合理性要素与反垄断法有所不同，还应当关注交易相对人之间的相互关系是否公平，能否实现相关主体之间的利益平衡。总的来讲，从市场中各类排他性交易的实践来看，在竞争法框架下判断相关行为的合理性，除了安全、创新、环保、效率等方面以外，还可以适当考虑如下要素：

排他的对象：正如前文所述，排他性交易中排他的对象包括交易相对人、产品或者排他的条件。总的来讲，完全限定或者排除交易相对人的行为，比只限定或者排除特定产品或者特定销售条件的情形更加全面和严格，而具有了明显的“反多属性”，也排除了消费者进行选择的余地，更容易引起不公。

排他行为双方力量的对比：如果排他性安排的双方力量较为均衡，则排他性安排在双方当事人之间可能更多是基于自愿，而不是强迫，在双方当事人之间是公平性安排的可能性更大。而如果一方当事人的力量明显高于另一方，则可能引起滥用相对优势地位方面的问题。

平台一方交易相对人（经营者）应对和平衡的方法：某些排他性的安排，能够凸显平台一方的经营特点——因为在其他平台上都无法获得同样的产品或者待遇。如果平台的经营者交易相对人能够在排他性的安排方面进行较为灵活的处理，就可以同平台的要求形成一定的抗衡，从而既满足平台经营的独立性要求，也满足经营者一方的多属性，同时还能给消费者提供更多选择的余地。例如，经营者在一家平台销售时可能会安排独家的九五折销售条件，但也可以在另一家提供支持运费或者更便宜的退货条件等。

平台一方交易相对人（消费者）的利益：排他性的安排是否对平台的另一方交易相对人——消费者——带来好处，或者会削减他们的福利，也是合理性判断应当考虑的因素。排他的交易是增加了消费者选择的机会，还是限制了消费者选择的机会；是配合了消费者自由意志的发挥，还是抑制了消费者的自由意志；是增加了消费者的成本，还是节约了消费者的成本等都应当纳入考虑。

排他的时间：应当考虑排他性交易安排的时间。平台要求其交易相对人实现某种排他性安排，时间是在合同订立之前，还是在合同执行过程中。这个问题可能转化为对合同违约的考虑。

排他的时限：关于排他性安排的时限，可以考虑其是长期、短期，还是特定关键时期的排他。某些短期的排他可能是行业普遍能够接受的惯例。例如，一本新书的初次上架，可能会先与销售平台达成独家推广的协议，一般在新书上架的第一个月，由特定的平台独家销售，而该平台负责对该新书进行宣传和推广，承诺较好的位置等。这对于买卖双方都是有利的，并且可以确保平台的推广努力都能够得到回报，且不会被其他销售平台搭便车。

要求排他的条件：平台在要求经营者二选一的时候，往往会附加一定的条件。作为互联网平台，在要求对方答应自己的排他性安排时，往往附有一定的条件。一种常见的做法体现在平台内的算法排名上，即对于同意独家安排的商户予以排名升级，或者对于拒绝独家安排的商户予以降权降级。排名升级是一种奖励，而降级降权则体现为惩罚措施。被降级的企业往往会面临严重的危机：当企业排序被降到前三页以后时，往往就会面临无人问津的局面。因此，单纯以排他性安排为由所进行的算法调整，尤其是惩罚性调整，往往是不公平的，当然，可能本身也是违背原有的平台管理规则的。

是否存在欺诈或者不真实："欺诈使一切归于无效"是英美法系中的重要理论，当然也符合"诚实信用"的基本要求。为了实现排他性交易而采取的后台数据篡改、提供虚假信息等行为显然是不正当的。

（五）价格歧视

我国《反垄断法》第17条第1款规定："禁止具有市场支配地位的经营

者从事下列滥用市场支配地位的行为：……（六）没有正当理由，对条件相同的交易相对人在交易价格等交易条件上实行差别待遇；……”经营者对于交易对象的差别待遇就构成了“歧视”。在实践中，最典型的差别待遇就是价格歧视。

价格歧视（Price Discrimination）理论最早是由英国福利经济学家庇古在其《福利经济学》一书中提出的，指同一种商品在市场上以不同的价格出售，而价格歧视的实施主体是垄断厂商，目的是实现利润最大化。[①]但价格歧视也并不是仅仅指价格存在差别，还要强调价格存在差别的原因是根据买方的支付意愿（Willingness To Pay，WTP），而不是基于成本的原因。用经济学术语表述的话，即当类似的产品以两种或者两种以上的边际成本费率为基础形成的价格出售时，价格歧视或定价歧视，就存在了。

价格歧视能够得以实现的一个重要条件是能够防止“套利”的存在。套利（Arbitrage）指受到优待的买家将产品以某种价格转售给没有受到优待的买家，售价对于前者而言有利可图，对于后者而言比从企业直接购买的索价要低。例如，卖家卖给甲某种商品 100 元，而卖给乙同样的商品 60 元，而乙能够从卖家手中以 60 元的价格买来商品，再以 60 元到 100 元之间的价格卖给甲，从而导致甲不再从卖家手中购买该商品转而向乙购买该商品，这就完成了所谓的套利，从而使得卖家进行价格歧视无利可图。因此，卖家必须通过一系列的安排来防止套利，如通过合约进行限制，利用技术壁垒或者地域壁垒进行限制，等等。

价格歧视从理论上被分为三个级别：一级价格歧视（也称“完美”定价歧视），主要指对每一单位、每一买者进行歧视，即卖方就每一单位的商品索要不同的价格，每个单位的商品都可以从买方处获得其愿意支付的最大消费者剩余。从传统上看，能够索要最高价格歧视的方法主要是卖家针对每一个买方、每一单位产品分别谈判，讨价还价。这样对卖方的好处是可以最大限度“榨取”消费者剩余，但缺点是交易成本太高。二级价格歧视，则主要是针对不同购买单位进行价格歧视，如购买得多，就给予更多的折扣，日常生

① 李羽中：《现代西方经济学原理》（第二版），中山大学出版社 1995 年版，第 435 页。

活中的买三件打九折，买五赠一，都是二级价格歧视的例子。三级价格歧视，则是以支付意愿为标准，将买者区分为不同的群体，从而对不同群体索取不同的价格，如对不同收入的人群收取不同的价格。

现实生活中，价格歧视现象普遍存在。有的价格歧视并不引起人们的反感，如公园和博物馆对老人和孩子减免费用，而对成年人不予折扣；供暖费、水费、电费通常采取二级价格歧视的方法，在基本用水范围内，收取较低的价格，超出该范围之后的一定范围内增加单价费用，以此类推，每一段内的单价费率上升。但有的价格歧视则引起消费者的反感。例如，2013 年 10 月，央视新闻频道播出《星巴克咖啡全球市场调查》，对星巴克一款 354 毫升拿铁咖啡在北京、伦敦、纽约、孟买的价格进行比较，发现其在上述各地的价格分别相当于人民币 27 元、24.25 元、19.98 元、14.6 元，在北京的售价不仅是最高的，而且几乎比孟买的售价高出一倍。央视指责星巴克的这一行为构成对中国消费者的"价格歧视"，应当予以制裁；[①] 滴滴打车平台、携程网也深陷"价格歧视""大数据杀熟"的舆论指责：有人称，用滴滴打车，同样的出发点，同样的目的地，价格却不一样，而且远距离来看，苹果手机要比安卓手机贵 4 块钱左右；[②] 一些携程用户也表示，同样的房间，不同的手机下单价钱不一样，老客户的价钱要比新客户贵。[③]

尽管很多消费者不欢迎价格歧视，但经济学上并不当然认为价格歧视是非效率的，相反，经济学上有时候认为价格歧视更加有利于有效分配资源。法律也一般不禁止价格歧视，尤其是针对消费者的价格歧视。例如，我国《价格法》第 14 条规定："经营者不得有下列不正当价格行为：……（五）提供相同商品或者服务，对具有同等交易条件的其他经营者实行价格歧视；……"该条主要强调针对经营者的价格歧视不合法，而不认为对不同的消费者在价

① 许光耀、王文君：《对星巴克咖啡"价格歧视行为"的反垄断分析》，载《价格理论与实践》2014 年第 3 期。

② 金薇薇、陈婕：《滴滴否认大数据"杀熟"称不允许价格歧视记者实测》，载 https://baijiahao.baidu.com/s?id=1596052283730092504&wfr=spider&for=pc，最后访问日期为 2018 年 10 月 2 日。

③ 刘正伟：《携程 CEO 孙洁否认大数据杀熟：平台不允许价格歧视》，载 https://news.china.com/socialgd/10000169/20181130/34557935.html，最后访问日期为 2018 年 10 月 2 日。

格上的差别对待为非法。但除了经济学上的考虑以外，市场竞争会鼓励更受消费者欢迎的定价方式——非歧视性的定价方式。因此，除非是有垄断的情况，针对不同的消费者采用不同价格的方法可以通过市场竞争机制进行自然调整。而从反垄断法的角度来看，价格歧视被判定为违法也需要满足一定的条件：实施价格歧视行为的实施主体在相关市场上具有支配地位；该企业在提供相同商品或服务时，没有正当理由而对条件相同的交易相对人[①]收取不同的价格，并且这种差别待遇损害竞争。这导致价格歧视的反垄断法违法确认也并不容易。

在互联网竞争中，消费者对平台经营者的价格歧视行为特别反感，这是因为互联网竞争容易出现“赢者通吃”的现象，当平台成长壮大之后，尤其是当平台经营者获得了用户的大数据信息之后，对顾客的“一级价格歧视”就逐渐变得可行。具有市场支配力量的平台针对不同用户定价就较难通过充分的竞争来解决。但是消费者的感觉并不能直接成为违法判断的依据，在这样的背景下，要对平台经营者滥用市场支配地位进行价格歧视的行为进行规制，需要界定相关市场、判断企业市场支配地位、判断企业是否滥用了市场支配地位等几个步骤：

首先，应当厘清具体行为所涉及的相关市场。这个问题我们在第二部分第二章“互联网平台竞争中的相关市场界定”中已经进行了详细的阐释。以滴滴打车为例，如前文所述，滴滴平台经营者提供了多个产品，包括约车服务、网约出租车、汽车租赁、加油、维保以及分时租赁等多项服务。这些服务都需要通过仔细辨认并判断独立的产品，进而确定恰当的相关市场。网约出租车和约车服务应当分别属于不同的相关市场，前者与传统巡游出租车可以紧密替代，属于出租车服务市场；而后者可能与滴滴、优步、传统电召12306等产品具有替代性，属于约车市场。

其次，应当判断企业在相关市场上的市场力量。仍然以滴滴平台为例，

---

① 2019年国家市场监督管理总局《禁止滥用市场支配地位行为暂行规定》第19条第2款规定：“条件相同是指交易相对人之间在交易安全、交易成本、规模和能力、信用状况、所处交易环节、交易持续时间等方面不存在实质性影响交易的差别。”

当消费者认为存在价格歧视的时候，只有在实施价格歧视的经营者滥用了其市场力量的时候，针对消费者的区别定价才可能违法。根据前面的分析，我们可以看到，滴滴平台既是网约出租车服务的提供者，也是约车服务的提供者。虽然有很多人将二者视为一个产品，但这两个服务的确属于不同的产品，因而分属于不同的相关市场。滴滴平台的经营者在出租车市场上的市场份额并不是很大，因为还有巡游出租车等城市客运服务与其竞争；但滴滴平台经营者在约车服务市场中的市场份额很高，具有市场支配地位的可能性极大。

最后，还需要考察价格歧视的合理性。2019 年国家市场监督管理总局《禁止滥用市场支配地位行为暂行规定》第 19 条规定，实施差别待遇行为的“正当理由”包括符合交易相对人实际需求且符合正当的交易习惯和行业惯例、针对新用户的首次交易在合理期限内开展的优惠活动，以及能够证明行为具有正当性的其他理由。

（六）拒绝交易

平台经营者的拒绝交易也是近年来我国互联网平台竞争中争议较多、广受关注的行为。我国《反垄断法》第 17 条规定，禁止具有市场支配地位的经营者滥用市场支配地位，没有正当理由，拒绝与交易相对人进行交易。

《禁止滥用市场支配地位行为暂行规定》第 16 条对拒绝交易的方式进行了列举，包括：实质性削减与交易相对人的现有交易数量；拖延、中断与交易相对人的现有交易；拒绝与交易相对人进行新的交易；设置限制性条件，使交易相对人难以与其进行交易；拒绝交易相对人在生产经营活动中，以合理条件使用其必需设施。

该条同时也列举了可以拒绝交易的“正当理由”，包括：因不可抗力等客观原因无法进行交易；交易相对人有不良信用记录或者出现经营状况恶化等情况，影响交易安全；与交易相对人进行交易将使经营者利益发生不当减损；能够证明行为具有正当性的其他理由。

尽管法律对拒绝交易已经有了较为明确的规定，但现实生活中仍然存在众多拒绝交易的行为，并且要判定这些行为的违法性非常困难。这是因为，对于拒绝交易的行为而言，如果行为人不具有市场支配地位，则在很大程度上是行为的经营自由和意思自治：市场中的主体愿意跟谁进行交易，不愿意跟谁交易，基本上是一个合同自由问题，而不需要特别的理由。这导致正确界定相关市场并判定行为人在其市场中具有市场支配地位非常重要。因此，互联网平台竞争背景下讨论拒绝交易，主要涉及两个方面的问题：

1. 相关市场的解构和选择

平台是多种产品和多类用户群体的交互空间和连结点，互联网平台连接着多个相关市场，从而构成一个复杂的相关市场体系。在互联网平台背景下看待拒绝交易事件，一方面需要从这个复杂的相关市场系统中对相关市场进行解构，并判定相关行为发生在哪一个市场之内，进而考察互联网平台经营者在该特定的相关市场内是否具有市场支配地位，判断其拒绝交易的行为是否违反《反垄断法》。与此密切相关的案件是我国的"微信表情包案"[①]：

微信表情分为表情商城（精选表情）和表情开放平台（投稿表情）。其中，表情商城（精选表情）包括四个部分：投稿里涌现出的优秀作品；表情开放平台上不定期举办投稿活动中产生的优秀作品；引进的适合做成表情的国际知名IP、明星、影视作品；自有形象创作作品。而对于表情开放平台（投稿表情），投稿表情通过审核后，都会进入"投稿表情"栏目。

为了推广"问律师"网站，深圳的徐某向国家版权局申请名称为"问问"的美术作品著作权并获得登记。徐某希望通过微信推出"问问"的形象，通过互联网阅知关于微信表情包的《制作指引》和《审核标准》的内容，经同意《服务协议》后，注册成为微信表情开放平台投稿人。

徐某向腾讯计算机公司、腾讯科技公司提交了由"问问"美术作品演绎的24个微信表情包，其中第10个演绎表情包旁有"记得付律师费哦"一行文字，未获审核通过。腾讯计算机公司、腾讯科技公司总体驳回理由是，"感谢投稿，你的表情违反了微信表情开放平台表情审核标准，作品内容不允许含有任何组织机构、个人、产品或服务的名称、标识、产品包装、吉祥物及相关信息或推广目的。表情为'问律师'网站推广形象……"。

徐某认为，微信平台接受了其他企业或明星的表情产品，而不接受"问

① （2016）粤民终1938号民事判决书。

问”表情包，是滥用市场支配地位拒绝交易的行为。

一审法院认为，该案相关市场的商品范围应界定为互联网平台信息服务，包括社交平台、新浪、百度等搜索引擎平台、手机应用软件商店平台等互联网平台信息服务；同时考虑到互联网的无国界性，该案相关市场的地域范围应界定为全球市场。而二审法院则针对平台聚合不同产品的特点进一步解构了围绕微信平台所形成的产品生态圈，认为从需求者角度而言，目前互联网不存在能够替代表情包这种情感表达方式、实现相同功能的其他服务形式，而不同经营者提供的互联网表情包服务之间存在较强的竞争关系，因此，从需求替代角度分析，表情包服务就是一个商品市场；从供给替代角度分析，并不是只能通过微信表情开放平台才能实现其推广“问问”表情包的目的，而是存在可替代的供给渠道，且所有这些可替代的供给渠道均属于互联网社交平台中表情包服务提供平台，相互之间存在紧密的替代关系。因此涉案相关商品市场应界定为互联网表情包服务。一审法院界定的相关市场范围过宽。

虽然二审中的相关市场界定得更加狭窄和精确，但法院认为徐某并没有就相关市场中的市场份额和竞争状况、控制市场的能力、财力和技术条件、其他经营者对其在交易上的依赖程度和进入相关市场的难易程度等情况进行举证，也就是说，徐某未能证明对方具有市场支配地位。在不具有市场支配地位的情况下，是否同相对人进行交易，在很大程度上就是市场自由问题了。法院指出：

“腾讯计算机公司和腾讯科技公司经营的微信表情开放平台接受表情包投稿，系两公司向公众提供的互联网服务之一，两公司完全有自主权制定公众享受该免费服务的准入条件。

“该准入条件在徐某投稿之前，已经向公众公开并已实施多时，腾讯计算机公司和腾讯科技公司依据该准入标准审核徐某的投稿是否符合其标准，属行使其企业经营自主权行为。

“徐某所称其投稿表情包有推广的商业目的，腾讯计算机公司和腾讯科技公司审核表情包投稿并决定是否准入，亦有其商业目的，两者在关于表情包的问题上地位是平等的，两者在投稿和审稿的过程中发生分歧以致最终无法达成合意，完全系自由竞争市场中的正常表现。”

2. 必要设施理论

互联网平台作为从平台一方用户经营者到另一方用户消费者之间的产品通道，可能会构成“必要设施”或者“基础设施”。

必要设施理论源于 1912 年美国司法部诉铁路终端协会（United States v. Terminal Railroad Association）一案，一直是规制拒绝交易型排他行为的重要理论基础之一，[①] 但在美国司法实践中也一直饱受争议，最终在美国衰落。但自 20 世纪 90 年代开始，必要设施理论开始在欧盟竞争法中得到发展，我国也受到影响，最终在 2019 年的《禁止滥用市场支配地位行为暂行规定》中对其进行了确认。《禁止滥用市场支配地位行为暂行规定》第 16 条规定，拒绝交易相对人在生产经营活动中，以合理条件使用其必要设施，构成了拒绝交易，并指出在适用该规定时，应当综合考虑以合理的投入另行投资建设或者另行开发建造该设施的可行性、交易相对人有效开展生产经营活动对该设施的依赖程度、该经营者提供该设施的可能性以及对自身生产经营活动造成的影响等因素。

近年来最引人注目的涉及“基础设施”问题的拒绝交易事件，就是围绕微信平台展开的“头腾大战”。从 2018 年开始，微信平台经营者腾讯和今日头条、抖音经营者字节跳动公司之间发生了多次冲突：2018 年腾讯发布公告，特别是禁止对抖音等网站视频不予“直链”；2019 年 1 月，字节跳动公司发布新的视频社交软件“多闪”，主打“视频＋社交”时，遭到微信“屏蔽”。字节跳动公司指责微信平台构成了“基础设施”，其对字节跳动公司的产品通过微信传播的阻碍，构成了拒绝交易。[②]

根据必要设施理论的基本要求，只有当某个设施构成一个相关市场，或者某个相关市场中的大部分，或者其必须构成一种“瓶颈”从而能够在某个正确界定的相关市场上运用市场力量，才能被认定为一个必要设施。如果该

① Kenneth L. Glazer，Abbott B. Lipsky，“Unilateral Refusals to Deal under Section 2 of the Sherman Act”，*Antitrust Law Journal*，Spring，756-758（1995）.

② “头腾大战”所涉及的竞争法问题，除了基础设施理论之外，还涉及平台的中立要求。更多关于“头腾大战”的讨论，参见第三部分第二章关于 API 中立的论述。

设施并不构成或者控制某个相关市场，而是可以找到竞争性的替代品，就很难被认为是必要设施。[①] 从这个角度来看，要证明微信平台构成“必要设施”也并不是一件易事。

二、平台的排他性垄断协议

在互联网平台竞争中，特别需要关注平台的排他性协议。

平台的排他性协议，突出表现为平台经营者与交易相对人达成的具有排他性效果的纵向垄断协议。这里，平台经营者指经营一个或多个多边平台市场的企业。平台经营者经营一个或多个平台，并在不同用户之间或者不同产品之间进行交叉补贴，从而实现整体盈利。从某种意义上看，平台经营者的这种纵向协议，同平台经营者滥用市场支配地位的行为是存在竞合的：如果平台经营者本身具有市场支配地位，而与其达成协议的经营者被迫答应平台经营者的要求，预期达成排他性的协议，则这也是平台经营者滥用市场支配地位的行为。但从形式上看，无论平台经营者的协议相对人的本心如何，该相对人仍然是出于自己利益的最大化而与平台经营者达成了合一。

我国《反垄断法》第 14 条规定：“禁止经营者与交易相对人达成下列垄断协议：（一）固定向第三人转售商品的价格；（二）限定向第三人转售商品的最低价格；（三）国务院反垄断执法机构认定的其他垄断协议。”显然，平台的排他性协议并不属于该条明确指明的内容，而是属于其他类型的垄断协议。在非平台竞争领域，其对市场竞争的影响可能不大，但是对平台竞争而言，以下纵向排他性协议值得重视：（一）反多属性协议：限制经营者在其他平台上销售产品或向其他平台经营者供应产品，并以此限制消费者在其他平台上购买产品或购买其他平台供应的产品。[②]（二）非竞争性安排：通过产品的约定价格结构或者其他交易条件，要求或者诱使交易相对人只与自己交易，

---

① ［美］赫伯特·霍温坎普：《联邦反托拉斯政策：竞争法律及其实践》（第三版），许光耀、江山、王晨译，法律出版社 2009 年版，第 340 页。

② 纵向协议主要指经营者之间的协议，不包括经营者和消费者之间的协议。

或者主要与自己交易，从而排除或者减少交易相对人与竞争对手交易的机会。（三）产品搭售协议：利用平台的聚合性和网络效应，通过在一个产品市场上的交易，要求或者诱使交易相对人在另一个产品市场也只与自己交易，或者主要与自己交易，从而排除或者减少另一个相关市场上交易相对人与竞争对手交易的机会。（四）先期费协议：通过通道费、上架持续费、促销费等支付先期费的方式，排斥和限制交易相对人与其他竞争者进行交易。

其中，尤其值得关注的是反多属协议。多属性或者多栖性（multihoming）原指主机或计算机网络连接到多个网络的做法。在互联网平台竞争背景下，多属性常指用户同时接入多个有同等功能的平台的行为。例如，用户既上淘宝购物平台，又上京东；用户既使用百度，也使用Google，就属于多属行为。而对于使用电脑操作平台而言，用户无法采用多属行为，只能选择某一个操作平台。反多属性协议的典型例子就是以促进交易功能为主的平台的排他性供货协议，常见的做法是平台经营者要求产品供应商只在自己的平台或主要在自己的平台上销售货物。为了实现排他性供应的目的，平台可能要求或诱使生产商“独家供货”，也可能要求或诱使生产商达到平台规定的销售额，以此保证生产商将销售重心放在自己的平台。典型案例为网购平台大促竞争中出现的“二选一”的行为。在促销期，平台通过店铺管理员向店铺传达独占要求。不关闭其他平台的店铺将受到“搜索降权、不能参加平台促销活动”等间接经济惩罚，如果同意了独占要求则获得“流量倾斜、会场位置靠前”等间接经济奖励。反多属协议的本质就是对交易相对人的平台多属性进行限制的行为。并且在平台上，限制行为会产生跨市场效果，因为双边市场是互相捆绑的，限制供应商的多属性就会限制消费者的多属性，从而削弱竞争者平台的网络效应。

分析平台竞争者排他性协议是否具有排除和限制相关市场上竞争的效果，判定其是否具有《反垄断法》上的违法性，应当综合考虑以下要素：

协议的排他性目的。如果平台经营者与其交易人签订的排他性协议的主要目的在于排除和限制相关市场竞争，则应当推定该排他性协议违法，除非当事人能够证明，根据协议双方当事人的市场份额等市场力量要素，该协议事实上不可能导致相关市场上的竞争受到影响。当协议的主要目的不是排除和限制竞争，而是关于增进效率或者环境保护等其他社会价值目标时，仍然需要根据本条所列举的其他要素考察协议是否明显具有排除和限制相关市场竞争的效果。

平台经营者的市场力量。平台经营者的市场份额是判断平台经营者在相关市场上市场力量的重要指标，除此之外，平台经营者的财力、技术条件、用户对其的依赖程度，乃至数据拥有量和分析、处理数据的能力等，都能够指示平台经营者的市场力量。平台经营者在相关市场上的市场力量越大，其要求或者诱惑交易相对人接受不合理协议条款的可能性就越高，排他性协议排除、限制相关市场竞争的可能性也越大，从而该协议被认定为违法的可能性越高。

交易相对人的市场份额。交易相对人的市场份额是交易相对人力量的重要指标，交易相对人的财力、技术条件等，也能够指示交易相对人的市场力量。对交易相对人的市场力量的评估同样有助于判断排他性协议是否够真正限制相关市场上的竞争。当平台的交易相对人销售某种特定产品时，其在该产品的相关市场份额越大，则反多属协议或者其他非竞争协议具有排除、限制竞争效果的可能性就越大。而当排他性协议的双方——平台经营者及其交易相对人的市场力量都达到一定程度时，协议被认定为违法的可能性更大。

竞争者的数量和市场份额。平台经营者的竞争者，可能是另一个平台经营者，也可能是非平台经营者；可能是现实的竞争者，也可能是潜在的竞争者。竞争者的数量和市场份额能够对相关市场的结构产生重要影响。在特定的相关市场上，竞争者的市场份额越大，其与平台经营者抗衡的可能性就越大，平台经营者的排他性协议限制竞争的可能性就越小；而具有抗衡能力的竞争者数量越多，平台经营者的排他性协议限制竞争的可能性也就越小。

市场进入壁垒。相关市场的进入壁垒的高低能够影响潜在竞争者转变为实际竞争者的可能。当先期投入费用高、技术的不可替代性强、用户黏性大等因素导致相关市场壁垒较高时，潜在的竞争者就不大可能真正进入相关市场，从而导致在位企业的市场力量更加巩固。

是否破坏竞争对手的网络效应。当竞争在平台经营者之间展开时，特别应当关注特定平台经营者的排他性协议是否能够降低用户对竞争者平台的关注程度，是否能实质上破坏对手平台的网络效应。

三、平台集中及规制

平台集中，指的是平台经营者的集中。

我国《反垄断法》第20条对经营者集中的概念作出规定："经营者集中是指下列情形：（一）经营者合并；（二）经营者通过取得股权或者资产的方式取得对其他经营者的控制权；（三）经营者通过合同等方式取得对其他经营者的控制权或者能够对其他经营者施加决定性影响。"

近年来，我国不少互联网行业发生了明显的集中现象，滴滴、快滴、优步的集中，携程网和艺龙网的集中等，反映出平台集中不同于传统行业企业集中的特殊问题。以滴滴和优步的集中为例，2016年8月1日，滴滴出行正式对外宣布将与优步中国合并。8月2日，滴滴出行与优步中国变更登记股权、完成交割，但并未向商务部进行申报，商务部也未收到两家公司的申报。而滴滴回应称其与优步中国的合并未达到申报标准因此不需要申报。[①]2018年，国家市场监督管理总局继续对滴滴和优步的合并调查。其他互联网行业也出现了类似的情况：平台集中时按照我国《反垄断法》的规定并未达到申报标准，但合并后往往又具有很大的市场份额，为相关市场的竞争带来一定的结构性优患。这都涉及互联网平台竞争的临界点现象和冒尖现象等特点。

正如前文所述，互联网平台竞争具有网络外部性，这会带来所谓的临界点现象和冒尖现象。临界点现象体现为互联网平台在发展初期，由于用户规模很小，网络外部性不明显，导致平台的聚拢效应不明显，很少有用户愿意在该平台展开经营或者消费活动，这时，平台经营者需要花费大量的资金通过免费或者补贴政策来促进用户数量的增长。但企业一旦克服最初的困境，使得用户规模超过一个"临界点"之后，其产品的价值和用户黏性将大大增

① "外媒称滴滴投资优步10亿美金将与优步中国合并"，载https://www.toutiao.com/i6313840427535434242/，最后访问日期为2017年3月5日；"滴滴收购优步中国是否构成行业垄断"，载http://news.xinhuanet.com/legal/2016-08/05/c_129205870.htm，最后访问日期为2017年3月5日。

加，平台经营者也无须再进行补贴或提供免费服务而会有更多的用户愿意进入该平台，导致用户规模加速增长。而冒尖现象，是指当数个相互竞争的平台中某一两个率先达到一定的用户规模时，全部用户都会倾向于加入或使用这个企业的产品，而其他经营者则会在竞争中失败，这也就是所谓的赢者通吃。冒尖现象会导致市场中的企业为了成为最后的赢家往往不惜在竞争中长期保持亏损或者不惜代价兼并市场中的其他有力竞争者。最后的结果往往是资本力量更为雄厚的竞争者胜出，而不一定是代表最优技术的企业胜出。

互联网平台的“临界点效应”和“冒尖效应”会导致平台企业在发展到临界点之前大都走“亏损式”发展的道路，从而导致平台企业集中之前的营业额低。例如，网约车平台在“补贴大战”期间，不仅不向司机收取平台服务费，反而给予司机额外的补贴，并且通过发放优惠券、代金券等方式同时对乘客方进行补贴，以吸引司机和乘客使用自己的平台，不使用竞争对手的平台。

平台企业间集中行为发生的时点往往正是在其中一方或多方将要达到“临界点”之时。“滴滴与快的合并案”“58 同城与赶集网合并案”“美团与大众点评合并案”“携程与去哪儿网合并案”都是由一个相关市场上实力最强的两家企业强强结合。合并的目的就在于将对方的用户纳入自己的平台，从而保证相关市场中绝大部分消费者均属于自己的用户。参与合并的企业合并之前往往已经或正在进行“烧钱大战”，以免费或者提供补贴的方式从竞争对手中抢夺用户，而合并之后的企业在相关市场中则往往占有较大的市场份额，因此企业不必再通过补贴或者让利来吸引用户，而是开始考虑盈利。“冒尖效应”的存在也使得互联网平台经营者在竞争中都拼命争取成为行业第一名，当某个市场中存在两个或两个以上即将达到“临界点”的竞争者，或已经有一个达到“临界点”的竞争者但出现另一个将要达到“临界点”的竞争者时，他们会通过各种办法去击败对手，如用“烧钱大战”来争夺用户，以及通过合并的方式提前解决利益的分配，从而直接将对方的用户和资源与自己的合二为一。这样，参与集中的企业在集中之前的营业额往往较低，很可能无法达到申报下限；但参与集中的平台企业往往市场份额很高，集中后更是在相关市场中占有极高的市场份额。

另外，一些排名靠前的企业虽然长期处于亏损状态，但是由于其拥有巨大的用户基础和超高的市场份额，许多投资机构仍然很看好其未来的发展，因此纷纷愿意投入巨额资金。以优步为例，从 2009 年成立到 2017 年，其经历了 12 轮融资，获得资金 66.1 亿美元。[①] 国内的平台企业，如“滴滴”“美团”“饿了么”等家喻户晓的企业大都经历过 7 轮以上的融资，融资金额都在数十亿美元。如此高频和高额的融资，加上投资人对这些企业未来的看涨，导致互联网平台企业的估值往往极高。到 2017 年，优步的估值，已经超过 660 亿美元[②]；滴滴的估值已达 280 亿美元[③]；美团的估值，在 2016 年初已达到 180 亿美元[④]……这些互联网平台企业几乎都还是未上市企业，它们的估值就已经远远超过大部分上市企业。

这样，平台企业集中在集中申报标准、集中到底会涉及哪些相关市场，可能在哪个市场上引起何种反应，采用何种救济措施，都值得进一步探讨。

（一）经营者集中申报标准考察

当不同的企业进行经营者集中且符合反垄断法规定的要件时，必须向反垄断主管部门进行申报。根据商务部反垄断局《关于经营者集中申报的指导意见》，我国经营者集中的申报标准主要依据是参与方的营业额：参与集中的所有经营者上一会计年度在全球范围内的营业额合计超过 100 亿元人民币，并且其中至少两个经营者上一会计年度在中国境内的营业额均超过 4 亿元人民币；参与集中的所有经营者上一会计年度在中国境内的营业额合计超过 20 亿元人民币，并且其中至少两个经营者上一会计年度在中国境内的营业额均超过 4 亿元人民币。因此，我国的经营者集中申报标准主要是参与方的营业

① 《关于 Uber 你需要知道这 35 件事》，载 http: //www.cyzone.cn/a/20160228/290985.html，最后访问日期为 2017 年 3 月 30 日。

② 《Uber 获 35 亿美元投资，估值 660 亿美元，什么让它这么值钱》，载 http: //www.ifanr.com/664337，最后访问日期为 2017 年 3 月 30 日。

③ 《外媒称滴滴新一轮融资数十亿美元 官方予以否认》，载 http: //tech.sina.com.cn/i/2017-03-02/doc-ifycaasy7317690.shtml，最后访问日期为 2017 年 3 月 30 日。

④ 《美团大众点评已完成 33 亿美元融资　估值达 180 亿美元》，载 http: //business.sohu.com/20160119/n434988142.shtml，最后访问日期为 2017 年 3 月 30 日。

额。这对于实施免费策略的平台经营者的早期活动而言，是难以实现约束的。正如我国的各类平台的集中，由于其往往并未达到申报的营业额标准，因此不需要进行申报和审查；但这些平台合并之后又引起了人们对其市场结构方面的担忧。

那么，其他国家对于经营者集中申报的标准都有哪些呢？方晓敏教授对此进行了总结和归纳，并重点介绍了绝对规模标准、相对规模标准和双重标准：[①]

1. 绝对规模标准

绝对规模标准也称销售额 / 总资产标准，以合并企业的总资产额或者年度销售为申报标准，并进一步分为双层销售额标准、总资产标准和选择性绝对规模标准。

双层销售额标准：该标准要求参与集中的经营者依据其国际销售额和国内销售额来确定申报义务。采用双层销售额标准作为申报标准的国家或地区较多，如欧盟在《关于经营者集中控制的第 139/2004 号条例》第 1 条第 2 款规定了集中行为达到下列程度时应当申报的标准："（1）参与合并的企业在全世界的销售总额超过 50 亿欧元；（2）至少两个合并企业在欧盟范围内的销售额分别超过 2.5 亿欧元。"[②] 双层销售额标准既考虑了合并经营者在国际市场上的影响力，也十分重视其与所在地经济的紧密联系，"特别是要求至少两个以上的参与合并经营者在当地市场有较大的销售收入、对当地市场有较大的影响，具有显著的合理性和科学性"。

总资产标准：以参与集中一方或多方经营者的总资产是否达到一定数额为标准。例如，日本《禁止独占和确保公平交易法》第 15 条第 2 款以总资产数额为标准对是否需要申报作出规定。采用总资产标准的优势在于数据较

---

① 以下总结参见方小敏：《经营者集中申报标准研究》，载《法商研究》2008 年第 3 期。

② Council Regulation（EC）No 139 /2004 of 20 January 2004 on the control of concentrations between undertakings（the EC Merger Regulation），OJ L 24 /1，29 January 2004："A concentration has a Community dimension where：（a）the combined aggregate worldwide turnover of all the undertakings concerned is more than EUR 5000 million; and（b）the aggregate Community -wide turnover of each of at least two of the undertakings concerned is more than EUR 250 million."

为客观，容易计算与核查；劣势在于仅着眼于资产规模大的企业，而资产规模大未必代表具有更强的市场竞争力。例如，钢铁等重资产行业的经营者资产规模往往很大，远远高于软件等轻资产行业的经营者，可能钢铁行业中一个市场竞争力很弱的企业，其资产也高于某个软件行业的垄断者，这时候如果仅采用总资产标准，有可能导致对市场影响力不大的集中行为被纳入规制，反而漏掉对市场影响很大的集中行为。

选择性绝对规模标准：选择性绝对规模标准是以总资产或者年度总销售额为申报标准。例如，加拿大《竞争法》规定“所有合并企业在加拿大的总资产额之和超过 4 亿加元，或者在加拿大境内、进口到加拿大或者从加拿大出口的年销售收入总额超过 4 亿加元”，而且在“资产收购情况下——每一个参与合并的企业在加拿大的资产额或年销售额超过 5000 万加元，或者股份收购情况下——（1）被控制企业在加拿大的股份以外的资产额超过 5000 万加元，或者（2）在加拿大的年销售额超过 5000 万加元”，那么合并就需要申报。

2. 相对规模标准

相对规模标准指以市场占有率为申报标准，如我国台湾地区“公平交易法”第 11 条的规定。我国台湾地区采用了以市场份额为主，将市场份额和年销售额并行使用的标准。由于一般来说市场份额与市场力量之间存在正比关系，能相对准确地反映出市场集中度，而且可以避免绝对规模标准在不同行业中适用可能产生的偏差，因此相对规模标准在这些方面存在较大的优势。但是，想要准确测定某个经营者的市场份额，需要通过复杂的经济和法律分析来明确相关市场，并综合大量信息测定其市场份额。这项工作一般由反垄断执法机构在经营者集中审查阶段做出，如果要求企业在申报前便完成，对企业来说存在困难。有学者指出，“在世界范围内，以绝对规模标准为申报标准的申报机制执法效率高且成本低，而以市场份额为申报标准的申报机制执法效率低且浪费大，这几乎已经成为世界各国或地区的共识”。

3. 双重标准

双重标准是结合当事人规模标准和交易规模标准所形成的申报标准。美国是双重申报标准的典型。美国反托拉斯法以企业合并的交易规模作为主要标准，要求如果交易额超过 2 亿美元则必须进行申报，当合并行为的交易额在 5000 万美元以上 2 亿美元以下时，以当事人规模作为辅助标准，即只有当收购方年销售额或总资产超过 1 亿美元且被收购方年销售额或总资产超过 1000 万美元时，或收购方年销售额或总资产超过 1000 万美元且被收购方年销售额或总资产超过 1 亿美元时，合并行为才应当申报。同时，美国还建立了标准数值的动态调整制度，从 2005 年起，每年要根据 GDP 的变化对当事人规模标准和交易规模标准的数值进行相应调整。

双重标准将合并行为区分为大规模合并、中规模合并和小规模合并。双重标准认为，无论被合并者各自的规模如何，大规模合并使合并者的经济实力迅速提高，对其所在的相关市场的正常竞争极有可能产生重大影响，应当予以审查；小规模合并由于只涉及市场的很小部分，不足以严重影响市场竞争，可以从合并申报中豁免；而中等规模的合并可能会对竞争产生重大影响但也可能并不会，因此除了交易额外，还需要考虑到当事人规模才能决定是否需要申报。

可以看到，我国经营者集中的申报标准采用的是“双层销售额标准”。这种标准的优点在于便于测算，利于参与集中的企业进行自我判断。从原国务院法制办负责人在答记者问时对“为什么采用经营者的营业额这一指标确定申报标准”作出的解释[①]中可以看出，反垄断机关在制定申报标准时主要基于便捷、可操作性强的考虑，在我国反垄断法实施初期，借鉴国外尤其是欧盟的经验，作出了这种单一标准的决定，的确给反垄断法的实施带来了较大的便利。

但是，仅采用营业额标准也存在显而易见的缺点。例如，由于仅考虑营业额因素，导致某些占市场份额较小的房地产、石油钢铁等重资产企业即使集中行为对市场竞争影响不大也需要申报，而某些行业，特别是互联网平台，即使用户基础庞大，且在相关市场中占有较大的市场份额，但由于采取免费、

---

① “申报标准应便于参与集中的经营者以及反垄断执法机构判断和掌握，并有明确的行为预期。经营者的营业额是反映经营者经济力的重要指标，较为客观、明确，世界各国大都采用这一指标确定经营者集中的申报标准。”参见人民网“国务院法制办就《国务院关于经营者集中申报标准的规定》答记者问”，载 http://politics.people.com.cn/GB/1026/7609104.html，最后访问日期为 2017 年 3 月 6 日。

低收费商业、产品间或者用户群体间互相补贴等策略，营业额可能也无法达到申报标准，从而无须申报。

为了防止部分未达到申报标准的经营者集中行为损害市场竞争，《国务院关于经营者集中申报标准的规定》第4条规定赋予了国务院主管部门主动调查的权力。该条规定："经营者集中未达到本规定第三条规定的申报标准，但按照规定程序收集的事实和证据表明该经营者集中具有或者可能具有排除、限制竞争效果的，国务院反垄断执法机构应当依法进行调查。"但是，条文中"按照规定程序收集的事实和证据"到底是怎样的程序？"应当依法进行调查"到底应当怎样进行调查？总的来说，对于该权利的行使条件、行使程序等具体内容尚缺乏明确的规定。

《经营者集中申报办法》第16条规定："经营者集中未达到《规定》第三条规定的申报标准，参与集中的经营者自愿提出经营者集中申报，商务部收到申报文件、资料后经审查认为有必要立案的，应当按照《反垄断法》的规定进行立案审查并作出决定。"该条文在一定程度上解释了"按照规定程序收集的事实和证据"中程序指的是参与集中的经营者自愿提出申报。有学者认为这种由未达到标准的企业自愿申报机制值得推广[①]，但这并未体现主管部门的主动调查权，而且这种情况显然是不常见甚至可以说是有悖常理的——当企业集中行为没有达到申报标准时，在对自己没有好处的情况下，参与集中的企业不会愿意花费时间和精力自愿申报，并换来被调查的后果。从互联网平台企业集中的现实来看，该条款的作用不大。

因此，如果要对互联网平台企业的集中进行有效审查，就需要进一步考虑采用更适合互联网平台竞争的申报标准，或者进一步明确主管部门依职能主动调查的细节和程序。

（二）集中影响的市场

为了判断集中的效果，需要判定集中发生的市场。这同其他涉及互联网平台的反垄断分析一样，应当首先分析平台经营者以平台交互空间为核心和

① 于连超：《我国经营者集中申报标准的改进》，载《经营与管理》2009年第8期。

连结点所提供的不同产品（进行产品界定），并进一步确定相关主体竞争的相关市场。理论分析过程请参见本部分第二章。就现实中的具体案件而言，可以参考 2016 年新加坡竞争与消费者委员会（CCCS）就 Uber 和本土网约车平台 Grab 合并案的分析。

继 2016 年在中国市场被滴滴并购后，Uber 相继在俄罗斯、新加坡市场与竞争对手达成出售协议。2017 年 7 月，Uber 把俄罗斯当地业务转让给其本土出行平台 Yandex，并获得 Yandex 约 36.6% 的股权。2018 年 3 月，Uber 把其在东南亚的业务卖给 Grab，换取 Grab27.5% 的股权。俄、新两国的网约车平台合并后，均占据了市场支配地位。在俄罗斯，Yandex 与 Uber 合并后 Uber 公司投资 2.25 亿美元到新成立的合资公司，并持有 36.6% 的股份。而 Yandex 将投资 1 亿美元，并占有 59.3% 的股份。合并后的公司业务将控制俄罗斯五分之四的网约车市场。Uber 在同各国本土网约车平台的集中过程中几乎没有受到阻碍。

特别值得关注的是 Uber 在东南亚与网约车平台 Grab 的集中。2018 年 3 月 26 日，Grab 宣布收购了 Uber 的东南亚业务。这是东南亚有史以来最大规模的此类交易。Grab 将把 Uber 在该地区的拼车和送餐业务整合到 Grab 现有的多模式交通和金融技术平台中。通过合并后的业务，Grab 将成为东南亚最大的线上到线下（O2O）移动平台，并将成为食品配送领域的主要参与者。[①] 在新加坡，Grab 与 Uber 合并后 Grab 将接管 Uber 在东南亚包括新加坡地区的所有业务和资产，占据新加坡网约车市场约 80% 的市场份额。

2018 年 9 月 24 日，CCCS 发布了一项针对 Uber 和 Grab 的违法决定，该决定指出，Uber 出售东南亚业务以换取 Grab 27.5% 的股份（“交易”）于 2018 年 3 月 26 日完成，这笔交易大大降低了新加坡打车平台服务的竞争，[②] 从而最终裁定这项交易违反新加坡竞争法，将对这两家企业处以总值 1300 多万新元

① Grab：“Grab Merges with Uber in Southeast Asia”，see https：//www.grab.com/sg/press/business/grab-merges-with-uber-in-southeast-asia/，（Last visited on June 28，2019）.

② “Acquisition of Uber’s Southeast Asian business by Grab and Uber's acquisition of a 27.5 per cent stake in Grab”，See https：//www.cccs.gov.sg/public-register-and-consultation/public-consultation-items/uber-grab-merger?type=public_register，（Last visited on June 28，2019）.

（约合6500元万人民币）的罚款。同时；CCCS还要求两家企业减轻对应召车司机的控制，允许他们在平台间进行转换。[①]

CCCS首先界定了相关市场。CCCS认为，此次交易的相关市场是在新加坡为提供预订司机接送点对点运输服务而匹配司机和乘客的双边平台（平台市场），以及在新加坡为接送点对点运输服务的司机提供私人租车的租赁市场（租赁市场），[②]街头打车、公共交通和更广泛的劳工市场应被排除在相关市场之外。其中，交易双方的业务主要集中在第一个相关市场，即在新加坡为提供预订司机接送点对点运输服务而匹配司机和乘客的双边平台（平台市场）：two-sided platforms matching drivers and riders for the provision of booked CPPT（chauffeured point-to-point transport）services in Singapore（"Platform Market"）。CCCS认为，Uber和Grab的使用条款清楚地表明，参与集中的双方就是为乘客和司机提供匹配/预订服务，其中基本的运输服务由司机提供给乘客。CCCS还认可CPPT平台是双边平台，因为其将两类用户（即乘客和司机）汇集在一起，每一方从平台获得的价值取决于另一方的用户数量。CCCS分别从乘客方和司机方分析了相关产品市场：

1. 乘客一方（Rider-side）

CCCS指出，有证据表明，集中双方均不认为其他市内交通选择是其有效竞争者：Grab董事会会议提供的文件仅反映了有关优步的讨论，而没有涉及巡游出租车，公共交通和私家车等其他交通方式的发展，Grab对市场份额影响的评估也没有考虑巡游出租车；同样，Uber提交的文件也只反映了关于

---

① CCCS："Notice of Infringement Decision Sale of Uber's Southeast Asian business to Grab in consideration of a 27.5% stake in Grab", see https: //www.cccs.gov.sg/public-register-and-consultation/public-consultation-items/uber-grab-merger?type=public_register,（Last visited on June 28, 2019）.

② Id. 原文表达为：……therefore concludes that the relevant markets for the competition assessment on the Transaction are:

a. two-sided platforms matching drivers and riders for the provision of booked CPPT（chauffeured point-to-point transport）services in Singapore（"Platform Market"）; and

b. the provision of rental of CPHCs（chauffeured private hire car）to CPPT drivers in Singapore（"Rental Market"）.

Grab 的讨论，而没有反映任何其他形式的交通方式。尽管如此，CCCS 还是考虑了每个可能的替代选择：

出租车预订服务——有证据表明，出租车预订服务（包括通过移动应用程序，短信和电话进行的预订）足以代替交易双方的 CPPT 平台服务。尽管有人认为，交易双方的 CPPT 平台服务是彼此最接近的替代品，而 CDG（新加坡最大的出租车运营商）提供的出租车预订 / 平台服务并非完美的替代品：出租车公司收取高昂的预订费，出租车匹配服务在很大程度上被视为优质且比 CPHC 产品更昂贵的产品；CDG 的应用程序不提供 Grab 的所有功能（例如，不能通过 CDG 的出租车预订应用程序预订 CPHC）。尽管如此，CCCS 认为，总的来说，证据表明出租车预订服务是一个足够接近的替代品，并且因此应该在该相关市场内。

巡游出租车服务——Uber 和 Grab 认为巡游出租车和 CPPT 服务（注意，不是 CPPT 平台服务）属于同一相关市场。CPPT 服务，指“chauffeured point-to-point transport services”，也就是“预订司机接送点对点运输服务”。CCCS 认为巡游出租车不是 CPPT 服务的有效替代品：Grab 的票价（CPPT 服务的价格）必须大幅提高才能使巡游出租车需求大幅上升；第三方反馈表明，习惯了低价格、更便利（如确定接送地点）、更舒服服务的消费者已经不愿意回头去坐出租车；此外，CPPT 服务是预订的。在 Uber 终止其在新加坡的业务之前和之后的几个月，CCCS 观察了相关数据：随着集中交易完成，Uber 在 2018 年 3 月和 4 月逐步停止在新加坡的运营，到 2018 年 5 月，Uber 的月度乘车数量急剧下降至零，在此期间，通过 Grab 预订的乘车数量显著增加，但巡游出租车的业务量没有明显增加。这表明巡游出租车不是 Uber 网约车服务的紧密替代品。因此,CCCS 得出结论认为，巡游出租车不在相关市场之内。

公共交通——CCCS 认为，公共交通在核心产品的价格方面对交易各方的产品没有足够的竞争限制，其不能成为相关市场的一部分。

私家车——交易双方提交了在美国进行的国际调查的证据，认定私人汽车使用和搭乘与 CPPT 服务之间的高度替代；双方还提交了新加坡私人汽车拥有量的统计数据，以支持私人汽车替代司机的受雇车辆的主张。CCCS 认为，现有证据并未表明私家车是 CPPT 平台服务的可行替代品，这在很大程度上是由于在新加坡拥有私人汽车的成本太高。

其他交通选择——其他运输方案，包括按需巴士服务、自行车和共享车等。CCCS 指出，没有证据表明这些运输方案是 CPPT 平台服务的紧密且可行的替代品，由于诸如不确定性、出行距离等因素，用户不太可能从 CPPT 平台服务转换到这些运输方式上。

2. 司机一方（Driver-side）

Uber 和 Grab 的司机是从更为广泛的劳动力市场上招聘而来的。通过 CPPT 平台提供 CPPT 服务的司机必须持有（i）PDVL 执照或（ii）出租车司机职业执照（TDVL 执照）。其中，持有 TDVL 的要求比 PDVL 更严格：个人必须年满 30 岁，为新加坡公民（持有粉红色身份证），至少连续一年以上持有有效的 3/3A 级新加坡驾驶，并具有基本的听说读英语水平。非新加坡永久居民和外国人都不得成为出租车司机。该个人还必须在新加坡出租车学院或 CDG 接受培训课程以获得 TDVL，费用约为 335 新元（含 GST），TDVL 有三份文件，大约需要 25 个小时才能完成。出租车司机还应当遵守 TDVL 积分系统下的规则和框架。TDVL 持有人可以同时驾驶出租车和 CPHC（chauffeured private hire car），而 PDVL 持有人只能驾驶 CPHCs。

CCCS 注意到，不同职业之间存在着一系列紧密的替代关系。CCCS 考虑了以下各种潜在的职业替代品：

其他 CPHC 平台——集中完成后，成千上万的 Uber 司机注册了 Grab 平台。一些证据表明，Grab 的司机不太可能快速有效地切换到其他 CPHC 平台去开车，但 CCCS 认为这可能是因为其他 CPHC 平台经营规模太小，或者其他因素阻碍司机在平台间转移或者形成多属。因此 CCCS 认为，从司机方来看，接受来自其他 CPHC 平台的预订和接受来自集中主体平台的预订是具有竞争关系的。

出租车预订——CCCS 接下来考虑了司机是否会从接受 CPHC 预订转为接受出租车预订。继交易之后，新加坡最大的出租车运营商 CDG 在 5 月份的出租车预订量增长了近 9%，这是自 2014 年 9 月以来的最大同比增幅。但是，CCCS 指出，虽然出租车司机可以选择接受 CPPT 平台或其出租车公司的预订，但对于 CPHC 司机来说却并非如此——他们无法进入出租车预订系统；PDVL 持有人也不能开出租车。但综合考虑下来，CCCS 认为，从司机的角度来看，接受出租车预订属于与接受 CPHC 预订相同的相关市场。

路边打车——根据 SSNIP 的分析方法，如果 CPPT 平台服务价格（即佣金）有小幅但非暂时性的增加，驾驶员是否会转而退出 CPPT 平台服务而转为接受街头打车呢？PDVL 的持有者无法接受街头打车，因为 CPHCs 不允许街头打车。而对于出租车司机而言，他们既可以接受街头打车，也可以再通过 CPPT 平台接单挣得额外的收入，只要收益大于成本就行。综合来看，CCCS 认为，从司机一方看，街头打车不在该相关市场之内。

更广阔的劳动力市场——CCCS 指出，CPHC 司机可以在更广泛的劳动力市场上承担其他职业。然而，证据表明，CPHC 司机不太可能快速有效地转向其他职业；锁定期和终止处罚也防止了司机迅速有效地转向其他职业。因此，更广泛的劳动力市场不在相关市场范围内。

综上，CCCS 就 Uber 和 Grab 集中案件的相关产品市场进行了分析。这一分析存在以下特点：

首先，CCCS 区分了约车服务和运输服务，即 CPPT 平台服务和 CPPT 服务，且主要关注的是 CPPT 平台服务，但在进行替代性分析的时候，也会将二者混淆起来。

其次，CCCS 进行了"双边分析"，即从乘客一方和从司机一方进行了替代性分析。不过这种双边性的分析并没有将平台两边用户的相互关系和影响体现出来，即一方用户的变化如何影响到另一边；而更多地像是在以不同的用户（乘客和司机）为基础，分别进行了独立的需求替代分析。

（三）效果分析

仍然以新加坡的 Uber 和 Grab 平台集中案为例，我们可以了解一下 CCCS 如何就对平台集中进行效果分析。

1. 市场结构分析

CCCS 界定相关市场之后，从市场份额和市场集中度、市场进入壁垒、现实和潜在的竞争、买方力量等方面对市场结构进行了分析，认为参与集中的企业的市场份额超过了《CCCS2016 年关于经营者集中的指南》（*CCCS*

Guidelines on the Substantive Assessment of Mergers 2016）的门槛。其由于在市场中存在强大的间接网络效应，市场占有率较高，相关市场的进入壁垒高、扩张阻力大，实际和潜在的竞争对手将难以对 Grab 施加足够的竞争限制，买方难以实现抗衡。

2. 竞争分析

接下来，CCCS 对集中进行了竞争评估（Competition Assessment），包括以下几个方面：

非协同效应（Non–Coordinated Effect）：CCCS 认为通过此次交易，Grab 增加了其市场力量，由于消除了 Uber 和 Grab 之间的竞争，Grab 有能力提高价格、降低质量或者降低选择。CCCS 指出，Uber 和 Grab 是最为接近的竞争对手，集中后将占据平台市场 80%—90% 的市场份额，集中后平台市场最大的三个企业的市场份额将达到 90%—100%。即使巡游出租车被纳入相关市场，集中后的实体也会占到相关市场的 40%—50%，最大三家企业的市场份额将占到 80%—90%。因此，这次交易将减少相关市场上最大、最接近的两个竞争对手之间的竞争，显然会导致该市场上竞争的实质性削弱，企业之间能够根据内部文件有效实现提价。而事实上，在集中完成后，价格真的上涨了：2018 年 3 月至 7 月，乘客支付的有效车费已经增长了 10%—15%，预计 2021 年之前平均将增长 20%—30%；此外，虽然各方都声称司机奖励和驾驶员折扣在交易前就已经减少，但在交易后，奖励 / 折扣的减少率更加明显。CCCS 进而指出，这种效果不可能被新的进入或者扩展抵消，因为该市场具有强大的间接网络效应，这要求进入者预先承担沉没成本，为进入和扩张制造了一个巨大的障碍，使得潜在的竞争对手难以进入市场并挑战合并后的实体。买方力量也无法与之进行抗衡。

协同效应（Coordinated Effects）：CCCS 指出，集中也可以通过增加以下可能性来大大减少竞争：交易后，同一市场的公司可能会协调他们的行为来提高价格或降低质量或产量。在给定的市场条件下，虽然没有任何明示的协议，但企业之间只要明白协调行为有利于共同利益就会形成默示勾结。相关市场完全符合形成默示勾结的几个条件：（1）集中后的相关市场集中度高，经营者数量少；（2）价格透明度高，竞争对手的定价行为信息很容易获得;(3)存在着重复的相互作用，基于这种相互作用可以使得协调具有可持续性;(4)竞争约束很低，强烈的间接网络效应要求前期的投入大量进入成本，这意味着市场的寡头垄断结构可能会持续存在，无法受到潜在竞争的约束。

垂直效应(Vertical Effects):根据2016年的合并指南，CCCS在评估合并的纵向影响时，应当考虑合并双方在合并前后的纵向关系，即并购前纵向整合的程度，以及并购是如何产生或强化纵向整合的;并购双方在上下游市场的市场份额;合并双方之间的任何现有供应安排;竞争对手垂直整合的程度。最终CCCS认为集中完成后，Grab将有能力和动机通过排他性的协议将汽车租赁公司(包括Lion City Rentals)和这些汽车租赁公司租赁的司机绑在一起，并通过增加进入和扩张的壁垒来巩固Grab在平台市场的地位。

3. 效率抗辩

集中双方提出了效率抗辩，认为集中交易会导致更高的网络密度，从而形成更高的效率，主要体现在两个方面:一是规模经济，提高司机的使用效率，缩短乘客和司机的等待时间;二是改善服务，改善乘客和司机的体验和安全状况。对此，CCCS指出，根据法律规定，为了评价其声称的效率，经营者集中的双方必须有详细可证实的证据证明该效率可能仅因合并而产生，并且无法通过引发不太严重竞争问题的可行替代方案实现;该利益应当能够在合理的时间内及时、足够地实现。

在本案中，集中者提出了“网络密度更高，因此效率更高”的抗辩，指出这种更高的网络密度是由于网络中驾驶员和乘客数量的增加而产生的。但是，集中者没有证明，由于更高的网络密度而产生的声称的效率是特定于合并的，并且可能仅因合并而产生，而无法通过可行的替代方案实现，如注册更多的司机、鼓励更多的司机全职驾驶、提供更多的吸引新乘客等引起不太严重竞争担忧的促销活动等。至关重要的是，各方没有证明，更高的网络密度不能在多平台参与的场景(multi-player scenario)下形成，在该种场景下，司机和乘客都是多属的、不受任何排他性捆绑，这样，司机就可以在任何平台上和任何乘客相匹配。CCCS还认为，此类声称的效率尚未得到证明或量化。此外，虽然一些第三方反馈表明交易可以产生一些好处，包括更好的匹配和更短的等待时间，但来自大多数第三方的反馈表明，交易没有效率可获得。相反，交易减少了消费者的选择，并可能导致价格上涨。最后，CCCS 注意到，迄今为止，双方尚未就合并产生的任何成本节约量提交任何意见。

基于上述情况，CCCS 无法断定所声称的效率是否能够避免实质性减少竞争（Substantial Lessening of Competition，SLC），或是否足以在新加坡超过合并对竞争造成的损害。

（四）经营者集中救济

经营者集中救济措施，也称为经营者集中附加限制性条件。我国《反垄断法》第 29 条对经营者集中救济进行了总体性的规定。该条规定："对不予禁止的经营者集中，国务院反垄断执法机构可以决定附加减少集中对竞争产生不利影响的限制性条件。"

商务部《经营者集中审查办法》第 11 条至第 15 条以及《关于经营者集中附加限制性条件的规定（试行）》中规定限制性条件可以包括结构性救济、行为性救济和综合性救济，具体指：

（1）剥离有形资产、知识产权等无形资产或相关权益等结构性条件；

（2）开放网络或平台等基础设施、许可关键技术（包括专利、专有技术或其他知识产权）、终止排他性协议等行为性条件；

（3）结构性条件和行为性条件相结合的综合性条件。

互联网平台的集中同样要遵循这些基本规定。

在我国互联网平台兴起并发展之后，也经历了一次较为显著的互联网合并浪潮。其中包括滴滴收购优步；携程收购同程，并购艺龙、入股途牛，并通过股权置换交易的方式，宣布与去哪儿网合并……都引起了很大的关注和争议。但是根据我国现有的申报制度，这些集中都没有达到明确的申报标准，因而事实上完成了自行合并。在互联网平台集中领域，目前并没有产生十分典型的经营者集中救济案例。2012 年商务部附加限制性条件批准谷歌收购摩托罗拉移动经营者集中案件中的救济措施可以略作借鉴：谷歌是移动智能终端操作平台系统安卓系统的经营者，而摩托罗拉曾经是移动智能终端制造商，并且是实力强大的手机制造商。谷歌收购摩托罗拉，是平台经营者对补足产品的吸收。

在这个集中案件中，商务部判定移动智能终端和移动智能终端操作系统构成本案的相关商品市场。移动智能终端市场集中度相对分散、竞争激烈，市场不断推陈出新，更新换代频繁，各制造商均面临较大的竞争压力，摩托罗拉移动相对于其他竞争者并不具备明显优势，而谷歌在该市场中没有业务。移动智能终端操作系统市场是一个高度集中的市场，谷歌公司的安卓系统具有市场支配地位并且预计在未来相当长一段时间内该支配地位将继续维持和巩固。商务部认为，谷歌在此项集中完成后改变安卓系统目前免费、开源的商业模式将对相关各方产生重大不利影响；谷歌容易对移动智能终端制造商进行差别待遇，这将扭曲该市场的竞争，使摩托罗拉移动之外的其他终端制造商处于不利的竞争地位；集中完成后，谷歌将同时拥有强大的软硬件开发和集成能力，借助其在移动智能终端市场的支配地位，有动机也有能力在专利许可中向相对方附加不合理的许可条件；此外，安卓系统和苹果系统已经形成完整的、具有强大市场吸引力和良好口碑的系统，无论市场的边缘竞争者还是新进入者，都面临极高的进入门槛。面对这些问题，商务部决定附加限制性条件批准此项集中。其附加的救济措施主要包括：谷歌将在免费和开放的基础上许可安卓平台，与目前的商业做法一致；谷歌应当在安卓平台方面以非歧视的方式对待所有原始设备制造商；本次交易后，谷歌应当继续遵守摩托罗拉移动在摩托罗拉移动专利方面现有的公平、合理和非歧视（FRAND）义务。①

这些救济措施主要是行为性救济，而其主要的目的乃是要求作为具有市场支配力量的平台操作系统经营者在各个与其有关联的相关市场中最大限度地保持中立，避免利用市场支配力量对各个相关市场形成有偏好的干预。

---

① 《关于附加限制性条件批准谷歌收购摩托罗拉移动经营者集中反垄断审查决定的公告》（商务部公告 2012 年第 25 号）。

第四章 典型案例分析

一、何为平台：知网是否构成平台

（一）知网的业务、产品和发展

中国知网（http://www.cnki.net），是中国知识基础设施工程（China National Knowledge Infrastructure，CNKI）的重要成果。1999年6月，清华大学、清华同方发起CNKI工程，以实现全社会知识资源传播共享与增值利用为目标，建成了"CNKI数字图书馆"，并正式启动建设《中国知识资源总库》及CNKI网络资源共享平台。[①] CNKI数字图书馆在拥有大量资源的基础上，组织各学科专家对文献的知识进行提炼，建成"知识元数据库"，并通过知识元链接、引文链接等技术，将文献间的知识关联起来，使所有知识资源形成了具有内在联系的知识网络整体，加以先进的数字图书馆管理技术，逐步发展成为《中国知识资源总库》。[②]

作为中国知网资源基础的《中国知识资源总库》，目前已容纳了包括CNKI系列数据库和来自国内外的加盟数据库2600多个，全文和各类知识信

① 中国知网：《中国知识基础设施工程》，载http://cnki.net/gycnki/gycnki.htm，最后访问日期为2017年12月21日。

② 仇琛：《中国知网和〈中国知识资源总库〉》，载《中国索引》2005年第2期。

息数据超过了5000万条，是目前全球最大的知识资源全文数据库集群。[①]其中，“CNKI系列数据库”产品大规模集成整合传播我国期刊、博硕士学位论文、工具书、会议论文、报纸、年鉴、专利、标准、科技成果、古籍、哈佛商业评论数据库等各类文献资源的大型全文数据库和二次文献数据库，以及由文献内容挖掘产生的知识元数据库。

（二）知网提价事件

近年来，知网的大幅涨价让很多学校难以承担，国内不少高校都因为知网费用涨价暂停续订。

例如，2016年1月5日，武汉理工大学暂停知网后发布“图书馆发布关于中国知网（CNKI）数据库暂停下载的补充说明”。武汉理工大学图书馆称，2000年以来CNKI公司对该校的报价，每年价格涨幅都超过10%，特别是2012年涨幅高达24.36%，从2010年到2016年的报价涨幅为132.86%，年平均涨幅为18.98%。不过，2016年1月22日，该校在其官网的图书馆公告中通知已正式订购并恢复开通中国知网数据。

2016年3月30日，北京大学发布“关于‘中国知网’可能中断服务通知”，表示北京大学与中国知网数据库合同期已到，由于数据库商涨价过高，合同期满后数据库商随时可能中断北大的访问服务。2016年4月1日，北大图书馆发表声明称：“我们仍在与同方知网（北京）技术有限公司进行谈判，努力坚持争取到合理的条件，不向商家过分的涨价行为轻易妥协。”

河北石家庄市某高校图书馆也停用过两年知网，图书馆李馆长说，知网每年都在以10%的涨幅向学校报价，且所报价格均是“死数”，没有一点谈判的余地，“维普和万方的数据库价格都只是知网的零头，学校购买十年维普数据库使用权的费用还没有知网一年的高”。[②]此外，2014年知网对云南大学

---

① 百度百科：《中国知识资源总库》，载https://baike.baidu.com/item/中国知识资源总库/5864877?fr=aladdin，最后访问日期为2017年12月21日。

② 蒋欣、叶雨婷：《多地高校图书馆预算难追数据库涨幅》，载《中国青年报》2016年4月7日第4版。

的报价一下从原来的 40 万元提高至 70 万元，图书馆不得已暂时停用了知网。因此，自 2013 年底，几乎云南省高校图书情报工作委员会旗下所属的近十所省属重点高校，都停用了知网。①

对此，知网总部相关部门负责人表示其很多资源都是独家的，还有很多高成本的外文资料，导致了资源成本较高；此外，近年来版权意识不断提高，期刊资源价格上涨等原因是其报价上涨的原因，其可以就价格与高校进行协商。②

（三）知网的性质

知网的行为涉嫌垄断高价，即具有市场支配地位的经营者没有正当理由，以不公平的高价销售商品的行为。例如，北京大成律师事务所反垄断律师邓志松表示，中国知网涉嫌滥用其在国内中文学术文章检索服务市场上的支配地位，对论文作者制定不公平低价并附加不合理交易条件、给用户制定不公平高价并实行差别待遇，限定期刊只能与其进行交易；此外，中国知网还借助行政力量的支持，成为我国唯一经国家批准正式出版博士学位论文的学术电子期刊，限制了博士学位论文的出版与传播。

不过，知网是否构成一个互联网上的平台，是否需要通过平台理论去解释其垄断行为？如前所述，从概念上来说，平台理论是和网络外部性、多产品定价理论密切相关的。双边市场具有“交叉网络外部性”，即双边市场理论认为网络外部性不仅取决于交易平台的同类型用户数量，更取决于交易平台的另一类型的用户数量。而中国知网并不符合双边或者多边平台的定义。尽管知网向用户提供多种产品，但知网并不具有能够互相影响的不同用户群。知网与数据的提供者和数据的使用者之间呈现出明显的“上游—中游—下游”的单线趋势，知网只是一个转售的中间商，而并非向不同用户提供交互空间的平台。中国知网仅仅构成一个网上数据库，由于网络使得这个“网上图书馆”的内容可以远远超出线下图书馆的信息量和地域限制，从而使得其能够

① 蒋欣、叶雨婷:《多地高校图书馆预算难追数据库涨幅》，载《中国青年报》2016 年 4 月 7 日第 4 版。

② 蒋欣、叶雨婷:《多地高校图书馆预算难追数据库涨幅》，载《中国青年报》2016 年 4 月 7 日第 4 版。

形成网络效应，但是无法形成平台所要求的交叉网络效应。因此，知网并不构成一个平台。

二、平台竞争中相关市场的界定：以搜索引擎为例

（一）“人人诉百度”滥用市场支配地位案①

在我国2010年的“人人诉百度”案中，法院将百度搜索引擎这一平台的相关市场界定为“搜索引擎服务”市场，其选中的基准产品是包括信息检索服务和竞价排名服务的整体。在裁决书中，法院指出了“信息检索服务”和“竞价排名”的百度推广服务之间的相互关联性，对“百度公司提供的竞价排名与自然排名两种服务方式在其经营搜索引擎服务过程中是密不可分的，对其主张二者为相互独立的服务系统并以自然排名部分免费搜索结果为由主张不存在相关市场”的主张不予支持。最终法院认为“搜索引擎服务本质上属于互联网信息检索、定位服务，鉴于目前尚不存在形成需求替代关系的相关服务，因此‘搜索引擎服务’构成本案的相关服务市场”。

（二）Google和DoubleClick合并案②

在美国2007年的Google和DoubleClick合并案中，美国联邦贸易委员会所界定的相关市场是“搜索广告”（Searching Advertising）市场和由中介提供的其他在线广告市场，美国联邦贸易委员会认为DoubleClick不经营以上两种广告服务，因此二者的合并对相关市场的竞争不会带来负面效应。这一市场界定所选择的基准产品是Google竞价排名的Adwords广告服务和Adsense广告服务，不包括平台另一侧的信息检索服务。

---

① 参见（2010）高民终字第489号民事判决书。

② Statement of FEDERAL TRADE COMMISSION：“Concerning Google/DoubleClick” FTC File No. 071-0170.

（三）Google 滥用市场支配地位案[①]

在欧盟委员会对 Google 在综合搜索结果中嵌入并优先向用户推送自己的垂直搜索服务事件的调查中，Google 被放在“综合搜索服务”和“比较购物服务”这两个产品市场中，考察其是否滥用了市场力量。欧盟委员会特别关注了“综合搜索服务”（General Internet Search Service）市场，认为 Google 在该相关市场中占有支配地位。而与“综合搜索”服务相关联或者接近的产品主要是垂直搜索（Vertical Search）服务。可见，欧盟委员会所选择的基准产品是信息检索服务。

（四）其他观点和学说

还有人认为搜索引擎提供的服务是“流量引荐”。流量引荐服务包括新闻、在线和非在线的各种广告服务等。[②] 用户可以通过多种途径——如通过 Facebook 链接到其他网站、预订、应用或者全球定位——而不是通过普遍搜索来查找互联网服务。[③]

除此之外，我国对搜索引擎提供的服务还有“同一产品说”，即认为搜索引擎提供的竞价排名服务和信息检索服务是同一产品。在我国的司法实践中有不少案件认为百度推广属于搜索技术服务。尽管涉及搜索引擎的反垄断司法判例如今只有“人人诉百度”一件，但仍然有许多其他案件涉及对搜索引擎提供的服务属性进行界定并判定搜索引擎在服务中所应当承担的责任。有学者对近十年来的 92 起相关司法判例进行了实证统计，指出至少有 13 个案件判决明确认定百度推广属于搜索技术服务。[④]2016 年《北京市高级人民法院关于涉及网络知识产权案件的审理指南》第 39 条规定：“搜索引擎服务提供者提供的竞价排名服务，属信息检索服务。”这一规定认定搜索推广就是

① See EUROPEN COMMISSION DECISION of 27.6.2017，AT.39740 - Google Search（Shopping）.

② Daniel A. Crane，“Search Neutrality and Referral Dominance”，*8（3）Competition Law and Economics*，459-460 464–465（2012）.

③ Daniel A. Crane，“Market Power Without Market Definition”，*Notre Dame L. Rev. 90*，74–75（2014）.

④ 朱巍：《百度推广法律性质到底应如何认定》，载 http://www.360doc.com/content/16/0508/00/12695004_557163799.shtml，最后访问日期为 2016 年 1 月 15 日。

"信息检索服务"，是以认定信息检索服务和百度推广服务为同一产品。

（五）分析与评议

根据本部分第二章"互联网平台竞争中的相关市场界定"所总结的分析框架，在互联网平台背景下分析相关市场，应当首先关注"产品界定"问题。

搜索引擎查询结果中混入广告排名，搜索引擎平台的用户群一方是检索信息的用户，另一方是发布广告的经营者，二者相互之间不是交易性质的关系，而是"关注"和"被关注"的关系。搜索引擎模式下的广告具有迷惑性。同一般的免费聚合用户、再推送广告的模式不同的是，搜索引擎的广告内容混合在了搜索服务查询结果的内容之中，从而使得广告内容与查询内容形成高度混同，难以区分。但是，这并不能改变搜索引擎平台在搜索服务产品上搭载新产品（广告）的本质。以 Google 为例，Google 搜索引擎于 1998 年底推出时，核心是 PageRank 系统。其发明者受到科研领域引证率的启发，按照受搜索者的欢迎程度来排列搜索结果。PageRank 的构想就是"让网络发言者投票选出最受欢迎的网站"[①]，可以说这是一种"中立"或者"自然"（Organic）的搜索结果。2000 年前后，Google 在搜索引擎页面才出现有限数量的广告，但广告内容并不在搜索结果内容中。直到近年来，Google 的竞价排名广告才从自然搜索结果的右侧逐渐左移，混入自然搜索结果。[②] 从这一发展过程来看，搜索引擎的信息检索和广告在本质上是可分的。因此，搜索引擎提供的信息检索服务和竞价排名服务是不同的产品，二者分属于不同的相关市场。从这个意义上讲，我国"人人诉百度"案中的相关市场界定是不正确的。

三、3Q 之战所体现的互联网市场竞争

（一）3Q 事件及反垄断案始末

在网络安全领域，奇虎 360 经过奋战，打败了金山、瑞星等竞争对手，

① ［美］勃兰特：《谷歌小子》，谭永乐译，中信出版社 2010 年版，第 25—26 页、第 60 页。

② ［美］勃兰特：《谷歌小子》，谭永乐译，中信出版社 2010 年版，第 80—88 页。

成为安全领域中的领跑者，并且成为全国第二大客户端。360 的产品线包括：杀毒、网盾、浏览器、隐私保护器、手机卫士、保险箱、系统急救箱。而作为全国第一大客户端的腾讯公司本来与 360 并没有直接的竞争关系，主要依靠互联网增值服务、移动及电信增值服务和网络广告作为收入来源。在技术发展道路上，腾讯一直遵循的是“模仿、跟随、蚕食、超越”的战略，被戏称为“走别人的路，让别人无路可走”。依照这个战略，腾讯四处“插足”：跟随联众推休闲游戏；跟随盛大推大型网络游戏；跟随搜狗推 QQ 输入法；跟随暴风影音推 QQ 播放器……在安全领域，QQ 也跟随 360 推出了 QQ 电脑管家，并利用自身强大的黏性进行推广。而一个用户通常不太会安装两个安全工具，这就意味着，多装一个 QQ 电脑管家，就会少装一个 360 安全卫士。

为了在安全领域取得竞争的胜利，360 采取了一系列措施。2010 年 9 月，360 向用户提供“360 隐私保护器”，并称 QQ 聊天软件在未经用户许可的情况下偷窥用户个人隐私文件和数据。2010 年 10 月 14 日，腾讯宣布正式起诉 360 不正当竞争，要求奇虎及其关联公司停止侵权、公开道歉并作出赔偿。腾讯在诉状中称：“该‘360 隐私保护器’通过监测腾讯 QQ 聊天软件的运行，利用虚假宣传手段，误导和欺骗用户，诬蔑原告和原告的产品‘窥视’用户的隐私，给原告及原告的产品和服务的声誉造成极大损害。同时，被告还通过官方博客、官方论坛、制作专题等方式，称‘QQ 窥探用户隐私已久’‘QQ 侵犯用户隐私’‘QQ 承认窥探隐私’‘QQ 正偷窥您的隐私’‘请慎重选择 QQ’，诋毁原告及原告的产品和服务。”[①]360 进而推出“QQ 保镖”，该软件具有过滤 QQ 软件广告、清理 QQ 垃圾、检测 QQ 安全性并修复 QQ 软件漏洞等功能。这些形式上是维护 QQ“安全”的功能，事实上将使得 QQ 失去广告和收入、禁锢 QQ 附属功能。[②]

面对 360 的攻击，2010 年 11 月 3 日，QQ 向所有用户发出公告：“在奇虎 360 停止对 QQ 进行外挂侵犯和恶意诋毁之前，决定在装有 360 软件电脑

---

① 网易科技报道：《腾讯正式起诉 360 不正当竞争 360 称将提起反诉》，载 http://www.fabao365.com/news/413292.html，最后访问日期为 2019 年 12 月 2 日。

② 李晓明：《3Q 大战：谁动了谁的奶酪》，载《商业模式》2010 年第 12 期。

上停止运行 QQ 软件。”QQ 将选择权交给用户，二选一定生死。QQ 的举措激怒了广大 QQ 用户，从而爆发了用户的维权行动。[①] 例如，2010 年 11 月 5 日，律师王浩公在西安市莲湖区人民法院立案大厅递交了诉状，并致函国家工商总局请求调查腾讯公司的垄断行为。王浩公在诉状中认为腾讯公司处于行业垄断地位，对此次事件腾讯应向其赔礼道歉，赔偿精神损害赔偿金 1 元，并请求确认腾讯公司向用户提供的《软件许可及服务协议》系强加给原告，侵犯消费者权益，请求确认该格式合同中一切对原告不公平不合理的规定无效。[②]2010 年 11 月 11 日和 21 日，国家工信部介入 3Q 之争，批评这两家公司，要求他们停止互相攻击，确保相关软件的兼容和正常使用，并要求他们在 5 个工作日内向社会公开道歉。奇虎和腾讯公司均遵守了工信部要求。3Q 之战终于落下帷幕。

但随后，奇虎公司与腾讯公司之间经历了一系列竞争法上的诉讼。2012 年 4 月，奇虎公司针对腾讯公司发起的反垄断诉讼在广东省高级人民法院开庭公开审理。奇虎认为：腾讯公司在 2010 年 3Q 大战期间滥用市场支配地位，发布《致广大 QQ 用户的一封信》，明示禁止其用户使用奇虎公司的 360 软件，否则停止 QQ 软件服务；拒绝向安装有 360 软件的用户提供相关的软件服务，强制用户删除 360 软件；采取技术手段，阻止安装了 360 浏览器的用户访问 QQ 空间，在此期间大量用户删除了奇虎公司相关软件；将 QQ 软件管家与即时通讯软件相捆绑，以升级 QQ 软件管家的名义安装 QQ 医生。以上行为构成限制交易和捆绑销售，损害了竞争，因此向法庭提出判令腾讯停止滥用市场支配地位、赔礼道歉并赔偿奇虎公司 1.5 亿元。[③] 2013 年 3 月，广东省高级人民法院判决原告奇虎公司败诉。2014 年 10 月 16 日，最高人民法院就该案二审宣判，维持了原判。法院认为，一审判决认定事实虽有不当之处，但适用法律正确，裁判结果适当；上诉人的上诉理由虽部分成立，但不影响裁

① 《腾讯强制用户“二选一” 律师打响维权战》，载 http: //www.legaldaily.com.cn/zt/content/2010-11/16/content_2354252.htm? node=26496，最后访问日期为 2017 年 10 月 10 日。

② 中国公益诉讼网：《腾讯“二选一”绑架用户 律师称已侵消费者选择权》，载 http: //www.pil.org.cn/q_aj/q_ajpage_864.html，最后访问日期为 2019 年 12 月 2 日。

③ 广东省高级人民法院民事判决书（2011）粤高法民三初字第 2 号。

判结果。

奇虎对腾讯的反垄断诉讼被称为“国内互联网反垄断第一案”。奇虎和腾讯产生的摩擦和争斗，是现代互联网平台化发展过程中的一个典型缩影。腾讯赢得了诉讼层面的胜利，法院的裁断和推理也极为专业，但从平台的构建和运行角度看，仍然具有进一步商榷和推敲的余地。[①]

（二）QQ 的性质与相关市场的界定

在奇虎和腾讯的反垄断诉讼中，首要的问题是界定相关市场。QQ 到底是一种什么性质的产品，具有何种功能，在平台竞争模式中具有何种地位，都影响到相关市场的界定。QQ 在性质上到底属于“平台”还是“应用”，对这一问题，诉讼中存在不同的观点。

奇虎在应用层面界定 QQ，认为 QQ 是一款“即时通讯软件”。其在一审中指出：艾瑞咨询《中国即时通讯行业发展报告》显示腾讯公司的市场份额达 76.2%；中国互联网络信息中心（以下简称 CNNIC）《2009 年中国即时通讯用户调研报告》显示腾讯公司 QQ 软件的渗透率高达 97%；并在二审中进一步申明“‘互联网应用平台’与本案的相关商品市场无关”。而腾讯公司则在平台层面界定 QQ，认为 QQ 软件是一款综合性平台产品，除承载腾讯公司的即时通讯服务外，还承载腾讯公司的增值服务和广告服务，而互联网应用平台的经营者包括奇虎公司（互联网安全平台）、腾讯公司（即时通讯平台）及业内其他互联网企业，如百度（搜索平台）、新浪（新闻门户平台、微博平台）等，所以本案相关市场范围远大于奇虎公司界定的即时通讯软件及服务市场。奇虎公司和腾讯公司的主张都具有一定的合理性，但二者明显只各自关注了 QQ 软件的一个层面。

事实上，QQ 具有“平台”和“应用”的双重属性。在“平台”层面上，QQ 通过技术接口具有一定的搭载功能，将即时通信广告、咨询、游戏、微博、电邮等功能结合在一起，使得各种服务之间通过共同的接口可以相互整

① 本部分关于判决的内容均来自广东省高级人民法院民事判决书（2011）粤高法民三初字第 2 号；中华人民共和国最高人民法院民事判决书（2013）民三终字第 4 号。

合、交叉使用，从而增强了 QQ 在平台竞争中的综合实力，也增加了用户的“消费者黏性”。CNNIC 调查结果显示，超过 50.2% 的用户会通过即时通讯服务软件登录其他服务。但另一方面，在 QQ 平台所搭建的“八音盒”组合中，“即时通讯”也是 QQ 本身所具有的一种应用功能，这使得 QQ 软件本身与通过 QQ 链接而登录的其他应用服务区分开来。

有很多人都认识到了 QQ 的双重属性。奇虎公司 CEO 周鸿祎指出互联网平台可以是即时通讯，可以是搜索，可以是安全（软件）。腾讯一审的专家证人、中国社会科学院信息化研究中心秘书长姜奇平明确区分了平台与应用，认可 QQ 即时通讯产品具有平台和应用的双重属性：QQ 即时通讯产品不构成垄断的原因之一是，即使平台市场超过 50%，但只要存在应用的竞争，就不应当认为是垄断。[①] 法院也认为，互联网行业发展至今，选择何种免费产品或服务吸引用户只是搭建平台的手段不同，但竞争的实质就是互联网企业相互之间在各自的应用平台上开展增值服务和广告业务的竞争。法院指出这正是案件双方虽然各自经营即时通讯和安全杀毒产品，却会爆发 3Q 大战的真正原因所在。

在本案中，诉讼双方对 QQ 的属性主张均是单一的，而法院认可了作为即时通讯软件的 QQ 所具有的平台属性，即认可了 QQ 的双重属性。但是，在进行相关市场分析时，两级法院都没有进一步在综合属性的基础上进行分析，而是遵循奇虎公司和腾讯公司各自对于 QQ 产品属性的主张，将 QQ 的平台属性和应用属性割裂开来：在平台层面，一审法院认为不能确定安全软件平台与即时通讯平台之间存在紧密的替代关系；二审法院更是明确指出“在本案相关市场界定阶段将不主要考虑互联网平台竞争的特性”。在应用层面，QQ 被认为是一款“综合性即时通讯软件”。两级法院根据商品的特性、可获取性、功能用途、供给替代等方面，将 QQ 作为一项单纯的通信应用软件来与其他具有通信功能的产品进行区分。

---

① 参见姜奇平：《互联网时代的新竞争关系》，2012 年 12 月 6 日在第二届“网规与中国互联网治理学术研讨会”上的发言。

从平台的技术维度和产品维度来看，QQ 所具有的“平台”和“应用”的双重属性是紧密结合在一起的，QQ 是一款搭载平台技术接口的即时通讯软件。它与搭载在平台接口之上的其他应用程序是不同的，也不同于单纯的只具有即时通讯功能而不搭载其他应用程序的非平台即时通讯工具。因此，在根据产品功能进行替代分析时，仅仅考虑其即时通讯应用功能而忽略平台接口功能是不够的，而由此进行的相关产品市场显然是过于宽泛了，即在判定相关市场时应当排除独立的即时通讯软件，以及搭载在其他平台上即时通讯应用软件。

（三）SSNIP 方法的适用

关于是否可以采用 SSNIP 方法，奇虎公司的专家辅助人 RBB 公司出具的《关于奇虎 360 与腾讯反垄断纠纷的经济分析报告》认为，即时通讯产品的竞争主要不在于价格竞争，质量和隐性价格也很难估算准确，因此定量的假定垄断者测试不是用来确定本案的相关产品市场的有效方法。在缺乏完美数据的实际情况下，建议就即时通讯产品和其他通信产品的需求替代性做定性的分析，以评估其他产品的替代性是否达到足以防止一个假设垄断者实行单方面削减质量的水平。

一审法院认可了 SSNIP 方法的适用，认为如果对 QQ 用户进行全员收费，将导致 81.71% 的用户流失，转而使用市场上其他免费即时通讯产品和服务。用户对即时通信产品及服务具有很高的价格敏感度。二审法院则否定了该方法的适用，其理由凸显了平台竞争的特点及其对反垄断规制的影响：

首先，SSNIP 是一种价格测试法，平台竞争的主要方式不在于价格竞争，而在于质量、服务、创新、消费者体验等非价格竞争；采用数量不大但有意义且并非短暂的价格上涨（SSNIP）的方法则存在较大困难。学界提出的替代性方式是，看一个产品性能的变化能否导致其被其他的产品替代，如果答案是肯定的，那么即使产品给予两个相互排斥的技术也应该被界定成一个相关产品市场。可以产品关键性能的 25% 为标准，即当产品性能降低 25% 时，消费者是否会选择其他产品或者新产品形成提高 25% 时能否吸引到足够多的消费者。[①]

其次，SSNIP的原意是“Small but Significant Not-transitory Increase in Price”，即通过“数额不大但很重要且非临时性的涨价”来确定产品之间的可替代性。“数额不大但很重要且非临时性的涨价”主要指5%—10%的涨价。如果将价格从零提升到一个较小的正价格，则相当于价格增长幅度的无限增大，并非“数额不大”的涨价，而属于“显著提价”。[②]这与SSNIP方法运用的基本要求是不同的。

最后，QQ收费将导致平台免费经营模式的崩溃：“价格由免费转变为收费也意味着商品特性和经营模式的重大变化，即由免费商品转变为收费商品，由间接盈利模式转变为直接盈利模式……如果采取基于相对价格上涨的假定垄断者测试，很可能将不具有替代关系的商品纳入相关市场中，导致相关市场界定过宽。”

（四）腾讯市场力量的评估

一审法院和二审法院均认为腾讯不具有市场支配力。特别值得注意的是，二审法院依据用户的有效使用时间、使用频度、活跃用户数等指标，计算出腾讯无论是在个人电脑端还是在移动端，即时通讯服务市场的市场份额均超过80%。但是根据我国《反垄断法》第18条规定的其他评估市场支配地位的要素，二审法院根据我国大陆地区即时通信领域的竞争状况，腾讯控制商品价格、数量和其他交易条件的能力，腾讯的财力和技术条件，其他经营者对腾讯在交易上的依赖程度以及相关市场进入难度等方面判定腾讯不具有市场支配地位。本书认为法院低估了腾讯的市场力量，主要依据有两个：

第一，根据平台理论，QQ具有“平台”和“应用”的双重属性。奇虎公司和法院不仅在界定产品市场时未考虑QQ的平台属性，在评估腾讯市场力量时也并未考虑腾讯的平台属性。奇虎公司主要通过用户数量、社交圈角

---

① 张小强：《网络经济的反垄断法规制》，法律出版社2007年版，第118页。

② 此观点亦可参见王先林主编：《中国反垄断法实施热点问题研究》，法律出版社2011年版，第336页。

度主张客户黏性，法院也从同样的角度反驳了奇虎公司的主张，认为存在对QQ的充分替代，用户对QQ软件不具有依赖性，腾讯不具有控制交易条件的能力。但如果考虑到QQ的平台属性，用户对QQ则更具依赖性：除了即时通讯功能本身，QQ平台所承载的其他补足功能，如游戏、空间、相册、杀毒软件等应用软件都增加了用户对QQ的依赖性。当QQ要求用户“二选一”时，其凭借的不仅仅是即时通讯应用的力量，而是依赖于通过平台接口连接起来的整个平台整体产品。因为在拒绝交易的情况下，拒绝进入QQ平台接口，除了无法使用即时通讯功能之外，同时也阻碍了用户使用搭载于平台上的其他功能。

第二，从实证的角度来看，腾讯QQ具有控制用户交易条件的能力。在3Q之争中，腾讯的“二选一”政策仅持续一天即被禁止。如果政府未出面干预，腾讯“二选一”的政策能否排斥360杀毒软件？自3Q事件以来，笔者针对约300名高校学生进行了实证调查，约70%的学生表示在腾讯的压力下会选择放弃360而保有QQ；少量学生出于激愤表示不再使用QQ。

（五）搭售

两级法院均认为腾讯推出“QQ管家”不构成反垄断法所禁止的搭售，其原因在于腾讯在即时通讯市场上的力量并未延伸到杀毒软件市场，打包安装具有一定的合理性，搭售行为的强制性并不明显。

即使是在传统经济中，搭售也具有节约交易成本、保证产品质量等促进经济效率的一面，而在平台竞争模式下，经营者提供“一揽子”产品和服务，乃是一种普遍策略。有时候，搭卖品与结卖品多是知识型产品，都需要投入巨大的研发力量，因为二者的互补性，在研发时考虑将二者集成在一起能够使二者组成的系统性能更优。[①] 如果搭卖品、结卖品是免费的，也不限制消费者的选择权，便不容易引起消费者的反感，也不涉及价格歧视或者变动。

在平台经营中，当经营者通过杠杆形成的网络效应构成搭卖品市场进入障碍、限制竞争者网络效应时，搭售的合法性和合理性就受到了挑战。同样

① 张小强：《网络经济的反垄断法规制》，法律出版社2007年版，第128—129页。

是微软案，欧洲初审法院2007年确认欧共体委员会关于微软滥用其在视窗操作系统市场上的支配地位，通过捆绑销售排挤竞争对手的指控是正确的。[①]委员会认为，通过多媒体播放器与视窗的捆绑，微软将视窗作为分销渠道来确保其在多媒体播放器市场的重要竞争优势，具有反竞争的性质，因为捆绑有利于建立一个保护微软多媒体播放器市场的进入障碍。这种障碍使得竞争者的产品难以进入市场，挫伤了多媒体播放器厂商人力和资金投资的积极性，减少了来自这些厂商的有效竞争，最终扰乱了正常的竞争程序。[②]

（六）平台商战与消费者保护

两级法院均认可了腾讯“产品不兼容”的行为具有正当性。一审法院指出，腾讯单方面采取二选一的行为属于正当防卫，但超出了必要的限度；二审法院则进一步强化了“不兼容”行为的正当性，指出没有证据表明腾讯“不兼容”行为的动机是排除竞争，“不兼容”行为在后果上对竞争没有显著影响，对消费者的利益没有重大影响。对于该行为的负面性，二审法院仅指出“对用户造成了不便”，“不意味着上诉人实施‘产品不兼容’行为无可指责”。

对于更替频繁的互联网竞争，法院没有必要不适当地“创造一个更亲切、更温和的商业环境”[③]。反垄断法保护竞争，而不是竞争者，但其终极目标乃是增进消费者福利。[④]这一目标并未在3Q诉讼中得到充分体现。事实上，3Q之争中更加值得关注的问题是如何保护用户的利益。在事件中，奇虎和腾讯对用户的争夺，都是建立在损害用户利益的基础之上的：奇虎公司首先使用了“隐私”这样一个概念，引导用户对“隐私”这一概念建立了某种感性的认识，并倾向于认为该类隐私文件的泄露会造成巨大的潜在危害，并使用

① 王晓晔：《微软为什么在欧盟法院败诉》，载《中国青年报》2007年10月14日第2版。

② 罗先：《欧盟微软案件裁决对我国的借鉴价值》，载《电子知识产权》2008年第8期。

③ ［美］伊恩·C. 巴隆：《电子商务与互联网法（第3卷）》，张平等编译，中国方正出版社2005年版，第36-37页。

④ Herbert Hovenkamp，“Antitrust Policy After Chicago”，*84 Mich. L. Rev.*，214-15（1985）；Srikanth Srinivasan：“College Financial aid and Antitrust：Applying the Sherman Act to Collaborative Nonprofit Activity”，*46 Stan. L. Rev.*；and so on.

不当的描述夸大了该种行为的危害，以误导公众的宣传方式推广自身的产品，并意图通过占领道德高峰的方式获得市场的认同和占有率；[①]而腾讯则为了自保，阻止用户在“谣言”下流失，拒绝与奇虎兼容，逼迫用户二选一。作为竞争者相互竞争结果的接受一方——用户——的利益则在双方的对抗中成为牺牲品，无论是工信部的干预，还是法院的反垄断和反不正当竞争诉讼，腾讯和奇虎双方都没有因为共同损害了用户的利益而付出相应的代价。如果反垄断法无法让竞争者对损害消费者的行为付出代价，那么践踏消费者福利，损害消费者利益的方式就会成为平台竞争中的常用手段。

3Q 事件后新出台的一些管制性规范，十分关注保护互联网用户。如《规范互联网信息服务市场秩序若干规定》将绝大多数条文用于平衡网络信息服务提供者和用户之间的权利义务关系，对互联网信息服务者施加了更多的强制性义务。这在互联网信息服务管制领域顺应了 3Q 事件以来人们对于互联网市场规范的呼吁。不过，信息服务提供者只是互联网经营者的一部分，对于更多的网络经营者的行为，我国仍然需要在立法、执法和司法领域开展更多的工作，以顺应互联网市场的发展。同样地，对于直接以牺牲消费者利益为手段而展开的攻击和反击，在司法诉讼中，如果不能及时给予直接的救济，法院也应该充分确认该类行为的负面性。

---

① 北京市朝阳区人民法院（2010）朝民初字第 37626 号判决书，北京市第二中级人民法院（2011）二中民初字第 12237 号判决书。

第三部分

互联网的『中立』争议及反垄断规制

讨论互联网的“中立”问题，首先要关注“网络中立”（Network Neutrality）这一范畴。“网络中立”思想最先出现在2002年11月美国宽带用户和创新者联盟（CBUI）给美国联邦通信委员会（FCC）的评论中。该组织认为：FCC应该采取措施来防止网络所有者歧视不附属于网络运营商的网站、应用程序、服务或设备。该组织的成员主要包括一些较大的在线内容提供商、消费者团体和设备制造商，如Yahoo!、e-Bay、Amazon、Microsoft、Apple、Disney、美国信息技术协会（ITAA）、消费者电子协会（CEA）、全国制造商协会、媒介接入工程（MAP）等。

2009年10月，FCC为了阻止电话和有线电视公司滥用其对宽带接入市场的控制权而开始起草“网络中立”法案。尽管电信业巨头对此持强烈反对态度，一些共和党成员也深表忧虑，但是这些并没有阻止FCC的决定，这为禁止宽带服务提供商在竞争中的某些歧视行为奠定了基础。这场始于20世纪初学术界的网络中立争议在众多利益集团、媒体和民权组织的参与下，终于自2005年以来逐渐延伸到公众的视野下，并影响到了经济、政治等领域。到目前为止，美国各个阶层和众多团体都加入了这场争论，并形成了支持者和反对者两大阵营。

“网络中立”最初关注的是网络基础设施的接入问题。但随着互联网技术的发展及对互联网经济行为研究的加深，“网络中立”问题逐渐从网络基础设施的连接扩展到互联网的新层次，并形成了关于“网上平台中立”“搜索中立”“API中立”等问题的探讨。

关于互联网领域的这些层面的中立问题，人们大致从两个大的视角去寻求法律规制。一个视角是将“中立”作为一个独立的管制要求，对相应的互联网经营者提出强制性的管制要求，要求市场主体履行不偏不倚的非歧视管制义务；而另个视角是人们通过反垄断制度，对具有市场支配地位的互联网经营者提出非歧视要求。从目前各国的立法发展来看，将“网络中立”作为独立的管制制度的努力基本失败了。人们更加倾向于通过反垄断法来恢复市场的调节机制，实现有限度的中立要求。

第一章 “网络中立”及其规制

一、网络中立问题的产生与发展[①]

（一）网络中立的技术背景——IP 网络的分类

对“网络”的定义是网络中立争议中最基本的问题。正如前文所述，我们所称的“网络”不是一个单一的、集中管理的网络，而是一个相互关联的数千网络的集合。互联网采用 TCP/IP，使其最终用户连接到其他的网络之上交换获取更高层次的应用程序和内容。TCP/IP 实际上是一组由不同协议所构成的网络传送协议族，它可以在任何一种物理网络上运行，使网络之间互相通信。它主要包含两个核心协议——TCP 和 IP。如前文所述，TCP 称为传输控制协议，IP 称为互联网络协议。 大多数的 IP 网络为私人拥有和经营管理，并且他们的 IP 设施建设往往是用来提供“管理”IP 服务的，与通过可公开网络连接其他 IP 无关。例如，一个全球性的 IP 网络提供商可能会分配一些容量来满足网络传输的需要，但同时在同一个网络设施之上设置额外的容量，为跨国公司等客户提供高质量的服务，如视频会议。

互联网的连接网络主要包含三类：

1. 互联网骨干网络，如 AT&T（美国电话电报公司）、Global Crossing（环

① 参见孙宇在《网络中立思想与反垄断法实施》中进行的归纳和梳理，未刊稿。

球电讯)、CHINANET(中国公用计算机互联网)、CHINAGBN(中国金桥信息网)、UNINET(中国联通计算机互联网)等，它们都使用远距离的光纤电缆连接地理位置上比较分散的网络，包括大型企业网络、互联网接入服务提供商和其他的主干网络提供商。2. 接入网络，大企业通常与主干网络提供商合作，大多数用户依赖一个接入网络作为桥梁，连接它们与互联网主干网络之间“最后一英里(last mile)”的差距(反之，接入网络又将这些用户连接到其他网络之上)。互联网发展到现在，大部分的个体消费者和基本上所有的公司都可以通过高速的宽带网络连接上网来获取所需，可以看出宽带网络市场的竞争越发激烈，而这种激烈竞争所带来的争议依赖于网络中立的核心。3. 边缘网络，这又可以分为两个子类别，一部分是“最终用户”的网络，其范围从家庭 WiFi 到公司中的局域网；另一部分是由网络应用程序提供商和内容提供商所操作的网络。其中最大的边缘网络有时被称作覆盖网络，在全球范围内，它们通过在存储器上存储(或缓存)网页内容的副本，近距离连接不同位置的终端用户，使得服务器上的数据通过高速光纤传输到中央数据库。通过避开互联网上的交通拥堵点，这些覆盖网络最终使用户能够更快捷、更可靠地访问一个特定公司的网站内容。谷歌和其他一些大型互联网公司都已经建成自己的覆盖网络，许多应用程序和内容提供商也聘请第三方供应商如 Akamai 和 Limelight 来行使此项功能。应用程序和内容提供商为此投入了巨大的成本，但长期看来，其享有的商业利益将远超过那些没有付费使用的竞争对手，因为在其他一切条件都平等的情况下，他们的用户能够更加快捷可靠地访问应用程序和内容。就此而言，在这些提供商之间并不可能实现“中立”。

因此，对网络中立问题的探讨，主要集中在骨干网络和接入网络的层面之上。网络中立原则最早由美国哥伦比亚大学教授吴修铭(Tim Wu)于 2003 年提出，[①] 并于 2015 年得到奥巴马时期 FCC 的全面确认。其基本认知为，宽带服务提供商(ISP)应平等对待所有的网络流量，禁止其通过屏蔽、限速、付费优先等方式歧视或偏袒不同网站，以保证网络数据传输的“中立性”。

① Tim Wu，“Network Neutrality，Broadband Discrimination”，*2 the Journal of Telecommunications and High Technology Law*，141-176(2003).

（二）“网络中立”的提出和初步发展

早在1934年，美国《通信法》就规定，任何电话公司不得阻碍接通非本公司用户的电话，[①]这可以算是网络中立思想的最早体现。1980年，FCC又首先在通信行业针对互联网网络中立的问题设立了所谓“增强服务”（Enhancement Service）的非规范性分类。FCC的以上行为把问题的视角聚焦在融合了提供电话应用程序编程接口（TAPI）服务和计算机信息处理服务的计算机通信系统上面。随着计算机网络的发展和人们对互联网认识的不断增强，人们对互联网领域中纯粹的“传输服务”和“内容提供服务”进行了严格的区分和界定。1986年FCC发表了一份报告，“网络中立”则首次出现在这份报告的第七部分。该部分主要讨论了FCC在一年前提出的对计算机“协议处理”功能规制的几种方法。简而言之，FCC把“协议处理”定义为具备能够提供基本通信技术和功能的某种服务，而“中立”这一用语在这里被描述为一种特定的协议处理方式，被认为是一系列的非规范性的高水平服务，代表了一种“中立的附属性服务”。这为当时社会上关于网络中立的争论树立了新的标准。然而，FCC的报告中并没有明确定义什么是“中立”，仅仅是用了“附属的”这一词语把“网络中立”定义为偶然发生的、辅助的、处于从属地位或是对某种事物的一种补充。

经过几十年的发展和FCC对这一思想的推动，1996年美国修订了《电信法》，“网络中立”思想已经扩大了影响范围，它认为网络运营商不得限制来自本公司以外用户的数据，包括邮件、视频等。2002年11月，美国宽带用户和创新联盟致FCC的第一次评论中首先出现对于“网络中立”这一范畴的确认，该组织认为：FCC应该采取措施以防止网络所有者歧视不附属于网络运营商的网站、应用程序、服务或设备，即网络应该保持中立性。[②]

随着互联网的迅速发展，新技术不断出现，互联网呈现出前所未有的新经济模式，交互视频、P2P等方式的文件传输使得用户对宽带网络的需求不

---

① 刘长安、孙小宁：《网络中立性博弈正酣互联网未来格局难测》，载《北京电子》2006年第9期。

② 陈富良、王林：《网络规制背景的网络中立及互联网产业链变革》，载《改革》2013年第2期。

断上升，为了满足不断增加的网络宽带需求，网络运营商花费大量的资金投建宽带网络，但没有从网络的运营中收取费用弥补成本，这使得网络运营商们的利益受到了巨大的冲击。在利益的驱动之下，美国几个较大的电信运营商和宽带业务提供商进行了联合，提出要建设“双重互联网”，旨在依据其所收取费用的情况来决定提供服务的质量，实行分级服务。这一言论立刻遭到了社会各界强烈的反应，互联网消费者、公共利益团体和主要依赖互联网的高科技企业等认为网络运营商的这种做法违背了互联网公平、自由、开放的原则，损害了消费者的合法权益，阻碍了互联网的竞争和创新，并且最终会给国家经济发展带来负面影响。自此，关于互联网网络中立的争论愈演愈烈，波及的范围和所带来的影响不断扩大。

鉴于网络技术的发展和社会上关于网络中立争议的白热化，FCC 在 2005 年发表《互联网政策声明》，提出了“网络中立”四原则：消费者有权按照自己的选择访问任何合法的网上内容；使用应用程序和服务；介入不损害网络的合法设备；有权选择网络接入提供商、应用程序和服务提供商以及内容提供商。[①] 一旦发现违反网络中立原则的行为，FCC 会立即采取行动予以禁止。但是网络中立的四原则没能平息这场旷日持久的争论，也并没有从实质上推动有关网络中立的立法进程，如 2006 年的《互联网非歧视法案》《网络中立法案》《互联网自由与非歧视法案》等都没有获得两院一致通过成为法律。但在实践中，FCC 依旧不遗余力地践行网络中立四原则，力图对美国最大的有线电视公司 Comcast 公司进行制裁，以惩罚其对 BT 等 P2P 应用程序实时流量阻塞的做法。

二、网络中立的争议与实现途径 [②]

（一）网络中立的内涵

一直以来“网络中立”都没有一个清晰确切的定义，一方面由于网络中

① 张进京：《关于网络中立的决议——跨大西洋消费者对话组织（TACD）》，载《中国信息界》2010 年第 5 期。

② 参见孙宇在《网络中立思想与反垄断法实施》中进行的归纳和梳理，未刊稿。

立所涉及的问题比较复杂，涵盖了众多的学科领域，涉及多方利益主体，并且各方主体对网络中立的认识程度有很大差距，利益选择也有很大不同，经济学家更加关注双边市场、价格歧视、资源配置及市场效率等问题，而法学研究者则更加关注言论自由、权益保护等方面。

例如，有研究者（Adam D.Thierer）认为，宽带网络市场是一个完全竞争的市场，没有证据表明宽带网络运营商在市场竞争中阻止了对网站和在线服务的连接，“网络中立”要求会干扰正常的市场竞争秩序，并且会鼓励 FCC 对互联网和宽带市场进行干预。研究者（Musacchio、Schwartz、Walrand）通过建立一个双边市场模型，对互联网服务提供商向互联网内容提供商是否收费情况下的投资激励进行了比较研究，发现网络非中立模式（即双边收费模式）要优于单边收费的网络中立模式。[①] 吴修铭认为网络中立旨在确保信息自由，能够不受限制地流动，一个中立的宽带网络禁止对附着的设备、支持的传播模式、接入的内容、连接任何资源的质量和速度等方面进行限制。[②] 尽管关于网络中立的争论并未平息，但各方所宣称的网络中立都包含一个普遍的原则，即“网络中立”就是保持互联网的自由和开放，所有的互联网用户都可以自由选择自己想要访问的内容、运行的应用程序、使用的设备以及相应的服务提供商，网络平等地传输数据，防止网络运营商从商业利益出发来控制和传输数据的优先级。这就要求商业互联网在接入方面平等地对待和传输所有的互联网应用和内容。从某种角度来说，网络中立禁止互联网服务提供商为用户提供差别服务，如保证传输速度、分类计价等，即使那些消费者能够自由选择他们期望得到的服务质量。这种对于“网络中立”的理解主要强调两个方面，一是对于已接入者应当平等对待，二是对未接入者要保持一个“开放式接入”的态度。

网络中立的核心思想是认为互联网是一个公共平台，在这个公共平台信息网络之上，所有的内容、服务等都应该被平等地对待，允许信息和应用程

① 陈富良、王林：《网络规制背景的网络中立及互联网产业链变革》，载《改革》2013 年第 2 期。

② Tim Wu, “The Broadband Debate: A User's Guide”, *3 the Journal of Telecommunications and High Technology Law*, 69, 95 (2004).

序的自由传输和共享，主要涉及两大主体：一是互联网服务提供商，要求其在提供网络接入服务时不得歧视性地阻塞内容、应用程序或设备；不得对内容、应用程序或设备的访问故意降级；不得按照数据的来源或发送目的地进行优先级排序；不得不合理地歧视某些内容、应用程序或设备提供商。二是互联网服务的受益者用户（Users）。网络中立力求保证用户在一个不具歧视性的网络上，能自由使用任何合法内容、服务、应用程序和设备。因此，网络中立并不是一味追求无限制的自由，而是在合法框架下允许互联网服务运营商、内容提供商和消费者合理地自由地行使自己的权利。

（二）关于网络中立的争议

网络中立思想从诞生之日起就一直受到激烈的争论，直接原因是互联网服务提供商干涉网络交通，通过阻塞、降级或其他歧视行为，限制用户自由、平等地享受高速网络服务。典型案例是美国麦迪逊河流通讯公司（Madison River Communications）限制 VoIP 服务和康卡斯特（Comcast）公司对 BT 等 P2P 应用实施流量阻塞案。[①] 在美国，电话公司和有线电视公司这两类互联网服务提供商占据着 98% 的宽带市场份额，因此，互联网服务提供商对网络交通的干涉行为引发了两大主要的担忧：一是有线电视公司可能会阻塞或降级其竞争对手的创新应用程序，如阻塞网络电视等；二是电话公司可能会通过秘密降级某些服务的方式来破坏市场竞争秩序，从而保护其在非互联网领域的市场力量，如降级网络电话服务等。以上两种行为都可能使担任“网络守门人”角色的互联网服务提供商损害网络的开放性与市场竞争性。

从根本上来讲，网络中立的争议体现了网络使用的公共性与网络投建的私营性之间的矛盾：认为网络使用具有公共性的人认为互联网应是一种公共资源，它是混合了商业、公共和社会的基础设施；没有谁能够拥有互联网的所有权，互联网服务提供商更无权分配网络这种公共资源。网络创新应对任何人平等开放；保持网络的开放性，能够最大限度地发挥各种创新主体的创

① FCC，Madison River Communications，LLC，Order，DA 05-543，2005.

新能力。[①] 网络创新不能仅仅局限在网络内部，网络的端点，如用户、内容或应用程序、设备都应享受创新带来的技术进步，所以需要加强对网络市场的规制以保证网络的健康发展。而认为网络投建具有私营性的人则认为互联网服务提供商花钱铺盖宽带网就应当具有被承认和被尊重的财产权，并且能够管理网络运输的秩序。互联网服务提供商提供差异化服务是进行成本回收的一种方式，有助于宽带基础建设的再投资和刺激互联网服务提供商之间的竞争。但另一方面，网络用户存在优质服务的需求，互联网服务提供商有动力开发更好的技术和提供更好的服务以满足用户。

当时网络中立的支持者主要包括：美国前总统奥巴马和多数民主党议员；内容提供商如谷歌、微软、亚马逊、雅虎等；终端服务提供商如 Skype、Vonage 等；非营利性组织如消费者联盟、美国图书馆协会等。他们认为，网络具有公平、开放、自由的特性，而网络中立法规的设立正是为了保护互联网的开放与自由，使网络能够成为一个通过各种方式为社会提供长远利益、满足公共目标的基础服务设施。应当保障作为基础设施的网络能够激励创新应用、保护用户自由选择网络服务、免受网络服务提供商干扰的权利、保护互联网言论自由并为社会提供一个全民参与和自由表达的环境。网络中立能够加强对互联网的管理和规制，将有利于互联网的自由与开放。

网络中立的反对者主要包括：多数共和党议员；服务提供商如美国电话电报公司、威瑞逊（Verizon）、康卡斯特、时代华纳有线电视（Time Warner Cable）等；网络设备提供商如思科（Cisco）等。他们认为，网络中立对互联网的管理和规制将导致互联网发展环境趋于恶化，遏制互联网的开放自由和创新发展。其在促进互联网发展、推进互联网的开放创新方面与网络中立支持者观点相一致，不同之处则在于双方对于实行网络中立所带来的最终规制效果的预测大相径庭。

这场关于网络中立的争论实质上已经悄然从言论自由与消费者权益方面逐渐转向政治与经济领域，成为党派之间、市场自由竞争和反垄断保护之间

① Roberts，C. E，“Can I still google my yahoo：Reframing the net neutrality debae-why legislation actually means deregulation”，*77 UMKC law review*，765-787（2009）.

的一场博弈。网络中立的政治化始于言论自由和消费者权益的结合，网络中立支持者认为维护言论自由和消费者自主选择是至关重要的，网络的公用性表明网络应该使得个体可以通过邮件、图片、视频、声音等途径自由传递自己的想法，不受时间和地域的限制。在美国 Comcast 案件中，Comcast 公司作为美国最大的宽带网络提供商，秘密地对其用户之间合法的文件共享设置限制，并且阻挡两个公益组织写给布什总统的批判性邮件，人们自由的言论和表达受到了限制，因此网络中立的支持者认为提倡网络中立的目的是保护言论自由以及维护互联网的开放和自由。在保证消费者言论自由的同时，保护消费者公平使用服务的机会，避免出现降低消费者接受服务的质量的现象出现。

在经济学的领域，学者的意见也存在巨大的分歧。一些经济学家认为，网络中立是必要的，而另一些经济学家则认为 FCC 所寻求保护的创新与竞争在没有网络中立性法规的环境中才能实现。

网络中立的倡导者认为无成本访问基本互联网是应用创新的来源。例如，吴修铭担心，互联网服务提供商会垄断互联网访问，并有强大的动机去阻止不受欢迎的网站和应用提供，或者降低他们的速度，从而构成所谓的“接入分层”。而接入分层存在着一些问题。例如，美国电话电报公司在一个特定的区域垄断了宽带。美国电话电报公司与雅虎签订独家交易协议，要求是使得关于美国电话电报公司的搜索得到优先。这样，雅虎搜索引擎的速度就比其他搜索引擎竞争者更快。[①] 于是，吴修铭提出了“分离原则”，该原则以保护创新为目的，同时也为互联网提供一个方便又实惠的平台：所谓的分离原则，是指在信息经济中，每一个主要功能或者层次之间要创建一个有益的距离。

① 2008 年 1 月 30 日，雅虎与美国第一大移动运营商美国电话电报公司重新签订了双方的收入分成协议，雅虎将向美国电话电报公司用户提供网络及手机广告服务。雅虎一名高层在电话采访中表示，新协议将为雅虎带来 7000 万美国电话电报公司手机用户，雅虎将通过 AT&T Mobility 门户网站提供网络搜索服务，同时向通过手机上网的美国电话电报公司用户投放广告。雅虎主管宽带及手机业务的执行副总裁马克・鲍瑞斯（Marco Boerries）表示，雅虎与美国电话电报公司达成的新协议与雅虎此前与沃达丰和 T-Mobile 达成的协议类似。雅虎现在为美国电话电报公司全部手机用户提供搜索引擎和广告服务。

这将意味着，信息的开发者、网络基础设施的拥有者、进入工具和进入点的控制者之间要彼此分开。分离原则意味着平台提供商之间不应差别对待内容提供商或者平台应用，也不应当同其签订特殊的交易条款。这就是一种网络中立要求。一方面，他认为信息创造的目标同信息传播的目标经常是相左的；另一方面，他还认为分离原则对于防止停滞和抑制创新业务是有必要的，特别是针对政府压制创新的情况。最重要的是，分离原则可以避免一个层级扼杀另一个层级，从而促进信息经济的不同部分的创新和多样化。这种扼杀特别值得担心——平台的守门人会限制平台应用程序的竞争。①

但也有人认为，尽管网络中立原则可能是好的，但执行这些原则的规则是不必要的。例如，有研究者（Christopher Yoo）认为，互联网应用领域的竞争是激烈的，但是对于最后一英里的接入服务而言，竞争是不足的。在这个竞争不足的领域中，一些小规模提供商会通过独特的方式参与竞争。“即使一个经营规模很小的供应商会有一些成本上的劣势，但是他们仍然可以存活下来。就好像在一个一站式购买流行的世界中，专卖店仍然可以存活一样，这些经营者也可以通过满足有特定偏好的用户群的特别需要而存活下来。”而如果强制要求接入的中立，反而会破坏这些小规模提供商参与竞争的方式。“强制规定商品的互通性，会极大地限制非价格方式的竞争机会，从而增强了那些规模最大、历史最悠久玩家的优势。这最终会使得宽带商品化。”网络中立并不利于这些小规模提供商的竞争。②

而另外一些学者则不认为最后一英里服务的提供缺乏竞争。例如，加里·贝克尔（Gary Becker）等人认为“在宽带接入服务提供商之间存在不断激烈的竞争”，并且由于这种竞争的存在，网络中立性监管是不必要的。他们认为，互联网接入市场具有很强烈的对新技术和网络升级进行投资的动机。“公司竞相吸引新的用户，并通过提供最好的服务和价格竞争来保留现有的用

① Jeffrey Jarosch，“Novel ‘Neutrality’claims against internet platforms：a reasonable framework for initial scrutiny”，*4 Cleveland State Law Review*，551（2011）.

② Christopher S. Yoo，“Would Mandating Broadband Network Neutrality Help or Hurt Competition? A Comment on the End-to-End Debate”，*3 J. Telecomm. & High Tech. L. 23*，26-27（2004）.

户。”他们同样把网络中立性规则看作对竞争的一种障碍：“网络中立……可以被视为一种价格管制，因为它限制了定价形式。因此，这样的管制限制了宽带提供商的收入机会，也限制了宽带提供商将自己区别于竞争对手的独特性，从而扼杀了鼓励投资和创新。”他们认为在没有网络中立监管的情况下，服务供应商其实不会以 FCC 和其他网络中立倡导者所担心的方式来歧视那些特定的互联网应用：如果宽带接入提供商企图限制访问互联网的内容，则很有可能失去那些偏爱访问不受限制的用户。[①]

还有人认为网络中立性规则可能会损害创新和竞争。他们认为，对网络中立的违反一直是互联网的一部分。的确，违背网络中立可能会导致反竞争的排他效果。但是，造成这一结果的公司行为已经违反反托拉斯法，运用合理原则就可以分清行为中的正负效应。而脱离反垄断法而独立地要求网络中立远远超出了现行的法律的范畴，“断然禁止形式多样的经济一体化的方式，就好像是反垄断法的本身违法原则一样”。黑兹利特（Thomas Hazlett）等人指出，创新并不是源于简单地试图向所有人打开一个中立的互联网，而应该是允许具有创新产品的企业进入取得该产品用户的关联中。例如，成长中的谷歌把它的未来押注在所购买具有市场支配地位的互联网服务提供商 AOL（美国在线，一家最大的因特网服务提供商）上，并将其作为对用户应用程序启动页的默认搜索工具。这违背了网络中立，却使互联网的创新得到增长。[②]

（三）网络中立的实现：独立管制与反垄断规制

在美国，司法部、FCC 和 FTC 是联邦机构中具备解决网络中立问题能力的政府机构，并且 FCC 和 FTC 都在采取措施，力图努力维持对这一领域的管辖权。[③]

---

① Gary S. Becker, et al., “Net Neutrality and Consumer Welfare”, *6 J. Competition L.& Econ.*, 497-499 (2010).

② Jeffrey Jarosch, “Novel ‘Neutrality’claims against internet platforms: a reasonable framework for initial scrutiny”, *59 Clev. St. L. Rev.*, 550 (2011).

③ Jonathan E. Nuechterlein, “Antitrust Oversight of an Antitrust Dispute: An Institutional Perspective on the Net Neutrality Debate”, *Telecomm. & High Tech.* L., 19 (2009).

1. 网络中立作为管制义务：FCC 的网络中立管制

FCC 代表了对互联网企业提出独立的中立管制要求的管制路径。作为产业管制机构，FCC 力图将网络中立作为一项管制原则来确立，形成所谓的“网络中立原则”。

正如前文所述，FCC 第一次明确提出网络中立问题是在其 2005 年发表的《互联网政策声明》中。政策声明中采取的一些“原则”（没有约束力的规则）劝告宽带网络供应商，在不损害网络合法设备和符合网络监管需求的条件下，让客户按照自己的意愿自由访问互联网的应用程序和内容。FCC 认为：到目前为止，在两个重要的案件中，宽带提供商违反了这些原则。首先是发生在政策声明发表之前的麦迪逊河流案——一个乡村电话公司被指控封锁了用于 VoIP 服务的端口。FCC 对该事件展开了调查，被调查的电话公司迅速通过赔偿进行了私下和解。此后，FCC 接到投诉指控康卡斯特公司不正当抑制 LE 的一种对等文件的共享技术（BitTorrent）并于 2008 年决定对其进行制裁，但法院最终裁定 FCC 对该案件无管辖权。

2009 年 10 月，FCC 为了阻止电话和有线电视公司滥用其对宽带接入市场的控制权决定开始起草“网络中立”法规，与此同时把网络中立纳入国家宽带发展计划（National Broadband Plan），要求所有参与成员必须遵守网络中立原则，并把网络中立原则增加至 6 项，要求宽带服务提供商不能歧视任何互联网内容或应用程序且宽带互联网接入提供商的网络管理措施必须透明。[①]

2010 年 10 月，FCC 五人委员会全票通过了“网络中立”立法，启动了正式的“网络中立”立法程序，这一决议加速了“网络中立”立法的进程。随后，FCC 批准了一系列新的法令，规范网络市场上的各种行为，促进市场竞争的公平、开放和自由。2010 年 12 月，FCC 颁布了“网络中立法令”，主张采取措施来维护互联网秩序，使互联网成为激励创新、增加投资、创造就业、促进经济增长、有序竞争和自由表达的开放平台，并且将之前的 6 项原则重新凝结为三项基本原则。

---

① 雁鸣：《创新自由　无须批准——美国“网络中立”立法吹响号角》，载《中国数字电视》2009 年第 10 期。

2015年3月，FCC进一步颁布了《开放互联网法令》(Open Internet Order)，确立了一个独立的“网络中立”的管制原则。

2. 网络中立的反垄断路径：FTC与司法部的网络中立措施

2007年6月，FTC采用“工作报告”的形式发布了一项备受瞩目的关于网络中立问题的调查结果。① 报告详细梳理了各种观点并得出结论：FTC将采取本质上是放松管制的观望态度。该报告指出：宽带互联网接入行业是“年轻而充满活力的”，发展的过程中必将充满竞争，包括快速增长和高质量的服务价格下降。②FTC进一步解释并指出：“我们并不清楚任何显著的市场失灵或宽带提供商的行为带来的消费者侵害。”FTC认为，政策制定者应该谨慎制定法规来防止潜在的损害消费者福利的情况发生，“因为没有证据证明需要这样的规定，并且行业监管方案，特别是那些‘一刀切’(one-size-fits-all restraints)的做法对消费者福利带来极为不利的影响”。③ 尽管如此,FTC声明：它将会“继续投入大量的资源来维持宽带网络接入领域的竞争和保护消费者的合法权益”，并将在市场失灵出现时“继续执行反托拉斯法和消费者权益保护法”来评估互联网接入中的行为和协议。FTC认为网络中立原则有其优点，但是很难断言谁有权首先提出这些建议。FTC称：在过去，每当改变对政策平衡的态度时它有足够的管辖权规范宽带服务提供商。④ 这是一个重要并具有潜在争议的进步，FTC规范电信行业的基本框架值得一探究竟。

后来，FCC专门享有管制电信领域的权利已经得到确认，同时由司法部反托拉斯监管作为补充。FTC在这个行业的发展中所起的作用越来越小。

显然，在反垄断机构和FCC之间存在着紧张的关系，它们共同管辖宽带互联网接入，并且在保护竞争和消费者领域都起着重要的作用。

---

① FTC Staff Report，Broadband Connectivity Competition Policy (June 27，2007)，see https://www.ftc.gov/sites/default/files/documents/reports/broadband-connectivity-competition-policy/v070000report.pdf. 最后访问日期为2018年5月11日。

② See Broadband Connectivity Competition Policy，pp. 10-11.

③ See Broadband Connectivity Competition Policy，pp. 10-11.

④ See Broadband Connectivity Competition Policy，pp. 43-47.

三、网络中立管制原则的确立与衰亡

（一）国家有线电视协会诉 Brand X 案[①]

美国消费者访问互联网的传统方式是通过本地电话设施进行“拨号”连接，但是本地电话线的技术限制阻碍了网络数据的传输速度，因此拨号连接往往被称为“窄带”连接。相比起来，“宽带”互联网服务可以更高的速度传输数据。宽带互联网服务主要包括两种：有线调制调解器服务（cable modem service）和数字用户线（DSL）服务。有限调制调解器服务是通过有线电视公司拥有的电视电缆线网络在因特网和用户计算机之间传输数据。DSL 服务则是使用本地电话公司拥有的本地电话线提供高速接入。有线电视公司或电话公司既可以本身作为互联网服务提供商，直接向消费者提供互联网服务，也可以将设备租赁给其他互联网服务提供商。

1996 年修订的《电信法》第二章（Title II）规定了对于普通运营商（common carriers）的强制性监管。上述主体在受到法律监管时，可以分为两类：互联网服务提供商与电信运营商（telecommunications carriers）。其中，互联网服务提供商应当作为“普通运营商”根据该法 Title II 受到 FCC 的强制管制；而电信运营商，也就是那些使用各种设施提供直接向公众收费的电信服务的主体，则不受 Title II 的强制管制。这两项分类的定义源于 FCC 自 20 世纪 70 年代以来所规定的两种计算机服务类型——基本服务和增值服务。电信服务源于基本服务，指的是在用户指定的点之间传输用户选择的信息，不会改变发送与接收信息的形式或者内容，提供电信服务的运营商就是电信运营商。而信息服务则属于增值服务，指的是通过电信产生、获取、储存、转换、处理、检索、利用或者提供信息。

① National Cable & Telecommunications Association et al. v. Brand X Internet Services et al.（2005）545 U.S. 967.

2000年9月，FCC制定规则，将上述分类应用于直接向消费者提供宽带与互联网服务的有线电视公司。2002年3月，在此类案件的裁决中，FCC宣布结论，认为根据《电信法》，有线电视公司提供的宽带互联网服务是“信息服务”，而不是“电信服务”。

FCC认定的依据主要源于它所公布的“普遍服务报告”（Universal Service Report）。该报告将那些并不拥有基础设施（将终端用户连接至互联网的设施）的互联网服务提供商归类为“信息服务”提供商。但是尽管有线电视公司拥有自己的基础设施，FCC却在裁决中认为，有线电视公司与上述无设施的服务提供商没有法定定义的不同：二者都提供“单一、综合的服务，使用户能利用互联网接入服务……目的是实现全面服务的好处”。由于接入互联网提供的是操作与储存信息的能力，FCC得出结论认为它是一种信息服务。

根据普遍服务报告，FCC认为，尽管互联网服务会涉及数据传输这一要素，如报告中写到“互联网服务商必须能够在用户自己的计算机与其他远程计算机之间传输信息”，但是数据传输仅仅是一种手段，其最终的目的是为互联网用户提供信息服务。因此之所以未将其归类为电信运营商，是因为互联网服务提供商并非直接向用户提供电信服务。换句话说，FCC认为互联网用户是使用他们的有线调制调解器“不透明地”传输信息，不同于使用电话，用户们是在获得互联网的使用、访问权限。

基于上述认定，FCC认为，尽管不同于无设施互联网服务提供商，有线电视公司具备相关通信设施，但是它并非要向最终用户提供电信设施，而是以电信设施为手段，目的是为用户提供有线调制调解器服务。

不少当事人对于FCC上述认定提出质疑，案件被第九巡回上诉法院受理。

上诉法院认为FCC无权解释电信法案，其根据AT & T Corp. v. Portland，216 F.3d 871（C.A.9 2000）的先例，有限调制调解器服务是一种电信服务。由此上诉法院判决撤销FCC的裁定。

案件终于打到最高法院。最高法院认为：

首先，对于“电信服务”的解释应当根据“Chevron框架”，上诉法院根据Portland案来认定电信服务的行为是不正确的。根据Chevron案，对于法律法规存在模糊的地方，如果这些地方是由相关机构在现实中进行实施的，那么应该优先采纳相关机构对于法律的解释，此时即便法院的观点与其他机构的观点不同，也依然要遵循相关机构对于法律的解释。这就是“Chevron框架”。国会已经授权FCC可以“为公共利益规定必要的规则与条例”，FCC可以颁布具有法律约束力的相关规定。有质疑者认为FCC前后的观点不一致，但根据以往案例，法院允许作为机构的规则制定者根据形势不断改变和完善规则。

其次，最高法院对于FCC的解释是否具有合法性进行判断，该判断有两个步骤：先判断现存的法律法规内容中是否可以“直接地解决纠纷中的确切问题”；如果相关的法规内容确实是模糊的，那么接下来判断该机构的解释是不是“该机构合理的政策选择”。根据这“两步走”的方法，最高法院认为，《电信法》并没有明确规定不具有基础设施的互联网服务提供商属于哪一类服务，也没有规定具有基础设施的提供商属于哪一类服务，相关的规定并不能明确解决现实问题。

最后，最高法院认为虽然有线调制调解器服务意味着数据传输（即电信服务）与信息处理（即信息服务）相互绑定，但并不意味着数据传输行为完全不会受到Title II的强制性监管。例如，通过电话服务打包语音邮件的电话公司，即使语音邮件属于信息服务，也不意味着电话服务同样属于信息服务，因为此时电话服务是独立于语音服务的，其可以单独属于电信服务而受到相关的强制性监管。此外，从最终用户的角度来看，互联网接入的服务商所提供的是接入互联网获取信息的服务，并非透明传输信息的服务。由此最高法院认为，FCC的观点是合理的。

综上，最高法院认为由于FCC审查的问题涉及“技术性、复杂性与动态性”，FCC处理此类问题的能力好于法院，FCC通过自己的专家政策判断解决问题的方式并不具有违法性。因此判定撤销上诉法院的判决，重新审理该案。

（二）2005 年 Madison River 案[①]

麦迪逊河流通讯公司是一个地方的声讯和服务供应商。该公司禁止使用 Skype 一类的 VoIP（Voice-over-IP）服务，并拦截了用于 VoIP 应用的端口，从而影响了用户通过一个或者多个 VoIP 服务提供商使用 VoIP 的行为。2005 年 2 月 11 日，FCC 下设的执法局向麦迪逊河流公司发出了调查函（LOI），开始进行调查。随后，麦迪逊河流公司与 FCC 达成了同意令，不再封锁 VoIP 通信的端口，并主动向美国财政部支付了 1.5 万美元。

该案件发生在 2005 年，距离 2010 年 FCC 的“网络中立法令”颁布还有 5 年，但 FCC 对该案件的处理已经体现了“非阻碍原则”。

（三）Comcast 案中 FCC 的失败[②]

康卡斯特公司是美国领先的集有线电视、娱乐和通信服务于一体的电信公司，同时也是美国最大的有线电视运营商，主要提供有线电视、宽带网络及 IP 电话等服务，在美国通信市场拥有较大的市场份额。2007 年，康卡斯特公司的互联网用户突然发现不能够正常运行 P2P 软件的 BT 下载，并怀疑是因为网络服务提供商康卡斯特公司进行了干扰。美联社（Associated Press）随即对康卡斯特公司用户进行了全国范围的调查，调查结果显示康卡斯特公司确实对互联网用户的在线文件共享进行了限制。自由报业（Free Press）与公共知识（Public Knowledge）这两个非营利性组织以康卡斯特公司干扰用户的互联网接入为由向 FCC 进行了投诉。

FCC 认为它对于康卡斯特公司的网络管理行为具有管辖权，并且不仅能够通过制定规则，而且还能通过裁决来解决争端。于是 FCC 裁定康卡斯特公司“严重阻碍了消费者访问网络内容以及使用他们所选择的应用程序的能力”。由于康卡斯特公司同意采取一种管理带宽的新系统，因此 FCC 只是命

---

① See FCC，Madison River Communications，LLC，Order，DA 05-543，2005；In re Madison River Communications，20 F.C.C.R. 4295（2005）.

② See Comcast v. FCC（2010）No. 08-1291；赵康：《康卡斯特诉 FCC 案再思考》，载《佳木斯教育学院学报》2013 年第 12 期。

令其进行披露，描述其采取的新系统以及实施的进展情况，如果康卡斯特公司未能做到以上行为，将会自动发布禁令。

康卡斯特公司遵守了上述命令，但是之后它要求对该裁定进行审查，并提出了三项反对意见。首先，康卡斯特公司认为 FCC 不能对其网络管理的行为行使管辖权；其次，它认为 FCC 的裁决行为在程序上存在着缺陷，规避了“行政程序法”的规则制定要求，违反了正当程序条款的通知要求；最后，它认为裁定的部分内容并无充分理由，并且具有随意性以及反复无常。案件争议的焦点在于 FCC 是否能对康卡斯特公司的网络活动行使“附属管辖权”（ancillary jurisdiction）。

法院经过调查发现，康卡斯特公司发现其用户进行大文件在线共享后，在网络连接中植入了一个复位信息包（reset packet）以阻断文件共享的链接。FCC 认为康卡斯特公司的这一行为严重影响了链接的路径，并依据传输内容而选择传输路径的取舍。因此，FCC 根据《电信法》判定康卡斯特公司违反了联邦规定，并禁止康卡斯特公司干涉其用户的 P2P 使用。

2008 年，康卡斯特公司承认对 BitTorrent 公司的数据流量实施控制，其理由是“保护网络传输畅通”，因此在网络使用的高峰时段延迟 BT 文件的传输，以降低其传输的速度。这引起了消费者的强烈不满，指责康卡斯特公司优先满足自己产品需求的行为属于恶性排挤竞争对手的不正当竞争，消费者一致认为这种行为破坏了互联网的开放与自由的本性。2008 年 10 月，FCC 做出裁决，要求康卡斯特公司在 30 天内提交一份在年底之前取消针对特定协议和应用的流量控制的计划，并且向公众披露预期做法的细节，并且处以 1600 万美元的罚款。

康卡斯特公司对 FCC 的裁决并不认可，将此案上诉到了美国哥伦比亚特区巡回上诉法庭（United States Court of Appeals for the District of Columbia）。2010 年 4 月 6 日，哥伦比亚地区的联邦上诉法院裁定，FCC 无权强迫互联网服务提供商将网络向所有内容开放。

Comcast v. FCC 案是 FCC 首次运用网络中立原则对网络服务提供商进行制裁。FCC 认为，康卡斯特公司暗中干扰用户使用 BT 上传下载内容资源，但其本身并不具备网络管理的正当性，因此康卡斯特公司的行为违反了 FCC

发表的《互联网政策声明》，并妨害了互联网的开放、自由特性。

在互联网的中立性方面，FCC 试图构建一个充分竞争和自由表达的开放互联网平台。而互联网充分的开放自由使得美国在国际竞争中拥有优势地位，对美国经济的发展和大国强国地位的巩固功不可没。FCC 认为，在网络创新发展方面，终端用户和内容提供商是互联网创新发展的重要动力，因此保护其合法权益不受互联网服务提供商歧视性行为的限制和损害显得尤为重要。网络中立最初主要是针对宽带服务提供商而设定的，旨在保障互联网终端用户及内容、服务和应用程序提供商能够自由使用互联网，并从根本上保障互联网平台的自由开放特性。由此可以认为，作为基础设施的网络平台，本质上应当是开放的，为互联网终端用户及互联网内容、服务和应用程序提供商开放获取和自由访问。

FCC 认为，康卡斯特公司的做法属于网络运营商区别对待内容提供商。这将会影响用户的信息偏好，最终扰乱观念市场的自由流通。康卡斯特公司则认为，他们已经为网络基础设施投入了数十亿美元，应当有权利对网络浏览采取区别对待，为自己争取到投资回报。并且他们需要灵活管理系统，防止 BitTorrent 等应用占有过多带宽，拖慢其他人的网络速度。网络基础设施也是私有财产，网络运营具有不可剥夺的私有财产权。强制执行网络中立的原则，是对运营商私产的干扰。法庭最终判决 FCC 无权对康卡斯特公司进行制裁，原因在于对 FCC 行政管辖权的界定。

但法院认为，有先例确立了 FCC 在有线通信领域具有合理的附属管辖权（ancillary jurisdiction），特别是在 American Library Ass'n v. FCC 案中，最高法院确立了 FCC 行使附属管辖权必须满足的两个条件：（1）被规制的主体属于《电信法》Title I 部分所规定的 FCC 可以行使一般司法管辖权的范畴；（2）FCC 的管辖行为是其有效履行法定职责的合理辅助。

在本案中，由于康卡斯特公司的互联网服务符合《电信法》Title I 部分所规定的“有线和跨国通信”，因此其承认 FCC 采取的管辖行为符合第（1）项条件。由此，本案的关键在于判断 FCC 的行为是否符合第（2）项条件，讨论 FCC 的管辖行为是否其行使职责的合理辅助。国会相关立法表明，美国的互联网政策是要促进用户控制和获取信息，开发互联网技术、促进互联网发展。此外，国会法律表示FCC成立的目的是为美国及全球提供高效合理的有线无线服务。FCC据此认为康卡斯特公司的行为阻碍了互联网发展的目标，并且不利于FCC提供相关高效便捷的服务。但法院认为FCC的管辖行为已经超出了其行使该权力的“界限”，很难看出FCC的行为会对广播事业产生哪些促进的作用；法院也反对“只要能促进广播发展，就纳入附属管辖权范围”的观点，认为如若这样那么FCC的管辖权将容易泛滥乃至无限，虽然法律的确给予FCC监管的广泛权力，但并不意味着其具有无限的权力。此外，法院特别讨论了《电信法》，认为该法第706条、第256条、第257条、第623条均不能解释为赋予了FCC相应的权利，从而最终否认了FCC的管制权。

（四）2010年“网络中立法令”

FCC在Comcast案中的失败直接催生了“网络中立法令”（Net-Neutrality Order）。尽管该案法院让那位FCC无权强迫的互联网服务提供商将网络向所有内容开放，但出人意料的是，这次严重的打击并未使FCC停止促进网络中立立法的努力。相反，FCC主席宣布FCC将继续为促进网络中立立法而“斗争”。在奥巴马的竞选承诺支持以及奥巴马任命的FCC主席的强势推动下，FCC仍然坚定推行网络中立立法。2010年12月21日，FCC五名委员进行投票，其中三名民主党的委员的赞成票使得网络中立的立法推进得以继续。

2010年的《保护开放互联网法令》（*Preserving the Open Internet*）又被称为《网络中立法令》（*Net-Neutrality Order*），其核心内容包括了要求网络中立的三大原则：①

第一，透明性原则。从事提供互联网宽带接入服务者应当在公开的网站上至少披露以下信息：关于网络实践（Network Practices）的具体做法，关于服务技术、预期和实际访问速度等性能特点（Performance Characteristics）信息，关于定价、隐私政策等商业条款（Commer cial Terms）信息，等等。这

① See Preserving the Open Internet，25 F.C.C.R. 17905（Dec. 21，2010）.

些信息应当为最终的用户和主管部门所了解和获取。此规则适用于固定和移动宽带互联网接入提供商。

第二，非阻挡原则。在固定服务方面，从事提供固定宽带互联网接入服务的人，只要其从事此类服务就不得阻止合法的内容、应用程序、服务或无害设备，并应当进行合理的网络管理。在移动业务方面，从事提供移动宽带互联网接入服务的人员对网络的管理应当合理，不得阻止消费者访问合法网站，也不得阻止其竞争者提供的语音或视频电话服务竞争的应用程序。

第三，不得进行不合理歧视原则。在固定业务方面，从事提供固定宽带互联网接入服务的人员，在通过消费者的宽带互联网接入服务传输合法网络流量时，不得进行无理歧视。合理的网络管理不构成不合理的歧视。此规则不适用于移动服务。

（五）2015 年《开放互联网法令》①

2015 年 3 月 12 日，FCC 颁布了《开放互联网法令》（*Open Internet Order*）。该法令被认为确立了一个独立的“网络中立”的管制原则。

FCC 把所有的带宽接入服务列为美国《电信法》规定的“基本服务”，正如网络中立原则的支持者所认为的那样，互联网接入服务好比供电、供水的公共基础服务，政府得以行政力量保证所有网络使用者得到“实质性平等”对待。《开放互联网法令》只适用于电信运营商，而对互联网领域其他层次的企业没有管制性约束。

《开放互联网法令》第 II 部分“4. 规则适用范围”（Scope of the Rules）中明确指出，该法令适用于“固定和移动互联网宽带接入”，或者称为“宽带互联网接入服务”（BIAS），称“所有通过有线或无线的方式进行的大众零售服务，它们有能力向所有或实质上所有互联网终端传输和接收数据，包括与通信服务有关的所有功能，但不包括拨号上网服务”。

《开放互联网法令》的基本目标是保护和促进互联网作为一个开放的平

① FCC Releases Open Internet Order，at https：//www.fcc.gov/document/fcc-releases-open-internet-order，最后访问日期为 2018 年 10 月 6 日。

台，使消费者享有选择、言论自由、终端用户控制、竞争以及未经允许的创新自由，从而鼓励部署先进的通信能力和消除基础设施投资的障碍。

对于互联网接入服务，《开放互联网法令》确定的核心管制原则延续了2010年FCC的《网络中立法令》的核心内容，包括：

非阻挡要求（No Blocking）——宽带服务提供商不可以阻碍任何合法的内容、应用、服务和设备。

非限制要求（No Throttling）——宽带服务提供商不得降低或者减缓合法的互联网数据传输以及相关的应用、服务和设备访问。

不允许付费优先（No Paid Prioritization）——宽带服务提供商不可以主动划分数据传输的优先等级并以此获益，即不允许数据传输的“付费快车道”。这条规定也禁止宽带服务提供商优先考虑其附属分支机构的内容和服务。

简而言之，就是“不得屏蔽，不得限制，不得提供有偿的差异化接入服务”，要求所有数据传输一视同仁，电信运营商不得在自己建设并管理的网络传输管道上对不同的数据进行差别化管理，尤其是不得基于金钱收益的目的而对数据传输速度有所限制或者加强。这个法令彻底剥夺了电信运营商数字化消费环节对于互联网企业和客户感知的掌控权，也让电信运营商在数字化消费环节获取增长服务收益的可能成为泡影。

（六）《开放互联网法令》的废除①

2017年12月14日，FCC以3:2的投票优势，决定废止2015年通过的《开放互联网法令》，这意味着奥巴马时期确立的网络中立原则被推翻。正如前文所述，网络中立原则的依据是，FCC把所有的带宽服务列为美国《电信法》规定的“基本服务”，从而使其受到严格规范。但随着这一原则的废止，带宽接入服务将不再属于“基本服务”，政府也不再干预网络活动，让其回到最基本的“使用或付费”市场框架中。

网络中立原则废止，意味着今后美国网络运营商可以区别对待不同的互

① 张瑶：《互联网已死还是更自由？美国废止网络中立原则后评价两极》，载http://news.sina.com.cn/s/wh/2017-12-18/doc-ifyptfcn1411089.shtml，最后访问日期为2018年3月17日。

联网公司网站。互联网公司可能被迫支付费用买路线和网速，而网络运营商亦将有权为自家网络业务优先提供带宽和速度，变相挤压其他竞争者空间。这些行为将可能导致消费者被转嫁成本。美国互联网企业（特别是依赖流量的 Netflix 等视频网站）、无法与巨头竞价而网速被限制的中小企业、可能被互联网企业转嫁宽带购买成本的消费者，都将受到影响。

网络中立管制原则的废除，意味着对于互联网服务提供商而言，要规范其传输行为则主要需要转向反垄断领域，当这些互联网企业的行为构成滥用市场支配地位行为时，才会受到反垄断法的规范。否则，其就是一个在自由市场中依据企业自由意思而进行的自主选择。

四、网络中立的反垄断要求

（一）反垄断法对网络中立的要求

网络中立的管制原则与反垄断法是规范网络行为的两种不同的方法，但在意图构建一个公平、开放、自由的网络这一目的上，两者有着共同之处。传统网络中立主要作为一种对互联网接入服务的调节方式，当意图以法规形式来维护竞争形态时，反垄断法作为一个可替代的调节方式自然会受到某种形式的影响。反垄断法的立法目的就是要消除垄断，保护市场竞争。因此不论网络中立是否能够通过立法程序成为正式法规，互联网市场的不正当竞争和垄断行为都要受到竞争法的规制。但反垄断法能否单独实现互联网的中立和以怎样的形式和方法去保护网络中立还值得更进一步的探讨。网络环境十分复杂，又难以界定，有学者指出，网络中立的模糊性正好强调了具体案例研究的重要性。[①] 因此网络中立最好的研究方法就是采取事后、个案的研究方法，再起草法律来填补具体案例的空白。

反垄断法限制占有支配地位的经营者滥用自己的市场支配地位实施不当

---

① Christopher S. Yoo.，"Is the a Role for Common Carriage in an Internet-Based Word"，*Houston Law Review*，559（2013）.

行为，而网络中立也禁止网络服务经营者提供差别服务。因此，尽管关于网络中立还没有明确的定论，并且其研究方法也不同于反垄断法，但两者之间存在的共性意味着在相关案件中可以考虑中立性的要求。

从反垄断的视角来看，人们主要关注的是网络服务提供商利用市场支配地位破坏宽带网络服务和内容提供的竞争。互联网接入网主要是由业务节点接口（SNI）和相关用户网络接口（UNI）之间的一系列传送实体（如线路设施和传输设施）组成，也是信息高速公路的“最后一英里”。在接入市场上，数字用户线路供应商和传输设施提供商形成了双头垄断，因此，任何限制竞争或是不平等的条款都会在一定程度上破坏市场的正常运行。

当网络中立的管制原则被废除之后，互联网服务提供商可以有选择地为各类网站提供不同网速，为那些他们喜欢的网站提速，同时降低那些他们不喜欢的网站的网速，还可以为更高的网速收取更高的价格，从而导致互联网接入中的不合理和不公平现象产生。

当网络中立不再作为一项独立原则存在的时候，各大基础互联网服务提供商的行为是否就完全无法受到约束呢？从反垄断法的视角看，禁止滥用市场支配地位的反垄断法可以用于禁止拒绝交易、反对歧视性待遇等方面。

与互联网接入问题密切相关的反垄断法理论是必要设施理论。该理论的基本内容是，控制必要设施的企业，如果拒绝对其他竞争者提供进入某种商品或服务的合理途径，并且这些商品或服务是这些竞争者要与之竞争所必需的，那么控制必要设施企业的这种拒绝交易行为将可能违反反垄断法。1983 年，在 MCI Corp. v. AT&T Co. 案中，必要设施的范畴扩展到了通信的终端系统。

在互联网接入费用的问题上，也适用了价格挤压理论。Alcoa 案[①] 被认为是确立价格挤压的重要案例，虽然此案没有对价格挤压下完整的定义，但这是关于“价格挤压”构成要件的第一次较为系统具体的表述。虽然此案后来

① 黄勇、董灵:《反垄断法经典案例解析》，人民法院出版社 2002 年版，第 100—151 页。

争议较大，但是该案无疑在推动“价格挤压”案件认定方面有着重要意义。[①]而最早将价格挤压认定为滥用市场支配地位的行为发生在欧盟初审法院在审理 Industries des Poudres Sph6riques（IPS）一案时，该案指出：“价格挤压是指在初级产品市场上占有支配地位的企业将部分初级产品加工为深加工产品，同时，将过剩的初级产品在市场上出售，定价致使购买方无法通过加工过程获得足够利润，以保有其在深加工产品市场上的竞争力。”[②]显然，该定义最初主要针对工业领域。但是随着科技的发展，价格挤压行为越来越多地出现在新兴行业。有学者对其做出了更加抽象的定义：“价格挤压是指在上游市场占主导地位的纵向整合企业，通过控制对在下游市场上的竞争者提供必需生产要素，使其在两者共同活跃的下游市场上无法获得正常的利润。”[③]

事实上，由于网络中立要求在行政管制的道路上一度发展迅速，因此在反垄断法领域中并没有形成太多具有关键意义的案件和决定。但随着“网络中立法案”的逐渐消退，反垄断法可能会在接入的中立性问题上发挥更为重要的作用。

---

① Alcoa 是美国当时最大的铝板制造商，它同时生产制造铝板所需要的纯铝锭，并且在纯铝锭生产市场上具有垄断地位。其他铝板生产商需要从 Alcoa 处购买纯铝锭以生产铝板，并从生产铝板的过程中盈利。Alcoa 在销售纯铝锭和铝板的过程中，将销售给其他铝板生产商的纯铝锭的价格定得较高，自己销售铝板的价格较低，以至于其他生产商在从 Alcoa 处买回纯铝锭并制成铝板以 Alcoa 公司的销售价进行销售时，不能获取任何利润，因此其他铝板生产商将 Alcoa 公司告上法庭。在审理此案的过程中，法院假设 Alcoa 公司以自己卖给其他铝板制造商的价格购买纯铝锭并生产铝板，以自己当前售卖铝板的价格进行销售时，发现 Alcoa 公司在很多情况下不盈利，在少数情况下盈利很少。汉德大法官指出，当 Alcoa 公司已经意识到其实施的价格挤压所产生的影响，并且没有实施相应的救济措施时，它就违反了《谢尔曼法》第 2 条。只要有证据表明被告是故意实施的，那么价格挤压本身就构成了一项垄断行为。在法院意见中，汉德法官提到：“将铝板的价格定得低而纯铝锭价格如此高是非法的，如果（我们也是这么认为的）认为纯铝锭价格一定比‘公平价’高，这种行为非法是毫无疑问的。”因此，法院认为 Alcoa 不合法地利用其垄断力将其纯铝锭批发价格定得“不公平地”高并将铝板价格定得“不合理地”低。即便其价格策略并不属于企图垄断铝板市场的安排，仍然触犯了反托拉斯法。

② 刘镭：《论电信行业价格挤压的反垄断法规制》，对外经济贸易大学 2012 年硕士学位论文。

③ 李治国：《价格挤压风吹向电信业——谈欧盟电信业价格挤压认定新趋势》，载《中国电信业》2009 年第 12 期。

（二）Verizon 电讯公司涉嫌垄断[①]

根据 1996 年美国《电信法》的规定，现有的本地交换运营商（Local Exchange Carrier，LEC）都有义务与其竞争者分享电信网络，包括按照分类计价原则和开放获取原则为单个网络单元提供通道的义务。当有新的竞争者加入到市场中时，就可以与原有的电信信号交换运营商并网，同时可以出售那些分类计价的网络单元。“分类计价”和“开放获取”都意味着一个公司的专有设备和现有资源可以允许被其他公司利用。

Verizon 电讯公司按照《电信法》的规定与竞争对手签订互联协议，协议中规定了保证每一网络单元均能有效使用的具体条款，并按照分类计价和开放获取原则向竞争对手提供交易支持系统的通道。如果 Verizon 电讯公司不提供该系统，链接到其电信网络上的竞争者就无法执行其客户的订单。Verizon 电讯公司的互联协议得到了纽约州公共服务委员会和 FCC 的核准，其电信网络的运行模式应当保证其履行提供交易支持系统通道的法定义务。

Verizon 的竞争者抱怨 Verizon 违反了这一义务，PSC 和 FCC 开展了调查，并对 Verizon 实施经济处罚、采取补救措施以及追加报告事项等处罚措施。随后，协议相对方公司的一名服务客户提起集团诉讼，指控 Verizon 电讯公司采取了一种歧视性标准对待竞争对手的订单，这是该公司争夺竞争对手的现有及潜在客户的反竞争预谋的一部分，违反了《谢尔曼法》第 2 条的规定。地区法院驳回了起诉，认为 Verizon 对竞争对手缺乏援助的指控未能满足《谢尔曼法》第 2 条的要求。第二巡回法院恢复并支持了反垄断诉求。最后，Verizon 上诉到美国联邦最高法院。

联邦最高法院确认了基本事实：

Verizon 电讯公司作为纽约州的一家电信运营商，在 1996 年的《电信法》

---

① Supeme Court of the United States：Verison Communications Inc. v. Law Offices of Curtis v. Trinko，LLP，No. 02—682. Argued October 14，2003–Decided January 13，2004，see https：//www.law.cornell.edu/supct/html/02-682.ZS.html（Last visited on June 28，2019）；刘颖：《保护竞争秩序是反垄断法的根本目的——以美国 VERIZON 电讯公司涉嫌垄断案为例》，载《宁夏大学学报》2009 年第 3 期。

出台前，与其他电信运营商一样，在其所服务的地域中享有独家特许经营权。而 1996 年的《电信法》则力图彻底消除地方电信运营商的垄断性经营，引入竞争者。《电信法》的中心意图是对电信运营商明确规定了一项法律义务，即要与其竞争者共同使用其网络系统，包括无差别地为每一个网络单元提供通道。与其他电信运营商一样，Verizon 电讯公司在《电信法》规定的框架内，为提高竞争力采取了两步措施。首先，Verizon 电讯公司与其竞争对手签订互联协议，约定保证每一网络单元都能使用。作为地方管理者，纽约州公共服务委员会于 1997 年核准了 Verizon 电讯公司与竞争对手的互联协议。其次，Verizon 电讯公司抓住了《电信法》为它提供的进入长途电话市场的机遇，过去这一领域其被长期排除在外。1999 年 12 月，联邦电信委员会核准了 Verizon 电讯公司从事长途电话业务的申请。在两份核准文件中，Verizon 电讯公司都承诺履行提供交易支持系统通道的法定义务，这一系统可以使得其他电信运营商能够为其客户提供服务并保证服务质量。1999 年底，Verizon 电讯公司遭到违反法定义务的投诉后，受到管制机关处罚。

联邦最高法院认为：

《电信法》对电信运营商在其应负的基本责任之外又附加了大量的管制义务，但并不意味着违反这些义务就是违反了反垄断法。当有人根据反垄断法指控 Verizon 电讯公司拒绝向其竞争对手提供互联服务时，其目的是限制其进入市场，则应当根据《谢尔曼法》的规定来。

根据《谢尔曼法》的规定，判断一个企业构成垄断，除了要考虑其在相关市场中具有垄断力量外，还应当将恶意获取或维持垄断力量与因为优质的产品、商业眼光或者历史事件所导致的结果相区分。一个企业仅仅拥有垄断力量以及与其相伴的控制垄断价格的能力本身，并不一定构成非法垄断的行为，那些是自由市场经济体制的重要因素。控制垄断价格能力的优势地位，即使是短时间的，一般也是源于第一时间的、独到的“商业眼光”，同时伴随着产品创新和经济增长的风险。为了鼓励创新，拥有垄断力量并不必然被视为违法，除非存在滥用垄断力量的行为。

迫使这些企业与其竞争者分享优势资源将会导致一种不利于市场发展的结果，即垄断者、竞争对手或者双方都会减少对那些经济的、有益的基础设施进行投资的意愿，因此这种做法是与反垄断法的潜在目的相冲突的。而且通过法院的判决强制实行优势资源共享，也要求反垄断法法庭充当一个中央计划员的角色，要去确定合理的价格、数量以及交易中的其他因素。法院是不可能胜任这样的角色的。此外，强制竞争者之间进行谈判将可能促成经营者之间的共谋，这又是反垄断法所反对的。因此反垄断法一般不限制企业在完全的私人交易中根据其独立意志自主决定跟谁交易的权利。

但高度重视企业可以拒绝与其他企业进行交易的权利并不意味着这一权利不受限制。在特定的情形中，拒绝与竞争对手合作可能包含限制竞争的意图，违反《谢尔曼法》第 2 条的规定。法院必须非常谨慎地识别这些特定的情形，因为确定强制资源共享的市场价值以及甄别和纠正单个企业的限制竞争行为是非常困难的。

具体到该案，法院认为原告未能证明 Verizon 电讯公司在与其竞争对手的一系列交易中企图进行排挤，而相反 Verizon 电讯公司基于成本定价提供互联服务的行为说明其没有垄断的企图。此外，法院还认为《电信法》中法定义务的本质使得本案与经典案例阿斯攀滑雪场案具有根本的区别。在阿斯攀滑雪场案中，被告拒绝提供给其竞争对手的是一种已经出售给消费者的“通票”，这种“通票”表征着一系列需要提供给滑雪者的服务。而本案则恰恰相反，被指控的服务行为无法充分市场化并直接提供给公众。按照《电信法》的规定，原本属于 Verizon 电讯公司所有的一些网络单元被要求在参考成本和效果的基础上提供给其竞争对手而不是消费者。联邦最高法院还毫不犹豫地拒绝了关于“必要设施理论”的主张，指出，联邦最高法院从来没有确认过这一原则的效力。

基于上述理由，联邦最高法院判决撤销上诉法院的判决。

五、我国互联网接入层面的中立要求和反垄断规制

我国目前已经基本上形成了以中国电信和中国联通为基础的骨干网络，现在几乎所有的互联网连接都要通过电信网络或是联通网络接入，而内容提供商、服务提供商甚至是网络用户要想连接到互联网上，就必须向网络所有

者交纳服务托管费或宽带服务费。如果费用收取过高，则会损害互联网使用者的利益，而如果网间结算成本太高，则会增加宽带网络提供商的成本。在建设网络之初，互联网只是电信网提供的一种增值服务，但随着互联网的蓬勃发展，其开始承载多方业务，渗透到社会的各个方面，已经不仅仅局限在电信网络业务的范围。现在的互联网已经明显区别于传统的电信网络，目前网络接入业务类型越来越多样化，音频、视频业务不断发展并占有一定的市场份额。网络服务提供商为满足不断发展的多样化网络业务对宽带网络的需求和拓展网络的承载能力，就必须加大投建网络的力度。

我国目前并没有一部能够明确部门分工且高效便捷的法律来约束或解决发展过程中出现的各种问题。目前电信行业最具法律效力的《电信条例》，只是电信主管部门颁发的条例，并且《反垄断法》也对此没有明确的规定，因此在网络技术迅速发展的背景下，明确保护网络核心资源的中立性，显得尤为重要。

2011 年 4 月，国家发展和改革委员会价格监督与反垄断局接到了举报，随后立即对中国电信和中国联通两家骨干网络运营商在互联网接入环节的价格行为进行调查。调查主要是针对在宽带接入及网间结算领域，中国电信和中国联通是否利用其本身的市场支配地位，阻碍和影响其他同等竞争者进入市场的行为。如果调查事实成立，国家发展和改革委员会将对中国电信和中国联通处以上一年度营业额 1%—10% 的罚款。2011 年 11 月，央视新闻就中国电信和中国联通两家公司涉嫌垄断的事件进行了相关报道，此后，中国电信、中国联通垄断案逐渐进入公众的视野，引起了广泛的关注。2011 年 12 月，中国电信和中国联通同时发表声明，称已经向国家发展和改革委员会提交了整改方案和中止调查的申请，同时这两家公司进一步承诺将降低对用户的宽带资费。事件到此为止暂告一段落，这个案件便逐渐淡出公众视野。

（一）中国电信和中国联通遭受反垄断调查

2011 年，国家发展和改革委员会针对中国电信和中国联通展开调查。中国电信和中国联通是我国重要的电信网络运营商。因为网络投建的支出费用比较大，所以为了吸引更多的运营商投资，补偿骨干网络的投资支出，按照工业和信息化部的规定，对于骨干网运营商之间互联互通所产生的流量不收取费用，而对其他接入的运营商所产生的网间流量要进行单向网间结算。在实践中，中国电信和中国联通设立了“黑白名单”，对有竞争关系和没有竞争关系的互联网服务提供商给出了不同的宽带入网价，即与有竞争关系的中国移动、中国铁通等大型互联网服务提供商的交易条件是 100 万元 /G. 月，而且这些交易须经集团的审批，并且须在北京、上海、广州的指定点进行接入；对一些没有竞争关系的中小型 ISP 的接入条件是 20 万元 /G. 月—30 万元 /G. 月。此外，中国电信和中国联通既做宽带批发业务又做宽带零售业务，二者给 ICP 网站用户的接入价一般是 10 万元 /G. 月，甚至低至 3 万元 /G. 月—5 万元 /G. 月，给与其有竞争关系的 ISP 一般是 20 万元 /G. 月—30 万元 /G. 月，有些甚至达到 150 万元 /G. 月。①

国家发展和改革委员会的调查主要涉及中国电信和中国联通是否利用其自身所具备的市场支配地位在宽带接入及网间结算领域阻碍和影响其他经营者进入市场等行为。根据《反垄断法》第 19 条的规定，可以推定经营者具有市场支配地位要符合以下条件：单个经营者在相关市场的市场份额达到二分之一的；两个经营者在相关市场的市场份额合计达到三分之二的；三个经营者在相关市场上的市场份额合计达到四分之三的。而在宽带接入领域，中国电信和中国联通占据 95% 的国际互联网出口宽带、90% 的互联网接入用户以及 99% 的互联网内容服务商，这就在一定程度上意味着两家企业拥有市场支配地位，涉嫌滥用市场支配地位。

随后，中国电信、中国联通两家提交了整改报告，并在互联互通方面取得了较大的进步。

（二）我国宽带网络市场的基本格局和中立要求

我国的电信行业是国民经济中的基础性行业，经历 20 世纪以来的多次分分合合，到目前已经形成了以中国电信、中国联通、中国移动三大国有或国有控股企业为主的寡头垄断市场。在 1994 年以前，我国电信业处于完全垄断阶段，由原邮电部独家垄断经营全国范围内包括移动通信业务在内的几乎所

① 王晓晔：《中国电信、中国联通涉嫌垄断案的再思考》，载《交大法学》2013 年第 2 期。

有的电信业务。直到1994年中国联通的成立，才打破了基础电信领域独家垄断经营的局面，形成了两家运营商共同竞争的格局。1999年，国务院出台改革方案，将中国电信的移动通信业务剥离出来单独组建了中国移动，因此，在移动通信领域，形成了中国移动和中国联通两家企业共同经营竞争的局面。随后，垄断市场竞争不断加剧，1999年以后形成了电信、移动、联通、小网通等混杂格局。2001年铁通成立，在接下来的一年电信南北分离，成立网通。到2008年移动与铁通合并，联通与网通合并。直至发展到今天，形成了中国电信、中国移动和中国联通寡头垄断的新格局。

但是，对于宽带产业领域，市场的开放程度和有效竞争程度似乎表现得并不明显。工业和信息化部在2010年9月对此进行过统计，数据显示，在全国1.2亿个宽带接入用户中，电信占51%，联通占39%，铁通（移动）占6%，广电占4%。中国电信在南方21个省与中国联通在北方10个省各自占有90%以上的宽带用户，形成了在各自区域独家垄断的格局。与此同时，我国99%的互联网内容提供商和95%的互联网国际出口宽带运营商也都集中在电信和联通，因此，在宽带产业呈现出中国电信和中国联通双寡头垄断的格局。

在电信和互联网行业，骨干网络或者瓶颈资源的运营商为自己附属的接入服务提供商提供网络接入服务，此外，其还要将这些资源向其他的竞争者（其上游或是下游）开放，来满足互联网互联互通的要求。如果对网络接入的价格、所提供的服务以及提供内容的数量和质量缺乏应有的监督和管理，很有可能会出现链接上游缺乏有效竞争，致使一部分运营商通过价格或是非价格的方式来增加其他企业的接入成本，使其在竞争中处于相对不利的地位。

在价格策略方面，主要是对所提供的服务实行分类计价。互联网接入市场呈现出分等级的结构，主要包括骨干网络提供商（IBP）、服务提供商（ISP）和终端用户三部分。互联网骨干网络提供商将接入服务打包提供给服务提供商，服务提供商再将这些接入服务或增值服务零售给终端用户。骨干网络提供商还可以直接将这些服务零散地出售给终端用户。互联网接入市场的需求方主要是互联网内容提供商（ICP）和应用程序提供商（IAP），其对网络高速互联互通有着强烈的需求，因此，在此基础之上产生了互联网数据中心（IDC）。由于互联网基础中心是网络基础资源的一部分，因此中国电信和中国联通均涉及此项服务，并且在内容资源占有的市场份额中占据垄断性地位，中国电信占据 65% 的资源，中国联通占据 34% 的资源。利用在宽带产业中占据支配性的市场地位，中国电信和中国联通在接入服务市场中采取分类计价，并针对性地对其竞争企业采取价格歧视，如对竞争对手铁通等制定高价，阻碍其进入市场，而对其他的普通介入者降低价格，以争取拓展自己的用户量。

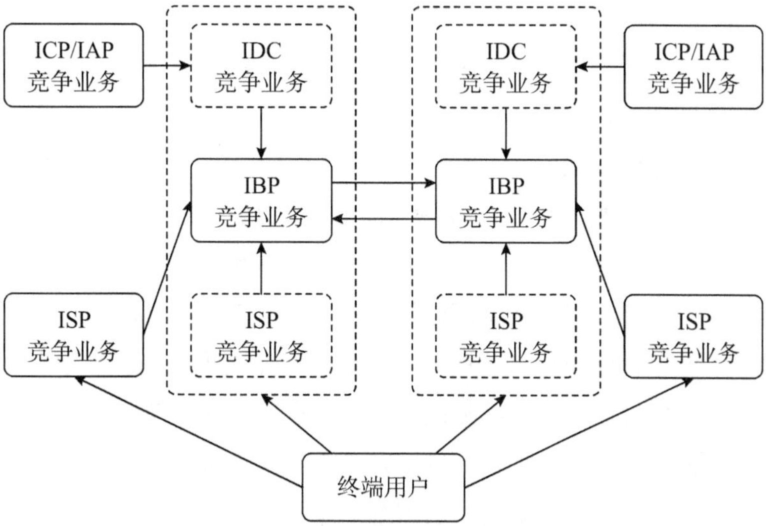

图 7　中国宽带网络产业垂直产业链的基本模式[①]

基于以上分析，在不同网络互联互通的同时必然会引起网间结算问题。中国电信和中国联通又因为其自身的地位和互联网交换中心的网间结算办法，拥有这种网间结算特权，其他运营商必须向电信和联通单项支付网间结算费用。因此，在网间结算领域，他们也实行差别定价，使其竞争对手支付远远超出正常范围的价格，在网络接入的第一步就设定限制，限制其他互联网数据中心服务商的发展。

在非价格策略方面，主要是对网络资源的开放获取设置限制，使网络之间的互联互通不畅通。根据工业和信息化部的数据统计，当时中国电信网与

① 杨琪：《宽带垄断垂直排斥与政府规制——以电信联通遭反垄断调查为分析背景》，载《中南财经政法大学研究生学报》2012 年第 1 期。

中国联通网之间的直连宽带为261.5G，仅占两公司拥有的1078G国际出口宽带的24.3%。从互联质量上看，两公司在2011年1月至9月骨干网络互联时延为87.7—131.3毫秒，丢包率为0.2%—1.9%，均不符合互联网骨干网络间互联网服务暂行规定时延不得高于85毫秒、丢包率不超过1%的要求。这都表明，中国电信和中国联通还未能实现充分的互联互通。这就导致在下游的互联网服务提供商和应用程序提供商要想给终端的用户提供高质量的服务就必须要既接入中国电信的骨干网络，又接入中国联通的骨干网络，也就意味着它要为自己的接入服务支付双倍的价格，从而增加了成本。增加的这部分成本又会以其他的方式被这些服务提供商和应用程序提供商间接转嫁给消费者，从而增加终端用户为其享受服务所支付的费用。

因此，中国电信和中国联通利用其所占有的市场支配地位，并且通过价格歧视或者价格挤压等方式滥用这种垄断性的地位，降低服务质量，限制市场中有效的竞争，此类行为严重违反了反垄断法的要求。这种利用垄断地位排挤竞争对手的做法，必将导致产业内竞争不足，很难产生技术上的创新和突破。而“网络中立”所提倡的保持互联网的自由和开放，让所有互联网用户都可以自由选择自己想要访问的内容、运行的应用、使用的设备以及相应的服务提供商，网络平等地传输数据，防止网络运营商从商业利益出发来控制传输数据的优先级正是适应了对这一现状的解读。虽然它的设立根据所处的经济政治背景有所不同，但也正印证了宽带网络市场的公平、自由、开放是“中立”的重要内容。

第二章
中立要求的扩展及反垄断规制

一、中立要求的扩展

网络中立的要求主要体现在互联网的骨干网络和接入网络的层面上。在前一章，我们探讨的传统的网络中立问题也主要是关注互联网接入的中立性。但事实上，随着对网络中立问题的展开，对中立的讨论也逐渐延伸到了更为广阔的领域。

目前，已经产生了一些更为新颖的中立要求。这些新的中立要求要求互联网经营者对待所有用户和平台应用程序是平等的、开放的，不应针对某些用户、应用程序进行封锁或者收费。有研究者（Jeffrey Jarosch）列举了三个重要的新型中立要求：搜索中立（Search Neutrality）、API 中立（API Neutrality）和在线市场中立（Online Marketplace Neutrality）。[①] 搜索中立问题主要涉及搜索引擎是否应当平等对待所有的搜索结果，应当采用何种公平合理的算法来排列这些搜索结果，而搜索引擎本身普遍被认为是一种典型的双边平台；API 中立中主要指网站和平台的应用程序编程接口，对 API 的中立要求，其实也就是在要求网站和平台对用户和接入者的开放和公平；而在线市场中立则关注的是，像手机这样的智能终端设备上的应用市场等是否应当

① Jeffrey Jarosch，“Novel ‘Neutrality’claims against internet platforms：a reasonable framework for initial scrutiny”，*59 Cleveland State Law Review*，506–509（2011）.

以中立的方式与内容供应商和客户互动。

正如前文所述，在当下的互联网竞争中，最为重要的一种形式就是平台竞争。这三种新的中立要求其实都与平台经营有很大的关联。在互联网和计算机领域存在着很多著名的大型平台，包括苹果、Facebook、微软、我国的BAT等。通过这些平台，用户获得的不是单一的产品或者少数产品而是一系列的产品。例如，Facebook不仅仅是一个社交网络网站，还是一个平台，用户可以在上面玩游戏、分享照片，还可以从事其他社交活动。很多的网站和服务都允许用户发布他们的活动到Facebook（或者Twitter）。淘宝网站也不仅仅是一个网上商城，它还利用这个交易空间向潜在的购买者推送广告，提供支付宝服务，甚至快递服务。不同的平台彼此连接交互，有时候人们很难将它们一一清楚地分割开来。

现实中，不同的平台的策略也不相同。在很多情况下，平台的运行与中立性原则并不一致。有些平台建立应用程序和使用服务平台时可以选择开放和中性；而有的平台却不希望特定的第三方使用，或者禁止用户通过平台获得某些产品或服务，以及限制平台之间的交互。有时候，平台希望给某些应用程序访问的权利，或是给予某些应用程序更优惠的条件，而不给予其他的应用程序。例如，使用iTunes屏幕上的应用程序，然后才允许他们访问iOS设备与iTunes的独家市场，并且把规定的条款作用于产品来把一些产品滤出iTunes的市场。对于平台的这些非中立做法，有人主张在更高级别的互联网平台上使用网络中立性原则；也有人提出根据反垄断法审查平台行为的歧视性。

互联网平台的经营活动并不像互联网接入服务那样，它们一般不具有基础设施的性质。有的平台是开放的，有的平台是封闭的。无论是一个开放的平台还是一个封闭的平台，其本质上对竞争而言都不是更有效的或更好的。有差别的对待有时候对竞争、竞争对手和消费者可能是最好的。开放或者关闭平台，是否会损害竞争的过程，需要具体情况具体分析。①

中立性主张一般要求平台更加开放，并且对于平台的潜在应用程序或者

---

① Jeffrey Jarosch，"Novel 'Neutrality'claims against internet platforms：a reasonable framework for initial scrutiny"，*59 Cleveland State Law Review*，541（2011）.

产品不加歧视，一视同仁。但是，一些相对封闭的平台往往会取得更好的效果，其精心设计的歧视（差别对待）可能是市场竞争成功的必要条件。一些研究者通过研究证明，一些知名的平台通过保持封闭才能达到理想的结果。有时候，一个创新和快速发展的平台可能希望对平台应用程序有更大的控制权，以确保应用程序与创新平台保持同步。而有时候，平台只控制一小部分产品进入，而不是让各个产品都无差别地进入平台来竞争，消费者会更放心——平台本身对平台的进入进行一定程度的挑选和筛查，可以为消费者节约搜索成本；而放任良莠不齐的产品在消费者面前相互竞争，也会让消费者头疼。现实中有很多这样的例子。例如，苹果的 iOS 系统是一个闭源的系统，而谷歌的安卓系统则是一个开源的系统，安装 iOS 系统的智能终端仅限于苹果允许的产品，但很多果粉认为这可以让其手机更安全，苹果公司仍然在智能终端市场上取得了巨大的成功。我们所熟知的淘宝网和京东商城也是一对可以比较的例子。淘宝网允许广泛的经营者在其系统上开店，而京东则只选择有限的品牌在京东商城经营。那些对产品质量有较高要求、不愿意花时间海淘的用户会更加倾向于选择京东。有时候，缺乏对平台的控制还可能导致经营的失败。例如，Atari 游戏系统允许各种游戏进入系统，但由于其中充斥了大量的低质量产品，最终导致了该系统的失败。这也进一步刺激了其他游戏系统对进入其系统的游戏产品质量的控制。

因此有人认为，如果平台的非开放和非中立有可能导致对市场的损害，那么往往就是因为平台经营者具有市场支配地位。有支配力量的平台排斥现有的应用制造商，或者提高了进入应用市场的门槛时，平台的封闭就会对竞争造成损害。当平台经营者不具有某个相关市场的支配地位时，平台的封闭性政策和歧视性政策只能导致将其拒绝的产品赶到其他平台上去。如果这些产品是受消费者欢迎的产品，那么封闭的平台就会在竞争中失去这一特定的优势，从而导致竞争对手更受欢迎。这对于消费者而言不会有什么损失，对市场秩序也无法造成不良影响。而当平台经营者拥有市场支配地位的时候，封闭的平台政策或者歧视性待遇就有可能产生不良后果。

由于平台竞争层面不具有基础性，是市场化的，则经营者是否中立，是否差别对待，更多地取决于经营者在市场中的自由意思，其难以像基础接入层那样接受特定管制立法的规范而更多地体现为市场竞争问题。下面我们从搜索中立、API 中立和在线市场中立这几个角度分别讨论反垄断法对中立或非歧视的要求。

二、搜索中立及反垄断规制

（一）“魏则西”事件引爆的搜索中立问题

2016 年“魏则西”事件之后，百度又一次被推上风口浪尖。在这一事件中，百度在互联网上所遭受到的最为严重的质疑和批评主要包括两个方面：第一，对百度垄断地位的抨击。有人认为在国内搜索市场上，百度一家独大，已成为最具统治力的搜索公司，[①]“百度控制着普通人接触信息时代的入口，却把路标指向邪恶欺骗的世界”[②]。第二，对竞价排名的抨击。通过更深层次的思考，有人指出根本的“恶”乃是竞价排名。[③]即使没有百度，还会有“千度”，只要竞价排名这种方式存在，就会出现类似的情况。[④]有人还在博客中把百度和谷歌进行了对比，认为谷歌的好就是“绝对不会操纵搜索排名，收钱把广告放到搜索结果中，并且从谷歌开始一直延续至今”[⑤]。事实上，从 2008 年著名的“人人诉百度”案到 2016 年“魏则西”事件，百度被反复“吊打”，围绕在百度身上的两大骂名一直主要是“垄断”和“竞价排名”，后者属于“非中立搜索”的一种类型。而在欧美国家，谷歌也面临着同样的难题，

---

① 秦川：《人民网评：别忽略魏则西之死背后的双重垄断》，载 http://opinion.people.com.cn/n1/2016/0502/c1003-28318763.html，最后访问日期为 2016 年 7 月 2 日。

② 普滤佳：《青年魏则西之死》，载 http://mt.sohu.com/20160501/n447135487.shtml，最后访问日期为 2016 年 7 月 2 日。

③ 参见《魏则西走了，只剩下还活着的百度竞价排名》，载 http://www.cb.com.cn/companies/2016_0502/1164337.html，最后访问日期为 2016 年 7 月 2 日。

④ 参见《百度竞价排名不除还会有更多的“魏则西”》，载 http://www.sohu.com/a/73386053_278614，最后访问日期为 2016 年 7 月 2 日。

⑤ 参见《就魏则西百度推广事件说几句》，载 http://blog.sina.com.cn/s/blog_6bbf8d3c0102wh2f.html，最后访问日期为 2016 年 7 月 2 日。

被指责因为垄断地位而提供非中立的搜索结果使谷歌遭受了一拨又一拨的反垄断调查和诉讼。搜索引擎的垄断性和中立性问题彼此交织、相互影响。我们将从搜索中立问题出发，探讨对该问题的法律规制，主要是反垄断规制。

搜索引擎的竞价排名与“搜索中立”概念有密切的联系。搜索中立（Search Nuetrolality）可以视为在网络中立（Net Nuetrolality）[①]原则基础上发展出来的在搜索领域对于中立性的要求。学术界对搜索中立问题讨论热烈，虽然总的来说，搜索中立尚未形成通说，但其核心思想是互联网搜索引擎不应当对相关网站在搜索结果上有自己偏好的内容，而应采用“中立”的搜索算法来根据一些适当的“客观”的优劣来决定搜索的结果排名；[②]或者说搜索结果的排列顺序应当仅仅以相关性为基础，而不应当以搜索引擎所有者的个人利益为基础。[③]按照竞价来排列搜索结果的顺序，显然是一种非中立的搜索。

“搜索中立”从起源上看本来是一个独立的问题，但在具体的案件中，往往与反垄断问题联系在一起；或者说对搜索中立的讨论往往和有市场力量的“大”搜索引擎联系在一起。例如，在中国被反复“吊打”的是百度，而欧美关于搜索中立的争议则主要指向谷歌。谷歌除了在中国、俄罗斯等少数国家外，在世界上大多数国家都占有三分之二以上，甚至90%以上的市场份额。[④]

---

① 网络中立的观点主要是主张互联网作为一种传递信息和字节的载体，应当和高速公路一样，是中立的；互联网用户有权访问任何网络信息和使用应用程序，而不受到限制；电信运营商不得歧视和打压网络终端的内容、设备或服务，要向他们提供一视同仁的接入服务，以便使消费者能够以同等的方式访问和使用他们。而政府有责任强制实行网络中立政策，任何歧视或垄断行为都应当受到处罚。参见胡凌：《“网络中立”在美国》，载《网络法律评论》2009年第00期。

② Crane and Daniel A，“Search Neutrality as an Antitrust Principle”，*5 Geo. Mason L. Rev.*，1199（2012）.

③ Andrea Renda，“Searching for harm or harming search? A look at the European Commission's antitrust investigation against Google”，*118 CEPS Special Report*，15（2015）.

④ IDC评述网：《9月全球搜索引擎市场份额：7个版本Google上榜》，载http: //www.idcps.com/news/20151010/87143.html，最后访问日期为2016年5月2日。

而谷歌也长期以此来标榜自己的中立性。[①]除了谷歌之外的小搜索引擎的“非中立”问题，并未让人们有太深的感触。但近年来，谷歌也逐渐放弃了其中立的立场，这引起了公众的广泛关注，也引起了对谷歌的反垄断调查和诉讼，以及对“搜索中立”问题的关注。对搜索引擎是否必须提供“中立”的搜索结果，而不应当进行竞价排名或者提供其他有“偏好”的排名结果，在学术领域中展开了激烈的争论，并形成了两派对立的观点；而在审判实务领域，美国和欧盟也出现了一定的分歧。[②]

综合国内外对搜索引擎的垄断和中立问题的各种讨论和研究，对搜索中立、竞价排名等问题的理解可以分解为两个层次：第一，搜索引擎是否应当遵循中立原则。出于网络效应等原因，搜索引擎市场往往出现“一家独大”的情形，因此，更需要关注的是，具有市场力量的“大”搜索引擎是否必须遵循中立原则，也即搜索中立是否能够成为一项反垄断原则。第二，如果具有市场力量的搜索引擎不必完全遵循中立原则，则需要进一步讨论，在何种制度约束和条件下，搜索引擎可以非中立地排列搜索结果。

（二）关于“搜索中立”的理论争议和制度反应

目前，在我国国内的学术研究中，还少有文献直接从理论上对搜索中立问题进行探讨。但是在欧美国家中，对于搜索中立的理论探讨已经形成了具有针对性的意见，这些关于搜索中立的理论研究，主要以谷歌为对象进行归纳和抽象。

从理论上看，赞成“搜索中立”的观点主要包括以下几个方面：（1）强

---

① 2004年谷歌首次公开募股（IPO）时公开称自己是中立、客观的，独立于经济因素，排名不受付款影响。参见 Google Inc.：“Final Prospecctus”，Filed pursuant to Rule 424（b）(4)，Registration No. 333-114984，载https：//www.sec.gov/Archives/edgar/data/1288776/000119312504143377/d424b4.htm，最后访问日期为2016年5月2日。

② 在美国对谷歌的调查案中，FTC最终明确拒绝将搜索中立作为一项反垄断原则来进行考虑；而欧盟则显得更加倾向于将搜索中立作为一项反垄断要求。See Daniel A. Crane，“After Search Neutrality：Drawing Aline Between Promotion and Demotion”，*3 A Journal of Law and Policy for the Information Society Winter*，401-405（2014）.

大的搜索引擎会构成一个“基础设施”（Essential Facility），对消费者进入网站形成瓶颈，因此其对搜索结果的影响能够排除新的进入和竞争对手。[①]因此，“搜索中立”应当成为一项反垄断原则。（2）搜索引擎（如谷歌）可以通过非中立的搜索提高对手的成本来扭曲竞争，即利用自己的搜索引擎形成对自己相关产品的有利地位。通过将搜索流量吸引到自己的产品，歧视竞争对手，迫使他们寻找更昂贵的销售渠道。一些调查表明，搜索引擎的所有者会系统、自然地将结果倾向于自己的产品，将竞争对手阻碍在关键词之外。[②]（3）搜索引擎的算法形成了“暗室”效应，消费者既不知道算法本身也不知道搜索结果是否被调整过，这使得搜索引擎因信息不对称而具有力量，因此政府权力机关应当对这种不当行为进行监管。[③]（4）搜索中立有利于促进媒体的多元化和表达自由。如果允许搜索引擎过滤掉其不喜欢的内容和其他独立的表达，就会限制网络的多元化从而对最终用户不利。[④]

但另一方面，反对搜索中立的声音也很强大，其主要观点如下：

第一，学者们指出，很难判断什么是中立，也无法就判断搜索中立而提出具有可操作性的标准。所谓的搜索中立，要求搜索引擎对于搜索结果没有任何特别的偏好。但“搜索中立”本身包含了对搜索结果的一种中立和正确的要求，以及对这样的一种结果排序的偏好。[⑤]在信息时代，与某种搜索要求相关的结果成千上万，这些结果必然要通过搜索引擎形成一种排序，而搜索结果页面的显示程度是有限的，这必然形成一种稀缺资源。“从技术的角

---

① Frank Pasquale, “Dominant Search Engines: An Essential Cultural & Political Facility”（January 15, 2011）, in Berin Szoka, Adam Marcus（eds）, The Next Digital Decade: Essays on the Future of the Internet, Washington, D.C.: TechFreedom, 2010, pp.401-402.

② Geoffrey A. Manne and Joshua D. Wright, “If Search Neutrality is the Answer, What's the Question?”, *14 COLUM. BUS. L. REV.*, 159（2012）.

③ Id, 161.

④ Andrea Renda, “Searching for harm or harming search? A look at the European Commission's antitrust investigation against Google”, *118 CEPS Special Report*, 18（2015）.

⑤ Geoffrey A. Manne and Joshua D. Wright, “If Search Neutrality is the Answer, What's the Question?”, *14 COLUM. BUS. L. REV.*, 155（2012）.

度看，谷歌只能显示部分结果，而且必然有第一和第二的排序。”[①] 搜索中立的支持者要求排序应当以搜索结果的相关性为基础，但由于每个用户查询的内容不同，“相关性”是一个圆滑而主观的概念，并没有先验的方法可以界定。[②] 而且，搜索引擎应当区分对用户有用的内容和垃圾日志、链接农场（link farm）等无价值的内容，这本身就意味着一种评价。一些学者试图从搜索中立的反面——“搜索偏见”（Bias）——的角度来描述“搜索中立”，即无“偏见”的搜索结果就是中立的。但什么是有偏见的搜索，学术界也没有形成一致的意见。有学者指出，搜索偏见是一种编辑政策，通过这种编辑无法形成全面、公平和具有相关性的搜索排名；[③] 有人认为如果搜索结果对搜索引擎的所有者有利的话，这就是一种偏见；也有人认为任何对搜索结果所进行的“操作和调整”都是一种偏见。[④]

第二，有学者指出，从技术上看，带有偏见的搜索在互联网时代是难以避免的。例如，各个网站都想在谷歌上被排列到前面，所以各个网站都就相关主题和内容从其他网站上不断地进行复制和抄袭，从而努力达到“搜索引擎最优化”。这本身就使得谷歌的排序变得不纯粹。谷歌即使坚持中立，其搜索结果的中立性也已经因此扭曲而无效。[⑤]

第三，有偏见才能有意见，才能有创新，例如，像谷歌炸弹一类的用户生成操作，就是用户把不喜欢的网页和一些幽默讽刺的关键词连接起来，这

① Id，155-156.

② Id，163.

③ Id，165.

④ Oren Bracha and Frank Pasquale，“Federal Search Commission - Access，Fairness，and Accountability in the Law of Search”，*93 Cornell L. Rev.*，1167（2008）.

⑤ Andrea Renda，“Searching for harm or harming search? A look at the European Commission's antitrust investigation against Google”，*118 CEPS Special Report*，17（2015）. 搜索引擎用来爬行和访问页面的程序 Spider 或者 Rob 会对网页链接进行爬行并根据“深度优先”或者“广度优先”的原则进行抓取排序，这不可避免地会将具有大量复制抄袭的网页抓入其中。对于这一问题，搜索引擎也一直在改善算法，甄别并抵抗复制和抄袭的内容。现在，搜索引擎的 Spider 或者 Rob 遇到在权重很低的网站上大量转载或抄袭内容时，很可能不再继续爬行，从而不再抓取载有大量复制抄袭内容的网站。在我国“人人诉百度”案和欧盟 Foundem 诉 Google 的反垄断案中，搜索引擎对其降级的网站都有类似的抗辩。

就是一种创新。搜索结果可以通过创新的方式来提供。搜索结果的形式可以是创新的，既可以是文本形式，也可以是地图、旅游信息、产品页面、书籍和社交媒体等。搜索结果的排列顺序也可以是多样的，禁止搜索引擎提供自己的产品就等于是禁止搜索引擎提供自己的搜索结果。[①]禁止搜索引擎提供按不同方法排序的搜索结果，也就是抑制了创新。

第四，仅仅依据相关性来排列搜索结果，并不见得能够充分满足最终用户的需求。对于那些小众的用户，他们想要的搜索结果是很难通过相关性的排序来满足的。但是，如果搜索引擎改变排序方式，如根据用户的选择历史、用户的偏好等数据记录来安排搜索结果的排序，则更能向用户提供一个有趣和多样化的搜索结果，即更加能够满足“长尾理论”[②]中提出的小众需求。[③]

第五，搜索结果属于观点表达，搜索算法属于产品设计。搜索结果作为一种观点表达，受到宪法第一修正案言论自由的保护。[④]而搜索算法则是形成这种观点表达的设计。长期以来法院和反垄断执法者都不太愿意用反垄断法来审查产品的设计，尤其是互联网搜索这样的高度动态市场。正如地方巡回法院在微软案中指出：“反垄断学者一直不愿意让法院审查产品设计，任何阻碍技术创新的行为与反垄断法相悖。”[⑤]

第六，平台经营模式的兴起。平台经营模式的基本特征是在不同的客户群体或者不同的产品之间进行交叉补贴。[⑥]很多搜索引擎都通过竞价排名来

---

① Geoffrey A. Manne and Joshua D. Wright，“If Search Neutrality is the Answer，What's the Question?”，*14 COLUM. BUS. L. REV.*，162（2012）.

② “长尾（效应）”指在数字产业中，那些在传统产业不受重视的销量小但种类多的产品或服务，由于总量巨大，其累积起来的总收益可观的现象。参见［美］克里斯·安德森：《长尾理论》，中信出版社 2006 年版，第 7—14 页。

③ Andrea Renda，“Searching for harm or harming search? A look at the European Commission's antitrust investigation against Google”，*118 CEPS Special Report*，18（2015）.

④ See Search King，Inc. v. Google Tech.，Inc.，No. CIV-02-1457-M，2003 U.S. Dist. LEXIS 27193.

⑤ Daniel A. Crane，“Search Neutrality and Referral Dominance”，*3 Journal of Competition Law and Economics*，401-402（2012）.

⑥ 张江莉：《互联网平台竞争与反垄断规制——以 3Q 反垄断诉讼为视角》，载《中外法学》2015 年第 1 期。

从广告市场、从企业手中获取利润以补贴搜索市场及其用户。搜索引擎必须要寻找一个合适的商业模式来维系其存在并在竞争中立于不败之地，通过平台的模式进行经营无法避免。当搜索引擎平台发展出新的补足产品时，搜索引擎自然有动机将流量引向自己的补足产品。

第七，即使是最具实力的搜索引擎，也无法构成一个“基础设施”，即谷歌在向各个网站引荐流量的活动中并不占有支配地位。有研究表明，引荐服务包括新闻、在线和非在线的各种广告服务等，谷歌的资源引荐服务只占有其中的一小部分。① 用户可以通过多种途径——如通过 Facebook 链接到其他网站、预订、应用或者全球定位——而不是通过普遍搜索来查找互联网服务。这意味着谷歌不具有扭曲互联网服务竞争的力量。②

这些在理论上的争议反映在如何对搜索引擎进行法律规制的观点上也有所不同。对于法律是否应当要求搜索引擎遵守“中立”原则的问题，学者们的观点主要包括：(1)“搜索中立”应当是一个独立的管制原则，即所有的搜索引擎，无论是否具有市场支配地位，都应当对其进行直接监管，要求其遵守“中立”原则，因此应当建立一个“搜索中立委员会”来确保搜索引擎遵守“中立”。③(2)“搜索中立”应当是一个反垄断原则，即对于具有市场支配地位的搜索引擎如谷歌，应当要求其遵守“中立”原则。④(3)以上对搜索引擎的“中立”要求都过于宽泛。一个广泛的搜索中立原则会给互联网搜索的有机发展带来严重威胁。“搜索中立”不应当是一个反垄断原则，但是这并不意味着反垄断法对非中立的搜索没有约束。在满足了特定的条件时，非

---

① Daniel A. Crane, “Search Neutrality and Referral Dominance”, *3 Journal of Competition Law and Economics*, 459-460, 464-465 (2012).

② Daniel A. Crane: “Market Power Without Market Definition”, *1 Notre Dame L. Rev.*, 74-75 (2014).

③ Oren Bracha and Frank Pasquale, “Federal Search Commission - Access, Fairness, and Accountability in the Law of Search”, *93 Cornell L. Rev.*, 1206-1209 (2008).

④ “The Power of Google: Serving Consumers or Threatening Competition?”: Hearing Before the Subcommittee. Competition Policy and Consumer Rights of the Committee on the Judicial United States Senate, Serial No. J-112-43, Sep. 21, 2011, p.2.

中立的搜索会触犯反垄断法。[①]

在现实中，尚未有国家专门就“搜索中立”而建立起类似“搜索中立委员会”这样独立、直接的监管体系，因为无论是“网络中立”还是“搜索中立”，在理论上都还面临着激烈的争议。而“搜索中立”似乎也并没有真正成为一个反垄断原则，因为在关于谷歌现有的反垄断调查和诉讼中，法院和反垄断执法机构并没有因为谷歌占有市场支配地位就直接要求其遵循“中立”的要求。

（三）被“吊打”的谷歌和百度

据统计，在全球重要的经济区域中，总有一个搜索引擎占有 60% 以上的市场份额[②]。谷歌在全球最大的 25 个经济领域中的 21 个当中具有支配地位，其使用份额从最低的 65% 到最高的美国接近 100%。但如果谷歌在市场上不占主导，总有另一家搜索引擎占主导。在俄罗斯、中国和韩国，其本土的搜索引擎（如俄罗斯的 Yandex、中国的百度、韩国的 Naver）占有市场 60%—70% 甚至更多的份额；Yahoo! 在日本占有大约 60% 的份额。搜索引擎使用领域似乎具有一种“自然垄断”的特性，总有一个具有“支配地位”的企业在运作。[③] 这些搜索引擎也正是各国理论界、实务界和社会公众反复讨论、争议和“吊打”的对象。本部分介绍谷歌和百度对“搜索中立”的态度和相关的反垄断诉讼。

1. 谷歌的“非中立”转型与反垄断诉讼

（1）谷歌的“中立”时期

谷歌搜索引擎于 1998 年底推出时，其核心是 PageRank 系统。其发明者拉里受到科研领域引证率的启发，按照受搜索者的欢迎程度来排列搜索结果。PageRank 的构想就是“让网络发言者投票选出最受欢迎的网站”[④]，可以说这

---

① Daniel A. Crane，“Search Neutrality as an Antitrust Principle”，*5 Geo. Mason L. Rev.*，1207-1209（2012）.

② 这里的“市场”与反垄断法上的“相关市场”不一定完全重合。

③ Daniel A. Crane：“Market Power Without Market Definition”，*1 Notre Dame L. Rev.*，73（2014）.

④ ［美］勃兰特：《谷歌小子》，谭永乐译，中信出版社 2010 年版，第 25—26 页、第 60 页。

是一种“中立”或者“自然”（Organic）的搜索结果。谷歌获得投资成立公司以后，一直主张“行善举”重于“短期收益”的公司文化，同时也认为用户需求和产品质量更为重要，因而拒绝付费收录，即将广告偷偷塞入搜索结果来挣钱。谷歌认为付费收录乃是“作恶”——欺骗用户进来点击广告而给公司带来收入，但用户却以为那是纯粹的搜索结果。[①]

然而一项技术发明、一项投资必须要有相应的商业模式才能存续下去，在互联网时代，搜索引擎的发展必然无法与广告脱钩，因为搜索服务是免费服务，必须从另一项服务或者另一个用户群体收费，才能实现“免费模式”的平衡维系。[②]2000 年前后，各个搜索引擎的盈利模式都主要依靠广告；或者是像 Yahoo! 那样，将搜索引擎放在门户网站中，通过门户网站向用户推送广告；或者是在搜索引擎页面植入大量广告；或者是对搜索结果实行付费收录。这些模式谷歌都不愿意使用，认为付费收录是“作恶”，而植入太多广告则会降低搜索速度。因此，在 2000 年前后，谷歌的商业收入主要有两种方式：一是在搜索引擎页面出现有限数量的广告，并且每条广告都限制在几行字以内，不做过多渲染；二是向其他公司授权使用技术，例如，让美国在线使用谷歌搜索引擎，并改进美国在线自身广告系统。这两种方式都没有对搜索结果的中立性和自然性产生任何影响。[③]

谷歌对广告有一种“双赢”的构想，即广告必须是有益的，而不能惹人讨厌，“要发布对用户真正有用的广告，同时不能影响我们网站的速度。这样就不会把网民推出我们的网站，但我们还是要有些赚头”。基于这样的观念，谷歌在 Overture（当时的 Goto.com）的“在线黄页”构想基础上发展出了竞价排名的 Adwords 程序。在这之前，各个搜索引擎的“付费收录”模式并非竞拍型的，即设定一个经广告代理商固定的预先定价，然后再投放广告。2002 年投入使用的 Adwords 基本是创立了一个独立的搜索引擎，在谷歌自然

① ［美］勃兰特：《谷歌小子》，谭永乐译，中信出版社 2010 年版，第 38 页、第 63—77 页。

② ［美］克里斯·安德森：《免费：商业的未来》，蒋旭峰、冯斌、璩静译，中信出版社 2009 年版，第 23—30 页。

③ ［美］勃兰特：《谷歌小子》，谭永乐译，中信出版社 2010 年版，第 63—77 页。

搜索结果的右面，根据用户输入的关键词，将用户带到广告客户的网页上去。2003 年，谷歌推出了另一个广告系统 AdSense。[①]AdSense 被称为一种上下文广告（Contextual advertising），是一种广告中介的定位技术，根据网络使用者在网上查阅的内容，有针对性地向其推送广告。[②] 例如，用户在网上多次搜索“华盛顿”和“比萨饼”，谷歌就会向用户推送“华盛顿的比萨饼”广告。这些广告出现在与谷歌合作的第三方网站（如在线零售、电信运营商和新闻网站等）上，如果用户点击了该广告，谷歌和第三方网站都会收到佣金。[③]这两个系统的广告从形式上均独立于排名结果，没有影响到谷歌搜索结果的中立性，因此，谷歌一直被认为是中立搜索的典范，并在全球各国取得了巨大的成功。

（2）谷歌的非中立转型

在保持了多年的“中立”立场，饱受赞誉之后，谷歌近年来也逐渐开始转型，走向了非中立之路。这不仅引起了广大用户的不满和竞争者的攻击，也给谷歌带来了反垄断诉讼。谷歌向非中立方向转型的表现主要有两个。

一是广告搜索结果的左移。谷歌的 Adwords 广告最初是放在搜索结果页面右侧，但后来，广告搜索结果逐渐移到左侧，即自然搜索（Organic Search）结果部分，置于其上方，并且数量逐渐增多。到 2016 年 2 月，自然搜索结果顶部的广告数量上限调整为 4 个，右侧不再有专门的广告栏，但自然搜索结果底部的广告不受影响。每个广告搜索结果用黄底白字明示为“广告”并包括一些扩展内容，包括网站链接、评价 / 评论和消费者评级等。[④] 这样做的原因是更能吸引用户关注，广告效果更好。2013 年 Bunnyfoot 作出调

---

① ［美］勃兰特:《谷歌小子》，谭永乐译，中信出版社 2010 年版，第 80—88 页。

② Statement of FEDERAL TRADE COMMISSION：“Concerning Google/DoubleClick” FTC File No. 071-0170.

③ European Commission - Press release：“Antitrust：Commission takes further steps in investigations alleging Google's comparison shopping and advertising-related practices breach EU rules”，http：//europa.eu/rapid/press-release_IP-16-2532_en.htm（Last visited on July 25，2016）.

④ Updates on Google’s 4 AdWords Ads & No Sidebar Ads Change，http：//www.thesempost.com/updates-on-googles-4-adwords-ads-no-sidebar-ads-change/（Last visited on May 12，2016）.

研指出，有41%的互联网用户无法区分谷歌的自然搜索结果和付费广告；到了2014年，测试表明36%的人仍然没有意识到谷歌的Adwords是广告，此外，尽管广告搜索结果前有明显的黄色标记和说明，仍有大约四分之一的人根本不知道谷歌是有广告的。①

二是搜索信息集成化和搜索业务平台化后，谷歌在搜索结果中对自己旗下产品的优先排序。从搜索引擎传统的模式看，相关的互联网包括两个部分——网站和搜索引擎。搜索引擎并不提供最终的信息，而只是提供接触到信息的路径或者中间信息。而现在，最终信息集成化和搜索引擎平台入口化成为当下搜索引擎发展的新趋势。

信息集成化，指搜索不再是仅仅关注文件的抽取或者是网站的链接，而是开始直接回答问题，向用户提供最终信息。例如，用“列车时刻表”作为关键词进行搜索，在百度上显示的除了引向载有列车时刻表的网站的链接之外，也能够直接在百度搜索结果的页面上查询列车时刻表或者在线订票；用“Walmart”在谷歌上搜索，搜索结果中会直接出现该超市的地图和路线、电话等具体信息。这不仅意味着搜索结果交给对方的不仅仅是链接，还有直接结果；同时，在综合搜索的结果中还并入了垂直搜索。②而平台入口化，指谷歌越来越注重将自己打造成一个平台入口，从而使得访问者可以通过谷歌搜索引擎进入谷歌旗下的其他产品。为了吸引数量更多的客户群体，谷歌不断地通过提升搜索引擎的补足产品来寻求平台整体的竞争优势。例如，谷歌在

① Bunnyfoot：40% of Customers Don’t Know that Google Adwords are Adverts，http：//www.bunnyfoot.com/blog/2013/02/40-of-customers-dont-know-that-google-adwords-are-adverts/（Last visited on May 12，2016）；Graham Charlton：36% of people still don’t realise that Google Adwords are ads，https：//econsultancy.com/blog/64808-36-of-people-still-don-t-realise-that-google-adwords-are-ads/（Last visited on May 12，2016）.

② 综合搜索引擎是相对于垂直搜索引擎而定义的，用户可以通过在检索栏中输入检索词来检索几乎任何类型、任何主题的资源。而垂直搜索引擎，也被称为专业或专用搜索引擎，指专为查询特定主题的信息而产生的查询工具，如找工作搜索、旅游搜索、导航搜索、视频搜索、购物比价搜索等。参见刘畅：《综合搜索引擎与垂直搜索引擎的比较研究》，载《情报科学》2007年第1期。在传统上，综合搜索和垂直搜索存在较为明显的差别；而现在，综合搜索引擎和垂直搜索引擎在互联网平台化经营的浪潮中也开始逐渐整合。

页面上加载 Gmail、日历、谷歌账户、汽车导航等多种补足产品；谷歌还收购了摩托罗拉、YouTube，建立社交网站 Google+ 及餐厅评论网站 Zagat 等。平台竞争的结果使得搜索引擎必然要发展成为平台系列产品的入口，即通过搜索引擎将客户的注意力吸引到平台的产品组中去。这样，当通过搜索引擎的综合搜索功能进行搜索的时候，搜索结果往往会优先向用户推荐搜索引擎公司旗下的垂直搜索或网站，甚至直接显示其旗下垂直搜索的结果。例如，在谷歌上搜索视频，其搜索结果中首推 YouTube 上的视频；而上述“Walmart”搜索结果正体现了从谷歌综合搜索直接获得其谷歌地图查询结果这一跨越。

（3）因偏离中立而引起的反垄断调查和诉讼

由于谷歌逐渐偏离自然搜索而走向有偏见的搜索（Bias Search），谷歌在美国接受了 FTC 的调查，而在欧盟成员国被提起反垄断诉讼并引发了欧盟委员会的调查。

2011 年 FTC 开始调查谷歌，是因为谷歌利用其综合搜索，在搜索结果中优先推送其自身的垂直搜索网站或其结果而导致的。[①] 例如，在谷歌上进行购物搜索，谷歌则会优先推送其比价搜索网站，这使得其他直接经营比价搜索的垂直搜索引擎的排名下降，导致了他们的损失。FTC 经过调查，认为谷歌的这种变化并不违背反垄断法，其主要理由是：首先，谷歌没有反竞争的意图，其改变搜索结果排列算法的主要目的是提高搜索结果的质量，如让用户更清晰、更快捷地获得想要的结果，而不是排除竞争者或者压制竞争；其次，从客观效果上讲，FTC 认为谷歌的确改进了搜索结果服务，提高了效率，增加了搜索结果首页的多样性；最后，FTC 承认一些与谷歌有竞争关系的垂直搜索网站不同程度地遭到了降级，但这是搜索算法提升无法避免的副产品。[②]

除了在美国受到 FTC 调查，谷歌在欧盟成员国也被提起反垄断诉讼并受到欧盟委员会调查。在 2015 年底英国最高法院裁决的 Streetmap 诉 Google 一

① Statement of the Federal Trade Commission：“Regarding Google's Search Practices In the Matter of Google Inc.”，*FTC File Number 111-0163*，January 3，2013.

② Id.

案中，法院得出了与 FTC 相近的结论，即谷歌在搜索结果中优先推送微缩的谷歌地图，导致 Streetmap 流量损失的行为属于改进产品质量的客观正当行为。[①]但是，Foundem 诉 Google 的案件和相伴而来的欧盟委员会的调查显得并不乐观。尽管这一拨诉讼和调查尚无最终定论，但从欧盟委员会的初步意见来看，谷歌在综合搜索结果中凸显优化其自身的比价网站乃是滥用市场支配地位，不适当地将流量从其竞争对手那里转移到自己的专门搜索服务。[②]

2. 百度及反垄断诉讼

（1）百度的“非中立”历史

与谷歌的发展过程不同，百度从一开始选择的就是通过竞价排名获取广告收益补贴免费“信息检索服务”的商业模式。2000 年 1 月，百度公司在北京正式成立，第二年推出了自己的独立的搜索引擎网站，并采用“竞价排名”的商业模式。2002 年 10 月，百度竞价排名业务全国代理商大会召开。同年 12 月，中国移动、康佳、联想、可口可乐等知名企业与百度签约，成为百度竞价排名客户。2003 年 6 月，根据美国第三方权威统计机构 Alexa 统计，百度已经成为全球最大的中文搜索引擎，并依次开始推出图片、新闻两大技术化搜索引擎、“百度贴吧”、“百度知道”等补足品。[③]2006 年 6 月，百度竞价排名规则进行调整，“智能起价”系统正式上线。同年 9 月，百度竞价排名全面推出智能排名功能，以“综合排名指数”作为排名的标准。2008 年 12 月 18 日，百度上海研发中心挂牌成立，同时，百度宣布实施“阿拉丁平台计划”。2009 年 12 月 1 日，百度全面启用搜索营销专业版，即“凤巢系统”。[④]

同谷歌的态度相比，百度自身对“中立”的态度和宣传可以说是反向的。

---

① Streetmap.EU Limited v. Google Inc.，Google Ireland Limited and Google UK Limited［2016］EWHC 253（Ch）.

② European Commission MEMO/13/383（Brussels，25 April 2013）.

③ 梁诚主编：《Google 与百度：全球两大搜索巨头的技术创新和盈利策略》，中国经济出版社 2007 年版，第 39—241 页。

④ 参见《百度百科词条“百度大事记”》，载 http：//baike.baidu.com/link?url=j5I-9oLLVlIzAKc_UJVsOzMnsQKAyfpwX28VyPU-jjocTOHcPVEy1Mdh3Uo8-WIJbeAuQoGEETb2n75ToPGAX_#7_16，最后访问日期为 2016 年 6 月 10 日。

百度最初对自身的商业排名系统保持沉默，在与谷歌共存、竞争的时期里，公众对搜索引擎的印象受到谷歌的影响，因而少有人知道百度的搜索排名是商业性质的。这从2010年前后关于“人人诉百度”等案件和央视等媒体对百度竞价排名进行曝光所产生的影响就可以看出。[①]2012年底，中国互联网络信息中心（CNNIC）发布的《2012年中国搜索引擎市场研究报告》仍指出，我国一半以上的搜索用户并不知道哪些信息是广告，仅有32%的用户明确表示能分辨广告，9.6%的用户能分辨部分广告。[②]而随着百度的竞价排名被负面曝光，百度为了挽回声誉，开始尽量将搜索排序问题向“中立”方向宣传，其核心观点是随着搜索算法的改进，如声称使用“凤巢系统”替代原来的竞价排名，其排名方式不再“以价格为主”。广告主在使用“凤巢系统”投放广告时需要键入更复杂的参数，包括不同专业性和数量的关键词、投放地域、时间段以及采用不同侧重的标题描述等，比之前主要设置价格和概况要更为精确。[③]百度公司的法律顾问还公开表示，“百度推广”同“自然搜索”形式相同，技术上也接近，二者结果在本质上一致。[④]百度一直坚持其“推广服务”不是“广告”。[⑤]

（2）百度的反垄断诉讼

在我国，百度涉及的反垄断诉讼是2009年到2010年审理的“人人诉百度”一案。[⑥]原告唐山人人公司是一家从事医药信息咨询服务的公司。人人公司

---

① 参见北京市第一中级人民法院（2009）中民初字第845号判决书；北京市高级人民法院（2010）高民终字第489号判决书；2008年11月央视新闻30分：《记者调查：虚假信息借网传播　百度竞价排名遭质疑》《记者调查：搜索引擎竞价排名能否让人公平获取信息》节目；“三鹿奶粉事件”，载http://tech.163.com/08/0915/10/4LSH6KSA000915BD.html，最后访问日期为2016年7月2日。

② 中国互联网络信息中心（CNNIC）：《2012年中国搜索引擎市场研究报告》，载http://www.cnnic.cn/hlwfzyj/hlwxzbg/ssbg/201312/P020131225340690420576.pdf，最后访问日期为2016年6月10日。

③ 卢薇：《百度启用“凤巢”取代竞价排名》，载《四川日报》2009年12月3日第11版。

④ 李帅：《论竞价排名的非广告属性》，载http://www.zhichanli.com/article/23906，最后访问日期为2016年5月10日。

⑤ 参见“人人诉百度”案等案件中百度关于自己为“免费服务”，不具有“相关市场”的主张。参见（2010）高民终字第489号判决书等。

⑥ 参见北京市第一中级人民法院（2009）中民初字第845号判决书，北京市高级人民法院（2010）高民终字第489号判决书。

称，由于其降低了对百度搜索竞价排名的投入，被告百度公司即对其所经营的“全民医药网”在自然排名结果中进行了全面屏蔽，从而导致了全民医药网访问量的大幅度降低。人人公司主张百度在中国搜索引擎上占有市场支配地位，对其网站进行屏蔽的行为，违反了我国《反垄断法》的规定，构成滥用市场支配地位强迫其进行竞价排名交易的行为。而百度公司则辩称，其确实对原告人人公司所拥有的全民医药网采取了减少收录的措施，实施该措施的原因是人人公司的网站设置了大量垃圾外链，搜索引擎自动对其进行了作弊处罚。但是，该项处罚措施针对的仅仅是百度搜索中的自然排名结果，与原告人人公司所称的竞价排名的投入毫无关系。

在本案的审理过程中，其实并没有涉及对“搜索中立”的任何探讨。法庭上关注的主要问题仍然是依照传统反垄断法关于“滥用市场支配地位”行为分析的三步曲：第一步，相关市场是什么；第二步，百度是否具有市场支配地位；第三步，百度是否滥用，即不合理使用了其市场支配地位。

案件两审的结果是百度大获全胜：首先，法院认为“搜索引擎服务本质上属于互联网信息检索、定位服务，鉴于目前尚不存在形成需求替代关系的相关服务，因此‘搜索引擎服务’构成本案的相关服务市场”。其次，法院认为在这个相关市场上，原告未能证明百度具有市场支配地位。最后，法院认可了百度的抗辩，即其屏蔽原告人人公司的网页之行为具有正当理由，百度采用了统一的、公开的反作弊机制，对原告网站的“垃圾外链”进行识别并对其进行了“减少收录数量”的处罚措施。

此案之后，尽管百度在各类事件中受到各种批评，但再无相关反垄断诉讼案发生。公众对百度“垄断”和“竞价排名”的批判停留在口诛笔伐阶段。

（四）对搜索“偏见”的反垄断规制

如上所述，综合考察关于“搜索中立”的理论观点和国内外支配性搜索引擎的反垄断案件，我们可以发现，对搜索引擎的“中立”要求主要体现在对一个国家或地区占主导地位的搜索引擎本身。要求所有的搜索引擎遵守“中立”显得不科学、不现实；退一步而言，要求支配性搜索引擎遵守“中立”、放弃其商业排名也不符合企业发展的需要。但这并不意味着反垄断法对此问题毫无要求和约束。从“搜索中立”的角度来讲，即使反垄断法无法要求支配性搜索引擎必须提供“中立”的搜索结果，其施行“非中立”或者有“偏见”的活动也应当遵守一定的准则，否则其将面临反垄断处罚的风险。除了赤裸裸地利用搜索引擎来限制竞争的行为，判断搜索引擎是否违反反垄断法的时候需要特别注意以下问题：

1. 搜索引擎的相关市场和支配地位

首先要探讨的问题是，搜索引擎在何种意义上是垄断的，或者说是具有支配地位的。各种调查多次提到搜索引擎的市场份额或者指出某搜索引擎“占据支配地位”，但这里涉及的“市场”或者“支配地位”和反垄断法上所界定的“市场”和“支配地位”并不见得一致。例如，在我国的“人人诉百度”案中，原告就曾以报刊和网站上刊登的《百度坐拥中国搜索市场近2/3》《百度Q3客户数欲破20万大关　付费搜索增长稳健》等文章中的市场份额来证明百度的支配地位，但法院指出这些文章所提到的“市场份额”所依据的相关市场的范围与本案所定义的相关市场的范围是否一致无法确定，因此原告未能完成其举证责任。[①] 在本书第二部分中，对于搜索引擎类平台如何界定相关市场和市场支配地位的问题已经进行了详细的分析和论述。可以得出结论说，搜索引擎平台就信息查询用户和参与竞价排名的经营者而言，针对这两边不同的用户，搜索引擎提供的是两个独立的产品，分别会形成不同的相关市场：一个是以提供信息结果服务为内容的通用搜索服务市场，另一个则是在线竞价排名广告市场。由于这些市场通过共同的接口连接在平台上，一个市场中的市场力量很容易影响到其他市场的竞争，增强平台经营者在另一个市场中的市场力量。

2. 意图与效果

仅仅关注搜索引擎在特定相关市场上的支配地位是不够的。即使具有支配地位，搜索引擎只要没有“滥用”市场支配地位，就并不违背反垄断法。同反垄断法规定的传统的滥用市场支配地位行为不同，搜索引擎在中立方面

① 参见北京市第一中级人民法院（2009）中民初字第845号判决书，北京市高级人民法院（2010）高民终字第489号判决书。

所涉及的行为主要是基于竞价或者其他原因，对搜索广告的结果进行某种排序。这种排序的不合理性可能会损害搜索引擎的竞争者、搜索广告服务的相对人、信息检索服务的使用者的权益，进而损害竞争。对于具有支配地位的搜索引擎的“非中立”排序，要判断其是否构成“滥用”，搜索引擎行为的“意图”和“效果”是重要的考虑因素。

以谷歌为例，在美国，一些垂直搜索网站向FTC进行投诉说，当人们用谷歌的综合搜索引擎进行检索时，谷歌将其自身的垂直搜索框放在最前面，这是谷歌在操纵搜索算法，企图在谷歌与其他垂直搜索的竞争中降级竞争对手的排名顺序。FTC调查的一个重要且关键的问题，就是判定谷歌改变其搜索结果的主要目的是排除实际或潜在的竞争对手和抑制竞争过程，还是提高其搜索产品的质量和改善用户的综合体验。FTC调查的结果是，有充分的证据证明谷歌此行为的目的不是打击竞争对手，而是更快地回答、更好地满足其用户的搜索要求，从而通过其垂直搜索提供直接相关的信息查询。FTC也考察了效果问题。FTC指出，有证据表明，谷歌测试、监控，并仔细考虑了在综合搜索结果中引入垂直搜索内容框的效果，并且在必要的时候也降级了自己的相关内容的排名。因此，尽管有时候与谷歌有竞争关系的企业排名遭到了降级，但是这与排斥竞争无关，法律不应当压制合法的产品改进，也支持竞争和产品改进中出现的“副产品”。[①]谷歌在欧盟成员国引起的反垄断诉讼和调查案件也有类似的问题。引发反垄断诉讼和调查的Foundem公司是一家英国的垂直搜索公司，创设于2005年，主要进行垂直搜索以及对不同产品类别的价格进行比较，如机票、电子产品、电器、旅店和不动产的价格比较。Foundem主张，从2006年6月到2009年12月，谷歌对其进行惩罚，将其所有内容系统地排除谷歌的搜索引擎，导致他完全“从互联网中消失了”。坚持认为谷歌对其进行降级排名就是为了排挤他这个竞争对手；而谷歌则认为Foundem就是一个第三方内容的聚合器，其本身独特的内容非常少，不能提供给用户什么实质的东西。对Foundem的降级，不是因为其具有竞争方面的

① Statement of the Federal Trade Commission Regarding Google's Search Practices In the Matter of Google Inc. FTC File Number 111-0163，January 3，2013.

威胁，而是因为它真的太差了。[①]

我国2008年的“人人诉百度”案同样着重考察了效果问题。原告唐山人人公司并不是作为搜索引擎信息检索服务的竞争者来提起诉讼，而是作为百度推广广告服务的相对人进行主张，百度屏蔽其“全民医药网”网站的行为属于《反垄断法》第17条第1款第（4）项所规定的“没有正当理由，限定交易相对人只能与其进行交易或者只能与其指定的经营者进行交易”的滥用市场支配地位的行为。[②]对于百度降级“全民医药网”的做法，我国法院最终采信了百度的主张，即其对全民医药网实施屏蔽具有正当性，因为全民医药网存在“垃圾外链”，这种“垃圾外链”被搜索引擎识别后会受到相应的处罚，其中包括减少收录数量。唐山人人公司承认全民医药网存在“垃圾外链”，但主张涉案“垃圾外链”的设置者另有他人。法院认为互联网经济是注意力经济，用户的关注度对于网站的经营发展至关重要。通过人为地针对搜索引擎设置大量与网站内容无关的链接，即“垃圾外链”，能够提高自然排名部分的位次，从而吸引用户点击。考虑到应当尽可能地以最迅捷的手段降低“垃圾外链”对用户利益的损害，百度的屏蔽行为具有正当性。[③]

3. 信息的对称和透明

对于搜索引擎而言，信息的对称和透明要求主要涉及两个领域：一是针对搜索引擎的内部设计，即搜索的算法（Algorithm）；二是针对搜索结果排列的外部表现形式。

无论是搜索引擎的使用者还是广告主，都希望搜索引擎的算法更为透明。例如，百度的排名规则从“竞价排名”升级为“凤巢系统”之后，排名的规则具有了更多的权重，而不仅仅是看价钱，百度认为这样的改进更加公平、合理，但很多广告主认为“凤巢系统”像是一只黑盒子，“广告主花费的价格

---

① Daniel A. Crane，“Search Neutrality and Referral Dominance”，*3 Journal of Competition Law and Economics*，402-403（2012）.

② 北京市高级人民法院（2010）高民终字第489号判决书。

③ 参见（2010）高民终字第489号民事判决书。

不如竞价排名时那么透明”[①]。但是，搜索算法很难对交易各方主体完全对称和透明。对于搜索引擎而言，排名的算法被认为是一种“产品设计”。正如前述“搜索中立”反对者所主张的那样，搜索算法属于产品设计。对搜索引擎的产品设计进行审查，会导致非专业的技术评价阻碍产品创新。此外，如果搜索引擎公开算法，其竞争对手就能够对其进行批量复制，甚至让各个网站利用公开的算法来进行高水平的搜索引擎作弊。[②]

虽然信息对称和透明的要求对于产品的内部设计而言难以实现，但对产品的外部表现形式还是可以实现的。搜索结果的排列方式，是内部算法的外在体现。对搜索结果排列形式的最低要求，应该是要求搜索结果表明其大致的排序规则，即搜索引擎应当明示其搜索结果的排列是中立的或者是有偏见的，以及以何种偏见为主要基础。无论是百度还是谷歌，都必须明确区分自然搜索排名和商业广告排名。谷歌曾经将所有广告放在搜索结果的右侧和下端，但近年来其广告逐渐左移和上移，尽管其用黄底白字较为明显地标注为“广告”，但仍有部分消费者难以区分自然搜索排名和广告排名。而百度则在其非自然排名链接前加注“推广”，并一直否认其服务为广告，宣称搜索引擎推广的搜索结果与自然搜索结果具有同质性，竞价排名不是广告。[③]因此，在我国，百度自然排名结果和广告排名结果的辨识度非常低。

事实上，判定某项服务是否商业广告并要求其遵守特定的法律义务的重点不在于“广告性”，因为“广告”本身是一个非常宽泛且低门槛的概念，其基本的含义就是“广而告之”“普遍告知”，引起人们的注意。不同领域具体对广告的理解不同，主要关注也是该“广而告之”行为所在领域的具体

---

① 卢薇：《百度启用“凤巢”取代竞价排名》，载《四川日报》2009 年 12 月 3 日第 11 版。

② James Grimmelmann：Some Skepticism About Search Neutrality，available at http：//papers.ssrn.com/sol3/papers.cfm?abstract_id=1742444 .

③ 李帅：《论竞价排名的非广告属性》，载 http：//www.zhichanli.com/article/23906，最后访问日期为 2016 年 5 月 10 日。

属性。[①]对“商业广告”的关注点应该着重放在“商业性”上，即其是否以该盈利行为为常业，由此判断相关行为是否应当遵守特定的商法或经济规制立法。我国《广告法》第2条第1款规定：“在中华人民共和国境内，商品经营者或者服务提供者通过一定媒介和形式直接或者间接地介绍自己所推销的商品或者服务的商业广告活动，适用本法。”此即以广告的“商业性”为关注重点。同样，在美国判例法中法院也同样主要关注广告的商业性，即“判定某一言论是否属于商业性的，应当考虑三个要素：该言论是否具有广告性；该言论是否指向具体的产品或服务；发言者是否出于经济动机而发言”[②]。因此对于“百度推广”而言，无论其是否自称为“广告”，其本质上就是具有商业性质的“广而告之”行为，必须与普通的自然搜索结果进行明确区分。对于这种具有商业性质的“广而告之”行为，一方面要遵守《广告法》“真实、合法”和“显著、清晰”等一系列要求；另一方面反垄断法对其的基本要求就是信息对称和透明，即明示为商业性的非中立搜索结果。

回顾百度多年来被“吊打”的历史，很大程度上与其透明性有关。正如有人评价：“百度被吊打，一个方面的原因就是自己说的和人们所看到的太不一致。”[③]在“人人诉百度”案前后，即2008年前后，针对百度的批判主要来自于对其排名商业广告性的揭露，如央视对百度“假药”事件的反复曝光；[④]百度的“血友病吧”被卖事件，也是因为中立的贴吧论坛沦为商业广告阵地而被指责为“骗子”；[⑤]而在“魏则西事件”中，百度被指责则是因为其拒绝承认其“推广”为广告，而立法和司法中也缺乏明确的规定

---

① 参见孔秀祥对各类广告定义的总结和梳理。孔秀祥：《广告与社会：广告及其生态系统》，中国书籍出版社2015年版，第1—3页。

② 宋亚辉：《竞价排名服务中的网络关键词审查义务研究》，载《法学家》2013年第4期。

③ 林敏博士公众号：《魏则西之死，被吊打最严重的为什么是百度？》，载 http://roll.sohu.com/20160502/n447246497.shtml，最后访问日期为2016年5月15日。

④ 参见百度百科“百度假药门”，载 http://baike.baidu.com/link?url=ly8qs7Phai9HPBDeaP3HLfrlhZHoSKDEMh80QJgax-bavlLinBLOk1mTAoz2FxmU_fqr-ltfKGjMGgAVWoh6ta，最后访问日期为2016年5月15日。

⑤ 见搜狗百科“血友病吧事件”，载 http://baike.sogou.com/v143505478.htm，最后访问日期为2016年5月15日。

和具有共识的裁决。百度推广应该在何种程度上适用《广告法》是问题的一个方面；另一个方面是反垄断法要求（占有市场支配地位的）百度必须明示其排名结果的非中立性及其类型。因此，如果百度一再强调其竞价排名与自然排名在技术上没有差别，从而混淆两种排名的性质，则可以考虑适用反垄断法。

也就是说，即使“搜索中立”不能成为一项反垄断原则，“明示是否为中立”也应该成为针对搜索引擎的一项基本的反垄断要求。

4. 算法的统一性

要判断有“偏见”的搜索是否构成一种“滥用”，还需要考察算法的统一性。从美国反垄断法的传统来看，搜索引擎的算法被视为搜索引擎所提供的产品的设计，而反垄断执法者则一般不审查产品的设计。例如，FTC 对谷歌进行调查之后指出，有证据表明，谷歌有时候同样也降级了自己的相关内容的排名，[①] 这可以表明谷歌对于排名的算法是统一的。当搜索引擎的算法是统一的时候，搜索引擎受到反垄断质疑的可能性相对较小，而在统一算法之外对特定企业的排名另行进行操纵时，“产品设计”的顾虑就不再存在了。在 Foundem 诉 Google 一案中，Foundem 投诉的不仅是谷歌重新设计了其对第三方聚合器的算法，还包括谷歌采用了一种秘密的、有选择性的系统来人为地提高特定的、其认为没有竞争威胁的网站，同时让它不喜欢的网站在排名上失去活力。Foundem 主张，谷歌的过滤器会拦截一些网站。但是对于一些重要的网站，如果在谷歌上搜不到结果会显得非常突兀，所以这些重要的网站如果和谷歌的过滤器发生冲突，谷歌就会“手动”给这些网站豁免（Manual Lift）。但是谷歌拒绝对 Foundem 这种重要的网站进行豁免，理由就是排除竞争。如果 Foundem 能够提供证据证明该指控，那么谷歌的问题就不仅仅是重新设计了排名算法，而是对什么样的垂直搜索能排在第一页进行了有针对性的个别判断。这种对特定网站进行褒贬而不是谷歌的整体的、统一的设计，就不再属于所谓的“产品设计”范畴。而一旦问题不是明显关于谷歌的产品

---

① Statement of the Federal Trade Commission Regarding Google's Search Practices In the Matter of Google Inc. FTC File Number 111-0163，January 3，2013.

设计，而是关于对特定竞争者的个别裁断，反垄断机构或者司法机关不审查“产品设计”以防止削弱创新的考虑就没有了。[①]这样，搜索引擎的“搜索偏见”就可能被裁断为根据市场力量所进行的歧视。

但另一方面，算法的改变也会涉及“意图和效果”问题，并且二者之间具有一定的张力，如果“意图和效果”具有反竞争的性质，那么即使是统一的算法是否也会违背反垄断法？欧盟委员会在其备忘录中特别指出了这一问题：如果谷歌在搜索结果中对某些服务的降级是其算法的结果，委员会是否会不管不理？委员会没有直接回答这一问题，但指出“采用某种算法会导致排名的上下变动。委员会的目标是确保市场竞争从而具有竞争激励，用户可以从竞争的替代中获得好处”[②]。这表明如果欧盟委员会认为即使是因为算法的原因而导致了竞争减弱的效果，其也会更加偏重“意图和效果”因素。

综上可见，对搜索引擎的中立要求，最初源于“网络中立”的构想，而最终在搜索领域形成独立的讨论范畴。无论是“网络中立”还是“搜索中立”，理论上还存在分歧；从制度实践上来看，“搜索中立”并没有形成一项针对所有搜索引擎的管制义务，而是更多地与具有支配地位的大搜索引擎联系起来。从欧美目前的反垄断法实践来看，“搜索中立”也没有真正形成一项反垄断原则，即要求具有支配地位的搜索引擎遵守“中立”的要求。

反垄断法仍然对搜索引擎有约束和要求。但是，要证明搜索引擎非中立的排序是滥用市场支配地位并不容易，除了传统的反垄断违法构成要素，还需要综合考察并证明一系列问题：搜索引擎作为一种“非交易型”的互联网平台，其对不同的用户群体提供不同的产品，需要就其不同的产品界定相关市场并判定搜索引擎在该市场中是否具有支配地位；要判断具有市场支配地位的搜索引擎的非中立排序是否滥用了其市场力量，违反了反垄断法。还应当考虑一些特别的要素，这包括考虑搜索引擎的非中立排序的意图和效果、

① Daniel A. “Crane，Search Neutrality and Referral Dominance”，*3 Journal of Competition Law and Economics*，402-405（2012）.

② European Commission MEMO/13/383（Brussels，25 April 2013）.

搜索结果排名形式的透明性以及搜索引擎排序算法的统一性。

三、API 中立及反垄断规制①

（一）API 中立的提出和争议

应用程序编程接口 API（Application Programming Interfaces）是一些预先定义的函数，作用是提供应用程序与开发人员基于某软件或硬件得以访问一组例程的能力，而又无需访问源码或理解内部工作机制的细节。程序、应用、用户和其他网站在访问某个网站或者平台时，需要通过该网站或者平台的 API。API 使得各种应用和程序得以与特定网站或者服务相连并撰写相应的函数。

那么，对于特定的网站和平台而言，他们的 API 是否应当保持中立和开放呢，或者说他们一旦选择开放就不能再进行限制吗？

例如，社交媒体网站的 API 可能是完全封闭的或是完全放开的。一个完全封闭的 API 就是指该网站完全封闭，其用户只能直接与网站进行交互，或者通过该网站所有者直接控制的应用程序与网站进行监护。而开放的 API 往往会导致平台的接入路径分散化。例如，那些在移动设备上使用 Android 操作系统的用户可以下载几个独立设计的应用程序，允许用户进入社交媒体网站 Twitter。一个完全开放的 API 将允许任何人制造网站、程序，或将应用软件接入其网站。网站和大众传媒服务在如何打开或关闭他们的 API 上有自主决定权。大多数主要的社交媒体服务选择一定程度的开放性，而第三方应用软件的开放性会更强。例如，Facebook 的用户可以通过一些应用程序用 Foursquare 的注册信息登录到他们的 Facebook；Foursquare（Foursquare 是一家基于用户地理位置信息的手机服务网站，并鼓励手机用户同他人分享自己当前所在地理位置等信息。与其他老式网站不同，Foursquare 用户界面主

---

① 关于 API 中立的争议和介绍，参见 Jeffrey Jarosch，"Novel 'Neutrality' claims against internet platforms：a reasonable framework for initial scrutiny"，*59 Cleveland State Law Review*，497-519（2011）。

要针对手机而设计，以方便手机用户使用）本身就具有相当开放的 API，因此用户就可以在 Foursquare 注册并且通过使用第三方设计的应用程序登录 Facebook。Foursquare 和应用程序都可能会使用 Facebook 的 API。类似地，在我国，微信也授权其他的公众号、小程序、网站用户通过扫描二维码通过微信登录相应的公众号、小程序或者网站等，这也体现出了其应用接口的开放性。

2008 年，乔纳森·奇特林（Jonathan Zittrain）教授在 *The Future of the Internet and How to Stop It* 一书中提出了“API 中立”这一概念。人们发现，现在的 API 中立的要求看起来有点类似于当年微软案中的中立要求。微软公司在世纪诉讼“美国诉微软”之前一直坚持闭源的策略，坚决保护微软的源代码不向其他互联网企业开放，拒绝其他企业编写与 Windows 操作系统兼容的软件。在美国诉微软之后，微软公司与政府达成了和解，并将其闭源的策略转变为开源，从而实现了 Windows 操作系统的兼容性。因此，微软案也就是关于 Microsoft Windows 操作系统对外界开发者的开放程度，特别是与微软浏览器相竞争的网页浏览器开发者的开放问题的探讨。

对于网站或者平台的 API 的开放问题，存在多种观点。有人认为，依据平台接口程序所建立起来的平台，有时候与原平台经营者之间也是竞争的，这时候接口必须保持开放。有人认为，平台的开放性应当是单向的，一旦平台受惠于其开放性，就不应当再关闭：封闭的系统平台可以保持封闭状态，但一旦被打开，他们就不应该关闭。① 因为如果不能保证平台持续向创新者开放，那么有利于平台的创新就不会发生。基于此，有人要求政府实施管制。但这类观点对管制领域的影响不大。还有人更直接地认为，某个特定的 API 必须被迫或对开发者保持开放。还有人认为，在线平台，尤其是社会媒体网站，他们对日常交往实在是太重要了，因此应当像公用事业一样必须受到管制以确保他们中立的可用性。这样的观点具有一定的影响。比如，2011 年

① Joseph Farrell & Philip J. Weiser，“Modularity，Vertical Integration，and Open Access Policies：Towards a Convergence of Antitrust and Regulation in the Internet Age”，*17 Harv. J. L. & Tech.*，117（2003）.

FTC 对 Twitter 的 API 政策展开的反垄断调查就具有这方面的意思。还有人认为过早和过严的监管不利于创新："如果我们将强行适用 API 中立性或不利的占有原则，它将向企业家们发出一个可怕的信号，即这个平台只是他们名义上的平台，并且一旦流行到一定程度就会被商品化（commoditized）。这对未来的创新和投资是一个可怕的抑制作用。"

（二）Twitter 的 API 政策调整与"头腾大战"

同网络中立、搜索中立一样，"API 中立"并没有成为明确的管制要求，但 API 政策的中立性问题，的确能够带来一些竞争法上的问题。

正如前文所提到的 Twitter 事件，就涉及 Twitter 利用其 API 政策打击竞争对手的问题：随着 Twitter 平台的发展，Twitter 逐渐开始想要获得对其平台更大的控制权。一方面，Twitter 在其网站上进行大量的广告宣传和投放优先型应用程序；另一方面，Twitter 关闭了一些 App 介入其平台的途径。对于安卓用户而言，Twitter 有一个重要的 App 叫作 Twidroyd。Twidroyd 的所有者是 UberMedia。Twitter 和 UberMedia 都试图收购一款非常流行的应用程序 TweetDeck。在此过程中，Twitter 关闭了 Twidroyd 接入的途径，并声称关闭的原因是 Twidroyd 违背了其用户条款。但有人指出 UberMedia 是 Twitter 的 API 限制的对象，因为 Twitter 把它看作是潜在竞争对手。[①]

我国近年来也发生了类似的事件，即微信对其用户的限制，包括对淘宝、对字节跳动（"今日头条"经营者）、对百度等用户的限制行为。其中最为著名的就是微信和字节跳动之间的"头腾大战"。

2018 年 5 月 28 日，腾讯旗下微信团队发布《关于进一步升级朋友圈外链管理规则的公告》（以下简称《公告》）并于 5 月 21 日进行补充更新。《公告》的主要内容包括：

1. 规范特殊识别码、口令类信息传播——为避免过度营销造成对用户的骚扰，朋友圈内不允许发布及传播具有识别、标记功能的特殊识别码、口令

---

① Antitrust Regulator Makes Twitter Inquiries – WSJ，see https：//www.wsj.com/articles/SB1000142405270230445060457641818423400381 2，（Last visited on March 9，2018）.

类信息。

2. 禁止更改用户返回路径——朋友圈外部链接禁止更改用户返回路径，包括但不限于用户点击“返回”时强制跳转到非上一级页面等。

3. 禁止使用含有用户隐私数据的浮层——鉴于外部链接中使用浮层可能导致用户头像、昵称等信息泄露，朋友圈外链分享将禁止使用含有用户数据隐私的浮层，否则视为违规处理。

腾讯称，2018 年 5 月以来，“今日头条”及“抖音”系列产品的实际运营者北京字节跳动科技有限公司、北京微播视界科技有限公司通过其自有新闻媒体平台等渠道大量发布、传播贬损诋毁腾讯公司的言论、文章或视频。5 月 30 日，今日头条甚至通过故意修改标题、篡改文章来源的方式，在其控制运营的数亿级新闻媒体平台上大范围主动推送文章《要多少文件腾讯才肯收手》，严重侵害了腾讯的公司声誉。腾讯表示，以上种种行为，不仅对腾讯公司构成不正当竞争及侵权，也严重破坏了商业合作的信任基础。6 月 1 日，腾讯官方发布《公告》称，起诉今日头条、抖音两大“头条系”公司，索赔人民币 1 元，并要求两家公司在自有新闻媒体平台推送公开道歉。

但今日头条一方则认为，腾讯发布《公告》，特别是禁止对抖音等网站视频不予“直链”事实上是为了阻碍今日头条旗下产品尤其是抖音的进一步扩张和壮大。目前，今日头条旗下存在六大产品：今日头条、西瓜视频、火山小视频、悟空问答、抖音、内涵段子。在腾讯宣告起诉之后，今日头条也指责腾讯利用垄断地位以各种理由多次进行不正当竞争的行为。针对其中的“腾讯 QQ 空间拦截、屏蔽头条网页链接”“腾讯安全管家作为安全软件拦截、屏蔽头条网页链接”，起诉腾讯不正当竞争。

2019 年 1 月，字节跳动公司发布新的视频社交软件“多闪”，主打“视频 + 社交”。字节跳动公司举办多闪发布会的同时，多闪下载链，甚至与头条、字节跳动有关的内容均被微信屏蔽和限制。[①] 在限制多闪的同时，具有社交功能的其他 App 如马桶、聊天宝也都遭到同样的对待。很多人认为，这些屏

① 侯佳、唐清：《“多闪”发布会现场遭微信屏蔽　这得是有多尴尬》，载 https://baijiahao.baidu.com/s?id=1622713979578501451&wfr=spider&for=pc，最后访问日期为 2019 年 5 月 1 日。

蔽和限制活动与竞争问题有关。

Twitter 和微信的政策行为均引起了反垄断机构的关注：在美国，联邦贸易委员会对 Twitter 进行了调查；在我国，工业和信息化部等政府机构也组织了约谈。

（三）API 政策的中立要求与竞争法视角

可以看到，在管制义务方面，API 中立尚未形成普遍认可的主流意见；而在反垄断方面，API 中立的问题会回归到禁止滥用市场支配地位进行歧视的规则上。在歧视或者差别对待的问题上，网站或者平台的 API 政策主要在两个方面值得注意：

第一，网站或者平台的 API 政策总是存在一定的限制。网站或者平台不可能毫无限制，向所有外部 App 无条件地开放。对于自始封闭的平台而言，封闭本身是其经营策略，如苹果的 iOS 系统，本身就是采用了闭源的政策，除非其构成了微软 Windows 系统那样的基础设施，其闭源的政策一方面是企业经营自由，另一方面其所形成的生态系统有其独特的好处，如不容易被病毒侵袭、能够保持生态质量等。而即使是十分开放的网站和平台，也总会存在一定的 API 政策条款，允许一部分第三方应用程序进入网站和平台，另一部分则无法进入。这种情况下形成的是对网站和平台用户群之间的差别对待，甚至基于一定的 API 政策条款，符合用户条款者可以顺利接入，而不符合者则不能进入。这样的差别对待一般不会引起反垄断法上的争议。

第二，API 政策较多地引起了人们的焦虑和争议，也就是出于限制竞争的目的，由网站或者平台经营者对其所认为的竞争对手或者潜在的竞争对手采用歧视性的限制，甚至在排除了竞争性的第三方 App 之后，会形成网站和平台用户只能使用网站和平台自己的 App 的类似搭售的效果。正如前文所列举的 Twitter 和微信的限制政策，都具有这方面的可能，从而引起执法界和学术界的关注。

但是，这种关于歧视或者搭售的限制规范，仍然必须要在反垄断的分析框架下进行讨论，以及必须界定合适的相关市场并判断网站和平台经营者是否具有市场支配地位。只有在此前提下的歧视和搭售才具有限制市场竞争的可能，才应当被法律所禁止。

仍然以微信限制抖音和多闪等产品为例，我国的一些讨论认为这种限制行为可能涉及《反不正当竞争法》和《反垄断法》，但需要仔细考量其中的诸多细节。

根据《反垄断法》，原告方起诉被告一方“垄断”，也就是滥用市场支配地位，需要证明被告具有市场支配地位，这需要首先界定一个适当的相关市场，并根据《反垄断法》第18条所列举的各类因素，判断被告在相关市场中是否具有控制商品价格、数量或者其他交易条件的能力，或者能够阻碍、影响其他经营者进入相关市场的能力，最后再判断被告的行为（如本事件中微信对字节跳动公司产品的“不予直链”行为）是否不合理。“界定相关市场—判断市场支配地位—判断行为是否合理”这三个步骤的分析，在互联网平台竞争背景下都较为复杂。微信是一个具有复杂生态系统的多边平台，聚集了多个彼此独立又相互关联的用户群体，也链接了多个不同的产品。微信对今日头条所提供的产品的主要功能在于引流，该产品能否被其他渠道（如搜索引擎、微博、网站）有效替代，能够在多大范畴上构成相关市场，并判断腾讯在该市场中的力量，需要有复杂而详细的商业数据来支持。

相较而言，在《反不正当竞争法》下所形成的诉求，就不需要就相关市场、市场力量等问题进行举证，而只需要就“屏蔽”行为的合理性进行分析。在《反不正当竞争法》中，与“头腾大战”有关的规定主要涉及第12条，即要求经营者不得利用技术手段，通过影响用户选择或者其他方式，恶意对其他经营者合法提供的网络产品或者服务实施不兼容，妨碍、破坏其他经营者合法提供的网络产品或者服务正常运行。该规定主要关注的两个要点是“兼容”与“恶意”。

在互联网平台蓬勃发展的今天，平台的中立或者兼容是一个日益引起关注的价值。中立的要求起源于“网络中立”的基本主张，即互联网应是一种公共资源，它是混合了商业、公共和社会的基础设施；网络创新应平等开放地对待任何人，保持网络的开放性，能够最大限度地发挥各种创新主体的创新能力。而中立的本质更多来源于互联网的兼容性这一本质属性。在技术使用和端口连接的问题上，兼容或者是中立的要求至少在理论上引起了较大的关注，也在一些知识产权和不正当竞争的案件中体现了其价值。但总的来讲，兼容还并没有成为针对所有互联网经营者（包括互联网平台经营者）的独立管制义务。互联网企业是否应当对其他企业的产品或者技术兼容，还依然具有一些前提性的限制。

在《反不正当竞争法》框架下，不兼容依然是经营者在一般市场竞争中的自由，企业并未负有兼容的义务。根据《反不正当竞争法》第 12 条，只有在恶意的情形下，不兼容才是一种不正当的行为。事实上，关于“恶意”这一前提性要求，在《反不正当竞争法》修订过程中就存在巨大的争议和分歧。尤其是在“二进制”的互联网竞争背景下，对于竞争对手而言，经营者总是具有“满满的恶意”而无法怀有“善意”。很多竞争法学者指出，企业是否具有兼容的义务，从竞争的视角来看，取决于其是否具有市场支配地位，以及不兼容是否会不合理地排除、限制竞争。而在不考虑企业市场力量的《反不正当竞争法》框架下，对经营者的“恶意”其实很难进行判断。在实践中，是否“恶意”的主观要件，最终也就转化为“不兼容”是否合理的客观判断。如果“不兼容”是合理的，那么就是“非恶意”的；相反，“不兼容”如果不合理，就认为该“不兼容”是“恶意”的。

对微信不予直链的行为进行分析，同样需要考虑该不予直链的行为是否构成“不兼容”，并对该不兼容是否合理进行评判。

第一个问题是，微信对一些视频内容不予直链，是否完全构成了不兼容。微信对抖音等视频不予直链，但并未完全屏蔽掉视频内容，用户仍然可以通过复制视频链接网址使用浏览器进行播放，但这可能会增加播放视频的复杂程度和流量，从而在一定程度上实现了“不兼容”的效果。

而这种“不兼容”是否合理，还需要从对微信不同用户群体的不同影响方面进行具体分析。对消费者用户群体而言，微信不予直链的行为虽然并没有完全屏蔽掉视频，也没有对观看视频造成绝对的障碍，但确实对消费者造成了不便，降低了消费者的用户体验，同时也降低了微信生态圈的信息包容度。而对于其他用户群体——这些企业既是微信平台的交易相对方，又是特定相关市场中的竞争者（如今日头条旗下的抖音与腾讯旗下的微视），微信不予直链的行为又有何种影响呢？一方面，微信的链接目前看来是免费的，其他企业并没有向其支付对价，因此微信有权利收回这种便利和优惠；另一方面，微信从一个开放平台突然转变为更为封闭的平台，可能会对长期以来使用它的一些商户的信赖利益构成伤害。

最后还要考虑透明度的问题。大型的网站和平台，如果要通过 API 政策来打击其所认为的竞争对手或者潜在的竞争对手，主要的手段往往都是指称被打击的对手不符合自己的用户条款。但是到底违背了何种用户条款，以及如何违背了用户条款，网站和平台经营者往往不予明示。从某种角度来讲，如果能够增强 API 政策条款的透明度，或者通过法律强制要求网站和平台经营者达到透明要求，很多问题甚至不需要走反不正当竞争法或者反垄断法的复杂分析路径。而透明性正是“中立要求”的重要内容之一。

四、在线市场中立及反垄断规制

（一）对在线市场中立要求的一般分析

“在线市场”（online-market）主要指的是苹果手机的 App Store、安卓手机的各类 Android Market、亚马逊的 App Store 及其 Kindle 设备和应用阅读程序这样可以购买内容和服务的在线市场。

在线市场往往以非中立的方式与内容供应商和客户互动。例如，苹果手机的应用市场是 App Store。2011 年，苹果公司宣布通过其 App Store 可以进行数字媒体订阅服务。通过这项服务，iPhone 和 iPad 的用户可以更容易地购买订阅的报纸、杂志及其他如音乐和视频等媒体内容。苹果的订阅服务要求出版商向苹果公司支付 30%的费用，也就是俗称的“苹果税”；苹果公司还要求 iOS 的发布商放弃不通过 iOS 直接销售订阅内容的权利，要求在内容提供商自己的 App 里有的数字内容也必须能够在 itune 中获取，还要求通过 App Store 销售的订阅价格不得高于其他地方的数字订阅价格。这些条件对发布商和用户都形成了一种过滤效果，从而变得“不中立”了。谷歌的安卓系统市场显得要相对“中立”一些，因为其只收取 10% 的费用，并且条件也不如苹果公司苛刻。而在电子书出版领域，有几个主要的网上商店同时提供电子阅读器和电子图书。亚马逊有一个相对封闭的平台，其售卖的电子书只能通过它自己的 Kindle 设备或应用程序阅读，这些设备和应用程序只能支持亚马逊提供的电子书格式。[①]

回顾“网络中立”的三个基本要求：透明、非阻碍和不得进行不合理的歧视——显然，对于在线市场而言，这三个要求难以全部实现。

首先，非阻碍的要求在基础接入层的实现本身就存在争议（如前面提到的 Verizon 案），而在非基础接入层就更难以实现。对于互联网平台而言，其在非管制的市场竞争中的活动，本身就是有偏好和策略的并充分考虑经济成本和经营策略，而要求互联网平台一律采取开放、非封闭的方式进行运营并不科学，也不符合商业实践的现实。

其次，关于歧视差别对待问题甚至是拒绝特定交易的情形，正如第二部分第三章所分析的那样，如果经营者不具有市场支配地位，那么与谁交易、以何种条件与对方进行交易，在很大程度上就是企业的经营自由，除非企业违反了强行法或者公序良俗；即使企业具有了市场支配地位，如果其具有正当的理由，也可以形成差别对待。但值得注意的是，在线市场也往往属于平台经营的一个部分，在线市场的接入一般也不遵循一一对应的谈判，而往往取决于进入在线市场的统一规则。从这个意义上讲，统一的规则（合同要约）本身就意味着中立——只要对于同类型的潜在交易者其规则的适用是统一的，就意味着非歧视。

最后，透明成为满足“中立”的重要内容和要求。如果经营者的政策和要求对交易相对人是透明的，也就是说交易双方不存在信息偏在，那么就会有助于双方，尤其是平台经营者的交易相对人，特别是消费者能够在理性的基础上形成合同的意思，从而使得交易更加公平合理，更加能够体现当事人的真意。单单从“透明”的要求来看，更接近扭转信息偏在的“信息披露”型监管要求。如果信息对所有的潜在的交易相对人都是透明的，那么也就会形成某种程度上的公平和中立。

---

① Jeffrey Jarosch，Novel “Neutrality” claims against internet platforms：a reasonable framework for initial scrutiny，*59 Cleveland State Law Review*，580-584（2011）.

因此，在线市场的中立问题，同前面分析的搜索中立要求和 API 要求是大体一致的。总的来说，如果平台经营者的服务政策是透明的，而其又不具有市场支配地位，并且对同类交易相对人的适用是一致的，那么不良的服务政策或者收费标准就会使得其用户离开该平台，转向其竞争对手。例如，对于上述苹果公司的苹果税问题，事实上因为除了 iOS 系统以外，安卓系统的存在给苹果带来了很大的竞争压力（谷歌类似的服务只收取 10%的费用）。一些用户，如 Financial Times，很快就对苹果用脚投了票。音乐流媒体服务的出版商也声称，他们的商业模式根据苹果的规则是不可持续的。许多杂志和报纸、出版社也批评了这些条款。因此苹果的这些极为严厉的新政策是短命的，受到了技术创新、竞争压力和反垄断调查行为的综合抵制。面对竞争、创新、批评和潜在的法律诉讼，苹果很快就退出了部分订阅服务条款。宣布其服务四个月后，苹果公司宣布，允许发布商以比其他地方更高的价格提供 iOS 订阅，以覆盖 App Store 的 30%费用。苹果还决定允许发布商提供只读应用，提供 App Store 中不提供的免费或预付费内容。

当然，如果平台经营者具有足够的市场力量，使得其用户不得不接受不合理的条件，则可以通过滥用市场支配地位的路径进行规范。

（二）我国互联网应用程序分发市场的基本状况

互联网应用分发市场，也称为 App 分发市场，是一种典型的在线市场。

中国移动应用分发市场的发展，大约经历了四个时期：[①]

萌芽期（2008—2010 年）：苹果公司在 2008 年推出“App Store”应用分发平台，在美国市场取得巨大成功。2009 年，国外手机厂商、三大电信运营商纷纷进入中国市场。App Store 起步早，但用户限于 iOS 手机用户；而这一时期的国内供应商以三大电信运营商为主，主要依靠内容的单向传输，典型的例子是联通的 Brew 平台（支持 CDMA 制式）“神奇宝典”、移动的 Kjava 平台（支持 GSM 制式）“神百宝箱”[②] 等。

---

① 参考《2016 中国应用分发市场年度综合报告》，载 https://www.analysys.cn/article/analysis/detail/1000243，最后访问日期为 2020 年 6 月 27 日。

② 蔡全根、季绪浩：《解码应用商店》，人民邮电出版社 2013 年版。

发展期（2011—2012 年）：随着应用 iOS、Android 等系统的智能手机快速发展，应用分发平台数量急速上升。2010 年，豌豆荚等第三方厂商开始构建自己的在线应用平台；2012 年，一批大型互联网企业加入市场并相继推出自己的分发平台，如百度应用助手、360 手机助手、小米应用商店等，许多平台集手机安全、应用下载、安装于一体。

增长期[①]（2013—2015 年）：随着大型互联网公司的入场及资本的涌入，应用分发平台市场迎来快速增长与激烈竞争。大型互联网公司开始对第三方应用商店进行整合收购，如 2013 年百度收购 91 助手作价达 19 亿元。随着收购整合的逐步完成，巨头逐渐形成，百度、腾讯、360 三大分发渠道争霸，而手机厂商依靠预装的优势也在市场中占据一定地位，第三方平台的生存空间则进一步受到挤压。

成熟期[②]（2016 年至今）：2016 年以后，应用分发平台市场进入应用成熟期，市场格局相对稳定，独立第三方应用市场时代终结。市场上逐渐形成以 BAT 为国内应用分发市场的第一梯队，华为、小米等智能手机厂商为应用分发市场的第二梯队的格局。[③]

根据市场参与主体的不同，目前的互联网分发市场 / 平台可以分为如下类别：终端硬件厂商应用商店分发平台，如小米应用商店、华为应用市场、中兴应用商店、联想乐商店、魅族应用商店等；电信运营商应用商店分发平台，如移动 MM 商城、联通沃商店、电信天翼空间等；大型互联网公司与门户网站应用商店分发平台，如百度及 91 手机助手、腾讯应用宝、360 手机助手、淘宝手机助手、金山手机助手、网易应用中心、搜狐应用中心等；独立或专营性第三方应用商店分发平台，如豌豆荚、安智市场、机锋市场、木蚂蚁市场、应用汇等；其他附属渠道性应用中心分发平台，如新浪微博应用中心、淘宝应用中心、优酷应用中心等。

---

① 中研普华：《国内应用分发市场时隔半年再迎变局》，载 http://www.chinairn.com/news/20140114/145203486.html，最后访问日期为 2019 年 9 月 24 日。

② 倪明：《移动应用分发市场已趋于成熟期》，载《广州日报》2016 年 12 月 24 日第 A10 版金融。

③ 张兰兰：《移动应用分发市场四巨头之争》，载《中国信息化周报》2016 年第 25 期。

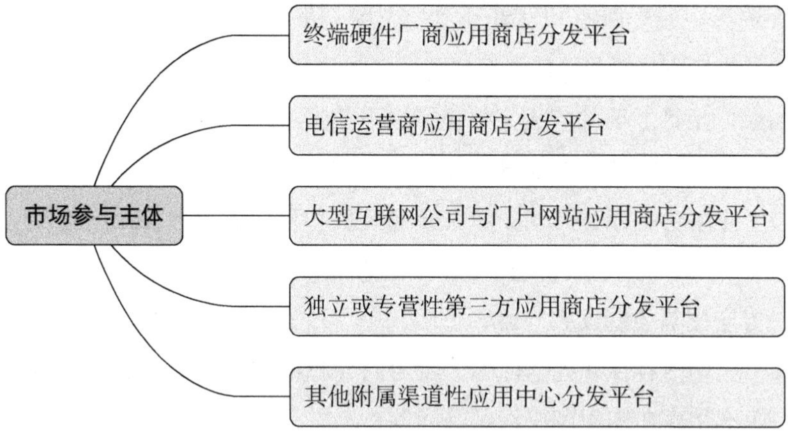

图 8

应用分发市场的商业模式，主要是应用开发者通过应用市场向用户进行推广，用户下载、使用该应用，并支付注意力或者金钱作为对价，应用市场经营者与开发者分享由此获得的直接或间接收益。如图 9 所示：

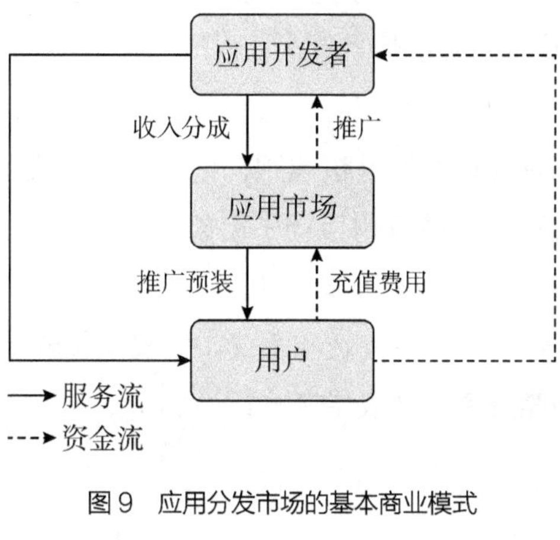

图 9　应用分发市场的基本商业模式

应用市场本质上也具有双边平台市场的属性，其连接的应用开发者群体和用户群体的数量越多，市场的黏性就会越高，供用户选择的应用也越多，用户选择的可能性就越大。对于有影响力的应用市场而言，如果其已经积聚了较多的用户数量，应用的开发者就会更加依赖该应用市场。应用市场如果拒绝上架其开发的应用，开发者的利益就会受到减损。但是，应用市场并不是毫无选择地接受所有开发者开发的应用，每个应用市场都有各自的“开发者协议”或者审核规则，其中都包含了各类应用市场拒绝的应用要求。各“开发者协议”拒绝上架的应用主要包括以下情形：①

（1）缺少一些基本的信息，如 App 的名称重复，缺少资质等；

（2）应用功能存在问题，如 App 缺乏完整度、兼容性，无法正常运行等；

（3）应用含有欺诈性的内容，或者未经用户许可默认安装或默认勾选安装第三方应用等强制安装内容；

（4）应用内容存在色情内容、暴力内容或反政治、反科学等内容；

（5）应用存在知识产权纠纷等问题；

（6）应用存在不安全因素，如带有病毒、恶意吸费、侵犯隐私、带有恶意软件扫描工具等；

（7）开发者行为不当，如存在恶意刷榜、重复提交、私自破解、发送垃圾信息或者邮件有网络钓鱼行为，开发者重复提交结构、功能、内容相似的应用或者尝试进行查找、跟踪、关联、挖掘、获得或利用玩家 ID、别名以及通过 Game Center 获得的其他信息等；

（8）其他违法、违规情形。

各个应用市场的这些上架审核规则，都代表了一定的价值取向和要求，不合格的应用将无法在这些应用市场中上架，或者将被下架。现实生活中，人们并不会指责或者质疑这些审核规则的中立性，但有时候，对这些规则的解释和实际应用会带来一些分歧和争议。在我国影响较大的事件就是 App Store 对部分应用下架遭受到的反垄断投诉。

---

① 参见“华为应用搜索指南”，载 https://developer.huawei.com/consumer/cn/devservice/doc/50104；“小米应用商店审核规范”，载 https://dev.mi.com/docs/appsmarket/auditing&evaluation/auditing_criterion/；“360 开发者平台审核规范”，载 http://dev.360.cn/Wiki/2-1.html；“Apple Store 审核指南”，载 https://developer.apple.com/cn/app-store/review/guidelines/；应用宝“应用上架规则”，载 https://wiki.open.qq.com/wiki/%E5%BA%94%E7%94%A8%E4%B8%8A%E6%9E%B6%E8%A7%84%E5%88%99。最后访问日期为 2019 年 9 月 24 日。

（三）App Store 应用下架的反垄断投诉

近年来，苹果公司的盈利增长点逐渐转向了基于存量设备的应用服务，通过 App Store 向应用程序开发者收取 30% 的苹果税。App Store 盈利增长迅速，屡创新高。2015 年到 2016 年，App Store 的盈利增长率为 40%，达到了 85 亿美元，2017 年 6 月底的报道显示，App Store 上半年为苹果公司盈利达 49 亿美元。由于苹果手机主要采用闭源政策，需要有应用程序开发者专门为苹果手机开发应用软件。为苹果手机开发的应用，不能在安卓系统上运行。但 2017 年，中国大陆有大量为苹果手机专门编写的应用被下架，再加上高额的苹果税，引起了广大开发者的不满，于是向主管部门进行了投诉，认为苹果公司滥用了市场支配地位，包括拒绝交易、差别对待、附条件交易即搭售、定价过高等内容。[①]在美国，消费者也针对高额的苹果税提起了反垄断诉讼。[②]在欧盟，Spotify 也提起了针对苹果的反垄断诉讼，指控 iPhone 制造商正在通过其在 App Store 上执行的规则损害消费者的选择并扼杀创新。Spotify 的首席执行官丹尼尔·艾克（Daniel Ek）表示，如果 Spotify 支付了苹果税，其音乐产品价格就会飙升从而“远远高于 Apple Music 的价格”。但如果不付钱，苹果就会采用“一系列技术和体验限制措施”来降低 Spotify 的用户体验。艾克还指出，苹果“经常阻止我们的体验增强升级”，包括将 Spotify 和其他竞争对手锁定在 Siri、HomePod 和 Apple Watch 等苹果服务中。[③]

在我国，苹果公司强制下架部分 App 是反垄断举报的重要内容之一。根据国内 App Store 排名优化服务平台 ASO100 的数据显示，2017 年 2 月，中国区就有超过 15 万款应用被下架，仅在 2 月 9 日就有近 1.5 万款软件被下

---

① 《苹果在国内首遭反垄断举报》，载 http：//www.xinhuanet.com/tech/2017-08/10/c_1121459078.htm，最后访问日期为 2018 年 6 月 7 日。

② Supreme Court Rules Against Apple，As Kavanaugh Sides With Liberal Justices，see https：//www.npr.org/2019/05/13/722831702/supreme-court-rules-against-apple-as-kavanaugh-sides-with-liberal-justices（Last visited on May 8，2019）.

③ Spotify files antitrust complaint over ‘Apple tax’，see https：//www.theverge.com/2019/3/13/18263453/spotify-apple-app-store-antitrust-complaint-ec-30-percent-cut-unfair，（Last visited on May 15，2019）.

架。2017 年 6 月 1 日至 20 日，苹果公司共下架应用 89205 个，占总应用量 4% 左右。2017 年 6 月，苹果中国曾回应称，对 App 下架并非只是针对中国。为了确保提供最优秀的 App 和游戏，同时也为了保障用户的安全，App Store 会评估并移除不能在 App Store 上发挥作用、年代久远或是不符合审核规定的 App。[①] 关于下架的依据，苹果公司主要是依据《开发者协议》第 3.2（f）条款的规定。[②]

苹果下架 App 事件中的确存在很多可以探讨的问题，其中有不少问题涉及对公平和中立的探讨。例如，《开发者协议》的条款是否足够清晰透明，从而使得开发者能够在接收到下架通知时确定其运行的应用是如何违反《开发者协议》的？软件开发者是否有适当的救济途径，从而使得其申诉能够得到及时、妥善的处理和回应？对于下架部分 App 的程序，苹果公司的做法是典型的“通知—删除”模式，即只要有权利人投诉，不管该权利通知是否合格、有没有足够有效的权利证明（有时候境外的权利人甚至不需要提供任何权利证明），苹果就会对开发者的应用软件实施下架，这样的做法是否过于简单粗暴并且形成了差别对待？开发者提供的服务被课以 30% 的苹果税后成本将远远高于苹果提供的同类服务怎么办？等等。这些问题在很大程度上涉及作为

① 《苹果回应 App 下架原因：保用户安全并非针对中国开发者》，载 https://www.ali213.net/news/html/2017-6/303975.html，最后访问日期为 2018 年 6 月 7 日。

② 3.2（f）You will not, directly or indirectly, commit any act intended to interfere with the Apple Software or Services, the intent of this Agreement, or Apple's business practices including, but not limited to, taking actions that may hinder the performance or intended use of the App Store, B2B Program, or the Program（e.g., submitting fraudulent reviews of Your own Application or any third party application, choosing a name for Your Application that is substantially similar to the name of a third party application in order to create consumer confusion, or squatting on application names to prevent legitimate third party use）.

3.2（f）你不得直接或间接地采取任何旨在干扰 Apple 软件或服务、本协议的意图或 Apple 的商业惯例的行为，包括但不限于采取可能阻碍 App Store、B2B 计划或本计划的执行或预期用途的行为（例如，为您的应用或任何第三方应用提交虚假评论、选择和第三方应用类似的名字以混淆用户的视听，或占据其他应用的名字来防止合法的第三方使用）。

参见《苹果审核变严，众多 App 止步苹果开发协议第 3.2（f）条》，载 https://www.jianshu.com/p/c7d03370ec04，最后访问日期为 2019 年 3 月 5 日。

格式条款的《开发者协议》是否公平合理、是否中立透明、是否对部分开发者进行了不适当的对待，但苹果事件到底能不能在《反垄断法》框架下展开讨论，仍然需要仔细探讨，这同样要回到反垄断法分析的起点，从相关市场的界定和对苹果公司市场力量的评估开始。

在针对苹果下架 App、提取高额苹果税等行为的“举报函”中，举报者认为苹果公司构成了滥用市场支配地位的行为，违反了《反垄断法》。举报者认为，苹果公司相关行为所涉及的相关市场是“iOS 系统下的智能终端应用程序销售平台”，在这个市场中，苹果公司显然具有全部的市场份额。而与之对立的观点是，相关市场是智能终端的硬件市场，因为应用程序分发市场是智能终端硬件的一个组成部分。在这样的市场上，苹果的终端硬件设备用户数量的份额还不到 20%，要判定其具有市场支配地位而适用反垄断法非常困难。

“举报函”将相关市场界定为“iOS 系统下的智能终端应用程序销售平台”，理由有三：

（1）从需求替代方面考虑，苹果智能终端的价格在同类产品中是非常高的，消费者要更换 iOS 系统就必须要更换硬件；苹果智能终端对消费者构成了很强的锁定效应，尤其是在中国市场中形成了特点鲜明的消费偏好；苹果智能终端只能使用 iOS 系统，且消费者在购买时很清楚自己的选择将导致无法使用 iOS 系统之外的其他操作系统；苹果智能终端对消费者在社交属性方面还产生了很强的直接网络外部性，如果消费者放弃苹果产品，可能失去很多社交方面的积累性和便利性，这是使用其他操作系统的智能终端无法弥补的。这样某个应用程序如果在苹果的 App Store 下架，消费者不会为了使用这个特定的应用程序从而更换硬件设备。

（2）从供给替代方面考虑，应用程序的开发者从事 iOS 系统下的应用程序开发，需要独立的开发团队，一旦他们的应用程序在苹果的 App Store 下架，这些开发者失去的 App Store 的市场份额，永远无法从安卓系统或者其他系统的应用市场中弥补。

（3）从价格传导方面考虑，如果安卓系统或者其他系统的应用市场与苹果的 App Store 的应用市场彼此具有可替代性的话，那么苹果 App Store 对打赏抽成30%的苹果税的新政实施后，该交易价格的变化势必传达到安卓系统的应用市场，但事实并非如此。

基于这些理由，尽管举报一方认可“App应用程序销售平台并不是独立存在的，其必须依托于一定的智能终端操作系统才能运行，而对于购买了智能终端产品的消费者来讲，App应用程序又是其必需的次级产品”，但最终仍然认为“二者之间的这种紧密关系表明，App应用程序销售平台是典型的售后市场”。

对于App Store而言，在下架App事件上的确存在一些问题。例如，《开发者协议》的条款是否足够清晰透明，从而使得开发者能够在接收到下架通知时确定其运行的应用是如何违反《开发者协议》的？软件开发者是否有适当的救济途径，从而使得其申诉能够得到及时、妥善的处理和回应？对于下架部分App的程序，苹果公司的做法是典型的“通知—删除”模式，即只要有权利人投诉，不管该权利通知是否合格、有没有足够有效的权利证明（有时候境外的权利人甚至不需要提供任何权利证明），苹果就会对开发者的应用软件实施下架，这样的做法是否过于简单粗暴？等等。这些问题在很大程度上涉及作为格式条款的《开发者协议》是否公平合理、是否中立透明、是否对部分开发者进行了不适当的对待。但“举报函”在相关市场界定中的需求和供给替代的分析也存在一定的问题：对于苹果公司而言，使用App的消费者和提供App的企业都是其用户，苹果公司才是通道服务的供应者；此外，关于主产品和后续被锁定产品的关系特别值得探究。无论如何，将相关市场界定为单一品牌的产品，只能是少数极端情况。①

关于App Store相关市场的讨论仿佛又将我们带回到了1992年柯达案中将单一品牌产品界定为独立的相关市场的那场争议②：柯达的设备是主产品，而其零部件在第一次销售的时候属于主产品设备的一个部分，并不是一个独立的产品；但当主设备销售完成需要更换零件的时候，零件就成了独立销售

① ［美］赫伯特·霍温坎普：《联邦反托拉斯政策：竞争法律及其实践》（第三版），许光耀等译，法律出版社2009年版，第99页。

② Eastman Kodak Co. v. Image Technical Services，Inc.，504 U.S. 451（1992）.

的产品。柯达公司不愿意将仅仅适用于柯达设备的零件卖给非柯达公司开设的维修点，在判断柯达公司是否具有市场支配地位的时候，就涉及三个产品：设备（主产品）、零部件和维修服务（后续形成并被锁定在主产品品牌上的产品）。那么，到底后续形成的该品牌产品能否形成一个独立的产品市场，而不是依附于在先的主产品所形成的市场呢？

柯达案是罕见的将相关市场界定在单个品牌市场的案件。联邦最高法院的多数意见认为，柯达公司在自己生产的洗相机的配件产品市场上可能拥有巨大的市场力量，尽管其在主产品洗相机上并无市场力量：柯达公司的洗相机在洗相机市场的市场份额为20%—23%。但是斯卡利亚大法官在异议中，根据完全竞争/完全信息模型，认为对于耐用品生产商而言，如果其销售的主产品市场是竞争性的，那么其不可能在自己的配件市场上拥有巨大的市场力量，因为如果对配件索要高价，客户就会去购买其他主产品。

赫伯特·霍温坎普对主产品和后续产品方面的争议进行了总结：如果企业已经在主产品市场上拥有垄断力量，那么在配件市场上是否拥有垄断力量，就需要进行“杠杆”或者排他性分析；而如果主产品是竞争性的，企业能否因为锁定而在配件产品市场上具有支配地位就是更复杂的问题了。如果主产品是耐用品、其配件或者服务具有独特性，同时消费者要从这种主产品抽身的成本很高，并且具有某种“意想不到”的因素，即消费者不大了解后续市场的配件或者服务是昂贵的时候，才有可能出现这种情况。[①]

在一个运行良好的市场上，如果消费者拥有充分的信息，这种锁定效果就不会发生，因为消费者会把汽车和以后的维修服务打包考察，这样，在考虑购买主产品的环节不同厂商之间的竞争就完成了，后续形成的产品和服务就不存在考虑竞争关系的问题。而相关市场划定的目的就是考察竞争关系，评估厂商市场力量的环节放在主产品市场上就可以了。

但现实生活中，初始竞争往往并不完全，后续产品的价格和成本并不确定，消费者也无法知晓，甚至在购买主产品的时候，可能都没有意识到后续

① ［美］赫伯特·霍温坎普：《联邦反托拉斯政策：竞争法律及其实践》（第三版），许光耀等译，法律出版社2009年版，第99—106页。

产品的价格成本问题；或者在消费者购买主产品之后，厂商的经营策略发生了改变，从而提高了后续产品的价格等。一般来说，反垄断法的目标是（与该市场的性质和结构相符合的）竞争性的价格和产出。但在集中性的耐用品市场上，竞争必定是不完全的，这里的问题又变成了多大程度的偏离是可以容忍的？这时候，问题考虑的范围可能就渐渐从“反托拉斯”转到了“消费者保护”，[①]或者说是“用户保护”的问题上。

① ［美］赫伯特·霍温坎普：《联邦反托拉斯政策：竞争法律及其实践》（第三版），许光耀等译，法律出版社2009年版，第99—106页。

第三章 典型案例

一、欧盟委员会处罚谷歌案[①]

在搜索引擎领域，近年来最引人注目的就是Google在欧盟被提起反垄断诉讼了。

Google的商业模式是基于其免费提供的在线产品和服务与其在线广告服务之间的互动，从而产生其主要收入来源。谷歌的旗舰在线服务是其通用的搜索引擎Google搜索，可通过Google在美国的主要网站（www.google.com）或通过本地化的网站访问。谷歌还支持某些第三方网站的搜索功能。Google搜索允许用户通过互联网搜索信息。Google搜索包括静态设备（个人电脑和笔记本电脑）和移动设备（智能手机和平板电脑）。虽然用户界面可能因设备类型而异，但底层技术本质上是相同的。

当用户在Google搜索中输入关键字（“查询”）时，Google的常规搜索结果页面将回复其不同类别的搜索结果，包括通用搜索结果和专门搜索结果。此外，Google搜索可能会向搜索用户提供第三类结果，即在线搜索广告。

① COMMISSION DECISION of 27.6.2017 relating to proceedings under Article 102 of the Treaty on the Functioning of the European Union and Article 54 of the Agreement on the European Economic Area [AT.39740–Google Search (Shopping)].

当用户输入查询时，Google 的程序本质上运行两套算法：通用搜索算法和专门搜索算法。Google 的通用搜索算法被设计为对包含任何可能内容的页面进行排序。Google 将这些算法应用于所有类型的页面，包括竞争对手的专门搜索服务网页。而专门搜索算法则“专门针对特定类型的信息识别相关结果进行优化”，如新闻、本地企业或产品信息。这两组算法的结果——通用搜索结果和专门搜索结果——一起出现在 Google 的一般搜索结果页面上。

通用搜索结果通常以蓝色链接的形式出现在 Google 常规搜索结果页面的左侧，并按照其“网络排名”的顺序使用简短摘录。通用搜索结果可以链接到互联网上的任何页面，包括与 Google 专门搜索服务相竞争的专门搜索服务的网页。通用搜索结果的交付涉及三个自动化过程——抓取、索引和服务。抓取是 Google 发现新的和更新的网页的过程；索引是对网页及其内容进行编目并添加到 Google 索引的过程；服务是指当用户输入查询时，程序会检查与查询匹配的网页的索引，确定其与查询的相关性，并将结果“提供”给用户。在通用搜索结果中，Google 不会向被收录网站索要费用，也不会接受任何允许网站在这些结果中排名更高的付款。

Google 的搜索结果中除了通用搜索结果，还有广告内容：为了回应用户对 Google 搜索的查询，Google 的一般搜索结果页面也可能会提供来自 Google 基于拍卖的在线搜索广告平台 AdWords（“AdWords 结果”）的搜索广告。AdWords 的结果不限于特定类别的产品、服务或信息。它们通常显示在通用搜索结果上方或下方的一般搜索结果页面上，并以标签的形式通知用户其性质为广告（如“广告”）。AdWords 的结果可由任何广告商购买，且不限于广告客户。

Google 还提供专门搜索服务：在大多数情况下，专门搜索结果显示具有吸引力的图形，如大型图片和动态信息。特定类别中的专门搜索结果被定位在 Google 称为“普遍性”或“单一框”的集合内。在大多数情况下，这些搜索结果位于通用搜索结果之上，或者位于第一个搜索结果之上。Google 运营多种搜索服务，可以将其描述为“专业化”或者“专门化”的搜索，因为特定类别的产品、服务或信息（如“Google 购物”“Google 财经”“Google Flights”“Google Video”等）除了在“通用”或“单一框”中返回结果，用户还可以通过 Google 搜索结果页面顶部显示的菜单类型链接访问。Google 的某些专门搜索服务基于付费收录。第三方网站必须与 Google 达成协议才能列入此类专门搜索服务的搜索结果中。在大多数情况下，这样的协议规定了基于按点击付费系统的付款，如 Google 购物就是这种情况。

Google 的比较购物服务是 Google 的专门搜索服务之一。作为对查询的回应，它从商家网站返回产品报价，使用户能够对不同价格进行比较。Google 于 2002 年 12 月推出了“Froogle”，一个独立运行的网站。并于 2007 年 4 月更名为“Google Product Search”，随后在独立的 Google 产品搜索网站上推出了专用“Product Universal”。2012 年 5 月，Google 将 Google 产品搜索更名为“Google Shopping”，并改进了 Product Universal，将其更名为“Commercial Unit”，然后又更名为“Shopping Unit”。与此同时，Google 也将其比较购物服务（独立网站和环球网站）的商业模式转变为“付费收录”模式。Shopping Unit 中的结果还会将用户直接引导至 Google 商家合作伙伴的网页，供用户购买相关商品。Shopping Unit 和独立的 Google Shopping 网站于 2012 年 5 月首次在美国推出，并陆续在各国和地区推出。

除了以上三类产品之外，Google 还提供其他产品和服务，如提供 Android 开源操作系统、Google Play 浏览器和 Google Chrome、Gmail，网络地图服务 Google Map、Google 云端硬盘以及影片分享网站 YouTube 等。Google 还销售数字媒体播放器 Chromecast、笔记本电脑 Chromebook、智能手机和平板电脑的 Google Nexus 等硬件产品。

Google 对待自己的比较购物服务与对待其他企业的比较购物服务不同：一旦用户发起搜索请求，谷歌自己的比较购物服务结果就会出现于谷歌通用搜索结果首页的高度醒目的位置，处于搜索结果的第一位或者前几位；并且不受算法调整机制的影响。2011 年 12 月，Google 被投诉，随后欧盟委员会对其进行了调查。

欧盟委员会认为，案件涉及的相关市场包括通用搜索服务市场和比较购物服务市场，Google 在通用搜索服务市场上具有支配地位。Google 滥用市场支配地位的行为主要体现为在谷歌的通用搜索结果页面中，与其他比较购物服务相比，谷歌自己的比较购物服务的定位和展示更有利。

这涉及为了实现搜索结果排序的算法（algorithm）。为了响应查询对通用搜索结果进行排名，Google 使用了算法。Google 特别依赖于一种名为 PageRank 的算法，它是“一种客观和机械地对网页进行评级的方法，有效地衡量了人们对它们的兴趣和关注”。PageRank 本质上是基于网页的数量来度量网页的重要性和链接的质量，该网页的基本假设是，更重要的网站可能会从其他网站获得更多的链接。Google 会对 PageRank 的结果应用各种调整机制，以提高通用搜索结果在其一般搜索结果页面上的相关性。PageRank 和调整机制一起决定了 Google 常规搜索结果页面上通用搜索结果中网页的排名。这些调整机制主要就是通过使用特别算法（dedicated algorithms）来自动识别和降级不符合其网站管理员指南的网站。2011 年，Google 为英文查询引入熊猫算法（自 2014 年 5 月以来，被称为“Panda 4.0”），旨在“降低低质量网站的排名，这些网站对用户而言附加值低，从其他网站或网站复制内容并不是很有用。同时，对于研究、深度报道、周到分析等原创性内容和信息的高质量的网站，将提供更好的排名”。如果说“抄袭或复制原始网站内容的网站”更容易收到不好的评价，那么显然，比较购物服务由于其固有的特性就很容易被熊猫算法降级。但是，Google 自己的比较购物服务不受影响。

欧盟委员会认为，谷歌的行为降低了从谷歌通用搜索结果页面导向竞争性比较购物服务的流量，提高了从谷歌通用搜索结果页面导向谷歌自己比较购物服务的流量。基于独立的第三方公司评估和欧盟委员会基于 Sistrix 数据的分析发现，2010 年 8 月 2 日至 2016 年 12 月 2 日，大部分最为重要的比较购物服务，它们的流量以及在谷歌通用搜索结果页的可见度有如下变化：（1）峰值出现在 2010 年底和 2011 年初；（2）熊猫算法在欧洲经济区国家推出后，突然下跌；（3）事后没有出现持续性的恢复。2017 年 6 月，谷歌因滥用搜索引擎市场支配地位，损害比较购物服务市场竞争，被欧盟委员会处以 24.2 亿欧元的罚款。

Google 案的一个最为明显的特征是将所谓的“搜索中立”问题进一步深入到了“算法中立”的层面。在搜索领域，算法决定了搜索结果的最终排序，而在更为广阔的领域，算法是一种结构性的决策过程。搜索引擎总是要使用特定的算法来对其搜索结果进行排序，完全中立、无偏私的搜索是不可能实现的，算法设计者总会对其施加种种限制和约束。然而，作为具有市场支配地位的搜索引擎，其算法不是针对所有企业一视同仁，而仅仅针对自己的竞争对手，就容易引起反垄断法的干预。这时的中立要求，也就转换成了非歧视的要求。

二、从 API 中立的角度看微软讼案①

微软公司是世界知名的信息企业，其旗下的电脑操作系统占据了全球大部分市场。微软的垄断由来已久：1993 年，美国司法部接到其他软件公司投诉，开始对微软进行调查。1995 年微软推出了 Windows 95 操作系统和 IE 2.0 浏览器，并将二者捆绑销售。1997 年，美国司法部对微软的非法捆绑销售行为进行指控。1998 年 5 月，美国司法部向联邦法院提出起诉。1998 年 10 月，微软反垄断案正式立案。美国司法部对微软的指控包括：限制修改电脑启动程序及启动屏幕；试图与网景公司瓜分浏览器市场；捆绑销售浏览器软件等。1999 年 11 月，联邦法院法官杰克逊初步认定微软有垄断市场的行为。表现为微软利用其操作系统的高市场占有率排斥了其他竞争对手，垄断了个人电脑市场；通过威胁网景、苹果及英特尔公司阻碍科技创新，形成了垄断，侵犯了消费者的正当权益；捆绑销售浏览器和操作系统；与销售商订立排斥性销售契约等。2000 年 4 月，杰克逊法官认定微软将浏览器与视窗捆绑销售违反了《谢尔曼法》关于禁止合谋限制贸易行为的规定，微软滥用其在计算机操作系统的垄断地位，违反了《反托拉斯法》。法院对于微软捆绑销售行为的最后裁决是将微软分割为两个公司，一个专营电脑操作系统，另一个经营除操作系统外的其他业务，包括浏览器、应用软件等，以防止微软利用其计算机操作系统的垄断地位进行不正当竞争。微软的垄断问题与 API 的使用紧密相关。

操作系统执行许多功能，包括分配计算机存储器和控制诸如打印机或者

① United States of America，Appellee v. Microsoft Corporation，Appellant，253 F.3d 34（D.C. Cir. 2001）.

键盘之类的外围设备，这是通过向软件开发人员提供执行某些广泛使用的功能的例程或协议来实现的。这就是应用程序编程接口或“API”。API 代码的特定顺序使应用软件可以在微软平台上运行，并且使用操作系统的内置功能来完成一定的基本工作。API 的作用可以概括为：没有获得 API 的授权就无法编写与视窗完全兼容的软件。Windows 系统包含数千个 API，可控制从数据存储到字体显示的所有内容。

微软将视窗与浏览器捆绑销售的核心技术手段就是应用软件编程接口，即 API。每个操作系统都有不同的 API。因此，如果开发者为一个操作系统编写了应用程序，然后想将该应用程序出售给另一个操作系统的用户，就必须对该应用程序进行修改或将其“移植”到另一个操作系统中。这个过程既耗时又昂贵。微软维护视窗垄断地位的最有效方式是阻止第三方软件开发商进入 Windows 的应用软件编程接口。由于 Windows 已经抢占了市场的最初优势并形成了垄断，市场上如果有其他的竞争者想挑战 Windows 的垄断地位，就要先在 Windows 的应用市场上积累用户群。而积累用户群的最有效方式是开发出足够多的应用软件。只有具备了方便的应用软件，新的操作系统才能吸引更多的用户，从而逐步占领市场份额。微软应对这些竞争者，做出的策略是拒绝开放 API 授权。一旦无法使用视窗的 API 来实现基本功能，竞争对手的软件就无法在 Windows 计算机上正常运行，也就无法在 Windows 的任何应用市场上立足。这就形成了所谓的“应用程序进入壁垒”（applications barrier to entry）。

而“中间件”是指公开自己的 API 软件产品。因此，为 Windows 编写的中间件产品可以接管部分或全部 Windows 有价值的平台功能——开发者可能开始依赖中间件公开的 API 来实现基本例程，而不是依赖于 Windows 中包含的 API 集。如果中间件是为多个操作系统编写的，其影响可能更大。开发者对这些中间件披露的 API 的依赖越多，向其他操作系统进行移植的成本就越低。最终，如果开发者只依靠中间件披露的 API 就可以编写应用程序，那么其应用程序就可以运行于任何包含该中间件的操作系统。网景浏览器（Netscape Navigator）和 Java 语言都是针对多个操作系统编写的中间件产品。成功的中间件会侵蚀应用程序进入壁垒。但是法院认为中间件在可预见的未来不会披露足够数量的API来侵蚀应用程序进入壁垒。

这样，在相关市场[①]上具有95%以上的市场份额的微软，再加上应用程序进入壁垒，被认定为具有市场支配地位。接下来，法院认为，微软进行各种排他性行为来维持其垄断，阻碍销售和使用微软的竞争性产品，违反了《谢尔曼法》第2条规定。

微软向OEM授权Windows的协议中有一些强制的条款，有助于降低网景浏览器的使用份额，从而维护微软在操作系统市场中的垄断。法院指出，浏览器的使用份额非常重要。网景浏览器作为中间件产品，必须拥有足够数量的用户才能吸引软件开发人员基于其公开的API（而非Windows披露出的AIPs）编写的应用程序。而针对该浏览器APIs编写的应用程序可以在具有该浏览器的任何计算机上运行，而不管底层操作系统如何。这样，尽管多数时间只能在Windows系统上运行，但网景浏览器已经被建立成一个新的平台。[②]如果消费者只需在他的计算机上安装网景浏览器，无论其使用何种操作系统，都可以访问他想要的应用程序，那么他就没必要一定要选择Windows来获取这些应用程序；他可以只根据质量和价格来选择其他操作系统。而微软让OEM在计算机上预安装IE浏览器就有效地阻止了许多OEM厂商推广IE浏览器以外的浏览器，这使得开发者只能专注于Windows中的API，而不是网景浏览器公开的API。微软与互联网内容提供商、独立软件供应商和苹果计算机的排他性交易通过类似的方法限制了竞争对手的浏览器销售。法院认为这具有反竞争效果。

在微软讼案发生的当时，并没有明确的网络中立或者API中立一类的要求，但毫无疑问，微软公司在遭遇反垄断诉讼之前一直采取的是闭源政策，并一直通过限制其他中间件产品与Windows系统相连，而促进自己的IE浏览器发展。其基本立场是封闭的、非中立的。由于API所引发的竞争问题，

---

① 相关市场被定义为“全球范围内授权给所有与英特尔兼容的个人电脑兼容的操作系统”市场（the licensing of all Intel-compatible PC operating systems worldwide）。

② ［英］查尔斯·亚瑟：《数字战争：苹果、谷歌与微软的商业较量》，余淼译，中信出版社2013年版，第21页。

最终是通过反垄断法来进行规制，通过界定相关市场，认定主体在市场上具有支配地位，并滥用了这一市场力量来对反竞争行为进行调整。通过这次反垄断诉讼，微软也的确逐渐改变了以往严格的闭源政策：在与司法部的和解协议中，微软同意公开某些必要的技术信息和源代码，使得软硬件的生产商可以生产在Windows系统下运行的设备或者软件。微软避免了被拆分的命运，但是也不得不接受成立一个外部三人专家委员会，委员会成员可以完全监督微软的源码、记录和系统。判决还要求微软各部门在应用程序编程接口 API 设立“中国墙”[①]，并认为如果某部门为微软内部的另一部门开发 API，就必须做到也可以为公众获得。这种“中立性的”举措可以防止通过利用公司内部秘密的或私有的 API 增强微软产品实力，牺牲竞争者利益。该裁决有效期 10 年，即到 2011 年 11 月到期，但实际上因为微软表现良好，该裁决执行到 2011 年 6 月就宣告终止了。[②]

三、亚马逊在线市场的中立要求[③]

亚马逊是一家国际销售和服务公司，其母公司是“Amazon.com Inc.”，总部位于美国西雅图。亚马逊是美国最大的网络电子商务公司，也是网络上较早开始经营电子商务的公司之一。它不仅是零售商，还是市场平台、物流和递送网络、支付和信贷服务提供者、拍卖行、主要的出版商、影视节目制作者、时尚设计者、硬件制造者和领先的云服务平台。该集团的营业额多年来

① 中国墙（Chinese Wall），原来指投资银行部与销售部或交易人员之间的隔离，以防范敏感消息外泄，从而构成内部交易。

② [英] 查尔斯·亚瑟：《数字战争：苹果、谷歌与微软的商业较量》，余淼译，中信出版社 2013 年版，第 24 页。

③ See Case summary: Amazon amends its terms of business worldwide for sellers on its marketplaces–Bundeskartellamt closes abuse proceedings, at https://www.bundeskartellamt.de/SharedDocs/Entscheidung/EN/Fallberichte/Missbrauchsaufsicht/2019/B2-88-18.html; jsessionid=173FA1A71CC7B2366FB2889992402BEB.1_cid371?nn=3591568，(Last visited on December 2，2019)；曾雄：《互联网电商平台的反垄断问题分析——基于欧盟对亚马逊 MFN 条款的处理》，载《学苑》2018 年第 12 期。

一直保持着显著的增长，2018 年全球营业额约达到 1980 亿欧元，其中约 410 亿欧元来自欧洲，约 170 亿欧元来自德国。德国是亚马逊在美国以外最重要的市场，其德国网站 Amazon.de 的销售额仅次于美国网站 Amazon.com。亚马逊的销售额主要来自在线产品零售业务（亚马逊零售）。亚马逊还从其服务中获得收入，即提供在线市场服务（第三方部分卖家的费用和佣金）、在线云服务（AWS= 亚马逊网络服务）和流媒体服务（订阅服务）。

亚马逊是在全球经营一般商品的在线市场。虽然所有市场的运作方式基本相同，但相应客户市场的条款和条件因地区而异。消费者免费使用亚马逊在线平台市场。通过支付统一费率的金额（Prime），客户有权获得在市场上购买的特殊客户服务（特别是免费送货）以及其他服务（如流媒体服务）的更好条款和条件。而平台上的卖家则根据所销售的商品类别支付销售佣金（通常为 15%），在某些情况下，还需支付使用市场的费用。

类似于我国的京东，亚马逊在线平台市场上的卖家包括两类：一类是亚马逊自己，既是在线平台市场的经营者，同时也是该平台上最大的卖家；另一类是众多的在平台上销售产品和服务的第三方卖家。在德国亚马逊（Amazon.de），有 40%—45% 的销售额是由亚马逊自己的零售业务实现的，超过 30 万的第三方卖家占了 55%—60% 的销售额。从 Amazon.de 上第三方卖家的销量来看，德国卖家占 60%—65%，非欧洲卖家占 20%—25%，其他欧洲国家卖家占 10%—15%，奥地利卖家不到 2%，卢森堡卖家更少。

由于亚马逊自己既是平台的经营者，又是平台上最大的卖家，因此与其他第三方卖家相比，平台经营者亚马逊对自营业务和第三方卖家业务的态度不可避免地存在偏差。

早在 2013 年，英国公平贸易局和德国联邦卡特尔局曾经就亚马逊定价政策展开调查。德国对亚马逊平台市场上的 2400 名第三方经销商进行了调查，这些经销商在该平台上可直接向庞大的亚马逊用户群出售产品，但是作为交换条件，经销商必须遵守亚马逊的政策。德国联邦卡特尔局认为这限制了第三方经销商的自由。最后，亚马逊于当年 8 月修改了针对第三方经销商的定价政策，不再禁止经销商在其他地方以更低价格销售商品。

2018 年，亚马逊在德国市场上永久冻结了超过 25 万个卖家账户，并暂时冻结了3万多个账户。2018年11月，德国联邦卡特尔局在接到卖家大量投诉后，针对亚马逊发起了关于滥用支配地位的行为的调查，审查其在德国在线市场Amazon.de上对卖家的业务条款和做法，即该公司是否滥用市场支配地位来设定非法合同条款从而妨碍了德国在线市场上的公平竞争。

由于亚马逊一开始表示愿意与德国联邦卡特尔局合作，因此，德国联邦卡特尔局没有对亚马逊德国市场的市场支配地位和市场力量问题进行深入调查，也没有公布最终相关的法律评估。不过，在市场界定方面，德国联邦卡特尔局倾向于认为相关的产品市场是在线市场服务（online marketplace services）市场，该市场的相关服务构成了一个双边市场（two-sided market）。该市场同时服务于希望销售其商品的卖家（卖家/制造商）和希望购买商品的用户（终端用户）。亚马逊作为用户访问的“守门人”非常重要，因为它拥有庞大的用户群，其中一些客户主要或专门使用亚马逊市场进行购买。根据行业协会特别发表的研究报告，德国远远超过40%的在线销售额是通过Amazon.de市场实现的。

德国联邦卡特尔局列举了亚马逊商业条款中存在争议的条款和卖家的主要投诉点，亚马逊最终承诺对现状进行调整和修改。投诉点和修正内容主要包括如下情况：

1.条款的透明度和合同修订：第三方卖家很难在亚马逊平台上看到适用于他们的条件。商业条款有限的透明度和可搜索性并未被德国联邦卡特尔局视为一项具体的滥用指控，而是在审查其他方面时间接反对。现在，所有亚马逊的业务条款都可以通过BSA[①]中的超链接访问其所有计划指南。今后，合同和方案中的条件如有任何变动，将提前15天通知。此外，商家还可以书面形式接收来自亚马逊的通知。

2.法律和管辖权的选择：若卖家想要提出上诉，只能通过卢森堡的律师在卢森堡提起上诉，因为在欧洲市场上，卢森堡被视为亚马逊在商业范围内的唯一有管辖权法院。这将给卖方增加聘请卢森堡律师和翻译的费用，从而

① BSA是亚马逊与想在亚马逊上销售产品的企业以及想要访问亚马逊点击（Amazon Clicks）的卖家之间达成的协议。它也适用于销售合作伙伴API和事务处理服务。

阻碍市场卖家通过诉讼形式来维护自己的合法权利。另外，鉴于卢森堡法律的强制性适用，亚马逊可以用客观的理由证明这种排他性，即标准的法律条件应适用于欧洲所有亚马逊市场的卖家。现在，亚马逊在其市场业务条款（即BSA）和支付条款（APE）中都放弃了欧洲法院的专属管辖权。

3. 责任和免责规则：BSA中已经包含了一个非常全面的责任排除体系，从总体来看，卖家和第三方能够从亚马逊获得赔偿的概率较小。相比之下，该协议却规定了卖方应承担的广泛责任，其有义务赔偿第三方向亚马逊提出的任何索赔。这无疑会增加卖家的成本。卖家的自身利益得不到在线平台的积极保护，长此以往，卖家会丧失开店和销售的积极性。现在，条款中对卖方不利的现行责任排除和豁免规则将在欧洲得到极大的放松和平衡，它将更多地考虑到企业对企业（B2B）的欧洲最低标准。未来，亚马逊将因故意或重大过失以及违反主要合同义务而与卖方承担相同的责任。卖方的豁免义务将不再仅适用于被指控的侵犯知识产权或合同义务，而是只有在有具体迹象的情况下才适用。

4. 终止和冻结账户：在条款未修改之前，亚马逊保留立即终止或冻结与卖方的合同关系的无限权利，以及无正当理由立即冻结卖方支付账户的权利。未经通知就关闭卖家账户，不仅会打乱卖家的经营节奏，而订单未经查实就被取消也会让其损失不少营业额。现在，亚马逊会提前30天向商家发出通知，并说明将商家从其平台上下架的原因。如果发生特别终止（基于卖方声称的合法侵权行为）和冻结卖方账户的情况，亚马逊现在有义务通知卖方并提供采取此类措施的理由，除非这将有助于欺诈或帮助非法卖方了解公司的控制系统。

5. 产品信息的使用权和对等要求：原来第三方卖家必须授予亚马逊及其关联公司非常广泛的使用其产品资料（如产品图片、说明）的权利，并且该权利是不可撤销的。根据所谓的对等要求，他们还必须提供与其他销售渠道中使用的产品质量相同的高质量产品材料。这可能导致卖方被迫提供原本不应授予公司使用权的产品材料。如果有诉讼主体资格的第三方提出索赔，则卖方也有义务免除亚马逊的此类索赔。对等要求还可能使卖家难以在他们使用的其他销售渠道（即在自己的网上商店）中使用更高的质量或更具体的产品信息，最终难以从亚马逊商城中脱颖而出。现在，在产品信息的使用和对等方面，亚马逊将对产品材料使用权的授予作出更加明确和狭义的界定。权利的转让将限于卖方（原始或衍生的）财产权的期限，以及在亚马逊可能使用的内容。此外，未来将不再适用对等要求，将让制造商和销售商可以使自己的网站在质量方面更具吸引力，并防止由于跨销售渠道的标准化产品描述而对亚马逊商城产生潜在的更大的拉动作用。

6. 退货和报销：卖方抱怨说，即使是明显不合理甚至欺诈的客户退货或者市场运营商错误决定的其他后果，他们也必须承担所有费用。直到目前为止，亚马逊在决定是否接受亚马逊的退货（FBA）和要求客户提供 A–to–Z 担保退款方面拥有唯一和最终的权限。该条款让卖家处于很不利的位置，在某些情况下卖家可能承担额外的费用。赔偿义务的不对等和担保退款权限的缺位也极大地限制了卖家的生存能力。今后，在与亚马逊的内部关系中，将更多地考虑卖家的利益。例如，那些使用 FBA 的卖家现在可以要求退还亚马逊的商品，并在 30 天内反对亚马逊的报销决定。商家还可以对亚马逊关于谁应该承担退货和退款成本的决定提出上诉。在与卖家的内部关系中，亚马逊的“独家决定权”将不再是唯一的因素，但卖家可能有权从亚马逊获得赔偿。

7. 卖家评级和产品评论：在亚马逊商城，客户可以找到其他客户对卖家的许多评论（所谓的卖家评级）和产品的评论（所谓的产品评论或客户评论）。而在亚马逊市场上，卖家认为自己在卖家评级方面处于劣势，因为亚马逊本身并没有被评为卖家。他们抱怨说，由于卖家评分为负数（在网站、排名表和购买框上展示他们的报价），他们面临着不利的后果。而在亚马逊零售进行购买交易后，没有要求卖家评级。关于产品评论，卖家批评说，从外部供应商（即所谓的评论俱乐部）获得的对其产品的评论不再发布或从平台上删除，而亚马逊本身通过其“Vine”评级计划生成的评论仍在继续发布。虽然评审员没有直接得到报酬，但他们可以免费得到测试产品。且“Vine”计划以前只提供给所谓的供应商（即亚马逊零售的供应商），市场卖家处于严重的不利地位。德国联邦卡特尔局认为滥用、虚假和操纵性地使用客户评论的风险相当大，这对客户和竞争对手都不利。亚马逊表示以后将更公平地呈现客户评论。亚马逊将立即向拥有品牌名称的市场卖家或品牌名称所有者的代表提供

Vine 评级计划，并逐步增加必要的容量。亚马逊还将在欧洲推出“早期审查者”审查计划。在这里，卖家将能够注册新产品，亚马逊将要求客户在购买产品后提供评论，不过亚马逊给的报酬并不高。亚马逊还表示，该公司正准备推出进一步的方案，以协助第三方卖家，如用其他语言翻译客户评论。

简单地说，自 2019 年 8 月 16 日开始，亚马逊对待自营业务和其他第三方卖家将更加中立和公允。从第三方卖家的角度来看，他们对业务有更多的控制权，他们与亚马逊的关系将不再是“一边倒”的情况：第三方卖家将至少提前 15 天了解 BSA 和其他政策的变化；在没有合理解释的情况下，第三方卖家的账户不能被当场冻结；第三方卖家有 30 天的时间来上诉暂停账户，清算资金，并删除库存；第三方卖家可以反对亚马逊决定从他们的资金中偿还客户退货；第三方卖家可以为自己的网站或其他销售渠道保存最佳内容；第三方卖家将不再把自己内容的所有知识产权转让给亚马逊；第三方卖家不需要亚马逊的书面批准来谈论与亚马逊的关系；如果第三方卖家注册了品牌，就可以访问 Vine 上的评论；欧盟的卖家也可以在其国内法院提起诉讼，而不仅仅是在卢森堡。但其中也存在着一些弊端：第三方卖家不能提起集体诉讼、合并诉讼或代表诉讼；在美国、加拿大或墨西哥，第三方卖家可以寻求仲裁而不是诉讼，但他们也可以向小额索赔法院提出符合条件的索赔，或者在侵权的情况下，向其他管辖法院提出索赔；第三方卖家有 30 天的时间对 A-to-Z 索赔提出上诉；如果发现有责任，他们不能对买家采取任何行动。而对于亚马逊而言，自 2019 年 8 月 16 日起，亚马逊必须遵守世界上其他 B2B 企业遵守的法律法规，承担与第三方卖家的违约责任，被迫让仲裁员处理纠纷，被剥夺了使用“均等要求”的权利，对受到不公平待遇的卖家负责退款和赔偿，禁止共享交易信息和某些类型的卖家和产品数据，等等。[①]

① 《8 月 16 日起，亚马逊第三方卖家将从 BSA 政策更新中受益》，载 https://www.cifnews.com/article/48713，最后访问日期为 2019 年 12 月 2 日。

第四部分

互联网时代的标准竞争：合作与滥用

随着网络驱动型产业和市场的发展，技术标准变得越来越重要。特别是在计算机、网络和通信等行业，遵守标准是企业参与市场的先决条件。能够把握标准的企业显然在竞争中具有巨大的优势，并且能够获得高额的利润。近年来，标准竞争，以及争夺标准的竞争愈演愈烈。在最近的 5G 标准争夺战中，华为和高通等国际高科技公司就展开了激烈的标准竞争。

现代的技术标准是复杂的。一项技术标准通常包含数以千计的 SEP（standard-essential patent），而复杂的产品则包含数百个标准。例如，根据保守的估计，笔记本电脑至少包含 251 个标准；而一个一般的智能手机上就拥有超过 250，000 项专利。[①] 标准和标准必要专利的多样性和复杂性，以及把握标准的重要性，带来了很多复杂的竞争问题。例如，谁应当把握标准，何种标准应当在行业内通行，以及何种技术能够进入标准，行业中是否能够容纳多种标准？这些问题都值得我们关注和探讨。

由于我国的技术在关键行业中很少能够战胜国外竞争对手而被纳入行业标准，我国立法对标准竞争的问题也关注较少。事实上，交互性的技术标准仅仅是标准体系中的一个方面，要了解标准与竞争之间的相互关系，并对涉及标准的案件进行理性的分析，需要对整个标准体系、标准化进行梳理和分类，并分别进行系统性的竞争分析。

① Joseph Kattan，“FRAND Wars and Section 2”，*3 Antitrust 30*，30（2013）.

第一章 标准和标准化

一、标准的含义及分类

（一）标准

标准一词，在我国可以远溯到秦王朝时期：国家统一带来了政治上的统一，也带来了社会生活上的统一，秦始皇统一度量衡，可以算得上是早期的标准化运动。18 世纪末期，零部件的标准化使得生产效率得到了巨大的提升，同时也降低了生产成本，人们意识到标准的出现带来的是巨大的经济效益，也为后来标准化运动的蓬勃发展奠定了基础。[①]

标准的含义非常丰富和多元。从广义上看，标准可以视为一组规制。例如，有人指出“最好把许多社会和法律规范理解为具有网络外部性的标准”，这种观点来自亚当·斯密的“分工促进经济效率”的观点，即不同的工序间的衔接和不同产品间的交换必须依赖约定的规范。[②]因此，从广义上看，标准既包括降低交易成本的制度设计（如法律），也包括在实体上具有经济外部性的技术标准、质量标准。因此，《布莱克法律大辞典》对标准进行了两个层面的解释：一是指由习惯、同意或权威所接受的作为正确的模式；二是测量可

① 毛丰付：《标准竞争与竞争政策——以 ICT 产业为例》，上海三联书店 2007 年版，第 1—6 页。

② 毛丰付：《标准竞争与竞争政策——以 ICT 产业为例》，上海三联书店 2007 年版，第 41 页。

接受性、质量及精确度的水准。①

放在市场竞争的视角下，法律类公共规则显然并不是竞争法所研究的对象。在企业的市场竞争中起到重要作用的是工业产品的质量标准和各类技术标准。这些标准的兴起源于工业革命：机器大生产必然产生统一规划的工业产品。1934 年盖拉德在其《工业标准化原理与应用》一书中首次对标准进行了界定，即“标准是对计量单位或基准、物体、动作、过程、方式、常用方法、容量、功能、性能、办法、配置、状态、义务权限、责任、行为、态度、概念或构思的某些特征给出定义、做出规定和详细说明。它是为了在某一时期内运用，而用语言、文件、图样等方式或模型、样本及其他表现方法所作的统一规定”②。1983 年 7 月，国际标准化组织第二号指南把“标准”定义为“由有关各方根据科学技术成就与先进经验，共同合作起草，一致或基本上同意的技术规范性文件或其他公开文件，其目的在于促进最佳的公共利益，并由标准化团体批准”③。1994 年，WTO 的 TBT 协议（WTO Agreement on Technical Berries to Trade）规定，标准指经公认机构批准的，规定非强制执行的，供通用或重复使用的产品或相关工艺和生产方法的规则、方针或特性的文件。该文件包括专门适用于产品、工艺或生产方法的专门术语、符号、包装、标志或标签要求。1983 年 11 月 8 日，我国国家标准局颁发的 GB3935.I—83 文件中，第一次以国家标准的形式在全国正式统一“标准化”“标准”等基本概念，在《标准化基本术语第一部分》提出“标准 Standard：对重复性事务和概念所作的统一规定，它以科学、技术和实践经验的综合成果为基础，经有关方面协商一致，由主管部门批准，以特定形式发布，作为共同遵守的准则和依据”。我国制定的国家标准 GB/T 20000.1–2002《标准化工作指南》的第一部分“标准化和相关活动的通用术语”将标准定义为“为在一定的范围内获得最佳秩序，经协商一致制定并由公认机构批准，共同使用的和重复使用的一种规范性文件”。

① 鲁篱：《标准化与反垄断问题研究》，载《中国法学》2003 年第 1 版。

② 吴太轩：《技术标准化的反垄断法规制》，法律出版社 2011 年版，第 14—15 页。

③ 张志欣、杨彬：《现代管理标准化》，中国经济出版社 1996 年版，第 7 页。

我国《标准化法》第2条第1款规定："本法所称标准（含标准样品），是指农业、工业、服务业以及社会事业等领域需要统一的技术要求。"

由于标准具有普遍适用性，拥有标准的企业，往往在特定的相关市场之中具有一定的市场支配地位。市场支配是一种状态，只要没有实施违法的垄断行为，就不会违反反垄断法，但当标准与知识产权相结合时，由于知识产权私益性的作用，就有可能出现滥用市场支配地位的情况，就会受到反垄断法的关注。

（二）标准的分类

从不同的角度可以对标准进行不同的分类，例如，按照标准的适用范围，可以将标准分为世界标准、国家标准、地方标准和行业标准；按照标准的执行力，可以将标准分为强制性标准和自愿标准；按照标准产品是否具有网络效应，可以将标准分为网络标准（又称兼容标准）和非网络标准（又称质量标准）；按照标准化的对象，可以将标准分为技术标准、工作标准和管理标准。[①] 我国《标准化法》第2条规定："本法所称标准（含标准样品），是指农业、工业、服务业以及社会事业等领域需要统一的技术要求。标准包括国家标准、行业标准、地方标准和团体标准、企业标准。国家标准分为强制性标准、推荐性标准，行业标准、地方标准是推荐性标准。强制性标准必须执行。国家鼓励采用推荐性标准。"而根据国际标准化组织（ISO）的分类，标准更被详细地分为八类：[②]

（i）基本标准（Basic standards），在特定领域有广泛的影响。这些标准也被称为必要设施标准。

（ii）术语标准（Terminology standards），用以界定行业内代表性的相互理解和交流的词语。

---

① 熊红星：《网络效应、标准竞争与公共政策》，上海财经大学出版社2006年版，第35页。

② L. Zhang, Standardization and Patent Licensing in the European Union, Helsinki: Oy Nord Print Ab, 2012, p.26. For a discussion regarding these groups see B. Lundqvist, Standardization under EU Competition Rules and US Antitrust Laws: The Rise and the Limits of Self-Regulation, Cheltenham: Edward Elgar Publishing, 2014, pp.35–39.

（iii）测试标准（Testing standards），用以界定评估产品性能或其他特性的测试方法。

（iv）产品标准（Product standards），确定产品（或相关产品组）的质量或要求，以确保其有效地达到其目的。

（v）程序标准（Process standards），规定为了有效实现某种功能，某种程序的要求，如装配线的操作标准。

（vi）服务标准（Service standards），如为维修或修理汽车等，用以建立为有效达成指定目标的要求。

（vii）接口 / 交互性标准（Interface/interoperability standards），如电话和计算机终端之间的连结点，这类标准与产品的兼容性有关。交互性标准的例子包括我们称之为互联网的虚拟基础设施的协议和工具。

（viii）关于数据的标准（Standard on data），规定关于特定产品数据价值特征的清单。

标准的分类多种多样，而其中网络驱动型市场中的标准又是需要特别关注的类别。传统市场与互联网市场竞争都存在网络效应，但是由于互联网市场的边际成本、互补性、技术含量高等因素不同于传统市场，导致其网络效应的影响更大、更深远，使得互联网标准竞争同传统产业中的标准竞争有所不同：互联网作为高新技术领域的典型代表，其产品和服务的高技术含量特点较传统市场而言，都更为突出。传统产业使用更多的是产品标准，而在互联网领域中更多涉及技术标准。

目前市场上的技术标准也分为很多种，以技术标准的形成过程来看，技术标准可以分为法定标准、事实标准和集体标准。[①] 法定标准是指政府有关部门制定的技术标准，目的是保障市场安全以及促进相关行业的发展，以期能够达到提高生产效率、扩大生产规模的目的，通常具有强制性。法定标准对于技术创新的作用是封闭且有限的，因为企业不能随心所欲地进行技术创新，而需要政府及相关组织的指示及要求，有时并不能反映市场的迫切需要。1901 年成立的美国国家标准局和 1906 年成立的国际电工委员会都旨在推进

① 王少南：《技术标准化中的市场支配地位滥用》，载《网络法律评论》2006 年第 1 期。

标准的制定与推广。事实标准是指通过市场的竞争自发形成的标准，这类标准并不是由政府或者某个组织根据市场情况特意制定的，而是通过企业之间的竞争以及消费者的选择而形成的习惯性的技术标准。一项技术成为事实标准需要取得市场的高度认可，而这种高度认可又取决于消费者使用该技术所产生的效用，企业只有通过技术、价格、服务、互补品等策略才能促进事实标准的形成。[①] 促进事实标准形成的因素包括很多，如网络效应的存在，以及互联网的规模经济、兼容性等特征；从某种意义上说，事实标准更能够体现市场的发展趋势与消费者的迫切需求。微软与英特尔的“Wintel”技术标准就是典型的事实标准，其在市场竞争中逐渐被用户熟悉并广泛应用，直至后来统治了操作系统及处理器市场。[②] 最后，由相关协会或者组织制定的技术标准被称为集体标准，这类标准主要是为了整合行业的技术，增强技术之间的兼容性，为企业带来更大的经济利益。

法定标准由于具有一整套完整的制定程序，形成过程较为复杂，周期也比较长，就使得事实标准和集体标准迅速发展。本书将着重于对事实标准的讨论，一是因为互联网标准竞争易发生在事实标准形成及实施的过程中；二是因为关于事实标准的竞争更能够反映出市场上的强烈需求，与反垄断法也更容易产生冲突。

根据制定标准的主体不同，或者标准最终取得效力的来源不同，和其他标准一样，技术标准也可以分为私人（制定的）标准和公共标准。私人制定的标准包括单个主体制定的标准，也包括多个主体联合制定的标准，后者包括多个主体形成的标准制定组织 SSO 所制定的标准。公共标准则指政府或者政府委托、授权某些组织所制定的标准。私人标准有时候会因为被立法采纳而形成法定的公共标准。从这个角度来看，竞争及垄断问题主要发生在私人

① 舒辉、董超：《“WINTEL 事实标准”形成的金字塔策略探讨》，载《经济、技术与环境——全国经济管理院校工业技术学研究会第九届学术年会论文集》（2008 年）。

② ［美］安娜贝拉·加威尔、迈尔克·库苏麦诺：《平台领导：英特尔、微软和思科如何推动行业创新》，袁申国、刘兰凤译，广东经济出版社 2007 年版，第 13—16 页。

标准领域。[①] 公共标准由于具有一定法定属性，因此实用性强，特别是强制性标准必须被相关主体所采纳，从而往往从反垄断法下豁免。[②] 并且，公共标准的制定并不属于市场行为，因而很难涉及竞争法的适用问题。[③] 而私人制定的标准可能仅仅适用于制定者自身，也可能被更多的市场主体所采纳，

---

① 当然，即使标准的制定活动受公法管辖，如果标准的具体实施事实上会造成市场竞争的扭曲，根据竞争法对政府行为的审查原则，标准制定者的行为也可能被认定为违反竞争法。例如，在欧盟的 OTOC 案中，OTOC 是葡萄牙的一个会计师特许协会，OTOC 依照公法提供公共服务。为了培训会计师，OTOC 会开设一些特别要求的课程。总的来说，OTOC 是允许一些相互竞争的培训机构为其提供培训服务的。但最终法院还是认为 OTOC 细则下的相关规定违反了 Art 101 TFEU，因为其内容是关于成员之间通过协议排除其他竞争者的。See C-1/12 OTOC v. Autoridade da Concorrencia，http：//curia.europa.eu/juris/document/document.jsf?docid=134368&doclang=EN（Last visited on December 2，2019）.

② 例如，2011 年欧盟的横向指南，关于标准化协议的章节首先就是从对执行公共权力的技术标准开始豁免。

③ C-113/07 P – Selex Sistemi Integrati v Commission［2009］ECR I-02207 and T-155/04 – SELEX Sistemi Integrati v Commission［2006］ECR II-04797. 在该案中，欧洲空中航行安全组织（Eurocontrol）是一个国际标准制定机构，主要制定航空领域的标准，使缔约国能够建立统一的空中交通管理系统（ATM）。Eurocontrol 由缔约国设立，其作用类似于一个在国家一级之上形成的部，专门起草一些立法或者管制事宜然后供政府采纳。该机构的另一大块任务是研发，包括对 ATM 领域新技术的联合研究。它收购和开发 ATM 设备和系统的技术原型（如雷达系统），以便使用这些设备和知识来验证和定义新的标准和技术规格。根据其研究活动，Eurocontrol 建立了自己的知识产权制度，主要涉及从企业手中根据研究合同购买的技术原型。一旦某个原型能够形成标准，获得授权对于竞争对手而言就变得很重要。然而，形成标准后的授权取决于 Eurocontrol 或原型开发者是否拥有有关的必要权利。一家企业 SELEX 认为 Eurocontrol 的研究创造了系统中事实上的垄断，最终成为标准，提供原型的公司因此处于与其竞争对手相比特别有利的地位。由于 Eurocontrol 没有采用透明、公开和非歧视的系统来获取原型就确立了标准，导致上述情况更加严重。但是对于这种情况，欧盟委员会没有采取任何行动。SELEX 遂将委员会诉至法院。

欧洲普通法院认为 Eurocontrol 的标准化活动不能被视为经济活动，因此不适用欧盟的竞争规则。普通法院仔细区分了标准的研究、开发和采用环节，并对其逐一进行审查，指出 ATM 设备领域没有技术标准化服务的市场。因此，Eurocontrol 不能被视为提供服务。此外，普通法院表示，研发活动也不能算是经济活动，因为收购不涉及在特定市场上提供商品或服务，根据这项研究开发的知识产权是免费提供给相关各方的。只有一些卖样机给 Eurocontrol 的企业秘密信息不向竞争对手开放。案件中涉及专利池也是非经济研发活动的附属品。

案件上诉到欧洲法院之后，欧洲法院进一步指出，本案中标准的采用不能与标准的生产分开，而标准的制定和生产也不能与 Eurocontrol 对公共事务（或公共权力的表达）的管制活动分离，因此 Eurocontrol 不被视为一个企业。

甚至进而成为整个行业的指标。这就是一个在竞争中不断扩大适用范围的过程。

二、标准化

（一）标准化的含义

简单地说，标准化是指将标准规范化、固定化的过程。

工业革命以来，人类历史大致经过了三次标准化浪潮：第一次标准化浪潮始于 18 世纪末期，主要目标是产业合理化，即通过规模经济来降低成本，这次标准化主要形成了企业的内部产品标准，即企业通过机器生产统一标准的企业产品；第二次标准化浪潮则源于产品复杂性的不断增加和市场规模的不断扩大而产生信息不对称，标准化起到了降低交易成本以及保障产品基本安全的作用；第三次标准化浪潮发生在近年，随着高新技术时代的来临以及互联网的兴起而形成了网络效应，标准兴起实现了互联、互通和兼容。①

英国著名的标准化工作者桑德斯在 1972 年出版的《标准化的目的与原理》一书中，给标准化下的定义为“标准化是为了所有有关方面的利益，特别是为了促进最佳的全面经济并适当考虑到产品使用条件与安全要求，在所有有关方面的协作下，进行有秩序的特定活动所制定并实施各项规则的过程”“标准化是指以制定和贯彻标准为主要内容的全部活动过程”“标准化以科学、技术与实践的综合成果为依据，它不仅奠定当前的基础，而且还决定了将来的发展，它始终和发展的步伐保持一致”。② 而标准则是“一个个标准化工作的成果”。③

ISO 对标准化所下的定义是：标准化主要是对科学、技术与经济领域内重复应用的问题给出解决办法的活动，其目的在于获得最佳秩序。一般来说，

① 毛丰付：《标准竞争与竞争政策——以 ICT 产业为例》，上海三联书店 2007 年版，第 42 页。

② 张平、马骁：《标准化与知识产权战略》（第二版），知识产权出版社 2005 年版，第 19 页。

③ 吴太轩：《技术标准化的反垄断规制》，法律出版社 2011 年版，第 15 页。

包括制定、发布与实施标准的过程。

我国《标准化法》并没有给出关于标准化的明确定义，只是在第 3 条第 1 款中规定“标准化工作的任务是制定标准、组织实施标准以及对标准的制定、实施进行监督”。但早在 1983 年我国颁布的国家标准《标准化基本术语第 1 部分》(GB/T 3935.1–1983) 就给出了标准化的定义：“标准化是指在经济、技术、科技及管理等社会实践中，对重复性的事物和概念，通过制定、发布和实施标准达到统一，以获得最佳秩序和社会效益。” 1996 年我国修改的国家标准《标准化和有关领域的通用术语 第 1 部分：基本术语》(GB/T 3935.1–1996), 给出的标准化的定义为：“为在一定的范围 内获得最佳秩序，对实际的或潜在的问题制定共同的和重复使用的规则的活动。” 同时，给出了该定义的两个注：(1) 上述活动主要是包括制定、发布及实施标准的过程；(2) 标准化的重要意义是改进产品、过程和服务适用性，防止贸易壁垒，并促进技术合作。2014 年《标准化工作指南第 1 部分：标准化和相关活动的通用术语》(GB/T 20000.1–2014) 规定，标准化指，为了在既定范围内获得最佳秩序，促进共同效益，对现实问题或潜在问题确立共同使用和重复使用的条款及其编制、发布和应用文件的活动。同时，也给出了两个注：(1) 标准化活动确立的条款，可以形成标准化文件，包括标准和其他标准化文件；(2) 标准化的主要效益在于为了产品、过程或服务的预期目的改进它们的适用性，促进贸易、交流及技术合作。

可以看到，标准化和标准是一对密不可分的概念。一方面，我们可以认为，标准是内化在标准化活动中的一个要素：标准化是一个包括制定、实施、修订标准等内容的动态活动过程，标准化的目的是获得秩序和效益，如我国的《标准化法》就规定了标准的制定、实施、监督管理等一系列活动。正是从这个意义上看，“标准” 是标准化过程中的一个要素，所有的制定、实施、修订等活动，都是针对标准而来。标准既是各类活动的起因，也是这些活动的结果。另一方面，我们也可以认为二者是彼此相关但相互独立的范畴：“标准化” 是 “标准” 外在的活动，其仅仅只是针对标准所形成的一系列组织、开发、研究、制定活动。标准是一个规范、一套文本，而标准化则是围绕着这个规范性文件的形成而展开的一系列行为。

（二）标准化的主要方式

标准化体制是标准化活动开展的组织方式、管理方式和运行方式的总称。标准化活动中最重要的是标准制定，也就是严格意义上的标准化活动。基于标准制定发布主体的不同，总体来说，国际上标准化体制主要分为两种类型：一种是由政府直接管理模式，即政府直接制定发布标准；另一种是政府或法律授权某一机构管理模式，即政府不制定发布标准，而是由该授权机构制定发布。标准化体制建立在经济体制基础之上，市场经济发达的国家主要采取第二种模式，大部分发展中国家基本上采取第一种模式。而像日本、韩国这样的亚洲经济发达国家采取的也是第一种模式，这与这些国家战后经济发展模式和发展路径密切相关。

美国、德国、英国等发达国家都建立了适应市场经济和国际贸易发展需要的政府授权民间机构主导的标准化体制。各国标准一般由国家标准和社会团体标准构成。除政府标准外，都有数量庞大、体系比较健全的社会团体标准。社会团体均可受政府委托承担具体起草政府标准的工作，政府也可将社会团体标准转化为政府标准。在市场经济更为成熟的国家，标准化管理更多体现为以市场为导向的自下而上的分散自治体制，特点是可以照顾到标准化各参与方的利益，最大限度地保护竞争，从而成为实现成功商业创新的重要源泉。自愿性的标准体系、政府支持进行的标准化活动、委员会模式的标准化管理机构以及标准的“商品管理”模式是市场经济国家标准化管理体制的特点。在我国，标准化管理体制更多体现了“政府主导型”的特点，有相当数量的重要标准直接由政府部门制定，市场主体参与程度相对较低。如今，随着经济、社会、科技快速发展和经济全球化的深入发展，各方对标准的需求快速增长，标准化由原来的工业领域扩展到农业、服务业以及社会管理和公共服务领域，同时对标准质量、技术水平的要求越来越高；经济社会快速发展，科技日新月异，市场瞬息万变，标准化应用日益广泛，也会改变政府主导标准供给的模式，让标准化更加紧贴产业实际，及时准确地反映并满足需求的要求越来越重。

随着市场化改革的进程，我国基于非政府权力而形成的标准化也日益发展，但大部分行业性、强制性的标准，仍然由政府主导实现标准化。[①]

三、标准化组织与标准制定

（一）标准化组织

标准化组织，也可以称为标准制定组织（Standard-Setting Organizations，SSOs）。

如前所述，标准可以由不同的级别颁布，包括国家标准、行业标准、协会标准、地方标准、企业标准、区域标准，最重要的四个级别是国际级别、地区级别、国家级别、公司级别。[②] 桑德斯（T. R. B. Sanders）、魏尔曼（L. C. Verman）、德弗里斯（H. J. De Vries）等学者都曾经讨论标准和标准化组织的分类，一般将标准划分为国际、地区、国家和企业四个层次，构成一个协调范围逐步扩大的标准化空间。[③] 依据标准化组织所制定标准的制定主体及应用范围，标准化组织一般划分为三类，国际性的标准化组织、国家标准化组织、民间标准化组织等。国际性的标准化组织负责在国家之间进行协调；国家标准化组织，代表国家利益从事标准化活动，颁布国家标准；民间标准

① 我国《标准化法》第 10 条规定："对保障人身健康和生命财产安全、国家安全、生态环境安全以及满足经济社会管理基本需要的技术要求，应当制定强制性国家标准。国务院有关行政主管部门依据职责负责强制性国家标准的项目提出、组织起草、征求意见和技术审查。国务院标准化行政主管部门负责强制性国家标准的立项、编号和对外通报。国务院标准化行政主管部门应当对拟制定的强制性国家标准是否符合前款规定进行立项审查，对符合前款规定的予以立项。省、自治区、直辖市人民政府标准化行政主管部门可以向国务院标准化行政主管部门提出强制性国家标准的立项建议，由国务院标准化行政主管部门会同国务院有关行政主管部门决定。社会团体、企业事业组织以及公民可以向国务院标准化行政主管部门提出强制性国家标准的立项建议，国务院标准化行政主管部门认为需要立项的，会同国务院有关行政主管部门决定。强制性国家标准由国务院批准发布或者授权批准发布。法律、行政法规和国务院决定对强制性标准的制定另有规定的，从其规定。"

② [美] 桑德斯:《标准化的目的与原理》，吉林译，科学技术文献出版社 1974 年版。

③ 苏俊斌:《现代标准化组织的起源及其意义》，载《自然辩证法研究》2008 年第 10 期。

化组织，泛指不具有国家和国际标准组织地位的其他标准化组织，包括行业协会、合作体、企业联盟等。[①]

1. 国际性的标准化组织

国际层面的标准化可以使国与国之间进行物资和劳务交换时所产生的技术问题得到国际性协调，能促进各国之间为互相了解以及把世界整体这样一个概念变成现实，从而满足人类最迫切的期望。[②]

国际标准化活动最早开始于电子领域。1906 年成立了世界上最早的国际标准化机构——国际电工委员会（International Electrotechnical Commission，IEC），其前身是 1881 年在法国成立的国际电学大会（International Electrical Congress）。IEC 统一了电学术语、符号和计量单位；逐步形成了开放、民主和协商一致（consensus）的标准化工作原则；制定了发电、照明等奠定现代生活基础的技术标准。[③]

1926 年成立了国家标准化协会国际联盟（International Federation of the National Standardizing Associations，ISA），重点承担机械工程方面的国际标准化活动。ISA 的工作由于第二次世界大战的影响而在 1942 年终止。1946 年 10 月，来自 25 个国家标准化机构的代表在伦敦召开会议，决定成立一个新的国际标准化组织，并将其定名为 ISO，ISO 的目的是促进国际间的合作和工业标准的统一。大会起草了 ISO 第一个章程和议事规则，并认可通过了该章程草案。1947 年 2 月 23 日，国际标准化组织正式成立，总部设在瑞士日内瓦。[④]ISO 是世界上最大、最权威的非政府性标准化专门机构，ISO 标准的内容涉及广泛，从基础的零部件、原材料到半成品和成品，其涉及信息技术、交通运输、农业、保健和环境保护等多个技术领域。[⑤]截至

① 苏俊斌：《现代标准化组织的起源及其意义》，载《自然辩证法研究》2008 年第 10 期。

② ［印度］魏尔曼：《标准化是一门新学科》，中国科学技术情报研究所编译，科学技术文献出版社 1980 年版，第 56—61 页。

③ 《国际标准化组织简介》，载《环境技术》2003 年第 3 期。

④ 参见《国际标准化组织简介》，载《环境技术》2003 年第 3 期。

⑤ 参见《国际标准化组织简介》，载《环境技术》2003 年第 3 期。

2014 年 4 月，已经有 117 个成员国加入 ISO。①ISO 已经发布了两万多个国际标准。②

国际电信联盟（International Telecommunication Union，ITU）是在 1865 年成立的国际电报联盟的基础上成立的，是联合国中负责信息和通信技术的机构，也是联合国机构中历史最长的一个国际组织。ITU 负责分配全球无线电谱和卫星轨道，制定确保全球网络和技术无缝连接的技术标准，致力于实现全世界人民的互联互通。③

ITU、ISO 和 IEC 这三个重要的国际性标准化组织被称为“三脚标准架构”（three-legged standards structure）。④

2. 国家的标准化组织

国家层面的标准化范围和影响是最为重要和深远的。国家通过标准化，使得国内市场中个别企业和行业各级的要求变得一致和完整，形成有目的的国家标准。⑤ 国家层面的标准化组织是技术标准协商制度更为普遍的表现形式，它既是国际标准组织的构成单位，又肩负着不同于国际标准组织的使命。国家标准化组织面临的是在国家边界内提出的技术协调问题。⑥

国家一级的标准化工作一般由各国国内行业性质的组织或者某些政府部门负责。例如，英国标准学会（British Standards Institution，BSI）成立于 1901 年，是世界上第一个全国性的自愿标准组织。⑦ 工业革命引起了深刻的社会变革，交通方式发生了翻天覆地的变化，跨地区乃至跨国界交通

---

① 中国标准化研究院国家标准馆编译：《国际标准化资料概览——ISO 成员国国家标准化组织篇》，中国质检出版社、中国标准出版社 2005 年版。

② 参见国际标准化组织官方网站，https://www.iso.org/about-us.html，最后访问日期为 2017 年 12 月 1 日。

③ 参见国际电信联盟官方网站，https://www.itu.int/en/about/Pages/default.aspx，最后访问日期为 2017 年 12 月 1 日。

④ 苏俊斌：《现代标准化组织的起源及其意义》，载《自然辩证法研究》2008 年第 10 期。

⑤ [印度] 魏尔曼：《标准化是一门新学科》，中国科学技术情报研究所编译，科学技术文献出版社 1980 年版。

⑥ 苏俊斌：《现代标准化组织的起源及其意义》，载《自然辩证法研究》2008 年第 10 期。

⑦ [英] 伍德瓦尔德：《英国标准化发展史》，李虹译，技术标准出版社 1981 年版。

迅速发展，不同地域之间的商品贸易日益频繁。然而，由于没有统一的产品标准，从不同地区甚至同一工厂购买的相同用途的产品规格不一，无法批量化使用。为了节约成本，提高经济效率，英国土木工程师学会（Institute of Civil Engineers，ICE）于 1901 年 1 月率先提出了钢铁构件的标准化问题，同年 4 月 26 日，由土木工程师、机械工程师、造船工程师与钢铁生产者共同发起的英国工程标准委员会（British Engineering Standards Committee，BESC）举行了第一次会议，他们把通用钢构件品种从 175 种减少到 113 种，有轨电车的铁轨从 75 种减少到 5 种，大大节约了运营成本。1918 年，BESC 更名为英国工程标准协会（British Engineering Standard Association，BESA）。第二次世界大战期间，BSI 制定了 400 多项"战争应急标准"。1942 年，英国政府指定 BSI 为国家标准的唯一发布者，以此为标志，BSI 成为国家标准化组织。[①]BSI 代表英国参加了 ISO、IEC 等国际性标准化组织，目前 BSI 已发展成世界闻名的国际标准服务集团，向全球提供标准相关领域内的服务、系统评估、产品认证、培训和咨询业务。[②]

在我国，中国标准化协会（China Association for Standardization）成立于 1978 年，是由全国从事标准化工作的组织和个人自愿参与构成、经国家民政主管部门批准成立的全国性法人社会团体。中国标准化协会是中国科学技术协会重要成员单位之一，接受国家标准化行政主管部门的领导和业务指导。中国标准化协会现有个人会员 30,000 余人，团体会员 3000 余家；下设七个专业标准化分会。全国有 30 个省、自治区、直辖市建立了地方标准化协会。[③]

3. 民间标准化组织

一些文献将民间的标准化组织也称为"私人的标准制定组织"（Private SSOs）。早期出现的跨企业的标准化出现于一些民间的行业协会、学会组织，本来这些协会或学会成立的目的是把相关领域的工程技术人员集合在一起

① 苏俊斌：《现代标准化组织的起源及其意义》，载《自然辩证法研究》2008 年第 10 期。

② 张海燕：《国内外标准化组织工作情况对比分析》，载《船舶标准化工程师》2008 年第 6 期。

③ 参见《中国标准化协会》，载《科技导报》2012 年第 34 期。

讨论工程技术问题，但是产业中标准化的需求也促成了这些协会、学会组织开始讨论并开展相应的标准化活动。在这种组织里，成员们坐在一起共同协调产业利益，把可以协调统一的技术内容制定成标准，大家共同来执行。[①]这是早期民间标准化组织的起源。后来也出现了一批专门的民间标准化组织，如美国的材料与测试标准化协会（以下简称 ASTM）等。在传统的产品市场领域，民间的标准化组织的合作是有限的，国家的标准化组织在全国性或者全行业标准制定方面起到了重要的作用，尤其是在强制性标准方面。但随着互联网经济的发展，互联网产业的网络性和兼容性使得越来越多的私人企业通过民间的标准化组织合作制定交互性标准。竞争法所关注的正是这一类标准化组织的合作问题——组织成员之间通过合作形成一个新的标准，而不是各自形成自己的标准并相互争胜。从形式上看，标准化组织的确排除和限制了竞争，因为在标准制定的最开始，就只打算形成唯一的标准。

（二）标准化组织制定标准的一般流程

以 ASTM 为例，我们可以大致了解私人的标准化组织制定标准的流程。ASTM 成立于 1898 年，是目前世界上最大的制定自愿性标准的非营利组织。现有来自世界 140 多个国家的会员 30，000 余名，代表了制造商、用户、消费者、政府和学术机构等利益相关方。[②]ASTM 制定标准工作程序主要包括六个主要过程，具体如图 10 所示。

---

① 王平：《再论标准与标准化组织的地位和作用（一）——早期工业革命中的企业标准化和民间标准化组织》，载《标准科学》2011 年第 2 期。

② 周立军、王美萍：《国外团体标准发展经验研究 ——以 ASTM 国际标准组织为例》，载《标准科学》2016 年第 10 期。

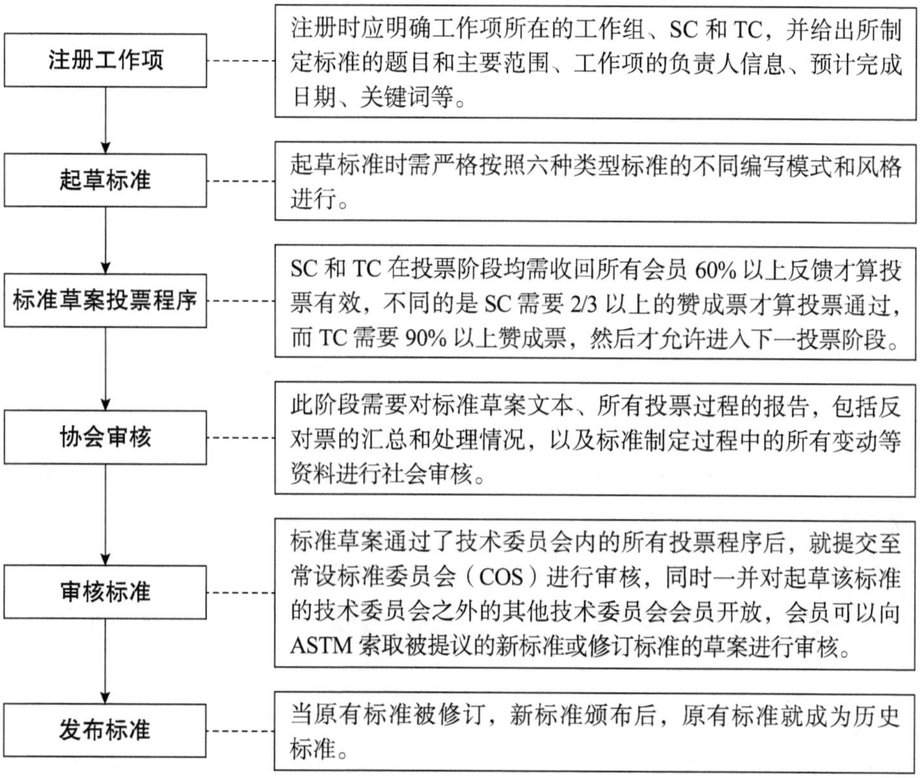

图 10　ASTM 标准的制修订程序①

（1）注册工作项。注册时应明确工作项所在的工作组、技术委员会（TC）和分技术委员会（SC），并给出所制定标准的题目和主要范围、工作项的负责人信息、预计完成日期、关键词等。所有注册成功并开始标准起草工作的工作项都会在 ASTM 的网站上公示，所有人都可上网站检索相关工作动态信息。

（2）起草标准。起草标准时需严格按照六种类型标准的不同编写模式和风格进行。起草工作结束后就可以将所完成的工作项在线提交至投票程序。

（3）标准草案投票程序。ASTM 标准草案的投票审核程序包括分技术委员会到技术委员会和技术委员会到整个协会评审。SC 和 TC 的投票阶段均需

① 周立军、王美萍：《国外团体标准发展经验研究——以 ASTM 国际标准组织为例》，载《标准科学》2016 年第 10 期。

收回所有会员 60% 以上的反馈才算投票有效，不同的是 SC 需要 2/3 以上的赞成票才算投票通过，而 TC 需要 90% 以上的赞成票，然后才允许进入下一个投票阶段。在此投票过程中必须遵守两条原则：第一，每个利益相关方组织只有一张有效投票；第二，不管是否投票成功，所有反对票都必须被考虑并讨论。

（4）协会审核。此阶段需要对标准草案文本、所有投票过程的报告，包括对反对票的汇总和处理情况，以及标准制定过程中的所有变动等资料进行协会审核。同时 ASTM 发行服务部门的编辑人员开始对标准进行一些编辑问题修改。

（5）审核标准。标准草案通过了技术委员会内的所有投票程序后，就提交至常设标准委员会进行审核，同时一并对起草该标准的技术委员会之外的其他技术委员会会员开放，会员可以向 ASTM 索取被提议的新标准或修订标准的草案进行审核。标准委员会负责对标准做最后的审核，并最终批准标准的发布。

（6）发布标准。从标准编辑完毕到发布在线标准只需大约两周时间，但是纸质的标准文本则需要稍长时间，是 4—6 周。当原有标准被修订，新标准颁布后，原有标准就成为历史标准。①

标准化团体的成员虽然是这种或那种技术专家，但是，他们多半以委员会秘书的身份工作，提供背景资料，正式做决定的主要是委员会。②

四、标准的竞争、合作与滥用

（一）标准竞争

标准竞争可以视为围绕标准而展开的竞争，主要发生在行业的层面上。

① 周立军、王美萍：《国外团体标准发展经验研究——以 ASTM 国际标准组织为例》，载《标准科学》2016 年第 10 期。

② ［印度］魏尔曼：《标准化是一门新学科》，中国科学技术情报研究所编译，科学技术文献出版社 1980 年版。

“当两种新的不兼容技术相互争斗都想成为事实上的（行业）标准时，我们就说他们在进行标准战争。”[①]继价格竞争及品牌竞争之后，标准竞争，尤其是类似互联网领域的技术标准竞争成为市场上的重要竞争模式。很多企业开始意识到标准竞争的战略模式能够为企业带来无尽的动力及资源：赢得标准竞争，意味着企业可以将自己的技术作为行业的标准来推广，扩大自己产品的市场覆盖率，从中获取相应的技术或者服务对价；还可以将其作为进入壁垒，维持垄断以获取高额利润，这也意味着标准竞争实质上是一种领导权的竞争。[②]

行业内的标准竞争过程往往体现为企业标准的相互争胜：市场上往往存在多个企业标准，任何企业的标准都有可能最终战胜其他竞争对手的标准，成为这个行业中被普遍采纳和认可的标准。不同的市场或者产业领域对标准的承纳是不同的。有的市场能够允许多种不同的标准同时存在并持续保持竞争，例如，用户对于服装的喜好是不同的，因此对于“裙子”这个产品而言，可能存在不同的标准，从而形成因不同标准而呈现的五花八门的裙子。而另一些市场最终只能容纳一个或者极少数标准，这往往见于网络型的产业和市场。

对于那些最终只需要统一的标准的市场而言，当最后的标准形成确立之后，企业可以利用该项技术限制市场进入，阻止其他企业利用自己已有的技术研究开发新的技术及产品。这个阶段就会牵扯到很多关于知识产权的问题，尤其是专利权的问题。企业通过拒绝许可技术标准中的专利，或者以不合理的条件进行许可来阻止或者限制其他企业进入该技术领域，这些行为与标准的公益性产生了严重的冲突，因为标准化的主要作用在于为了其预期目的改进产品、过程或服务的适用性，防止贸易壁垒，并促进技术合作。[③]为了促进技术的发展，技术标准应当是一种开放性的、公众都可获知的技术，从而

① ［美］卡尔·夏皮罗、瓦里安：《信息规则——网络经济的策略指导》，张帆译，中国人民大学出版社2000年版，第229页。

② 毛丰付：《标准竞争与竞争政策——以ICT产业为例》，上海三联书店2007年版，第4页。

③ 熊红星：《网络效应、标准竞争与公共政策》，上海财经大学出版社2006年版，第1页。

可以进行模仿并开发出更新的、技术含量更高的产品。然而，一旦拥有标准核心技术的企业以该标准中含有专利为由提高技术公开条件，甚至拒绝公开自己的技术，市场就会面临被垄断的危险，甚至会产生技术停滞不前的严重后果。

（二）标准竞争是互联网领域竞争的重要形式

标准竞争可以视为围绕标准而展开的竞争。标准竞争被认为是继价格竞争、品牌竞争之后最为重要的竞争策略。

1980 年，被誉为“竞争战略之父”的波特出版了《竞争战略》一书，提出了市场竞争中三种最卓有成效的竞争战略，即成本优势战略、差异化战略和集中差异化战略。其中成本优势战略反映在竞争形式上就是价格竞争，差异化战略主要体现为品牌竞争，而集中差异化战略则表现为经营者针对特定顾客群形成更加细分的市场，并在该特殊细分市场上获取最低成本优势。①

价格竞争是一种传统的竞争模式，在任何领域和行业都有可能发生，同时它是一种直观的、效果显著的竞争模式。但价格竞争同样面临着困难。在某些市场上，企业为了获得更多的消费者以及更加长远的发展，偶尔会采取低于成本价的方式进行竞争，这样很容易引起市场的连锁反应，一家降价，其他企业跟着降价，最后可能会形成两败俱伤的结果。②如果不考虑其他因素，单纯的价格竞争可能是最原始也是最危险的竞争模式，也不利于市场和经济的长期发展。价格竞争之后的品牌竞争，完全摒弃了价格竞争的传统模式，转而进行品牌宣传，使品牌深入人心，价格就变得不那么重要了。赋予企业品牌一种独有的文化和内涵的策略，是品牌竞争最核心的部分，这种策略使得企业在获得良好的口碑之外，还能获得品牌溢价。③

经过上述两个阶段的竞争模式之后，市场和企业迎来了知识经济时代，

---

① ［美］迈克尔·波特:《竞争战略》，陈小悦译，华夏出版社 2005 年版，第 33—39 页。

② 熊红星:《网络效应、标准竞争与公共政策》，上海财经大学出版社 2006 年版，第 16 页。

③ 品牌溢价即品牌的附加值。一个品牌同样的产品能比竞争品牌卖出更高价格，称为品牌的溢价能力。参见孙在国:《提升品牌溢价能力的策略探讨》，载《中国商贸》2010 年第 8 期。

技术创新成为新的经济增长点。标准，特别是技术的重要性逐渐凸显，企业逐渐意识到，要想获得更多利润以及更广阔的市场，就要将自己的技术提升为行业标准，使横向以及纵向竞争关系的企业在某种程度上受制于自己的技术标准，进而在技术市场中获得力量，从而获取利润。随着标准竞争在高新技术领域的产生和发展，价格竞争和品牌竞争的重要地位被逐渐取代，因为“标准的胜出不仅仅是技术领先这一项优势的胜利，而更在于它是一个系统工程……”，[①]取得标准竞争的胜利要远比在价格竞争及品牌竞争中获胜意义重大，因为它胜利后所带来的利益辐射范围更广、持续时间更长，使企业市场胜利者的地位更稳固，还能依靠赢得某个产品领域的标准竞争从而赢得其他相关市场的胜利。“标准竞争在一定程度上打破了差异化产品共存于市场的格局，并逐渐取代了品牌差异化竞争，成为企业的基本竞争战略，品牌竞争成为从属于标准竞争的一个手段。”[②]

标准竞争跳出了波特（Michael E.Porter）提出的差异化战略模式，看似有悖于市场竞争规律，但实际上标准竞争同样能够带来巨额利润。从 19 世纪末的直流电与交流电标准战到 20 世纪后期索尼与 JVC 关于制式录像带的标准之争，标准竞争已经兴起，并且存在于各个行业及领域。标准化的存在限制了多样性的发展，对社会形成一种约束，但是这种约束并非低效率的，恰恰相反，接受标准的约束往往是企业自愿的，因为接受标准才意味着能够进入进而开拓更宽阔的市场。也正是由于这个原因，技术标准形成之后，其他企业纷纷要求标准企业将自己的技术公开或者要求许可该技术，以便其他企业能够基于技术标准提高同类产品技术含量或生产兼容产品，从而达到开拓市场、提高利润的目的。

互联网作为高速发展的新兴科技领域，技术标准竞争更加显著，因为这个领域的产品科技含量更高，对于技术的要求也更高，竞争也更加激烈，不再单纯地“卖产品”，而是需要企业不断进行技术创新，以满足快速发展的市场需求。价格竞争与品牌竞争当然也存在于互联网竞争当中，因为市场规律

① 张平、马晓：《技术标准与知识产权的关系》，载《科技与法律》2003 年第 2 期。

② 熊红星：《网络效应、标准竞争与公共政策》，上海财经大学出版社 2006 年版，第 3 页。

的作用，消费者依旧倾向于购买价廉物美的产品。但随着标准竞争在高新技术领域的产生和发展，价格竞争和品牌竞争的重要地位被逐渐取代，标准竞争以及标准化过程中的竞争，重新调整了知识产权法律制度与反垄断法律制度的相互关系，成为重要的反垄断问题。

（三）标准化合作与滥用

正如前文所述，广义的标准化过程，是一个围绕标准所展开的完整的系列活动，包括标准的制定、实施、修改、废除等。而狭义的标准化过程，主要指标准的制定过程，而这是整个标准制度中最重要的内容。

1. 标准化过程中的合作

标准的制定过程，即狭义的标准化过程，是一个标准形成的过程。在标准的私人形成过程中，标准化可能是单个企业的行为，也可能是企业联合的行为。企业之间联合或者合作研发，如果具有一定的规模，就会形成一个私人的标准化组织，或者成为标准制定组织（SSO）。小范围的企业合作制定标准，并不会影响到市场竞争；而当合作者的数量足够多，或者合作者的市场力量足够大时，这样的合作可能形成一个对市场竞争具有影响的协议，因为这种合作事实上会减少标准的多样化和竞争——大家共同联合起来制作一个标准，而不是各自制定其标准，并让这些标准之间相互竞争。

当然，联合制定标准也存在其合理性，因为合作制定一个标准，比让不同标准相互竞争而最终留下一个更加高效，也更加节约社会成本。但是这的确存在对竞争的限制问题。因此，通过标准化组织制定标准，会受到反垄断法的关注，人们会探讨：什么样的合作会排除和限制竞争，什么样的合作排除和限制竞争是无法避免的，标准化的程序是否公正，这种标准化能否形成真正“好”的标准，以及这些行为在何种情况下可以获得反垄断法下的豁免。

2. 标准化过程中的专利滥用

在标准化过程中还存在专利滥用问题。特别是对于技术标准而言，一个复杂的标准往往需要涵盖很多专利。标准的制定一方面面对着选择何种技术或专利将其纳入标准的问题；另一方面这些技术的专利权人可能会凭借其专利权而滥用其权利。特别是对于标准必要专利（Standards-Essential Patents,

SEP）而言，其作为标准必然需要的内容，不像其他普通技术和专利一样可以被替代，因此容易发生滥用，如专利伏击、专利挟持以及专利流氓等。标准化组织为了对抗这些技术滥用行为，需要对标准化的程序进行改进，如在标准制定过程中要求披露技术专利情况，签署 FRAND 条款，甚至对专利许可费率进行一定的协商和干预。这些情况存在触犯反垄断法的风险，也需要相关规定对其进行豁免。

3. 利用标准制度限制竞争

利用标准制度限制竞争，也就是通过制定标准、使用标准的过程对竞争进行限制。这种情形既可以视为对标准的利用，也可以视为对广义的标准化制度的利用。这种情况往往是企业之间想要通过联合对价格、产品质量等进行限制，或者为了达到联合抵制的目标而采用制定和实施标准的方法。这类事件从形式上看是企业之间形成了一个标准卡特尔，但从根本上看，标准的采用往往是价格卡特尔、联合抵制行为的外在表象而已。

（四）从 5G 标准的确立看标准竞争①

5G 标准，即第五代移动电话行动通信标准，也称第五代移动通信技术，具备高性能、低延迟与高容量等特性，是第四代移动通信技术的延展。世界各国都在积极研发 5G 技术。5G 标准是一个复杂的体系，包括从编码、空口协议到天线等多个方面。广为大众所知的“编码之争”（即高通主推的 LDPC 码击败华为主推的 polar 码，成为 5G 数据信道的上行和下行短码方案），其实只是 5G 子标准之争中的一种，而不是整个 5G 标准之争。

① 此部分内容根据互联网上各类新闻和评论整理得出，参见周一青、潘振岗、翟国伟：《第五代移动通信系统 5G 标准化展望与关键技术研究》，载《数据采集与处理》2005 年第 4 期；杨凌、高楠：《5G 移动通信关键技术及应用趋势》，载《电信技术》2017 年第 5 期；《5G 标准之争，联想亲历者讲述“投票”细节》，载 https://tech.sina.com.cn/t/2018-05-19/doc-ihaturfs9134089.shtml，最后访问日期为 2019 年 8 月 11 日；《中国完成面向国际电信联盟的 5G 后选技术方案提交》，载 http://www.ccsa.org.cn/，最后访问日期为 2019 年 8 月 15 日；《5G 标准来了！全功能完整版 5G 标准出台》，载 https://www.guancha.cn/industry-science/2018_06_14_460142.shtml，最后访问日期为 2019 年 8 月 15 日。

在5G标准研讨确定的过程中，有一些国际标准化组织发挥着至关重要的作用。大到5G标准体系由哪些要素构成，小到以编码方案为代表的各类技术能否运用于子标准之中，都取决于这些组织，包括：

5G标准“设计、决定者”国际电信联盟，其主要职能包括制定全球范围内提供电信服务的标准，公平管理无线电频谱和卫星轨道，向制定电信发展战略的国家提供支持。相应地，ITU的实质性工作部门包括电信标准局、无线电通信局和电信发展局。其中“电信标准局”的主要职责是规划电信标准化事宜，完成ITU有关电信标准化的目标，使全世界电信通信达到标准化水平，与5G标准制定工作关系密切。

5G标准“研究、权衡者第三代合作伙伴计划（3rd Generation Partnership Project，3GPP）。3GPP是目前最大的通信行业标准化国际组织，成立的初衷是为第三代移动通信系统（3G）制定全球统一的技术规范，实现由2G网络到3G网络的平稳过渡。随着通信技术不断发展，其工作范围也随之扩大，增加了4G及5G通信的研究和标准制定。特别是进入5G时代，3GPP的影响力进一步彰显，至今已组织成员单位研讨并发布15个5G发布（Release）的标准，是最具权威的5G标准研究者。

标准化的大致程序如下：由某个或是某几个企业领头提出议案—写出标准—大家讨论—最后确定—众多的标准一起形成整个5G标准。5G标准体系之下，需要进行多个子标准的立项。全世界5G标准立项并且通过的企业是中国移动10项、华为8项、爱立信6项、高通5项、日本NTT DOCOMO 4项、诺基亚4项、英特尔4项、三星2项、中兴2项、法国电信1项、德国电信1项、中国联通1项、西班牙电信1项、Esa 1项。按国家统计，中国21项、美国9项、欧洲14项、日本4项、韩国2项。5G的标准立项就被这些国家瓜分。所谓争夺5G标准就是各个主体要将自己掌握的专利尽可能地写进5GNR标准。

5G标准的投票分为三个部分：增强型移动宽带场景编码方案、大规模物联网业务和超高可靠与低延迟通信。

增强型移动宽带（Enhanced Mobile Broadband，eMBB）：能够实现Gbps移动宽带数据接入，三维立体视频/超高清视频等大流量移动宽带业务、云工作、云娱乐、增强现实（通俗来说这就是未来用在5G手机上的）；

大规模物联网业务（Massive Machine Type Communication，mMTC）：主要针对物联网、智慧家庭、智能楼宇等；

超高可靠与低延迟通信（Ultra-rliable and Low Latency Communication，URLLC）：需要低时延、高可靠连接的业务，如无人驾驶、远程医疗、工业自动化、应急任务等。

2016年，3GPP组织企业召开了两次会议，对5G eMBB场景应用的编码进行表决。编码分为两种：一种是信令信道编码，一种是数据信道编码。

2016年8月3GPP第86次会议上，提出了关于5G eMBB信道编码的三大标准编码方案：LDPC方案由高通牵头，Polar方案由华为牵头，Turbo方案由LG牵头。到2016年10月，5G数据传输的“长码”部分使用的标准被决定采用LDPC；但其他部分的内容，如数据信道中的短码部分以及该数据传输之外用于网络控制的信道采用何种方案就因为有很大争议，最终未被决定。在这次会议上，联想在关于短码的表决上没有投票支持华为的方案，联想与高通一起赞成所有数据信道编码都用LDPC，成为互联网上疯传的“倒戈”行为。

2016年11月召开的第87次会议就余下问题的标准进行了表决：Polar成为短码信令控制的标准，但Polar丢掉了数据通信短码，LDPC胜出。因此，在这次会议上，3GPP最终确定了5G eMBB场景的信道编码技术方案，其中，Polar码作为控制信道的编码方案，LDPC码作为数据信道的编码方案。这意味着5G eMBB整个控制信令编码（长码+短码）都采用了华为的方案。2018年6月14日，3GPP全会（TSG#80）批准了第五代移动通信技术标准（5G NR）独立组网功能冻结5G试商用正式启动。

从宏观角度讲，3GPP、华为都是5G标准之争的参与者。2019年7月17日，ITU-R WP5D第32次会议在巴西布济乌斯落幕。本次会议是5G候选技术方案的提案截止会议，来自全球政府部门、电信设备制造及运营企业、研究机构的约180名代表参加会议，讨论制定5G标准的候选技术方案。由中国信息通信研究院、华为、中兴、中国信科、中国移动、中国电信、中国联通等单位组成的中国代表团，提交了5G无线空口技术方案，获得了ITU关于5G候选技术方案的正式接收确认函。在后续的ITU-R WP5D会议上，中国将与各个国家和地区组织开展合作，深入参与 ITU 的评估与协调流程。ITU 将根据评估与协调的结果，在 2020 年 6 月举行的 WP5D 第 35 次会议上正式宣布 5G 无线空口技术标准。

（五）正确理解标准竞争

从字面上看，标准竞争是产生于标准之间的竞争，也就是哪一种标准能够更加获得认可。但是从本质上，标准竞争体现在更大范围内适用的标准的标准化过程中。例如，卡尔·夏皮罗等在《信息规则——网络经济的策略指导》一书中指出，“当两种新的不兼容技术相互争斗，都想成为事实上的标准时，我们就说他们在进行标准战争”[①]。可以看出，从形式上看，是既存标准（之前的标准化的结果）相互进行争胜，但是这又是另一个标准化过程的开始：不同的标准均希望成为适用于整个行业的事实标准（或者更上升为法定标准），也就是从多个相互竞争的既存的企业标准或者组织标准之间，产生出一个新的行业标准。这正是一个新的更高层级的标准的标准化过程。

当从市场的角度、用竞争理论来看待标准竞争，而不再将标准视为一个企业或者某个主体的内容活动时，标准竞争就更加内化到标准化的过程中去了。在标准化的过程中看待标准竞争的过程，应当注意以下三个要点：

第一，标准竞争与标准本身的类别紧密相关。标准有很多种分类，有的标准彼此之间是可以共存的，典型的例子是产品质量标准。例如，服装的企业标准，采用何种布料，形成何种样式，按照不同的企业标准所生产出来的企业产品在市场上彼此竞争，这既是一种产品竞争，也是不同的企业标准之间的竞争。这种竞争的结果是分散，而不是排他：不同的买家会选择符合自己心意的产品（该产品本身是某种标准的具化），不会导致最终只有统一的产品标准而其他标准被排挤掉的情况。彼此排斥的标准往往体现为技术标准，标准之间的最终竞争结果是生死存亡，也就是说最终只留下一个标准作为统一使用的标准，而其他标准被淘汰掉。

---

① ［美］卡尔·夏皮罗、瓦里安：《信息规则——网络经济的策略指导》，张帆译，中国人民大学出版社 2000 年版，第 229 页。

第二，标准竞争体现为不同的形式。对于产品质量标准而言，并不存在直接的标准竞争，在相关市场层面或者产业层面也不会最终形成唯一标准的趋势。标准之间的竞争是通过产品质量竞争来间接体现的。而对于彼此最终排斥的标准而言，最终的目的是在产业层面上形成唯一或者统一的标准，标准之间的竞争直接而明确，成为产业层面标准的标准化的一种方式。

第三，竞争只是产业标准化的一种途径。从产业的层面看，最终存活的标准可能是通过市场竞争，从既存的标准中选择保留最优的标准；也可能并不是从既存的标准中选出，而是同类产品的经营者通过参与标准化组织，彼此合作，共同制定新的标准。在后者的情况下，竞争并不直接体现在标准之间，而是体现在标准化过程中具体技术和专利的选择过程中，也即入标专利之间的竞争。

第二章 标准化过程中的合作与竞争

一、便于观察竞争问题的标准分类

本部分第一章已经指出，标准可以按照不同的标准划分为不同的类别。其中，基于政府权力而形成公共标准的制定并非属于市场行为，因而很难涉及竞争法的适用问题。反垄断法主要关注的是私人制定的标准。

在这一范围内，根据ISO分类形成的八种标准，有的标准与竞争问题关系不大，或者说从目前的实践看，并未在竞争方面产生争议。例如，绩效标准几乎不引起反竞争的排他性损害，因此反垄断主管部门对其很少或根本没有兴趣。对于这类的标准，只要达到标准就选择一种技术或者产品进入市场。因此，绩效标准留下了空间，可以允许不同的技术解决方案同时存在并进行竞争，以满足标准规定的要求。在很多情况下，产品标准对竞争也没有明显的影响或者限制。例如，对于某种建筑材料如水泥，产品标准要求其应当能承受一定的压力和重量，只要产品能够达到该性能要求，企业就可以自主决定该产品的成分、材料和制作过程。但如果强制要求各个企业采用统一的标准生产水泥，就会形成对产品多样化方面的竞争限制。①

① Björn Lundqvist，Competition law as the limit to standard-setting，in Josef Drexl and Fabiana Di Porto（eds.）Competition law as regulation，Cheltenham：Edward Elgar Publishing 2015，pp.69-370.

有的标准则与竞争有特别紧密的联系，产生了一系列跟反垄断法有关的争议，这主要包括基础设施标准、交互性标准，对于基础设施标准或交互性标准而言，可能会是引起激烈竞争的基础，比如铁路宽度的标准，或者用什么电信技术来连接我们的手机。基础市场中只能适用或者容纳一个标准，那么关于制定标准的横向协议就很容易在反垄断法下获得豁免。通过试错的方式经过竞争过程来获得最后的标准是很不经济的。而在统一制定交互性标准或者基础设施标准的过程中，如果判定标准的程序被滥用，那么可能会导致反竞争的排他性效应——排除了一定的技术和专利进入被要求统一适用的唯一标准。有的时候，产品标准也会引起竞争问题。例如，产品标准对产品有较高的质量要求，而只有特定的产品才能达到该要求时，产品标准就会限制产品之间多样性的竞争。

为了方便讨论竞争问题，我们将标准以及标准所适用的市场划分为以下两个大的类别：

（一）网络驱动型市场与交互性标准

根据 ISO 的分类，交互性标准也称为接口标准。交互性（interoperability）指系统、网络或服务的连接，以便其能够成功地一起工作。交互性的概念正在扩展，逐渐囊括了一些传统的基础设施标准，例如，铁路系统的标准（如量规、联轴器、制动器和信号）、公共安全标准（如消防材料）和武装部队标准这些以前被认为是基本或基础设施标准的，现在被认为是交互性标准。事实上，交互性标准有时候和必要设施标准之间可能会产生重叠。必要设施标准强调的是标准的必要性，而交互性标准突出了标准的连接性或者接口性，二者有时候会产生重叠。交互性标准规定了交互性的要求，这些要求规定不同形式的产品和技术之间的接口，类似于采用技术作为市场的基础设施。这样的标准不仅可以创造新的市场，而且可以增加这些市场之间的竞争和财富。[1]

在互联网背景下，本章主要探讨网络驱动型市场下的交互性标准。交互性标准与网络效应紧密相关，其适用的市场领域可以称为网络驱动型市场，

① Id，pp. 370–371.

或者称为具有网络效应的市场。在这类市场中，企业之间往往通过合作制定统一的交互性标准，这在竞争法视角下可能是良性的。在这一类市场中，即使不同的主体发展了不同的技术标准，经过竞争之后，市场最后也会自然而然地转向一个事实标准。从效率角度看，竞争并不是开发交互性标准的最佳程序。在传统产品市场中，竞争是一个不断试错的过程——消费者先选择某种产品或者服务尝试一下，如果不喜欢或者感觉不好，就可以“用脚投票”，以后不再购买此类产品或者服务，转而购买另一个产品的替代品。这正是哈耶克和熊彼特竞争理论的基本假设——消费者总是可以享受产品之间的选择自由，创新和竞争是一个反复试验的过程。但对网络驱动型的市场而言，如果市场的最佳状态和最终状态是普遍接受一个解决方案，那么，可以先由不同的主体花费大量的成本制定出众多的标准，然后再通过试错竞争的方法使得绝大多数标准被废弃，最终只保留一个。考虑到制定标准的成本，以及试错过程中所浪费的时间和社会成本，通过竞争来选择交互性标准显然是一个非常昂贵的过程。而如果允许利益相关者合作，在现有的技术之间进行选择，讨论不同技术解决方案的优缺点，同时个别地继续他们的研发工作，并在技术上达成妥协来进行标准化，就是一个相对理想的标准制定方案了。这样的标准制定过程可以视为一种集体创新，更是“合作竞争”的一种形式。

（二）非网络驱动型市场中的产品标准

本书所称“产品标准”是关于产品的设计、功能、成分等内容的规范性要求，规定产品的功能或工作的一系列要求。例如，水泥或水泥生产过程的成分和要求清单，散热器的尺寸和技术规格，特定产品的成分、制造技术和方法。从竞争的角度看，与产品标准有关的竞争问题需要关注以下几点。

第一，对于产品市场而言，其可以容纳多个产品标准存在，并允许标准之间相互竞争。在绝大多数情况下，产品标准之间并不发生赤裸裸的标准竞争，而是通过产品之间的竞争来实现标准之间的竞争。依据某种标准（尤其是企业产品标准）所制作出来的产品，是产品标准的外在体现，人们对于产品的选择，则展示了人们对于制作该产品标准的选择。产品市场中往往允许多种产品的存在，事实上表明市场能够容纳不同产品标准的存在，并允许其相互竞争。例如，不同品牌的牙膏，事实上是按照不同的企业标准所形成的产品。市场上存在各种品牌的牙膏，人们对于不同牙膏的选择，事实上也反映出人们对背后标准的选择。在非网络型的产品市场中，标准的垄断在很大程度上也是依靠产品的垄断而实现的。例如，某种特定包装材料的垄断，意味着这种材料的制作标准事实上取得了超越他人的胜利。有时候，企业的标准（有时体现为配方一类的东西）可能会通过专利或者商业秘密的方式被保护起来，并不参与市场竞争；但有的时候，产品标准也可能脱离其载体——产品，从而独立在市场上进行交易，这时候的标准是在相关的技术市场上进行竞争。

第二，产品标准可能导致排除和限制竞争：当某一种产品标准在一定范围内实施的时候，统一的标准就会排除掉一些产品，从而限制产品的多样性。当然，有时候强制要求在一定范围内统一实施某种产品标准，或者至少遵守某种最低的产品标准，可能是为了确保产品达到一个最基本的安全要求，或者出于对环境保护的要求。例如，我国《标准化法》第10条第1款规定："对保障人身健康和生命财产安全、国家安全、生态环境安全以及满足经济社会管理基本需要的技术要求，应当制定强制性国家标准。"① 但是，产品标准的统一适用，也的确会产生竞争限制的问题，尤其是统一标准的主体并非国家，而是市场上的私人的时候，对标准竞争的限制就可能会引起反垄断审查。

① 我国《标准化法实施条例》第18条进一步规定了强制性标准的范围："国家标准、行业标准分为强制性标准和推荐性标准。下列标准属于强制性标准：（一）药品标准，食品卫生标准，兽药标准；（二）产品及产品生产、储运和使用中的安全、卫生标准，劳动安全、卫生标准，运输安全标准；（三）工程建设的质量、安全、卫生标准及国家需要控制的其他工程建设标准；（四）环境保护的污染物排放标准和环境质量标准；（五）重要的通用技术术语、符号、代号和制图方法；（六）通用的试验、检验方法标准；（七）互换配合标准；（八）国家需要控制的重要产品质量标准。国家需要控制的重要产品目录由国务院标准化行政主管部门会同国务院有关行政主管部门确定。强制性标准以外的标准是推荐性标准。省、自治区、直辖市人民政府标准化行政主管部门制定的工业产品的安全、卫生要求的地方标准，在本行政区域内是强制性标准。"

第三，统一产品标准的实施具有限制竞争的效果，因而产品标准可能被他人利用，成为排斥和限制竞争的手段。这主要发生在一些没有实质的标准化的需要而相关主体希望通过实施标准的方式，来固定价格、限制产品多样性或者实施联合抵制。在这种情况下，标准的实施，或者说实行标准化制度仅仅是一个虚假的外衣，而标准实施的行为仅仅是掩盖了其他形式的限制竞争行为而已。

二、利用产品标准排斥和限制竞争

互联网时代来临之后，互联网经济的兼容性要求使得标准竞争和标准化过程中的反垄断问题引起人们强烈的关注。但事实上，标准问题从反垄断法实施之初，就一直存在于反垄断案件之中。

早期与标准有关的反垄断案件，比较多地发生在产品标准领域。统一产品标准的实施具有限制竞争的效果从而被他人利用，往往成为垄断协议双方或者卡特尔组织排斥和限制竞争的手段。例如，标准石油公司案中就涉及标准、专利池和卡特尔。标准石油公司案件非常复杂，涉及的反垄断问题也很多。其中，涉及标准方面的情形是：在 1910 年之前的大约半个世纪之内，汽油是由原油通过蒸馏并进行加压凝结而制成的。随着汽车的广泛使用，人们对汽油的需求迅速增长，人们进一步寻求从现有原油中提高汽油产量的方法。人们早就知道，从给定数量的原油中，通过“裂化”的方法也即通过在普通蒸馏之后对渣油施加热和加压的技术，可以额外生产高挥发性的油。这种技术事实上就是一个标准。但是运用到商业上能够盈利的生产这种汽油的“裂化”方法和设备还没有研发成功。1913 年，印第安纳公司第一次成功完善了这一流程。而在此后七年多的时间里，这仍是美国唯一的一次成功。在此期间，印第安纳公司不仅大规模生产裂解汽油，还向 15 家独立公司授权使用该技术。同时，由于“裂化”现象不受任何专利的约束，其他公司一直在自主开发自己的商业流程。其中最突出的是三名被告：得克萨斯州公司，新泽西州公司和汽油产品公司。这些公司中的每一家都获得了许多专利，涵盖了各自的“裂化”过程。从 1920 年开始，四家公司就已发布专利的有效性、范围和所有权发生了冲突。被告声称，正是这些困难导致他们实施三个主要的协议来组建一个专利池。而司法部认为这是一个卡特尔组织，其唯一的目的就是规避专利冲突所导致的诉讼风险和损失。[①]

总的来讲，早期的反垄断案件所涉及的标准主要不是网络时代的交互性标准，而更多的是产品标准。在产品市场中，产品质量的竞争在本质上体现了不同企业产品标准的高低。由于产品市场中的标准是非排他的，因此同一产品市场可以并存多个产品标准。在产品质量的竞争中，标准的竞争并不体现为最终的争胜和唯一，但是，在产品竞争中利用标准制度来排除和限制竞争的情况有很多。这类排斥和限制竞争的行为主要涉及反垄断法对于垄断协议的规定。总的来看，利用标准排斥和限制竞争的情形主要包括以下几类：

（一）利用标准固定价格

这类情形主要指某些产品的卡特尔组织（并非标准化组织），在产品生产和销售中利用标准制度来实现统一价格的目的。例如，在 Standard Sanitary 案中，[②] 洁具产品的卡特尔领导者对产品的生产和销售颁布了一个最后的程序——根据某种标准对产品（浴缸、饮水机、水槽、壁橱等卫生陶瓷器皿）进行许可。经过许可程序处理的产品就在美国国内以商定的价格销售，不符合标准的产品就卖到国外去。这个合作的效果就是设定价格，但标准也通过减少产品的多样性促进了卡特尔的发展。根据这个标准制度，不符合标准的产品不能在美国销售，主要是因为它们会以较低的价格出售。在美国的另一个案件 Milk and Ice Cream Can institute v. FTC [③] 中，牛奶和冰激凌罐头组织要求其成员将所制铁罐制造成统一的类型，尺寸和样式细微处都不能有不同，这样，标准化以后成员企业的售价就趋同了。FTC 认为牛奶和冰激凌罐头组织涉嫌成立价格同盟。而牛奶和冰激凌组织反驳称，价格统一是基于标准化生产导致的产品统一，而这种标准化都符合各州政府管制的目的。上诉法院

---

① Standard Oil Co. v. United States 283 U.S. 163（1931）.

② Standard Sanitary Mfg. Co. v. United States，226 U.S. 20（1912）.

③ Milk and Ice cream Can Institute v. FTV 152Ff418（Tthcir1946）.

认为，在上述标准化过程中，产品统一是人为的而非自然的。虽然法院也认为“这种标准化的努力主要是要遵守各种各样的以健康为目的的政府管制，但是就标准产品形成统一价格的目的……显而易见”。因而在本案中，由于法院认为标准化的设定是主观的，而且这种协会成员的一致努力促成了彼此间的价格同盟，所以法院认定牛奶和冰激凌罐头组织标准化的行为目的在于形成价格同盟，违反了《谢尔曼法》。[①]

（二）利用标准限制产品多样化

行业协会可能通过利用标准来维持一种低水准的质量规格，排除、限制产品的质量竞争。除了上述案件，牛奶和冰激凌罐头组织利用标准制度减少了产品的多样性。另一个典型的案例是 National Macaroni Manufactures ASS'n（NMMA）v. FTC。NMMA 是美国全国性的通心粉制造业协会，拥有 24 名制造商会员，并占据全国通心粉市场 70% 的份额。在 1959 年和 1961 年制造通心粉的硬粒小麦发生短缺，价格飞涨的情况下，协会为避免使用较多硬粒小麦导致成本上升，于是颁布了新的产业标准，要求通心粉的成分中硬粒小麦和另一种质量较次的小麦各占 50%。这项标准有效地应对了硬粒小麦短缺的问题，但客观上降低了产品质量，因为完全由硬粒小麦做成的通心粉质量最好。于是 FTC 提起反垄断诉讼，指控 NMMA 利用标准化降低了产品质量并人为固定价格。美国第七巡回法院支持了 FTC 的诉讼请求，判决 NMMA 违反《谢尔曼法》。[②]

（三）通过标准化实行集体抵制

如果行业协会标准化实施的结果构成对第三方不正当的集体抵制，那么法院将认定这种标准化是不合理的。例如，在 Radiant Burners，Inc. v. Peoples Gas light &Coke Co. 案中，美国天然气协会（以下简称 AGA）是由公共用户天然气销售商、管道公司、设备制造商所组成的一家私人协会，对那些通过

---

① 鲁篱：《标准化与反垄断问题研究》，载《中国法学》2003 年第 3 期。

② Nat. Macaroni Mfrs. Ass'n.，65 FTC 583（1964），enforced，345 F.2d 421（7th Cir. 1965）.

安全性、有用性和牢固性要求的天然气灶发放“许可证”。原告制造了一种家用陶制天然气灶，据说更加安全有效，但AGA两次拒绝为该天然气灶进行认证。原告称，被告的成员企业拒绝给使用原告产品的用户供应天然气，最终导致原告的产品无法进入市场。于是原告提出反垄断诉讼。第十巡回法院认为，原告未能证明对原告产品的拒绝认证减少了天然气灶的生产产量，并且原告也未能证明公众被剥夺了购买更优产品的权利。换句话说，第十巡回法院认为原告未能证明被告排除和限制了相关市场的竞争并产生危害，因而判决原告败诉。但是联邦最高法院推翻了第十巡回法院的判决，支持了原告的诉讼请求。联邦最高法院认为，原告证明了两个重要问题：一是被告拒绝认证的行为是由原告的竞争者主导的认证机关所为；二是拒绝向使用原告的天然气灶的用户提供天然气，属于应当适用本身违法原则的典型集体抵制事例。基于上述两个问题，联邦最高法院认为被告的行为是以标准化的方式来实施不正当的集体抵制，因而应当适用本身违法原则，判定被告行为违反了谢尔曼法。①

欧盟的IAZ案②也是类似的案件：比利时贸易协会（以下简称CEG）和比利时的一些洗衣机贸易协会、唯一的洗碗机和洗衣机进口商一起，同全国供水商协会（以下简称ANSEAU）达成了一项协议，共同监测比利时水质管理规定的遵守情况。比利时立法规定，只有符合比利时标准的设备才能连接到供水系统。为此，CEG颁发了合格标识，ANSEAU也确认只有贴有该标识的机器才能连接。ANSEAU还提请经销商和消费者注意不遵守标准和规定的可能后果。有证据表明，参与各方在信函中已经明确表示要使用该标准作为武器来对抗平行贸易商，并且该标准的实施对平行贸易商造成了限制，因此被认为违反了《欧盟运行条约》（以下简称TFEU）第101条关于垄断协议的规定。

① 鲁篱：《标准化与反垄断问题研究》，载《中国法学》2003年第1期。

② Joined cases 96 to 102，104，105，108 and 110/82 IAZ and others v. Commission [1983] ECR 3369.

三、交互性标准制定过程中的豁免与规制

企业之间（主要是通过私人的标准化组织或者联盟）合作制定交互性标准，需要共同研讨相关技术发展的方向，预测行业未来的走向，并通过一定的程序选择进入标准的技术和专利，最终制定标准。在这一合作过程中，具体技术的专利权人可能会滥用其专利权，从而对标准的最后实施形成阻碍。

（一）标准化过程中的合作竞争

在互联网领域，标准化的过程中充满了竞争对手之间的合作。竞争对手在一定程度上对相关技术的发展和方向进行了共同协调。他们不仅在制定标准时进行协作，而且早早在第一阶段就对技术的发展达成实质方面的共识。换句话说，他们经常进行（联合）研发，目的是在联盟或论坛中创建一个主导技术。这样的联盟合作，不仅要共同开发技术，而且要把这项技术作为事实上或法律上的标准来实施。除了电信行业或 IT 行业、VGA 和 SXGA 模拟计算机显示标准（VESA）、数字用户线路或 DSL（DSL Forum）等数字传输标准，和 HTML 等互联网相关的开发标准都是由联盟开发的。

这些标准化的合作过程大致如下：

从最初的研发或预标准化阶段开始，竞争对手可以在选定的技术途径下进行联合或单方面的研发。如果一些公司所拥有的技术和专利相近，而彼此具有替代性的时候，这些公司就容易形成一个预标准化联盟（Prestandardization Consortium）。该联盟中具有相同商业模式的企业通过提前合作研发，可以更好地研发以及预测技术选择策略。他们可以讨论几个技术方案或想法，甚至可以进行对抗式的竞争，考虑竞争对手的投入，而最终希望围绕一个解决方案达成共识。这一过程同时也是研发的实施过程。最后，在预标准化阶段，这些企业得以创造一个明确的交互性技术，并形成互补和阻断的专利，同时达成了技术标准。

这种合作在网络驱动型的行业中一直都在发生。这代表了竞争对手之间的一种合作形式。产品和服务之间的兼容性和交互性在互联网领域如今已经

变得越来越重要。标准的兴起正是越来越多的产品进行互动、兼容的内在要求。

但另一方面，这种合作过程中仍然充斥着竞争。现代社会的标准由很多技术和专利构成，在制定标准的过程中，选择何种技术或专利成为标准的组成部分，就涉及标准制定程序的合理性。如果标准制定过程被滥用，从而排除特定的技术或者专利，这样的程序就具有反竞争的危害——在标准制定过程中，有一些机制使得选定的技术进入标准，并成为任何其他技术进入市场的交易壁垒。如果选择技术的程序被滥用，可能会使得某个本来更好的技术无法进入标准，人们出于某种偏好而选择了另一个技术。

在网络驱动型市场中，通过既存标准之间的竞争进行淘汰来最终选定最后的行业标准会使得成本过高，因为每一种技术标准的制定都需要耗费大量的成本，而后再将形成的标准抛弃则会过于浪费。因此，在网络驱动型市场中兴起了合作制定行业标准，而非通过竞争、淘汰方式获得行业标准的做法。竞争的方法虽然成本高，但当通过竞争的过程来选择最后的标准时，竞争过程本身很大程度上彰显了标准的优越性：我们一般假定市场会选出最后的优胜者，但是，如果一开始就是通过企业之间的合作，如通过标准化组织来制定一个未来的标准，那么这样形成的标准到底是不是一个最优的标准呢？

从各国的普遍情况来看，竞争法执行机构和法院都很少就标准化组织所制定的标准的实质发表判断，也就是说，政府部门一般不就标准到底是否足够优秀而做出判断，而更加关注的是标准化组织制定标准的程序是否合理。早在 1998 年 Allied Tube & Conduit Co. v. Indian Head Inc. 案中，法官就指出："法院没有足够的能力来判断不同的标准何者更优越……法院宁愿判断标准化程序是否公正，而不愿意判断 A 标准是否比 B 标准更有竞争力。"① 在美国焊接学会（American Welding Society）2002 年"商业评论信"（Business Review Letter）中，美国司法部表示不考虑一个标准是否比另一个好，而只是评估标准制定过程是否被滥用。同样，在其他专利池"商业评论快报"（如

① Allied Tube & Conduit Co. v. Indian Head Inc.，486 US. 492（1988）. 转引自吴太轩：《技术标准化的反垄断法规制》，法律出版社 2011 年版，第 81 页。

MPEG-2）中，美国司法部也没有对技术进行分析。法院在电子商务中的决定和美国司法部在美国焊接协会的信件中反映了一个立场：审查和决定标准的实质内容，即什么是“最好的”技术，超出了反托拉斯机构和法院的范围和能力。[①]

这样，对于行业性的交互性标准而言，最为重要的竞争法问题就分为以下两个方面：一方面，竞争法应当从整体上确认交互性标准的标准化的合作性和非竞争性，并适当地对其予以反垄断制度下的豁免。因为标准化的合作在形式上正是一个限制竞争的协议，其限制了通过各自先行制定标准再相互竞争、淘汰的行业标准化模式。另一方面，竞争法机构应当尽量确保在合作进行标准化的过程中具体程序的正当性和竞争性，从而确保合作标准化过程中选择的具体技术和专利是更优的。相应地，法律制度需要进行两方面的努力：一方面对标准化合作进行反垄断豁免，另一方面则对标准化过程中的权利滥用进行规制。

（二）标准化合作的反垄断豁免

适用于全行业的交互性标准的标准化存在合作的必要性，为了避免这一有效率的标准化行为受到反垄断法攻击，各国法律专门针对其进行了一定的豁免。

1. 美国：NCRPA 体系下的“安全港”

早在 1982 年 ASME v. Hydrolevel 案中，法院就标准制定组织是否应当承担三倍赔偿的反垄断责任产生了分歧。Hydrolevel 是热水锅炉制造商（以下简称 H 公司），McDonnell and Miller 则是采暖锅炉在低截水装置市场上占有支配地位的制造商（以下简称 MM 公司）。ASME 则是为各种机械设备制定标准的组织，H 公司和 MM 公司都是该组织的成员。MM 公司的人在 ASME 中担任了一些领导职责，利用其职能便利对 ASME 标准进行了解释，并强硬地判定 H 公司的产品不符合该标准的要求，最终导致 H 公司退出了市场。

① Björn Lundqvist，Competition law as the limit to standard-setting，in Josef Drexl and Fabiana Di Porto（eds.）Competition law as regulation，Cheltenham：Edward Elgar Publishing 2015，p. 377.

H公司起诉了ASME。法院最后根据“明显职权”（apparent authority）的理论，即ASME的职能机构在其“明显的权限”范围内行事，判定ASME违反反托拉斯法，并承担三倍赔偿责任。但在判决的少数人意见中，法官指出：虽然从理论上讲，反垄断法适用于标准化组织，但根据“明显职权”理念让这类非营利组织承担沉重的三倍赔偿责任与国际法院先例和国会的意图不相符。[①]

标准化组织旨在合作研发标准，必然减少了企业之间直接的标准竞争，因而面临着反垄断审查，这使得标准化组织在合作的标准化过程中束手束脚，难有作为：为了避免交互性标准通过竞争进行试错，标准化组织需要各个成员共同协作以开发统一的标准；在这个合作过程中，又遇到专利伏击等专利滥用行为对标准的制定和实施所带来的困扰。于是有人指出标准化组织在采纳技术制定标准时应当考虑必要专利的成本问题，在标准制定的过程中，标准开发组织等标准化组织应当要求成员公开他们的专利以及授权的费率，从而将成本、费用要素纳入标准制定的考量中。然而，标准化组织一般不敢这样做，因为他们面临着违反反垄断法的风险——具有联合性质的组织如果让成员讨论费率问题，在反垄断法上是相当敏感的。尤其是在美国反垄断法体系下，价格卡特尔还适用本身违法原则。因此如果不通过立法给标准化组织建立一个明确的“避风港”，以降低其反垄断违法风险，标准化组织的行为以及标准化组织的成员的合作行为，或者努力行为，很难根据其他理论从反垄断法之下豁免。

1984年，美国国会颁布了《国家合作研究法》（*National Cooperative Research Act*，NCRA）。NCRA第一个对就合资进行研究合作的反托拉斯问题进行规定立法。1993年，该法进行了修正，加入了关于合作企业的内容，并改名为《国家合作研究和生产法》（*National Cooperative Research and*

① American Society of Mechanical Engineers（ASME）v. Hydrolevel，456 U.S. 556（1982）.

Production Act，NCRPA），[①] 旨在降低联合研发企业（Research Joint Ventures，RJV）[②] 潜在的反垄断责任，从而促进创新，促进贸易，增强美国在世界市场上的竞争力。该法规定，法院必须合理衡量联合研发企业针对标准的投资，即使该联合研发可能违反联邦或国家反托拉斯法进行。这部法律还明确规定了反垄断诉讼中原告的举证责任，即需要原告来证明在研发市场上存在反竞争限制。2004 年，NCRPA 被《标准开发组织促进法》（*Standard Development Organization Advancement Act*，2004）修订，进一步扩展和明确了标准化组织的反垄断豁免问题，将反托拉斯法的豁免范围扩展到了标准开发组织（Standards Development Organizations，SDOs）的特定活动。

总的来讲，在 NCRPA 体系下有三个重要的原则：不适用反托拉斯法的本身违法原则而需要适用合理原则；[③] "败诉者付款原则"，即如果原告的反垄断诉讼不能胜诉，原告人必须赔偿被告；不适用三倍赔偿。[④] 国会通过这三个限制事实上降低了反垄断私人诉讼的积极性，也限制了反垄断机构执法的动机，相当于国会对标准的合作和研发提供了一个豁免性质的"安全港"。[⑤]

标准开发组织（SDO）是标准化组织的一种，特指经过 ISO 或 IEC 认证的标准开发组织。SDO 是 SSO（standards setting organization）的一种类型。后者是一个较大的术语，除了 SDO，SSO 还包括其他各类标准制定组织，如企业为了推进特定技术解决方案进行的私人合作。2004 年之后，进行联合研

---

① See National Cooperative Research and Production Act of 1993（"NCRPA" or "Act"），15 U.S.C. § § 4301-06，https：//www.justice.gov/atr/national-cooperative-research-and-production-act-1993（Last visited on December 2，2019）.

② NCRPA 在 § 4301 中规定了该法案所涵盖的 RJV 的含义。这个定义非常广泛，涵盖了在研发、生产、专利申请、为 RJV 的成果授予许可证等方面的合作努力。但 RJV 不包括在竞争对手之间就任何产品、流程或服务的成本、销售、盈利能力、价格、营销或分销之间交换信息的行为——如果这些信息没有被合理地用于实现此类合资企业的目的。

③ See 15 U.S.C. § 4302. Rule of reason standard. 不仅如此，该条规定还进一步指示，在具体的个案中应当考虑到企业的"世界性能力"来界定相关市场，这暗示着界定一个广阔的世界性地域市场。

④ See 15 U.S.C. § 43024. Award of costs，including attorney's fees，to substantially prevailing party；offset.

⑤ Björn Lundqvist：*Standardization under EU Competition Rules and US Antitrust Laws The Rise and Limits of Self-Regulation*，Cheltenham：Edward Elgar Publishing，2014，pp.150-151.

发的企业只要符合 NCRPA 所要求的公开、利益平衡和正当程序等要求，就可以建立 SDO，从而享受 NCRPA 对这类标准化组织的特别豁免。NCRPA 和相关附件都没有提到需要根据 ISO、IEC 或美国国家标准学会（ANSI）的规则认证。这意味着，只要符合该法的要求，除了具有官方性质的标准制定组织，私人的联合体也可以从新的修正案中受益。①

NCRPA 规定的 SDO 进行的“标准开发活动”也有一个非常广泛的定义，包括了任何旨在建立、发展或维持共同认可的标准的行为。②任何使用或不使用某种技术，以及暗示技术目的的决定，均属于该定义范围；标准化协议、知识产权政策或知识产权规则等也可以列入标准开发合同。这样，NCRPA 事实上就许可人之间根据产业或者技术标准所实施的关于技术和知识产权的许可协议方面为 SDO 创造了豁免。

NCRPA 明确规定了标准制定活动可能会在相关的研究市场上反竞争但能够获得豁免。美国之所以通过 NCRPA 来明确给予标准化组织的开发活动反垄断豁免，正是因为根据当时的反垄断法体系，非营利性的标准化组织很难获得反垄断法的豁免，从而无法有力地对专利伏击这一类的挟持行为进行反击。

2. 欧盟：横向指南下的豁免

欧盟 2010 年“关于横向协议对条约第 101 条适用的指南”（以下简称横向指南）加入了关于标准化协议的安全港内容。横向指南指出：对每个标准化协议的评估通常要考虑标准的性质及其对相关市场的可能影响。标准化协议是否会对竞争产生限制作用取决于成员在多大程度上可以自由地制定不符

① See 15 U.S.C. § 4301：“标准开发组织”SDO 一词系指一个国内或国际组织，其使用纳入开放性、利益平衡性、正当程序、上诉程序和共识的程序来规划、开发、建立或协调自愿性共识标准以符合 1998 年 2 月 10 日修订的管理和预算通告，编号 A-119。SDO 不包括参与标准制定组织的各方。

② See 15 U.S.C. § 4301：“标准开发活动”一词是指标准制定组织为制定、颁布、修订、修改、重新发布、解释或以其他方式维护自愿性共识标准或在合格评定中使用此类标准而采取的任何行动，包括与标准开发组织的知识产权政策有关的行动。

合议定标准的替代标准或产品。①SSO 的规则必须尽力避免专利权人通过专利劫持和滥收专利费用导致标准化过程被滥用。标准制定组织应通过对其成员实施有约束力的规则来保证这一目标。② 如果对加入标准制定程序没有限制，采用相关标准的程序是透明的，那么，一个标准化协议，即使没有要求必须遵守该标准并根据 FRAND 条款进行许可，也通常不会构成 TFEU 第 101（1）条意义下的限制竞争。因此，只要标准能让竞争对手免费使用或修改，建立标准的协议，双方即使共同或单方具有产品市场上的支配地位，也是合法的。③

横向指南指出，标准化协议的主要目标是定义当前或未来的产品、生产过程、服务或者方法所要遵循的技术或质量要求。标准化协议可涵盖各种问题，如特定产品的不同级或尺寸的标准化，或者产品间或系统间的兼容和交互性至关重要的产品市场或者服务市场中的技术规范。获得特定质量标志或获得监管机构批准的条款也可以被视为一个标准。阐明产品或生产过程环境绩效标准的协议也属于标准。因此，对于横向指南而言，其描述的标准化协议，涵盖了各种类型的标准化协议，既包括产品标准的制定，也包括交互性标准的制定。但横向指南指出，作为公共权力执行一部分的技术标准的制定和生产不在指南的涵盖范围之内。④ 根据横向指南，标准化协议可能会在四个市场上产生影响：第一，标准制定可能会影响产品或服务市场，或者相关标准有关的市场；第二，当标准制定涉及技术选择，且知识产权与相关产品分开销售时，标准可能对相关技术市场产生影响；第三，如果存在其他不同的标准制定机构或协议，标准制定市场可能会受到影响；第四，如果与案件有关，标准制定还可能影响到特定的测试和认证市场。

横向指南从标准和技术的角度对企业进行了分类。横向指南将企业分为三个大的类别：（1）单纯的技术性公司，或称上游公司。这些公司只负责开

---

① Horizontal Guidelines，7.3.3，para. 269.

② Horizontal Guidelines，7.3.3，para. 280.

③ Horizontal Guidelines，para. 293.

④ Horizontal Guidelines，para. 252-253.

发和销售技术，并不生产与这些技术有关的产品。这些从事研发的企业仅靠许可获得收入，所以倾向于最大化许可费。（2）单纯负责制造产品的企业。他们基于其他公司开发的技术制造产品或提供服务，没有相关的知识产权。特许权使用费是他们的成本，不是收入来源，他们倾向于减少或避免使用费。（3）综合性企业，也即技术开发和销售产品的垂直整合公司。他们有混合的激励：一方面，他们可以从知识产权中获得许可收入；另一方面，他们可能不得不向其他知识产权人就标准支付必要专利许可费。因此，他们可能为获取其他公司的必要知识产权而提供自己的必要知识产权，进行交叉许可。

总体来说，横向指南假定制定标准化协议是有利于竞争的。只有在特定的情况下，这些协议才会对竞争产生限制作用。这些特定情况主要包括：降低价格竞争，阻碍创新技术，通过阻止企业有效使用标准来排除竞争者或者对其进行歧视。因此，横向指南为标准化协议规定了安全港——如果参与标准制定不受限制，而且采用相关标准的程序透明，[①] 标准化协议就算没有规定必须遵守标准的业务或者 RAND 条款，通常也不属于第 101（1）条意义上的限制竞争。[②] 如果标准化协议不符合这些条件，则需要进行个别评估，以确定协议是否属于第 101 条第 1 款规定的情况。特别是如果 SSO 对市场上的竞争对手和利益相关者是封闭的，只有特定企业能够被允许成为成员，那么安全港将不适用。

具体而言，对采用标准、标准制定组织规则特别是知识产权政策的参与和程序不设限制，应该是要保证所有相关行为人都能参与到选择标准的过程中。值得注意的是，有关规则不应该排除或歧视特定的知识产权持有人，也不应该对免费的标准有特别的偏好或者歧视。标准制定组织还应该就分配投票权问题形成客观和非歧视的程序。标准制定组织的规则必须力求通过阻碍知识产权权利人滥用专利使用费来避免滥用标准化进程。标准制定组织应通

① 透明度意味着标准制定组织必须公开并事实上告知所有利益相关者即将制定的规则。在标准涉及知识产权的情况下，标准制定机构应当制定一个明确而平衡的知识产权政策，如 FRAND 和诚信披露要求等。

② Horizontal Guidelines，para 280.

过对标准制定组织成员有约束力的规则来保证这些目标。这就需要一个清晰和平衡的知识产权政策，以防止个别企业滥用与标准有关的市场力量。因此，知识产权政策应该要求诚实地披露这些知识产权。知识产权政策还应要求所有可作为标准一部分采用的基本知识产权的知识产权持有者以书面形式作出不可撤销的承诺，以公平、合理和非歧视的方式向所有第三方授予知识产权许可（“FRAND 承诺”）。①

（三）标准化合作中的权利滥用与反垄断规制

总体上，反垄断法认可行业层面的交互性技术形成，可以不通过竞争的试错方式，而是尽量允许企业结为合作性的组织共同开发更为统一的技术标准。而政府部门也不打算就技术标准的优劣进行实质性评价。这样，协作的标准化过程就变得更为重要。入标技术和专利的选择是否合理，程序是否透明，标准必要专利的持有人是否滥用其权利阻碍了标准化的顺利进程，就成为法律干预和规范的重点。而公平、合理、透明的标准化进程遇到的最突出问题就是伏击或称挟持问题。

1. 专利伏击与 FRAND/RAND 伏击

专利伏击（Patent Ambush）也称为专利挟持（Patent Holdup）。专利挟持源自经济学中的挟持（Holdup），含有把持住，“敲竹杠”、“套牢”和“阻抑”等含义。Holdup 概念主要是由 2009 年诺贝尔经济学奖得主、新制度经济学家威廉姆森提出的。其基本的含义是在企业管理和其他类型的人际关系中，经常会出现一种一方被另一方“把持 / 挟持”的现象，形容一方离开另一方就要遭受很大损失的状态。在这种状态下，被“挟持”的一方不可避免地处于非常被动的地位，在利益上要向另一方让步。例如，某一家工厂投入了大量的资源为下游厂商制造专有设备做准备，下游厂家就有可能利用对方已投入大量沉没成本而转型代价很高的情况，敲竹杠式地压低产品价格。②

美国司法部和 FTC 于 2007 年联合发布了《反垄断执法与知识产权：促进

---

① Horizontal Guidelines，para. 269-280.

② 林欧：《技术标准中专利挟持的反垄断规制》，载《科技管理研究》2015 年第 18 期。

创新与竞争》，指出专利挟持是经典挟持问题的一种变体（Variant）。挟持问题表明，参与协作（Collaboration）的主体难以避免沉没成本的产生，使得重新安排投资的成本很高，或者如果在协作之外重新安排，资产的价值将会显著降低。一方挟持存在沉没性专用投资的另一方的可能性，将阻碍其他主体在协作之中进行有效率的投资，这意味着协作可能会出现投资不足。在标准制定的背景下，企业可在形成和执行与特定知识产权标准相关的事项时产生沉没投资，或是如果转而换用其他知识产权，这些投资将是无用的。因此，知识产权所有人很可能挟持正在使用标准的企业等主体。① 专利伏击通常指在标准的制定过程中，专利权人或者潜在的权利人先不披露其拥有某项专利或者即将获得某项专利（可能其已经提出专利申请，但尚未获得正式的批准和授权），而其专利被纳入标准体系，最终成为标准的一个部分。当标准在行业内开始适用，该专利权人突然宣称该标准中的某项专利是属于自己的，想要使用专利，就必须按照专利权人的要求支付专利费，否则该标准的实施就会构成事实上的侵权。

现实中，能够凭借技术专利对标准的实施造成威胁的，主要是标准必要专利的持有人。标准必要专利，指实施某项标准必不可少的专利。在标准制定的过程中，如果相关专利权人并未采取伏击的方式，而是公开披露了其专利或者明确要求某种程度的许可费，标准制定者觉得无法接受，可能会采取自行研发可替代性技术或寻求获得其他可替代的技术的方式来解决这一难题；而一旦该专利持有人采用了伏击的方式，隐瞒相关信息，使得该专利被纳入标准，由于标准必要专利是标准制定所不可缺少的专利，因此，对于标准而言，无法寻找到可以将其替换的技术，从而导致“挟持”的产生。

为了应对合作制定标准过程中产生的专利伏击，各个标准化合作制定组织开始要求其组织成员在专利入标过程中加入 FRAND 或者 RAND 协议来避免或者控制这种情况的发生。FRAND/RAND 承诺反映了一种利益权衡，特别是对于与标准相关的专利的专利权人而言。通过 FRAND/RAND 承诺，专利权人放弃重要的法律权利，包括拒绝许可的权利、禁止任何有意愿的

① 林欧：《技术标准中专利挟持的反垄断规制》，载《科技管理研究》2015 年第 18 期。

被许可人的权利，以及收取超过竞争水平的特许权使用费的权利；作为回报，专利权人的标准能够被纳入标准并通过标准的普遍实施而促进其专利技术在行业内被广泛使用，从而迫使每个使用标准的人实施其专利，使其能够从每个标准使用者那里收取许可费。[①] FRAND/RAND 伏击则通常体现为企业加入 SSO 并同意“合理和非歧视性”（RAND）或“公平合理和非歧视性”（FRAND）许可条款，但后来其要求的许可费标准却远远高于其他成员所认为的“合理”价格。

2. 伏击行为的反垄断分析

禁反言（estoppel）和反垄断都可能成为处理此类案件的路径。[②] 从反垄断法的角度看，对于这类案件的竞争分析，往往需要考虑两个不同的阶段：专利入标之前和专利入标之后。其大致的逻辑是，因为专利权人在专利入标之前（也就是在标准化组织选择技术制定标准的过程中）进行了欺诈，即从事了专利伏击或者 FRAND/RAND 伏击，从而导致其在专利入标之后获得了市场支配地位。对这类案件的反垄断分析，需要考虑以下几个重要的方面：

（1）明确合作制定交互性标准并不损害竞争

标准制定组织合作制定交互性标准这一过程同反垄断法的目标总体来说是一致的。在 Broadcom 诉高通案中，法院非常详细地论述了交互性标准合作制定大背景的合理性。法院指出，[③] 反托拉斯法的主要目标是通过促进企业之间的竞争来最大化消费者福利。私人标准制定在多个层面上推进了这一目标。在最终的消费者市场中，确保产品互操作性的标准促进了来自竞争厂商的产品购买者之间的信息共享，从而提高了所有产品的实用性并扩大了整个

---

① Mark A. Lemley & Carl Shapiro，“A Simple Approach to Setting Reasonable Royalties for Standard-Essential Patents 5”（Mar. 30，2013），available at http：//faculty.haas.berkeley.edu/shapiro/frand.pdf，（Last visited on June 28，2019）.

② 吴太轩：《技术标准化的反垄断规制》，法律出版社 2011 年版，第 103 页。

③ 501 F.3d 297（2007）BROADCOM CORPORATION，Appellant v. QUALCOMM INCORPORATED. No. 06-4292. United States Court of Appeals，Third Circuit. 该案中，Broadcom 向美国新泽西州地区法院提起诉讼，称高通公司假装同意 ETSI 和其他 SDO 的知识产权政策，从而使其专有技术得以纳入标准，但随即违反承诺拒绝以 FRAND 条款授权其技术。

消费市场……这反过来又允许企业将研发成本分摊到更多的消费者身上，从而降低了单位产品的价格。行业范围的标准也可以降低消费者在相互竞争的产品和服务之间进行切换的成本，从而加强供应商之间的竞争。

这种标准也加强了上游市场的竞争。标准制定过程的一个结果是，SDOs可能更容易在竞争技术、专利位置和许可条款之间进行客观比较，然后才能锁定标准。标准也加强了上游市场的竞争。标准制定过程的一个结果是SDOs可能更容易在产业最终锁定标准之前对竞争性技术、专利地位和许可条款之间进行客观比较。标准制定也降低了生产者（和终端消费者）投资稀缺资源但最终可能无法获得广泛接受的风险。采用标准并不会消除生产商之间的竞争，而是将注意力从潜在标准的开发转移到开发执行所选标准的手段上。

这些效率都增加了消费者的福利并促进了市场竞争，因此与反托拉斯法的竞争性愿望相一致。因此，私人标准制定在形式上可能被视为竞争对手之间的赤裸裸的协议，但实际上不应被视为违反反托拉斯法。

（2）欺诈可能导致垄断

早在世纪之交，被称为世纪之诉的微软案，就直接论述了创新、获取垄断权与反竞争效果之间的关系。微软案同样涉及标准、欺诈与竞争问题。微软自行开发的计算机语言和操作系统，事实上成为个人电脑市场中的行业标准。微软向软件开发商承诺，其即将与潜在的竞争对手如Netscape和Java合作以确保互操作性，从而诱使软件开发人员编写仅适用于微软产品的程序，[①]利用欺骗手段保持了当时电脑操作系统事实上的标准地位。[②]地方巡回法院告诫微软其“保持对操作系统垄断的方式不是凭借操作系统的优越性，也不在于其制造商的敏锐度，因此是反竞争的”。[③]法院认为，微软的竞争对手Netscape和Java对其“合理地构成了来自新兴（产品）的威胁”。微软公司正是通过欺骗的手段排除了这种威胁，对“垄断力量的持续起到重大作用”，

① Microsoft，253 F.3d at 76.

② January 2009 Rambus v. F.T.C. in the Context of Standard-Setting Organizations，Antitrust，and the Patent Hold-Up Problem Joel M. Wallace.

③ Microsoft，253 F.3d at 77.

从而违反了《谢尔曼法》。[①]

微软案虽然没有直接涉及标准化组织、标准化流程中的伏击问题，但清楚地分析了基于标准的垄断力量的维持方式不合理、欺诈与反竞争效果的存在，是导致反垄断违法的基本要件。事实上，执法机构和学者认为专利伏击和 FRAND/RAND 伏击同微软案中的欺骗行为在本质上是一样的。伏击行为会破坏健康的合作制定标准的过程。这种欺骗性的行为阻碍了标准制定组织在标准制定过程中选择其他技术的可能，从而被认为是非法地获得了市场力量。例如，在 Rambus 案中，FTC 认为，JEDEC 的专利披露政策“不是一个清晰的模型”，成员期望彼此披露与标准化的技术相关的专利和专利申请，以及一些相关权益。但委员会认为 Rambus 故意从事歪曲、遗漏等行为，误导了 JEDEC 成员对标准制定“非常重要”的知识产权信息处理。Rambus 对 JEDEC 的欺骗行为“极大地促进了其获得垄断权”。[②]在 Broadcom 诉高通案中，法院进一步肯定了 FTC 的观点，认为私人标准制定发生在以共识为导向的环境中，在这个环境中，参与者有赖于结构性的保护，如要求披露知识产权的规则以促进竞争并限制行使垄断力量。在这样的环境下，参与者不太可能对欺骗行为保持警惕，并且在（标准锁定技术）锁定之前可能无法检测到此类行为并采取措施予以抵消。那时，对竞争造成的伤害可能很难纠正。[③] 因此，违反标准制定组织的披露政策或者违反 FRAND/RAND 承诺成为反垄断违法构成要件之一。

（3）对竞争的影响

违反标准制定组织的披露政策或者 FRAND/RAND 承诺（以下统称违约）

---

① Id. at 79，118-19.

② Rambus，No. 9302，concurring op. at 1（F.T.C. Aug. 2，2006）. 该案的大致背景是，Rambus 公司曾加入标准化组织联合电子设备工程委员会 JEDEC，其四项专利分别被纳入 EDEC SDRAM 和 DDR SDRAM 标准。但标准确立之后，Rambus 通知主要 DRAM 和芯片组制造商，称其拥有 JEDEC SDRAM 和 DDR SDRAM 标准技术的专利权，继续制造、销售或使用符合这些标准的产品的企业侵犯了其专利权。在该案中，虽然就 Rambus 是否破坏竞争这一问题的观点 FTC 和法院存在争议，但 Rambus 存在欺诈，并在专利入标之后具有市场力量这些问题，FTC 和法院没有明显的分歧。

③ 501 F.3d 297（2007）BROADCOM CORPORATION，Appellant v. QUALCOMM INCORPORATED. No. 06-4292. United States Court of Appeals，Third Circuit.

是欺诈的行为，但欺诈的行为本身是否就意味着反竞争的效果呢？当前的判例法并没有能够给出统一的答案。这也是当下对伏击行为进行反垄断判断的最大争议。

大多数案件的裁决认为，违约或者欺诈行为本身就意味着对竞争的扼杀。专利入标的过程就是专利权人获得垄断力量的过程，而避免最终垄断结果最“有意义的保障措施”就是“防止标准制定过程因经济利益被成员带偏，从而扼杀产品竞争”。因此，那些破坏标准制定过程的竞争性的行为可能被视为违反反垄断法的反竞争行为。①

例如，在 Broadcom 诉高通案中，法院指出，专利挟持就是导致标准制定过程低效的行为。这些专利权利人具有独特的议价能力，从而能够从行业参与者那里提取超竞争的许可费。②而对于 FRAND/RAND 承诺，标准制定组织设计的这一机制正是为了遏制专利入标所形成的垄断力量。当专利入标之后，标准中选定的专利无法再被其他的技术所替代，因此标准中的技术（特别是标准必要专利）往往构成一个独立的相关市场，而专利权人则在该相关市场中具有了完全的市场力量。③而 FRAND/RAND 承诺则要求专利权人放弃索要高价和任意拒绝许可等权利，这使得专利入标过程更加类似于一个传统经济管制的过程：通过挑选特定的技术进入专利，表面上看专利权人获得了市场力量，但又通过价格控制和施加普遍服务义务的方法，使得专利权人无

---

① Id.

② Id.

③ 这一观点在反垄断法分析过程中已经得到了基本的认可。例如，在 Rambus 案中，FTC 认为 Rambus 通过欺骗性的行为非法垄断了四个技术市场（也就是标准中最终使用 Rambus 的四种技术所在的市场）。参见 Rambus Incorporated，Petitioner v. Federal Trade Commission，522 F.3d 456。2015 年，我国发改委对高通公司进行处罚时也延续了这样的思路。发改委指出：“无线标准必要专利是实现特定无线通信技术标准必须要实施的专利。每一项无线标准必要专利许可均单独构成一个独立的相关产品市场。在本案中，由于当事人将持有的无线标准必要专利进行组合许可，相关产品市场为当事人持有的各项无线标准必要专利许可单独构成的相关产品市场的集合……当事人在无线标准必要专利许可市场具有市场支配地位，因为当事人在相关市场占有 100% 的市场份额……”参见中华人民共和国国家发展和改革委员会行政处罚决定书发改办价监处罚［2015］1 号。

法滥用其市场力量。这正是传统经济管制所采用的“通过垄断的方法获得竞争的结果”基本模式。[①]波斯纳法官指出，“FRAND 要求的目的……是将专利权人的特许权使用费要求限制在专利本身所赋予的价值范围内，而不是专利权人因为专利入标成为标准不可或缺的部分而持有的价值”[②]。法院也认为，FRAND/RAND 承诺提供了“防止垄断权力的重要保障”，阻止了“反垄断法所防止的垄断力量的非法积累”[③]。

基于这样的道理，人们认为，违反标准制定组织的知识产权披露政策，特别是违反承诺，这本身就体现了对竞争的破坏。在 Broadcom 诉高通案中，法院指出：在一个以合作导向的私营标准制定环境中，专利持有人故意虚假承诺按 FRAND 条款许可必要的专利技术，并且 SDO 基于该承诺将其技术纳入了标准，专利持有人随后违反该承诺，是可以采取行动的反竞争行为。这意味在合作导向的私人标准制定环境中的欺骗行为，通过掩盖标准中包含专利技术的成本，增加了专利权赋予专利权人垄断权的可能性，就是损害了竞争过程。[④]同样地，在 FTC 处罚 Rambus 的裁决中，也秉持了“不披露即反竞争”的观点，认为在 JEDEC 对相关技术进行标准化时，Rambus 从事了排他性行为，这些行为包括虚假陈述、遗漏以及其他一些欺骗 JEDEC 关于其专利权益的性质和范围的行为。FTC 认为，如果 Rambus 完全披露了其知识产权，“JEDEC 要么将 Rambus 的专利技术从 JEDEC DRAM 标准中排除，要么需要 RAND 的保证，从而有机会进行事先的许可谈判”[⑤]。

但 Rambus 将 FTC 诉至法院，法院却并不支持 FTC 的观点，认为 FTC 未能成功证明 Rambus 的欺诈行为是反竞争的，因此最终判决委员会败诉。

---

① 张江莉：《反垄断法与政府管制》，北京师范大学出版社 2011 年版。

② FRAND wars and section 2 Apple，Inc. v. Motorola，Inc.，869 F. Supp. 2d 901，913（N.D. Ill. June 22，2012），appeal pending，Nos. 2012-1548，2012-1549（Fed. Cir.）. See Daniel G. Swanson & William J. Baumol，Reasonable and Nondiscriminatory（RAND）Royalties，Standards Selection，and Control of Market Power，73 ANTITRUST L.J. 1（2005）.

③ Research In Motion Ltd. v. Motorola，Inc.，644 F. Supp. 2d 788，795-96（N.D. Tex. 2008）.

④ 501 F.3d 297（2007）BROADCOM CORPORATION，Appellant v. QUALCOMM INCORPORATED. No. 06-4292. United States Court of Appeals，Third Circuit.

⑤ Rambus，No. 9302，concurring op. at 1（F.T.C. Aug. 2，2006）.

法院的大致逻辑是：Rambus 在标准化过程中可能的确构成了欺诈，但是没有反竞争效果。因为在这个个案中，不管 Rambus 是否如实披露，很可能 JEDEC 最终都要选择其技术入标，所以欺诈没有限制竞争。也就是说，委员会没有能够证明，如果 Rambus 如实披露，标准化组织就不会选择其技术。

法院指出，欺骗性行为必须具有反竞争效果才能形成垄断声明的基础……因此，反托拉斯审查的重点恰当地放在了对竞争造成的危害上，而不是欺骗本身。法院列举了先例 NYNEX Corp. v. Discon，Inc.，525 U.S. 128，119 S. Ct. 493，142 L. Ed. 2d 510（1998），指出 NYNEX 为了获得更高的价格而使用欺骗手段，但通常不会排斥竞争对手、削弱竞争。法院进一步指出，对于 Rambus 的行为，委员会明确表示，即使 Rambus 披露了其知识产权，JEDEC 也有可能对 Rambus 的技术进行标准化。根据这一假设，JEDEC 失去了一个获得 Rambus RAND 承诺的机会。但是，这种承诺的丧失不会损害相关市场中替代技术的竞争。“事实上，如果 JEDEC 将 Rambus 限制在合理的专利使用费范围内，并要求其提供非歧视性的许可，我们预计替代技术的竞争将会减少，而不是更多；高价格和约束产出往往会吸引竞争对手，而不是击退竞争对手。”“委员会提出的相关论点是，由于限制产出和设置超竞争力价格的能力是垄断力量的必要条件，任何允许垄断者避免限制行使该权力的行为都必须是反竞争的。但是，与 NYNEX 一样，一个合法的垄断者的迂回的价格限制，即使是欺骗性或欺诈性的，并不仅仅会损害垄断市场的竞争。”因此，如果 Rambus 没有欺诈行为，标准化所采用的技术也会是一样的，Rambus 所谓的欺骗行为不能说是违反了反托拉斯法影响了竞争；JEDEC 失去了获得更优惠许可条款的机会并不是反托拉斯政策下的损害。法院认为，委员会未能证明 Rambus 的行为是排他性的，并因此认定 Rambus 非法垄断相关市场的说法。①

法院在 Rambus 案中的逻辑，显然不同于先前“违约即限制竞争”的断定，而给反垄断诉讼的举证提出了新的要求，要求提出反垄断要求一方不仅要证明存在欺诈和违约（伏击行为），还要再进一步证明欺诈和违约切实扭曲了竞争。

① Rambus Incorporated，Petitioner v. Federal Trade Commission，522 F.3d 456.

第三章 典型案例

一、Rambus 案[①]

JEDEC 是一个以促进电子元器件及其相关产品的发展为目的的标准制定组织（SSO），自 20 世纪 90 年代初，JEDEC 就开始为电脑存储新一代技术制定标准 SDRAMs 和 DDR SDRAMs。Rambus 公司主要从事技术开发，对其所获得的专利进行授权并收取费用，其本身并不生产需要使用相关专利技术的存储器产品。Rambus 在 1992 年加入了 JEDEC，并参与了这个标准的制定。同时 Rambus 利用它在标准制定组织中了解到的相关信息，进一步修改其专利申请，使其专利覆盖正在制定中的标准。Rambus 在 1996 年退出了 JEDEC。其控制的存储器私有标准 Direct Rambus DRAM（DDR DRAM）在市场上失败之后，Rambus 开始了专利侵权的诉讼，宣称拥有 SDRAM 与 DDR SDRAM 标准中某些技术的专利权，要求所有标准的实施者缴纳专利授权费。Rambus 的这一行为，在多个国家和地区形成了反垄断诉讼或者反垄断调查，其中以美国的诉讼案最为曲折复杂。

---

① Rambus，No. 9302，concurring op. at 1（F.T.C. Aug. 2，2006）；Rambus Incorporated，Petitioner v. Federal Trade Commission，522 F.3d 456；丁蔚：《Rambus 案最新进展与政府在标准化制度中的作用》，载《电子知识产权》2009 年第 2 期；丁道勤：《从 Rambus 案看标准化中专利权滥用的法律规制》，载《法律适用》2012 年第 4 期。

（一）在美诉讼背景

2000年，Rambus公司正式向美国弗吉尼亚州里士满市联邦地区法院起诉，指控7家大型存储器厂商侵犯与SDRAM与DDR SDRAM标准相关的四项专利权，同时威胁说："那些期望通过反诉解决问题的公司将要比直接支付授权费用的公司付出更多的专利使用费。"并生成对于"在诉讼中失败的公司不授予专利使用权"。从2000年6月开始，包括东芝、日立、索尼在内的多家日本公司开始让步，申请从Rambus处获得SDRAM技术的专利授权，但是很多公司也强烈反对Rambus的这种做法，并开始积极反诉。

Rambus首先起诉指控Infineon在其某些电脑记忆产品设计中侵犯了Rambus的某些专利。2001年5月，法官判决Rambus败诉，并撤销其中3项指控。Rambus在败诉之后继续上诉。2003年1月，联邦巡回上诉法院推翻了弗吉尼亚州关于Rambus欺诈的裁决，裁定Rambus没有欺诈行为。上诉法院认为：（1）JEDEC仅仅鼓励成员披露专利而不是强制成员披露专利；（2）JEDEC专利政策仅仅要求公司披露已经获得的专利，而没有要求披露正在申请的、尚未获得的专利；（3）Rambus没有违反JEDEC专利政策，因为该政策仅仅鼓励自愿披露标准必要专利；（4）即使政策是强制性的，JEDEC也没有说明未披露专利的处罚措施。2003年10月，此案返回弗吉尼亚重新审理。2005年3月，Rambus控告Infineon专利侵权案件达成协议，Infineon同意每3个月支付590万美元作为授权费用。作为回报，双方撤除全部针对对方的诉讼。

2002年5月，根据Infineon对于Rambus违反JEDEC专利披露规则的指控，FTC指控Rambus涉嫌违反反垄断法，称Rambus企图采用"不公平"的方法垄断内存芯片市场。FTC认为反垄断法要求的披露义务比JEDEC的知识产权政策和一般的法律具有更高法律效力。2006年8月2日，FTC最终裁定Rambus违反了《谢尔曼法》第2条和《联邦贸易委员会法》第5条，称Rambus"通过欺骗的手段误导DRAM内存标准，企图通过锁定内存产业，以实现垄断的目的"。FTC希望通过法院禁令阻止Rambus继续提起这类有争议的专利官司，同时也希望中止厂商支付Rambus专利使用费的行为。

FTC 指控的内容主要包括两个方面：一是 Rambus 在标准制定过程中有义务披露它涉及的专利，但是它没有披露；二是它在制定标准的过程中故意修改专利申请，以覆盖标准中可能涉及的技术内容。FTC 认为，JEDEC 的政策和实践为其成员提供了这样的预期：标准制定组织成员不会对其持有的专利或预期持有的专利进行故意欺骗以误导或歪曲标准制定的过程。而 Rambus 的行为则旨在误导 JEDEC 成员相信 Rambus 并未持有也没有申请该标准中的技术涉及的专利，这构成了《联邦贸易委员会法》第 5 条所禁止的欺诈。该行为还具有排他性质，同时违反了《谢尔曼法》第 2 条。

2006 年 9 月 15 日，FTC 提出了针对此案的弥补方法的建议，要求 Rambus 只能收取 0.25% 的专利授权费，以此作为惩罚措施。Rambus 认为 FTC 的裁定是错误的，并希望能够收取 2.5% 的专利费用。2007 年 2 月 5 日，FTC 认定 Rambus 通过标准实行技术垄断，限制了 Rambus 在 SDRAM 和 DDR SDRAM 产品上的授权费用，并敦促 Rambus 必须遵守标准化组织的专利政策，以保证 Rambus 相关专利和专利申请在其参加的标准化组织中加以披露。Rambus 不服 FTC 的裁定，诉至法院。

这一案件探讨的核心问题就是 Rambus 是否构成欺诈，及其是否排除和限制了竞争。

（二）欺诈

FTC 认为根据 JEDEC 标准组织的政策、成员的行为和预期，Rambus 有披露义务，但哥伦比亚特区巡回法院却认为标准化组织的规则没有明确的披露义务，JEDEC 标准组织的知识产权政策并不明晰。“沉默并没有错，除非它有义务讲话或披露。”所以 Rambus 没有违反该义务。

根据 JEDEC 会员手册及 JEDEC 历次委员会会议政策可判定，JEDEC 的会员具有披露义务。本案中，Rambus 在 1992 年加入 JEDEC，参与了 SDRAM 和 DDR SDRAM 两个标准的制定，同时根据标准制定过程中所掌握的相关信息，对其专利申请进行了修改，使其技术与正在制定中的标准更加契合。但在 1996 年，Rambus 因为不认同 JEDEC 的知识产权政策而退出了 JEDEC。此时 SDRAM 标准被正式批准，DDR SDRAM 标准仍在讨论之中，因此 Rambus 公司没有在 DDR SDRAM 标准上有欺诈行为，因为在 JEDEC 正式审查该标准时，Rambus 公司已经退出该联合会。[①]

而对于 SDRAM 标准，披露义务要求会员披露与所制定的与标准“有关”的专利或者专利申请，而不是其打算申请或者补正专利的意图。“有关”专利指因实施标准而有可能必须使用到的专利或专利申请。当一个竞争者合理地认为在实施标准时，需要有未披露专利主张的授权，才有披露义务。根据这样的标准，法院认为 Rambus 公司没有违反披露义务，因为在 SDRAM 标准制定时，Rambus 公司尽管有捕获标准的意图，但其所拥有的专利或者专利申请，当时并不能够涵盖该标准，故这些专利或者专利申请并不在 JEDEC 要求的披露义务以内。[②]

（三）竞争效果

在竞争效果方面，巡回法院认为仅仅存在市场势力并不会违反《谢尔曼法》，除了在相关市场取得势力以外，还需要蓄意取得或维持该势力，并且垄断势力的维持并非卓越的产品、商业的机警或历史的偶然所导致或发展出来的结果。[③]法院在案件中采用了合理的原则，要求 FTC 应当证明反竞争效果，这要求 FTC 对因果关系进行充分证明。FTC 仅仅证明了 Rambus 未披露这一行为是导致这个标准化组织采用这一标准的一个重要原因。但是，巡回法院认为这种因果关系的证明是不够充分的：如果 Rambus 当时披露了标准中可能涉及的专利，标准组织也不一定会采用其他替代技术。也就是说，标准制定组织之所以采用 Rambus 的技术，是因为其技术上的优势，即使 Rambus 当时进行了披露，其专利仍然有可能会被纳入标准。FTC 请求巡回法院重新审理这个案件，但巡回法院拒绝重新审理。FTC 又将诉讼文件移送至美国联邦最高法院，请求联邦最高法院重新考虑哥伦比亚特区联邦上诉法院关于 Rambus 一案的决定，希望联邦最高法院修改上诉法院关

---

① 林欧：《技术标准的反垄断法规制》，上海社会科学院出版社 2015 年版，第 111 页。

② 吴太轩：《技术标准化的反垄断法规制》，法律出版社 2011 年版，第 101 页。

③ 林欧：《技术标准的反垄断法规制》，上海社会科学院出版社 2015 年版，第 113 页。

于适用法律的错误，“认定欺骗行为导致垄断，并认同对于标准制定的欺骗性控制可能会导致垄断的事实”。2009 年 2 月 23 日，联邦最高法院否决了 FTC 对诉讼文件移送命令的申请。

（四）Rambus 在欧盟受到的调查

在欧盟，欧盟委员会根据 TFEU 第 102 条也调查了 Rambus 的专利伏击。最后，Rambus 同意降低专利许可费率使得事件得到了解决。值得注意的是，无论是 FTC 还是欧盟委员会都不否认 Rambus 具有支配地位。相较而言，欧盟 Rambus 案多多少少关注了过高定价问题，认为它是一种反竞争的危害。①

欧盟委员会在欧洲对 Rambus 展开调查的起因是德国的 Infineon 公司和韩国的 Hynix 公司向欧盟委员会提起申诉，认为是 Rambus 针对 JEDEC 标准中的专利索取不合理的许可费。2007 年，欧盟委员会向 Rambus 发出异议声明，初步判定 Rambus 在标准制定过程中蓄意欺骗，等专利技术被 DRAMs 标准采取后索要不合理的许可费的行为构成专利挟持，构成了第 102 条规定的滥用市场支配地位。这是欧盟委员会第一次在欧盟竞争法下处理专利狭持问题，但其所运用的分析路径与第 102 条传统的考虑和思路一致。针对欧盟委员会的异议声明，Rambus 承诺降低有效期为 5 年的相关专利使用费，并且将来任何降价行动都将惠及整个市场。2009 年 6 月，欧盟委员会就 Rambus 的让步条件向利益相关方征询意见，最终双方以此条件达成和解协议，②这是标准化完成后权利人滥用市场支配地位这一类案件广泛应用的解决问题的方式。

---

① See Press Release of 9 December 2009，http: //europa.eu/rapid/pressrelease_IP-09-1897_en.htm（accessed 13 July 2013），where the EU Commission also stated that it concurred with the DOJ regarding the benefits of IP policies generally and ex ante unilateral statements of licensing terms. See also the speech given by former Commissioner N. Kroes，SPEECH/09/575 of 9 December 2009，http: //europa.eu/rapid/press-release_SPEECH-09-575_en.htm?locale =en（accessed October 2014）.

② 林欧:《技术标准的反垄断法规制》，上海社会科学院出版社 2015 年版，第 117 页。

二、高通反垄断案

高通公司创立于1985年，总部设于美国加利福尼亚州圣迭戈市，是全球3G、4G与5G技术研发的领先企业，向全球多家制造商提供技术使用授权，涉及世界上几乎所有电信设备和消费电子设备的品牌。高通公司的客户及合作伙伴既包括全世界知名的手机、平板电脑、路由器和系统制造厂商，也涵盖全球领先的无线运营商。高通公司的专利技术在行业标准中都属于必要专利，因此，当高通公司向各个标准使用人索要高额许可费或者歧视性的许可费用时，被认为违反了FRAND承诺，从而在各国形成了一系列反垄断诉讼和调查。

（一）Broadcom诉高通①

移动无线电话是描述在蜂窝电话操作中使用的技术和设备的通用术语。蜂窝电话包含一个或多个计算机“芯片组”，核心电子设备允许它传送和接收来自无线网络的信息、电话或数据。芯片组通过无线电波将信息传输给蜂窝基站。反过来，基站向电话和计算机网络传输信息。信息传输中涉及的所有组件必须能够相互无缝沟通。由于多个供应商制造这些组件，因此行业标准对于确保其互操作性是必要的。在移动无线电话中，标准由被称为标准确定组织的行业组织私下确定。

当时，两种技术路径或标准家族正在被广泛使用：CDMA，代表“码分多址”；GSM，代表“全球移动系统”。UMTS标准由欧洲电信标准协会（ETSI）及其在美国和其他地区的SDO对应方在对可用替代设备和技术进行了长时间评估之后创建。高通公司提供ETSI最终包含在UMTS标准中的一些关键技术，并在该技术中拥有专利等知识产权。鉴于知识产权权利人通过行使权利对行业标准的实施施加不适当的控制权，ETSI要求供应商承诺，其技术包含在标准中，符合FRAND条款。ETSI和其他相关SDO都没有进一步定义FRAND。

① 501 F.3d 297（2007）BROADCOM CORPORATION，Appellant v. QUALCOMM INCORPORATED. No. 06-4292. United States Court of Appeals，Third Circuit.

Broadcom 于 2005 年 7 月 1 日向美国新泽西州地区法院提起诉讼，Broadcom 称高通公司是 ETSI 的成员之一，高通通过虚假同意遵守知识产权政策，诱导 ETSI 和其他 SDO 将其知识产权纳入 UMTS 标准，然后违反 FRAND 条款的规定进行许可，这种通过欺骗 SDO 取得垄断权的行为违反了反垄断法；此外，高通还违反 FRAND 约定，向使用非由高通制造的芯片组的竞争者和消费者要求歧视性的高额许可费。

地区法院驳回了 Broadcom 关于 WCDMA 技术市场垄断的主张，认为高通在其专利技术方面享有合法认可的垄断权。Broadcom 提起上诉。第三巡回法院认为，私人标准制定不应被视为违反反托拉斯法，但这并不是说认可私人标准是没有限制的。法院引用先例指出，由反垄断法所规定的由包含横向和纵向业务关系的企业组成的协会制定的私人标准，只有在了解到它将以无党派的方式（in a nonpartisan manner）进行，才能提供有利于竞争的利益；应当存在“有意义的保障措施”以“防止标准制定过程免受有经济利益的成员的偏见的影响从而扼杀产品竞争”。

“专利伏击”可以将低效率注入标准制定过程。当标准确立，投入大量资源开发符合标准的产品和技术的行业参与者会发现，放弃投资并转用其他标准的成本过高。他们将被该标准“锁定”。在这种独特的议价能力的场景中，专利权利能够从行业参与者那里提取超竞争的许可费。为了防止反竞争专利伏击，大多数 SDO 要求提供必要技术的公司提供未来标准，以 FRAND 条款承诺授权他们的技术。尽管“专利不一定赋予市场力量”，但在专利被纳入标准之后，其价值就大大提高了。公司可能会被锁定在一个需要使用竞争对手的专利技术的标准智商。专利权人的知识产权如果不受限制，可能会导致权利人要求超竞争的许可费。正是在这种情况下，FRAND 承诺等措施成为防止垄断力量的重要保障。

法院认为：在一个以合作导向的私人的标准制定环境中，专利持有人故意虚假承诺按 FRAND 条款许可必要的专利技术，并且 SDO 基于该承诺将其技术纳入了标准，专利持有人随后违反该承诺，是可以采取行动的反竞争行为。因此，法院最后认为高通违反了《谢尔曼法》第 2 条的规定：高通具有在芯片组市场取得垄断的意图，高通对芯片组中不属于自己的专利，要求许可费，并要求标准的被许可人向高通以不利的条件回授其所有的专利等一系列行为都构成了反竞争行为。原告提供了足够的证据，证明高通在相关市场具有市场支配力量，并通过蓄意行为取得和维持市场势力。

（二）中国高通案[①]

2013 年，因为涉嫌索取不公平的高价许可费、要求交易对方反向许可、搭售等违反我国反垄断法的行为，高通公司被国家发改委调查。调查涉及的主要内容是高通公司在两个相关市场——CDMA、WCDMA 和 LTE 无线通信标准必要专利（以下简称无线标准必要专利）许可市场及 CDMA、WCDMA 和 LTE 无线通信终端基带芯片（以下简称基带芯片）市场中——是否具有并滥用了相关市场的支配地位。

2015 年，发改委对高通公司作出了处罚决定书，认为高通公司在无线标准必要专利许可市场和基带芯片市场均具有市场支配地位，主要处罚了高通的以下三种行为：（1）通过整机批发净售价收取专利许可费、对过期专利收取许可费以及要求被许可人进行免费反向许可等方式，收取不公平的高价专利许可费；（2）无正当理由在无线通信标准必要专利许可中搭售非标准必要专利；（3）在基带芯片销售中附加不合理条件。

我国高通反垄断案与其他国家高通反垄断案的侧重点有所不同：其他国家在处罚高通的过程中，主要是解决了 FRAND 原则中的“无歧视”的要求；而我国的反垄断机构更多关注了FRAND原则中许可费的“公平”“合理”问题。[②]

首先，发改委认为调查涉及无线标准必要专利许可市场和基带芯片市场，当事人在上述相关市场具有市场支配地位。

涉案的第一个相关市场是无线标准必要专利许可市场。CDMA、GSM、WCDMA、TD-SCDMA 和 LTE 被认为是当前主流的无线通信技术标准。电信网络运营商需获得相应网络运营牌照，并投入大量资金建设符合特定无线

① 《中华人民共和国国家发展和改革委员会行政处罚决定书发改办价监处罚［2015］1 号》。

② 《高通认罚 9.75 亿美元：中国首破计费模式堵住流氓行为》，载 http://finance.takungpao.com/gscy/q/2015/0303/2931823_2.html，最后访问日期为 2018 年 12 月 27 日。

通信技术标准的网络，无线通信终端制造商和基带芯片生产商也需进行大量投入开发符合特定无线通信技术标准的产品，不同的无线通信技术标准之间替代成本高、没有相互替代的技术必要性、不同代际的无线通信技术标准存在演进关系，导致已广泛应用的不同无线通信技术标准之间不存在现实可行的替代关系。本案调查主要涉及 CDMA、WCDMA 和 LTE 技术标准。实施技术标准所必须使用的专利被称为标准必要专利。每一项无线标准必要专利许可均单独构成一个独立的相关产品市场。而当事人将持有的无线标准必要专利进行组合许可，相关产品市场就是当事人持有的各项无线标准必要专利许可单独构成的相关产品市场的集合。由于专利授权、使用和保护均具有地域性，单独构成一个独立相关产品市场的每一项无线标准必要专利的地域市场均为一个特定的国家或者地区。因此，本案中无线标准必要专利许可的相关地域市场为当事人持有的各项无线标准必要专利的国家或者地区市场的集合。

在 CDMA、WCDMA 和 LTE 无线通信技术标准中，当事人均持有数量不等的无线标准必要专利。由于当事人在相关市场占有 100% 的市场份额、当事人具有控制无线标准必要专利许可市场的能力、无线通信终端制造商对当事人的无线标准必要专利组合许可高度依赖、其他经营者进入相关市场难度较大等原因，当事人被认为在无线标准必要专利许可市场具有市场支配地位。

本案涉及的第二个相关市场是基带芯片市场。基带芯片是实现无线通信终端通信功能的重要部件。由于不同无线通信技术标准依托不同的无线标准必要专利，符合不同技术标准的基带芯片在特性、功能等方面均不相同。因此，符合不同技术标准的基带芯片彼此不可替代。本案调查涉及的基带芯片市场细化为三个不同的相关产品市场：CDMA 基带芯片市场、WCDMA 基带芯片市场和 LTE 基带芯片市场。基带芯片在运输、销售、使用和进出口等方面均不存在明显的地域障碍。本案中，CDMA 基带芯片、WCDMA 基带芯片和 LTE 基带芯片的相关地域市场均为全球市场。

在这一相关市场中，当事人在相关市场的市场份额均超过二分之一，并具有控制相关基带芯片市场的能力，主要无线通信终端制造商对当事人的基带芯片高度依赖，基带芯片市场进入门槛高、难度大。因此，当事人被认为在 CDMA 基带芯片市场、WCDMA 基带芯片市场和 LTE 基带芯片市场均具有市场支配地位。

在以上相关市场中，高通被认为滥用市场支配，其行为主要包括：（1）滥用在无线标准必要专利许可市场的支配地位，收取不公平的高价专利许可费。这包括在坚持较高许可费率的同时，以整机批发净售价作为计算无线标准必要专利许可费的基础；对过期无线标准必要专利收取许可费；违背被许可人意愿，要求被许可人将持有的非无线标准必要专利反向许可，以及强迫被许可人将持有的相关专利向当事人反向许可而不支付合理的对价。（2）当事人滥用在无线标准必要专利许可市场的支配地位，在无线标准必要专利许可中，没有正当理由搭售非无线标准必要专利许可。（3）当事人滥用在基带芯片市场的支配地位，在基带芯片销售中附加不合理条件，即对中国境内的无线通信终端制造商销售基带芯片时，要求潜在的被许可人接受过期专利收费、专利免费反向许可、没有正当理由搭售非无线标准必要专利许可等不合理条件为前提，以及要求被许可人不挑战专利许可协议作为当事人供应基带芯片的条件。

发改委认为，无线通信终端制造商使用当事人的无线标准必要专利应当支付合理的专利许可费，当事人的许可行为不具有合理性。同时，被许可人与当事人就专利许可协议产生争议并提起诉讼是被许可人的权利，而当事人基于在基带芯片市场的支配地位，在基带芯片销售中附加不挑战专利许可协议的不合理条件，实质上限制甚至剥夺了被许可人的上述权利，将不挑战专利许可协议作为当事人向被许可人供应基带芯片的前提条件，亦没有正当理由。

（三）韩国高通案①

2016 年 12 月 28 日，韩国公平贸易委员会 KFTC 宣布，高通违反 FRAND 原则，向芯片组制造商和智能手机制造商提供标准必要专利，对高通和其两家子公司处以 1.03 万亿韩元（约 8.64 亿美元）的罚款。韩国公平竞争委员会对

① 顾正平、向文磊、孙思慧：《韩国最高金额反垄断处罚案，高通滥用市场支配地位案》，载 https://max.book118.com/html/2017/0704/120181954.shtm，最后访问日期为 2019 年 9 月 2 日。

高通的处罚，是继 2015 年中国发改委对高通进行处罚后，亚太地区的又一起针对高通滥用其基于专利的垄断地位的处罚。这是韩国公平竞争委员会有史以来开出的最大罚单。KFTC 的处罚主要围绕以下内容展开：（1）附加不合理条件组合许可，并要求手机厂商免费反向许可；（2）在专利许可协议中强制搭售芯片供应；（3）拒绝许可或限制距许可无线标准必要专利给其他芯片商。

KFTC 认为无线通信领域可以被划分为多个市场：无线标准必要专利的许可市场部件（包括基带芯片）的销售市场，手机市场以及蜂窝通信服务市场等。高通是一家纵向整合型的垄断企业。同中国发改委一样，KFTC 划定的案件相关市场也是无线标准必要专利许可市场和基带芯片销售市场，认为高通在这两个相关市场中滥用了其市场支配地位。

高通在无线通信技术（包括 2G、3G、4G）上拥有最多的标准必要专利。由于单个标准必要专利不能被其他专利所取代，因此就单个标准必要专利而言，专利持有者具有绝对的支配地位。高通在专利许可方面实施双重标准：其一方面拒绝许可或者限制其他芯片制造商对无线通信技术的使用，另一方面又在销售自己生产的基带芯片过程中，强制要求手机制造商使用其无线通信技术专利，而且在基带芯片与专利捆绑使用中，高通实施了“附加不合理的交易条件”“打包许可一揽子专利”，要求手机制造商“免费反许可”等行为。

三、华为诉 ITC 案[①]

在我国的华为诉交互数字（ITC）一案中，华为公司就指控交互数字进行了“FRAND 伏击”，并取得了反垄断诉讼的胜利。

华为公司是全球主要的电信设备提供商，而 ITC 集团的收入主要来自根据专利许可协议所收取的专利使用费。交互数字公司通过全资子公司持有超过 19500 项与无线通信基本技术有关的专利和专利申请组成的专利组合，这些专利组合中有许多专利和专利申请是或可能成为移动或其他无线标准（包括 2G、3G、4G 和 IEEE 802 系列标准）的关键。交互数字在中国现行的无

① 广东省高级人民法院民事判决书（2013）粤高法民三终字第 306 号。

线通信技术标准（WCDMA、CDMA2000、TD-SCDMA 标准）中均拥有“标准必要专利”。

2009 年 9 月，交互数字技术公司向 ETSI 提交《知识产权信息声明和许可申报》称，申报人及其关联机构将准备按照《欧洲电信标准化协会知识产权方针》第 6.1 条授予该知识产权下的不可撤销许可。不可撤销许可应符合以下条件：要求获得许可证的人员须同意互惠。交互数字技术公司在《知识产权信息声明附录》中声称，其拥有在 GSM、UMTS、GERAN、（UMTS；E-UMTS）、（GSM；UMTS）、（UMTS；E-UMTS；GERAN）、（GSM；UMTS；E-UMTS）、（UMTS；GERAN；E-UMTS）标准或项目下的大量必要专利和专利申请。交互数字技术公司声称的必要专利和专利申请，包括在美国的专利权和专利申请权，以及在中国的相应同族专利权和专利申请权。

华为公司生产相关通信产品必须符合无线通信技术标准。华为为了生产符合标准的电信设备，必然在事实上需要使用到交互数字的必要专利。在华为同交互数字就专利许可进行谈判阶段时，交互数字向美国国际贸易委员会和美国特拉华州地方法院，对华为公司提出必要专利的禁令之诉，要求禁止华为公司使用其必要专利。2011 年 12 月 6 日，华为公司向法院提起诉讼，称交互数字在相关市场处于垄断地位。交互数字无视其在加入标准组织时对公平、合理、无歧视原则的承诺，对其专利许可设定不公平的过高价格，对条件相似的交易相对人设定歧视性的交易条件，在许可条件中附加不合理的条件，在许可过程中涉嫌搭售，通过在美国国际贸易委员会和美国联邦法院同时起诉华为公司及华为公司的美国子公司来拒绝与华为公司进行交易，滥用其市场支配地位排斥和限制了竞争。

法院认为：交互数字在中国的 3G 无线通信技术标准（WCDMA、CDMA2000、TD-SCDMA）中的每一个必要专利许可市场，以及在美国的 3G 无线通信技术标准（WCDMA、CDMA2000、TD-SCDMA）中的每一个必要专利许可市场，均构成一个独立的相关市场。本案的相关市场是该一个个独立相关市场的集合。由于在知识产权与标准相结合的情况下，产品制造商要生产符合标准的产品，实施必要专利必不可少且不可替代，必要专利的专利权人从而获得超越专利权内涵的市场支配力量。交互数字作为涉案必要专利许可市场唯一的供给方，其在3G标准中的每一个必要专利许可市场具有完全的份额，故其完全具有阻碍或者影响其他经营者进入相关市场的能力。而且，由于交互数字仅以专利授权许可作为其经营模式，自身并不进行任何实质性生产，不需依赖或者受制于3G标准中其他必要专利权利人的交叉许可，故其市场支配力未受到有效制约。交互数字在相关必要专利许可市场具有市场支配地位。

在标准与专利结合的情况下，为防止或减少必要专利权人滥用市场支配地位，各个无线通信领域的标准组织在其成员加入时，均要求该会员承担一定的加入义务。各个无线通信领域的标准组织要求其会员承担的加入义务，尽管在称谓或描述上有所不同，但本质上均可用FRAND的义务（或原则）来概括。

华为公司与交互数字均是ETSI标准组织的成员，交互数字在加入ETSI时，明确承诺要将其必要专利以公平、合理、无歧视的原则授权给标准组织的其他成员使用。交互数字对华为公司的报价均明显高于交互数字对其他公司的专利许可费；交互数字对华为公司收取过高的专利许可费也缺乏正当性。因此，交互数字就涉案必要专利许可对华为公司的报价，构成不公平的过高定价。此外，交互数字公司强制对华为公司进行一揽子许可，无论华为公司是否需要，只要其欲获取必要专利的许可，则必须同时购买其他技术，构成了专利捆绑搭售，是滥用市场支配地位的行为。

第五部分

大数据下的产权竞争及其规制

第一章 数据与产权

一、信息与数据

（一）信息与数据的概念

“数据”（data）这个词在拉丁文里是“已知”的意思，也可以理解为“事实”。[①]虽然数据本身是客观存在的，但是它的范畴是随着文明的进程不断变化的。在计算机出现之前，一般书籍上的文字内容并不被看成是数据。而今天，这种以语言和文字形式存在的内容是全世界各种信息处理中最重要的数据，也是全世界通信领域和信息科技产业的核心数据——包括我们的信件、电话和电子邮件内容、电视和广播节目、互联网网页，以及各种社交产品中由用户产生的内容（User Generated Content，UGC）。这些数据的共同特点是以语音和文字为载体。将数据的外延再扩大，各种医学影像资料、工业设计图纸都可以被划分为数据。所以，各种符号的组合、语音、图形、图像、动画、视频、多媒体和富媒体等都可以被统称为数据。

而信息是关于世界、人和事的描述，它比数据来得抽象。信息既可以是我们人类创造的，如两个人的语音通话记录，也可以是天然存在的客观事实，如地球的面积和质量。不过信息有时藏在事物的背后，需要挖掘和测量才能

① 秦荣生：《大数据、云计算技术对审计的影响研究》，载《审计研究》2014 年第 6 期。

得到，比如宇宙大爆炸时留下的证据——3K 背景辐射、物理学定律中的参数、日月星辰运行的周期等。

关于数据和信息的关系，国内外主要文献中有四种代表性的观点，即“数据大于信息说”“信息大于数据说”“数据与信息等同说”“数据与信息相对说”[①]。二者的关系依然复杂不清。在今天，谈论数据时，人们常常把它和信息的概念混同起来，比如人们在今天谈论数据处理和信息处理时，其实想要表达的意思相差不大。但在当今数据经济的背景下讨论数据和信息，二者的差别仍然存在。数据是反映客观事物属性的记录，是信息的具体表现形式。信息需要经过数字化转变成数据才能存储和运输。

（二）数据是信息的记录

信息经过记录成为数据。因此，数据尤其是商业数据的价值来源具有二元属性。

一方面，数据的商业价值来源于直接的信息源——人。直接的信息源主体将其信息，如自己的姓名、年龄、职业、收入、爱好等信息提供给某个系统的主体。直接的信息源主体所提供的信息，可能是由该主体自身形成的信息，如前述姓名、年龄、爱好等信息，或者由其驾驶车辆所形成的路线；也有可能是由该主体获知的来自其他信息源的信息，如今天天气是晴天、同学张三今年 26 岁、李四在某单位工作等。无论信息源来自于直接信息源主体本身，还是来自于其他信息源，都经由直接的信息源主体进入某种承载信息的系统之中。直接的信息源所提供的信息包括文字形式、语音形式、图片形式、视频形式等各种可能的形式。而这些各种形式的信息如果缺乏记录的话，本身会随风飘散，随着信息表现出来的瞬间而消逝，无法形成所谓的数据，或者说无法形成可供他人继续直接使用或者分析的数据。

因此，从另一方面看，数据的商业价值也来源于信息的记录者，往往是互联网市场中的经营者。信息记录者提供可以承载信息的记录系统，由直接的信息源主体录入信息（如注册信息）或者通过信息源主体的活动由经营者

① 叶继元、陈铭等：《数据与信息之间逻辑关系的探讨》，载《中国图书馆学报》2017 年第 9 期。

提供的软件记录信息（如行车路线）而形成数据。信息从直接的信息源主体进入记录者的系统所直接形成的数据，本书称为基础数据，或者原始数据。记录者对基础数据进行统计、分析、加工等操作后形成的数据，本书称为增值数据或者数据产品。[①]

（三）对数据的使用

一般而言，当下人们对于数据的使用，主要可以归纳为以下三个方面。

首先是基础数据的简单、直接使用。有的时候，被记录下来的信息数据可以直接具有价值而被使用。例如，获取会员的电话号码或者邮箱数据，可以直接向其推销本公司的相关产品和服务。获知出题教授的姓名，可以去查阅该教授的主要成果，了解该教授的研究方向和主要观点，从而积极应对随之而来的考试。

其次是利用基础数据的聚合性获取利益。在这种情况下，依靠少量或者单一基础数据很难获得商家所需要的利益，而只有在一定数量的数据聚合的情况下，才能进行所谓的信息匹配。利用基础数据的聚合性进行经营的典型例子是数据库的形成，由经营者收集大量的数据形成数据库，供使用人查询。另一个典型的例子是双边市场的广告效应：经营者通过提供免费产品集聚大量的基础信息，并根据用户浏览或者搜索的信息内容向其提供广告、游戏等产品并向广告商或者游戏商收取费用。

最后是形成高级的数据产品。商家可以大量的原始数据为基础，通过对其进行统计、分类、分析等方法进行加工，从而形成新的数据产品，如各种专利评析报告、各种指数报告等。

二、数据权属的模糊性和数据竞争

数据，尤其是具有一定数量的数据（大数据）是一种新型的具有商业价值的存在形式，因此成为各类市场主体争夺的对象。在传统上，由于存在物

① 丁道勤:《基础数据与增值数据的二元划分》，载《财经法学》2007 年第 2 期。

权法、知识产权法和其他工业产权法，它们将各种具有财产价值的有形物和无形物通过法律的方法确认了初始的产权，因此市场中的竞争通常体现在合同领域（即争夺缔约机会），而不体现在产权领域。随着一些新的具有商业价值的新型财产的出现，如互联网刚刚兴起时的域名、当下引起人们重视的数据，由于缺乏明确的所有权规则，因此成为市场主体激烈争夺的对象。

对于这类新型财产，定分止争的方法主要包括两个方向：一是明确产权，二是通过合同授权分享利益。

（一）明确产权

1. 产权的含义

20 世纪 50 年代以来，经济学对人的行为的分析取得了重大进展，这些进展大多是对传统经济学的一些不现实假定的批评与修正取得的。这一时期兴起的产权学派和新制度学派接受个人效用最大化假定，在给定交易费用和信息费用不为零的情况下，企图揭示在经济活动中产权、制度的功能，以及它们对一个社会的资源配置与经济增长所起的作用。①

从经济学的角度分析，产权一般指由人们对物的使用所引起的相互认可的行为关系。它用来界定人们在经济活动中如何受益，如何受损，以及相互之间如何进行补偿的规则。产权的主要功能就是帮助一个人形成与其他人进行交易的预期。例如，哈罗德·德姆塞茨认为“产权是一种社会工具，其重要性就在于事实上它们能帮助一个人形成他与其他人进行交易时的合理预期。这些预期通过社会的法律、习俗和道德得到表达”。②产权的基本内容包括一个行动团体对资源的使用权与转让权，以及收入的享用权。③例如，阿尔钦认为产权“是一个社会所强制实施的选择一种经济品的使用的权利”。④

① ［美］罗纳德·H. 科斯：《财产权利与制度变迁　产权学派与新制度学派译文集》，刘守英等译，格致出版社 2014 年版。

② Demsetz，H，“Towards a Theory of Property Rights”，*2 Amer. Econ. Rev.*，57（1967）.

③ Cheung Steven NS.，“The Structure of a Contract and the Theory of a Non-Exclusive Resource” *1*，*J.Law Econ.*，49-70（1967）.

④ 兰玲、高鑫：《现代产权理论研究述评》，载《内蒙古民族大学学报（社会科学版）》2012 年第 2 期。

产权包含一系列权能，如权利所有者对经济品所拥有的排他的使用权、收入的独享权和自由的转让权等。

约拉姆·巴泽尔将产权定义为两种权利，即经济权利和法律权利。经济权利是最终目标，而法律权利则是达到最终目标的手段和途径。具体而言，个人对商品（或资产）拥有的经济产权就是指通过交易个人直接地或间接地期望消费商品（或资产价值）的能力。人们对资产的权利（包括他们自己的和他人的）不是永久不变的，而是一系列变量的函数，具体包括产权人直接保护资产的努力、其他人占有资产的企图、正式或非正式的非官方保护，以及主要通过警察和法庭执行的官方保护。法律权利就是政府承认和执行的那部分权利。一般来说，法律权利会增强经济权利，但是，法律权利不是经济权利存在的充分必要条件。[①]

在经济学和法学这两个领域，引用次数最多的论文都是科斯的《社会成本问题》。科斯定理可以用通俗的语言对其进行如下描述：只要产权是明确的，并且交易成本为零或者很小，那么无论在开始时将产权赋予谁，市场均衡的最终结构都是有效率的，能够实现资源配置的帕累托最优。[②]

我国法学界所使用的“所有权”与“产权”概念接近，但本质上有所不同。所有权是大陆法系的概念，指对物的占有、使用、收益、处分的排他性权利。而产权的含义更加宽泛，其客体也不仅仅是物，还可以是智慧财产，也即它可以用来表征某项具体的民事权利。从这个角度来讲，它的含义就非常广泛，它可以包括所有权，也可以包括类似地役权、相邻权、请求权、损害赔偿权等各项权利。[③]从这个角度看，知识产权概念中的“产权”，很接近这个概念。

2. 可以通过产权制度明确的数据

对信息进行记录所形成的数据，很难通过针对有形物的“所有权”制度来获得保护。因为数据是一种记录，是一种信息，是一种内容。可能对部分

---

① ［以］约拉姆·巴尔泽：《产权的经济分析》（第二版），费方域、钱敏、段毅才译，格致出版社2017年版。

② 田洪鋆：《科斯定理中产权概念的法学解析》，载《东北师大学报（哲学社会科学版）》2011年第2期。

③ 田洪鋆：《科斯定理中产权概念的法学解析》，载《东北师大学报（哲学社会科学版）》2011年第2期。

数据形成确权的法律制度主要是知识产权制度——当数据符合版权或者商业秘密的要件时，得通过这两种制度对数据进行确权。

版权，也称为著作权，其权利来源于“作品”。根据我国《著作权法》，作品包括以法定形式创作的文学、艺术和自然科学、社会科学、工程技术等作品，如文字作品，口述作品，音乐、戏剧、曲艺、舞蹈、杂技艺术作品，美术、建筑作品，摄影作品，电影作品和以类似摄制电影的方法创作的作品，工程设计图、产品设计图、地图、示意图等图形作品和模型作品，计算机软件，以及法律、行政法规规定的其他作品。可以发现，作品本身体现了一种记录，即通过文字、图画、音像、语言等各种方式对相关信息的记录，所以说，作品从本质上是某种形式的数据。但并非一切信息的记录都能够形成作品。能够获得版权的记录，除了能够满足复制（copy）的要求之外，版权的重要要求是创造性。因此，不具有创造性的单纯的记录，如对时事、通用内容的可复制记录等，不构成版权意义上的作品。从这个角度来讲，具有创造性价值的信息所形成的数据，可能构成著作权法所保护的作品，这可能包括网友创新性的评价、对基础数据进行创造性分析所形成作品等。

一些数据也可能构成商业秘密。我国《反不正当竞争法》规定，商业秘密是指不为公众所知悉、具有商业价值并经权利人采取相应保密措施的技术信息和经营信息。经营者不得实施下列侵犯商业秘密的行为：（1）以盗窃、贿赂、欺诈、胁迫或者其他不正当手段获取权利人的商业秘密；（2）披露、使用或者允许他人使用以前项手段获取的权利人的商业秘密；（3）违反约定或者违反权利人有关保守商业秘密的要求，披露、使用或者允许他人使用其所掌握的商业秘密。第三人明知或者应知商业秘密权利人的员工、前员工或者其他单位、个人实施前款所列违法行为，仍获取、披露、使用或者允许他人使用该商业秘密的，视为侵犯商业秘密。因此，如果某项数据内容具有秘密性、经济价值性并受到合理措施保护，其就可能成为商业秘密，属于其权利人。例如，“新浪诉脉脉”一案中，微梦公司就主张其与淘友科技公司签订的《开发者协议》第 1.6 条用户数据是微博的商业秘密，认为用户在网络平台中的现实存在都体现为其自行填写或好友评价，并留存于网络平台中的以及由该网络平台通过相关途径获取的相关用户各类身份标签等信息，如名字、昵称、头像、性别、地域、职业、毕业学校、喜好，甚至感想见闻等。这些用户信息能为网络平台经营者带来巨大的经济利益。①

（二）对数据的非产权保护

除了能够划归到传统知识产权法领域的数据之外，余下的算是新型的具有财产价值的数据。这些数据并不在现有产权规则体系之内，并且很难通过确定产权的方式来进行保护。有观点认为，个人对数据拥有绝对的财产权，个人产生的数据理所当然地属于个人。无论数据如何被流转或利用而产生出新数据，其所有权都属于个人所有。另有观点认为，用户使用互联网企业所提供的服务产生的数据属于企业所有，应当是“谁投资，谁所有”，“谁产生，谁所有”，“谁记录，谁所有”。进而有学者认为，被记录方单方记录信息数据，所有权归数据被记录者。②

一方面，正如前文所述，数据及其价值的形成具有二元性，即涉及信息生成与记录承载两个环节，这两个环节分别由不同的主体来完成，即直接的信息源主体和信息记录主体。另一方面，数据本身还具有财产属性和人身属性的二元属性，也就是说对于数据的确权很难单纯依靠投资（财产性的努力）来付出。此外，新型数据的产权保护具有很高的成本。由于数据非常容易通过拷贝进行传播，数据销售或者数据交易变得非常容易。有时候，数据记录人有强烈的动机将数据进行转卖，而信息源主体却无法阻止；有时候，数据记录人虽然非常不愿意将数据扩散，但其也难以采取有效的方式阻止他人访问、爬取、使用数据。

这样，通过确权的方式就难以成为数据使用的上佳选择。立法和司法实践中更多倾向于将数据视为一种有价值的劳动成果，对这种劳动成果的使用主要基于数据形成主体（既包括信息源主体也包括记录主体）的同意。除此之外，法律也从其他一些角度来分析数据使用的合理性。

① 北京知识产权法院民事判决书（2016）京73民终588号。

② 陈筱贞：《大数据权属的类型化分析——大数据产业的逻辑起点》，载《法制与经济》2016年第3期。

第二章 数据竞争

一、关于数据竞争的前沿案例

目前，对于数据竞争问题比较重要的案例有我国的大众点评诉爱帮网案、大众点评诉百度案、新浪微博诉脉脉案，以及美国的 hiQ v. LinkedIn。此外，目前与数据竞争密切相关的热门事件是华为和腾讯之争，以及丰巢和菜鸟之争。在数据竞争中谁能够使用数据，这些案例和事件都体现了各方对于这一问题的讨论和思考。这些案例和事件涉及的大致争议如下。

（一）大众点评诉爱帮网[①]

本案涉及的问题是，爱帮网使用了大众点评网上的商户简介和用户点评部分内容，是否构成不正当的数据竞争。大众点评网获得了大致的胜利。

汉涛公司是大众点评网的经营者（域名 dianping.com），其网站主要经营模式是对美食、购物、休闲、娱乐等生活服务类商户进行推介，网友可以通过其网站搜索不同地区的相关商户，也可以对美食、购物、休闲、娱乐等生活服务类商户进行点评。大众点评网设置有美食、休闲娱乐、购物、丽人、结婚、运动健身、酒店、生活服务等栏目，并在不同城市设置分站，为用户提供分类信息服务。用户在大众点评网查找到商户名称后，可以看到基本信

① 北京市第一中级人民法院判决书（2011）一中民终字第 7512 号。

息（商户名称、地址、电话、营业时间、乘车路线等）、商户简介、用户点评等。对于网友在大众点评中的点评内容，大众点评网服务条款有如下规定。

大众点评网所提供的各项服务的所有权和运作权归属汉涛公司，用户必须同意以下条款并完成注册程序，才能成为该网站正式会员并使用网站提供的各项服务。任何会员接受本注册协议，即表明该用户主动将其在任何时间段在本站发表的任何形式的信息的著作财产权，包括并不限于复制权、发行权、出租权、展览权、表演权、放映权、广播权、信息网络传播权、摄制权、改编权、翻译权、汇编权以及应当由著作权人享有的其他可转让权利无偿独家转让给大众点评网运营商所有，同时表明该会员许可大众点评网有权利就任何主体侵权而单独提起诉讼，并获得全部赔偿。汉涛公司是大众点评网的制作者，拥有此网站内容及资源的版权，未经汉涛公司的明确书面许可，任何单位或个人不得以任何方式、任何文字作全部和局部复制、转载、引用和链接。否则本公司将追究其法律责任。大众点评网要求各搜索引擎遵循行业规范，即“拒绝 Robots 访问标准”，否则将视为抓取行为是对该网站财产权利和知识产权的侵犯，有权通过法律诉讼维护网站利益。

爱帮科技公司是爱帮网的经营者（域名 aibang.com），其经营模式是为网友提供生活信息查询，并可获取其他用户的评价和体验。爱帮网设置有餐饮美食、地方菜系、休闲娱乐、美容健身、医疗卫生、银行服务、出行游玩、教育培训、购物广场、便民服务、专业机构、汽车服务等栏目，并在不同城市设置分站，为用户提供分类信息服务。用户在爱帮网查找到商户名称后，可以看到基本信息（商户名称、地址、网址、营业时间等）、商户简介、用户点评等。点击爱帮网首页的“使用爱帮前必读”，打开的页面显示“免责声明”，包括如下内容。

您通过使用爱帮提供的搜索服务而获得的任何由第三方制作或提供之内容（包括但不限于针对第三方内容所进行的任何点评留言），爱帮公司对其合法性、准确性、真实性、适用性、安全性等概不负责，亦不承担任何法律责任。因使用或依赖第三方提供内容或服务所产生的损失或损害，爱帮也不负担任何责任。您通过爱帮搜索服务获到的任何第三方制作或提供之内容（包括但不限于针对第三方内容所进行的任何点评留言）是根据您键入的关键字自动搜索获得并生成的，不代表爱帮赞成其内容或立场。一切因使用爱帮（包括但不限于针对第三方内容所进行的任何点评留言）而可能导致之任何意外、疏忽、违约、名誉或商誉诽谤、版权、知识产权或其他任何权利侵犯及其所造成的任何损失（包括但不限于因任何方式的下载而感染电脑病毒），爱帮公司对其概不负责，亦不承担任何法律责任。任何网站如果不想被爱帮收录（即不被搜索到），应该遵照互联网行业惯例在其网站中用机器人除外协议（Robots Exclusion Protocol）加注拒绝收录标记，否则，爱帮将视其为可收录网站。任何单位或个人认为通过爱帮搜索到的第三方内容可能涉嫌侵犯其信息网络传播权，应及时向爱帮公司提出书面权利通知，并提供身份证明、权属证明及详细情况证明。爱帮公司在收到上述法律文件后，将依法尽快停止对相关内容的收录。

爱帮网使用了大众点评网上的商户简介和用户点评部分内容，在用户点评内容上方均注有发布者昵称和“在大众点评发表”字样及链接标识。比较爱帮网和大众点评网展示的商户简介，两者内容基本相同；爱帮网展示的用户点评中，源自大众点评网的内容比例较大，且两者内容基本相同。用户通过手机上网，从 wap.aibang.com 网站下载安装爱帮网手机客户端程序后，也可查看商户介绍和用户点评。

（二）大众点评诉百度案[①]

本案涉及的问题是，百度地图和百度知道使用了大众点评网的点评信息，是否构成不正当的数据竞争。大众点评网获得了大致的胜利。

百度公司是百度网（网址：www.baidu.com）的经营者。百度公司除了向公众提供电脑端的百度地图（网址：map.baidu.com），还推出适用于移动设备的百度地图应用。百度地图除了提供定位、地址查询、路线规划、导航等常用地图服务外，还为网络用户提供商户信息查询、团购等服务。百度地图中有搜索框，网络用户可以通过关键字搜索商户。也可以先定位当前地址，然后通过附近商户列表查找商户。百度地图中的商户包括餐饮、酒店、景点、

① 上海知识产权法院民事判决书（2016）沪 73 民终 242 号。

超市等类别，商户页面有商户地址、电话、用户点评等信息。百度地图也有点评功能，百度的注册用户可以对商户进行评论。

两家公司的争议主要涉及百度地图中餐饮类的数百家商户。证据显示，此类商户大部分点评信息来源于大众点评网等网站，直接由百度地图用户撰写的点评数量不多。百度地图对于来源于其他网站的信息，标注了信息的来源，如对于来源于大众点评网的点评信息，标注“来自大众点评”等标识；每条点评信息后面都有“详情”，点击“详情”可跳转至大众点评网相应的点评页面。

除了百度地图，百度知道也使用了大众点评网的点评信息。百度知道（网址：zhidao.baidu.com）是百度公司推出的另一个产品。百度知道中包括提问和回答，通常由一个百度用户提出问题，由其他一个或数个百度用户提供答案。百度知道提供搜索功能，网络用户可以搜索已经发布的问题及答案。网络用户在百度知道搜索餐饮商户名称时，百度公司会直接向网络用户提供来自大众点评网的点评信息。例如，使用浏览器打开百度知道，在搜索框输入“四叶三里屯店”，搜索出很多含有关键词的问题，如“哪位知道四叶三里屯店和新原理店有何区别？哪家更好？”“四叶寿司三里屯店 150 元午式套餐哪些团购网可以消费？”“请问四叶寿司除了三里屯店还有哪家？”搜索结果排第一的是标题为“四叶三里屯店怎么样百度知道”的内容，点击该搜索结果，跳转至百度知道“四叶三里屯店怎么样”的页面，页面没有商户信息，只有点评信息，共有 190 条点评，全部来源于大众点评网。在百度知道中搜索“海底捞火锅大钟寺中坤店”“金福源铁板烧”“福临德海鲜火锅”等商户名称，也出现相同的情况，即百度知道会直接向网络用户提供来自大众点评网的点评信息。

（三）新浪微博诉脉脉案[①]

本案涉及的问题是，脉脉网站使用了新浪微博后台保存的用户信息，是否合理、正当。新浪微博获得了大致的胜利。

① 北京知识产权法院民事判决书（2016）京 73 民终 588 号。

微梦公司是新浪微博的经营人，是网站 www.weibo.com、www.weibo.com.cn、www.weibo.cn 的备案人，获得网络文化经营许可证。微博网站对自己的业务介绍为“微博已经成为一个重要的社交媒体平台，用户可通过该平台进行创作、分享和查询信息……国内的个人用户和组织机构不仅可以实时更新状态，还可以与平台上其他世界各地的用户进行沟通，以及实时关注世界发展动态……2013 年 12 月，微博的月活跃用户数达到 1.291 亿人，平均日活跃用户数达到 6140 万人”。用户使用手机号或电子邮箱注册新浪微博账号，手机号需要验证，用户可以选择手机号向不特定人公开；用户头像、名称（昵称）、性别、个人简介向所有人公开，用户可以设置其他个人信息公开的范围，职业信息、教育信息默认向所有人公开，互为好友的新浪微博用户能看到对方的职业信息、教育信息。

淘友技术公司、淘友科技公司共同经营脉脉软件及脉脉网站（网址为 http://maimai.cn）。淘友科技公司为脉脉网站备案人，该网站对脉脉软件的介绍为淘友技术公司“致力于为中国网民打造更有意义的交友平台。脉脉是淘友旗下的第 4 款产品，于 2013 年 10 月底上线。这是一款基于移动端的人脉社交应用，通过分析用户的新浪微博和通讯录数据，帮助用户发现新的朋友，并且可以使他们建立联系。上面累计了 400 亿条人脉关系，2 亿张个人名片，80 万职场圈子。应用提供了职场动态分享、人脉管理、人脉招聘、匿名职场八卦等功能，致力于帮助职场用户轻松管理和拓展自己的人脉，帮助创业者和企业高管轻松找靠谱人才，帮助求职者精确找靠谱工作。匿名职场八卦社区，为职场用户提供了一个安全的吐槽老板、分享八卦、匿名爆料的平台”。

双方签订了新浪微博开放平台的《开发者协议》，通过微博平台 Open API 进行合作。在双方合作期间，脉脉从微博开放平台获取了新浪微博用户的职业信息、教育信息。而对于用户职业信息、教育信息，新浪微博在接口访问级别标注为“高级接口（需要授权）”；而淘友技术公司等在使用新浪微博信息时，申请过微博开放平台的 5 个接口中没有职业信息、教育信息接口，但使用了用户职业信息、教育信息。淘友技术公司等未向微梦公司申请 Open API 接口，称发现直接可以用“就用了”，以为双方为“合作级别就可以用”。

此外，淘友技术公司等通过经营脉脉软件，要求用户注册脉脉账号时上传自己的手机通讯录联系人，从而获取该联系人与新浪微博中相关用户的对应关系，将这些人作为脉脉用户的一度人脉予以展示，并将抓取的该人新浪微博头像、名称（昵称）、职业信息、教育信息、个人标签等信息用于一度人脉中。

（四）hiQ v. LinkedIn[①]

本案涉及的主要问题是，hiQ 是否可以批量抓取领英（LinkedIn）公开的用户信息进行数据加工。本案并没有形成最后的实体裁决结果。当领英采取措施禁止 hiQ 使用其数据的时候，hiQ 向法院申请了禁令企图阻止领英的这一做法。法院经过初步审查，批准了 hiQ 动议的临时禁令，同意 hiQ 暂时继续使用领英的数据，“领英方面不得阻碍或设置能够阻碍 hiQ 获取相关公开信息的机制（不论是法律或技术机制）”。领英提出上诉后，上诉法院支持了初审法院。

领英成立于 2002 年，是一家专注于商业和职业网络的社交网站。目前拥有超过 5 亿用户。微软于 2016 年 12 月以 262 亿美元收购领英。领英允许其用户创建个人资料，然后与其他用户建立联系。当领英用户在网站上创建个人资料时，用户可以自行选择注册不同等级的隐私保护体系。他们可以选择将他们的个人资料完全保密，也可以选择通过以下方式被读取：（1）公开他们在网站上的直接联系人；（2）公开其关系网。公开的对象可以是所有其他领英会员，或者向整个公众完全公开。如果用户选择完全公开信息，则其资料可以向领英以外的人士公开。另外，领英允许如 Google 等全网搜索引擎收录信息。

hiQLabs（简称 hiQ）成立于 2012 年，是一家为客户提供雇员评估服务的公司，其服务基础是对市场上公开获取的数据进行统计分析，向客户企业提供他们的员工信息。hiQ 的数据分析业务主要依托于微软旗下的职业社交网站领英公开的数据，过去几年其一直都在获取与使用领英网站上的公开

① HIQ LABS，INC. v. LINKEDIN CORP.，Case No. 17-cv-03301-EMC，273 F.Supp.3d 1099（2017）; HIQ LABS，INC. v. LINKEDIN CORP.，No. 17-16783，938 F.3d 985（2019）.

用户数据。hiQ 提供两种产品：Keeper（分析公司最有可能跳槽的员工）和 Skill Mapper（员工技能分析，包括员工知识的深度和广度）。可以说，hiQ 的模型完全依赖于领英用户选择公开发布的数据。

2017 年 5 月，领英向 hiQ 发函，要求其停止非授权性数据抓取以及其他违反领英用户协议的行为，禁止 hiQ 继续获取领英用户的公开信息（该案中领英并未就其网站上用户档案信息主张财产性权利）。领英指出，其“用户协议”禁止从其网站收集各种数据的方法，并指出 hiQ 违反了这些规定。领英还表示，它已经在领英上对 hiQ 进行限制——“如果没有 LinkedIn 的授权”，hiQ 将会“未经许可，擅自进入 LinkedIn”。领英进一步表示，“实施了技术措施，以阻止 hiQ 访问，并通过检测、监控和阻止抓取活动的系统，帮助其他用户访问领英的网站”。

（五）华为与腾讯的数据之争

2017 年，华为和腾讯因为用户数据的使用问题产生冲突引起关注，但尚未形成诉讼。

华为在 2016 年 12 月发布的荣耀 Magic 手机，由华为 2012 实验室耗时近两年时间研发而成，Magic 基于 Android 系统重新开发了 Magic Live 系统，这是华为手机首次尝试人工智能应用。这个系统能高度识别用户场景，例如在预先设定人脸信息后，机主可以看到手机收到的推送信息，而其他人（人脸信息未储存在手机内）只能看到“收到一条新通知”的字样，看不到推送的详细内容。这个系统还新增了定位推送功能，即可以根据微信聊天内容自动加载地址、天气、时间等信息，比如，在聊天过程中提及“看电影”时，手机会自动给出当前热门的电影推荐，并进一步推荐附近的影院甚至是选座买票等。

对此，微信的开发者腾讯指出，华为这个系统会收集用户数据，包括用户在微信的活动数据，这侵犯了微信用户的隐私。华为方面否认侵犯了用户隐私。华为表示，它所收集的数据，用户已经在手机设置中给予授权。华为表示：所有的用户数据属于用户，而非微信或者荣耀 Magic。“经过用户授权之后，用户数据才在荣耀 Magic 上被处理。”[①]

（六）丰巢与菜鸟的数据之争

丰巢和菜鸟的数据之争具有复杂的商业背景。首先需要了解的是二者发展的过程。

菜鸟网络科技有限公司成立于 2013 年 5 月 28 日，是由阿里巴巴集团、银泰集团联合复星集团、富春控股、顺丰集团、三通一达（申通、圆通、中通、韵达）、宅急送、汇通，以及相关金融机构共同组成的“中国智能物流骨干网”（CSN）项目，马云任董事长，张勇任首席执行官。

菜鸟是一个各快递公司合作的平台。菜鸟平台的主要问题并不是需要新的物流资源，而是缺乏聚合的订单。在缺乏聚合的订单的情况下，货运航空很多腹仓都没装满，从而导致货运航空的亏损。因此，各个快递公司都在考虑合作问题，研究怎么让飞机飞起来不亏。这一合作的结果就是把订单聚合起来，让社会化的服务来支持这些订单。因此，“菜鸟网络作为平台，不会买一辆货车，也不会雇用一个快递员，我们只做平台”，“物流就是聚合，规模发生效应。这是行业特性，不可违背的客观规律。一车货的运费一定比一件货的运费平均价格低廉”。菜鸟企图建立一个中国智能骨干网，要在物流的基础上搭建一套开放、共享、社会化的基础设施平台，通过自建、共建、合作、改造等多种模式，在全中国范围内形成一套开放的社会化仓储设施网络。

作为菜鸟网络的重要战略方向之一就是建立菜鸟驿站。通过同合作伙伴联手菜鸟驿站的建设，在高校通过创业的学生、在连锁店通过全家等，通过社会化协同，形成覆盖全国主要城市的末端公共服务网络。在末端配送网络建设上，在城市，超过 4 万个菜鸟驿站构成菜鸟网络的城市末端网络。

由于多个快递公司 70% 以上的业务量均来自淘宝，全国大多数快递公司被吸引至菜鸟网络平台上，对接各自的信息系统，自觉依据菜鸟的要求改进自身快递服务体系中的诸多问题。在菜鸟网络的支持下，各快递企业的包裹

---

① 参见《华为与微信因用户数据起冲突，这次你支持谁》，载 http://tech.sina.com.cn/it/2017-08-05/doc-ifyitapp1123631.shtml，最后访问日期为 2019 年 12 月 2 日。

处理能力获得大幅提升。尽管电商包裹量一再刷新历史峰值，几家主要快递公司的系统都经受住了包裹量大幅度增加的冲击。据国家邮政局《2014年快递市场监管报告》指出，2014年我国快递业务量达139.6亿件，同比增长51.9%，首次超过美国，成为全球第一快递大国。日均快递处理量3825万件，最高日处理量突破1亿件，人均快件使用量为10.2件。2010—2014年我国快递服务企业的业务增长了近5倍，年均增长56.3%，约为同期国内生产总值增速的7倍。

在菜鸟初建的两年中，众快递公司对菜鸟网络持合作支持的态度居多，毕竟这是一个产生巨大价值的平台，且强调开放、合作、共享。但两年之后，菜鸟网络开始露出强硬的一面。2015年5月，菜鸟网络拉旗召开第一届快递江湖大会，包括“四通一达”、邮政等快递企业在内的500多名合作商聚于杭州，却意外听到菜鸟网络CEO童文红表示，菜鸟打算出台分层服务伙伴计划以及各类评价机制。

由阿里控股的菜鸟认为，目前各大快递企业均存在重市场份额、服务同质化、平台运营弱、资源投资少的状况，为达到“梳理平台规则，形成闭环，合作伙伴分层运营，强化平台服务导向”，应当实行“合作伙伴分层运营计划”，即把各大快递企业分成“金牌、银牌、铜牌、标准”四大等级，并根据等级配比相应的项目支持与品牌合作。四大等级是通过运营指标的分值高低来分类的，其评价内容包括市场占有率、1日3日7日妥投率、当日派件成功率、快递员评价、物流详情完整率、及时率、准确率、投诉率等。

一些快递公司认为，虽然快递行业的前景看好，但目前情况非常危险，如果不解决好服务、价格、网点等问题，所有快递企业将一同失去客户。菜鸟的合作分层计划从某种意义上来讲，等级的高低直接影响到快递企业的市场、客户占有率，可以逼迫各快递公司提升其服务水准。但更多的快递公司认为，菜鸟网络的初衷是建成沟通机制，但现在却企图成为规则的制定者，成为江湖“霸主”，从而对其心生不满。①

---

① 参见《快递江湖生变：菜鸟网络野心渐显道》，载http：//edu.sina.com.cn/bschool/2015-06-23/1815474462.shtml，最后访问日期为2017年12月1日。

于是，2015 年 6 月 6 日，顺丰、申通、中通、韵达、普洛斯联合发布公告，共同投资创建深圳市丰巢科技有限公司，通过运营“丰巢”智能快递柜，提供平台化快递收寄交互业务。按照规划，“丰巢”智能快递柜将在 2015 年内完成中国 33 个重点城市过万网点布局，并与万科物业、中航地产、中海物业等地产物业核心企业深度合作。而丰巢快递柜，是为物业公司、社区业主及快递公司、行业用户、电商企业打造的智能快递管理终端。用户通过短信密码、二维码取件，系统还能提供寄件功能。未来，公司通过广告、快递业务分成、电商使用佣金等来实现盈利。至此，丰巢建立自己的订单聚合系统和快件派发，其汇集订单的终端就是分布在全国各地的智能快递柜。①

当两大系统形成之后，除了各个系统从各自的终端去聚合各自的订单，并行走各自的仓储—干线运输—仓储，再经过各自的系统终端将快递分发出去之外，与这一快递流程相伴的一个附加服务则是快递查询。无论是寄件方还是收件方，如何能够不断地了解到自己的快递所处的位置、节点，预测到该快递何时能够送到收件方手中，已经成为快递服务的一个重要的竞争要素。在这里，关于快递物流的数据，也成为两大系统的争点。为了发展快递物流数据查询服务，菜鸟网络建立了菜鸟裹裹，这是一款提供查快递、寄快递的应用软件，主要适用于全网包裹查询，支持淘宝、天猫、京东、苏宁等网购包裹自动跟踪，同时覆盖国内外 140 多家快递公司。而顺丰也建立了自己的查询系统。在顺丰快递智能终端 App 推出之前，丰巢系统的客户可以通过电话、网页等方式进行查询。

由于两个系统的终端分布不同，菜鸟和丰巢之间也展开了合作：在快递层面，有的菜鸟系统的快递，也最终通过丰巢智能快递柜向收件人进行分发，而这也导致了数据层面的合作：菜鸟提供消费者手机号信息给丰巢，丰巢反馈快递出入柜信息，丰巢网点推送等相关快递柜物流信息给菜鸟。这样，菜鸟的用户就能够准确地了解到自己快件的物流情况。此外，阿里旗下的淘宝网各商户，有的使用菜鸟系快递系统，有的使用丰巢系快递系统，而淘宝消

① 整个陆上运输的成本，包含了三段，一是仓储成本，仓储装卸；二是干线运输成本，从城市到城市；三是末端配送成本，城市内的仓储再送到消费者手中，一共三段，但末端成本偏高。

费者的退换货业务（虽然不占多数），也有的使用菜鸟系快递系统，有的使用丰巢系快递系统。而对于淘宝的商户和消费者而言，要查询自己的快递快运情况，可以在淘宝的订单体系下选择物流查询。阿里旗下的淘宝网各商户和消费者，在了解物流情况的时候，主要使用的是阿里旗下的菜鸟数据系统。丰巢系统将淘宝系用户的相关数据反应给菜鸟系统当然也是必然的。然而，有报道显示菜鸟要求丰巢所有快递柜信息的触发必须通过菜鸟裹裹，取件码信息无条件给到菜鸟，丰巢需要返回所有包裹信息给菜鸟（包括非淘宝系订单）。[①] 这就是菜鸟所称的“物流数据多种交叉验证”规制。而丰巢难以接受以上合作条款。

冲突的结果就是双方互相关闭了数据传输的接口，但并不清楚到底是谁先进行了这一行为。菜鸟一方所发布的《菜鸟关于顺丰暂行物流数据接口的声明》中指出，是顺丰突然“关闭了自提柜的数据信息回传……又进一步关闭了整个淘宝平台物流信息的回传……”“为保护消费者隐私、电话信息安全，菜鸟根据安全团队的建议正在对全网物流数据进行信息安全升级。我们将加强对海淘、快递柜等物流数据的多重交叉验证，但顺丰及丰巢等出于各种原因并不配合”。这导致淘宝——菜鸟一方“紧急建议商家暂时停止使用顺丰发货，改用其他快递公司的服务”。[②] 而顺丰一方称是菜鸟一方下线该公司旗下的快递柜系统丰巢的接口信息；菜鸟暂停丰巢数据接口，说是以信息安全为由，其实根本是一场有针对性的封杀行动，除丰巢外，其他平台均未关闭数据接口。顺丰方面还表示，菜鸟之所以封杀顺丰，背后的原因是阿里方面一直希望顺丰从腾讯云切换至阿里云。[③]

2017 年 6 月 1 日晚间，国家邮政局在官网上发布《关于近期快递服务消费的提示》指出，受菜鸟网络与顺丰速运关闭互通数据接口影响，少量快件

① 参见《顺丰阿里撕逼，菜鸟要求丰巢提供所有包裹数据合理吗》，载 http://baijiahao.baidu.com/s?id=1569154637756225&wfr=spider&for=pc，最后访问日期为 2017 年 12 月 1 日。

② 参见《菜鸟关于顺丰暂行物流数据接口的声明》，载 https://weibo.com/u/3391153442?is_all=1，最后访问日期为 2017 年 12 月 1 日。

③ 参见《顺丰反击称被菜鸟封杀：阿里希望顺丰从腾讯云转换到阿里云》，载 https://baijiahao.baidu.com/s?id=1569005125733052&wfr=spider&for=pc，最后访问日期为 2017 年 12 月 1 日。

信息查询不畅。国家邮政局对此事高度重视，已与当事双方高层进行沟通，强调要讲政治、顾大局，寻求解决问题的最大公约数，切实维护市场秩序和消费者合法权益，决不能因企业间的纠纷产生严重的社会影响和负面效应。丰巢与菜鸟之争在形式上落幕。

二、现有案例所体现出来的关于数据使用正当性的考虑因素

对于以上列举的案例和事件，有的进入司法程序并形成判决，有的进入司法的初期程序，而有的尚未进入司法程序。根据法院对这些案件的裁决或者初步审查，可以看到，法院对以下要素进行了考虑，据此来判断关于数据使用的正当性。

（一）投入与收益

“投入与收益”这一要素主要强调的是谁为数据的记录和聚合付出了实质性的投资和付出，谁就拥有使用相关数据的正当性；而没有为此付出投资和付出的人，对数据的使用就不具有正当性。

在“大众点评诉爱帮网”一案中，法院关注了企业的投入与收益问题。在该案中，一审法院指出，汉涛公司为数据的采集付出了人力、财力、物力和时间等经营成本，由此产生的利益应受法律保护。对于大众点评网的商户简介和用户点评，爱帮科技公司未付出劳动、未支出成本、未作出贡献，却直接利用技术手段在爱帮网上展示，并以此获取商业利益，属于反不正当竞争法理论中典型的“不劳而获”和“搭便车”的行为。爱帮科技公司的这一经营模式违反公平原则和诚实信用原则，违反公认的商业道德，构成不正当竞争。二审法院也进一步指出，汉涛公司通过商业运作吸引用户在大众点评网上注册、点击、评论，并有效地收集和整理信息，进而获得更大的商业利润，该合法权益应受法律保护。①

在“大众点评诉百度”案中，法院也关注了这一要素。法院指出“汉涛

① 北京市第一中级人民法院判决书（2011）一中民终字第7512号。

公司为运营大众点评网付出了巨额成本，网站上的点评信息是其长期经营的成果。点评类网站很难在短期内积累足够多的用户点评，因为每一条点评都需要由用户亲自撰写。点评类网站具有集聚效应，即网站商户覆盖面越广，用户点评越多，越能吸引更多的网络用户参与点评，也越能吸引消费者到该网站查找信息。此类网站，在开办的早期通常只有投入而没有收益，甚至需要额外支付费用吸引用户发布点评。只有点评数量达到一定规模，网站才有可能进入良性循环。也只有网站的浏览量达到一定的数量，网站才有可能通过广告、团购等途径获取收益。百度地图也有点评功能，百度的用户也可以直接发布点评。但在很多类别的商户中，直接来源于百度用户的点评只占很小的比例，如百度地图中餐饮类商户的点评信息主要来源于大众点评网等网站。在这些类别，仅凭百度用户贡献的少量点评，百度公司无法为消费者提供足够的信息量。百度公司在我国互联网行业中处于领先的地位，拥有庞大的用户数量，其尚且不能凭借自己的用户获取足够的点评信息，由此亦可见点评信息的获得并非易事"。"大众点评网的点评信息由网络用户发布，网络用户自愿在大众点评网发布点评信息，汉涛公司获取、持有、使用上述信息未违反法律禁止性规定，也不违背公认的商业道德。"①

（二）实质性替代

2011年的"大众点评诉爱帮网"一案首先提出了关于"实质性替代"的考虑，即对于数据的记录人所记录的数据，如果转载人转载使用这些数据的时候，对记录人的主要业务形成了实质性的替代，即消费者阅读转载人的数据之后，不大可能再前往记录人的网站或者平台。

在"大众点评诉爱帮网"一案中，法院就爱帮网转载、使用大众点评网的评价数据是否合理的问题，进行了详细探讨。法院指出：②

使用垂直搜索技术的网站对于特定行业网站信息的利用，应控制在合理的范围内，不得对该网站造成市场替代的后果。爱帮网使用的源于大众点评

① 上海知识产权法院民事判决书（2016）沪73民终242号。

② 北京市第一中级人民法院判决书（2011）一中民终字第7512号。

网的内容中，商户简介和大众点评网完全一致，用户点评和大众点评网也没有实质性区别。通过爱帮网，用户可直接获取商户简介的全部内容和用户点评的绝大部分内容，基本实现获取信息的目的。虽然爱帮网注有“在大众点评发表”字样和链接标识，但爱帮网已对全部商户简介内容和绝大部分点评内容进行了充分展示，网络用户一般不会再选择点击大众点评链接标识。因此，爱帮网的商户简介和用户点评已经构成对大众点评网相应内容的实质性替代，必将不合理地损害汉涛公司的商业利益。

爱帮科技公司作为提供搜索、链接服务的网络服务商，应遵守法律规定和相关行业规范，对于特定行业网站信息的利用，须控制在合理的范围内。但爱帮网对大众点评网的点评内容使用，已达到了网络用户无需进入大众点评网即可获得足够信息的程度，超过了适当引用的合理限度，事实上造成爱帮网向网络用户提供的涉案点评内容对大众点评网的相应内容的市场替代，对汉涛公司的合法利益产生了实质性损害。

在“大众点评诉百度”案中，法院也同样考虑了“实质性替代”问题。法院认为：[①]

在靠自身用户无法获取足够点评信息的情况下，百度公司通过技术手段，从大众点评网等网站获取点评信息，用于充实自己的百度地图和百度知道。百度公司此种使用方式，实质替代大众点评网向用户提供信息，对汉涛公司造成损害。百度公司并未对于大众点评网中的点评信息作出贡献，却在百度地图和百度知道中大量使用了这些点评信息，其行为具有明显的“搭便车”“不劳而获”的特点。百度公司上述行为给汉涛公司造成了实质性损害。

本院查明的事实表明，仅汉涛公司公证抽取的百度地图商户中，就有784家商户使用的评论信息中超过75%的比例来自大众点评网。就提供用户评论信息而言，百度公司在百度地图和百度知道产品中大量使用来自大众点评网用户的评论信息，已对大众点评网构成实质性替代，这种替代必然会使汉涛公司的利益受到损害。

使用涉案信息是否超出了必要的限度。本案中，汉涛公司对涉案信息的

---

① 上海知识产权法院民事判决书（2016）沪73民终242号。

获取付出了巨大的劳动，具有可获得法律保护的权益，而百度公司的竞争行为亦具有一定的积极效果，在此情况下应当对两者的利益进行一定平衡。百度公司在使用来自大众点评网的评论信息时，理想状态下应当遵循“最少、必要”的原则，即采取对汉涛公司损害最小的措施。但是要求百度公司在进行商业决策时，逐一考察各种可能的行为并选择对汉涛公司损害最小的方式，在商业实践中是难以操作的。但如果在存在明显有对汉涛公司损害方式更小的方式而未采取，或者其欲实现的积极效果会严重损害汉涛公司利益的情况下，则可认定为使用方式已超过必要的限度。

（三）许可与授权

在数据使用的许可与授权方面，法院更多地考虑了形式上的许可与授权。正如前文所述，数据是信息的记录，因此在商业数据的使用链条上大致存在如下的主体关系：

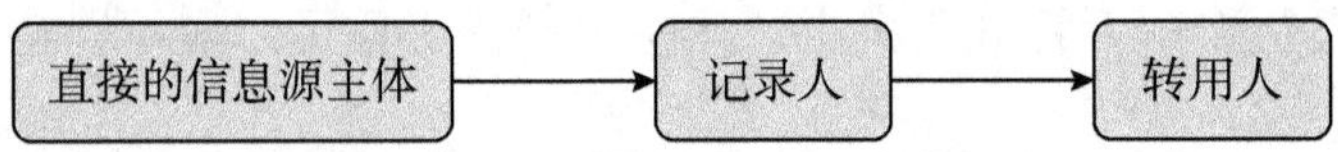

图 11

数据的形成是记录人通过获得信息源主体形式上授权并对信息加以记录，从而获得数据的过程。在这个过程中，记录人往往付出了一定的投资，从而依据“谁投资，谁受益”的基本原则获得了相关信息的使用权。而对该数据进行转载、使用的转用人，则需要获得信息源主体（即用户）和记录人的许可或授权。

在“大众点评诉百度”案中，法院提到了“许可”问题。法院认为，在该案中，百度公司未经汉涛公司的许可，在其百度地图和百度知道产品中进行大量使用其点评数据，这种行为本质上属于“未经许可使用他人劳动成果”。[①] 但较为全面地就信息源主体、记录人和转用人三方之间的授权问题进行了明确的授权要求的，是“新浪微博诉脉脉”一案。在这个案件中，法院

① 上海知识产权法院民事判决书（2016）沪 73 民终 242 号。

提出了“用户授权”+“平台授权”+“用户授权”的三重授权原则。[①]

对于该案，一审法院认为，淘友技术公司、淘友科技公司在合作期间未根据与微梦公司的协议申请职业信息、教育信息 Open API 接口，即从微博开放平台获取新浪微博用户的职业信息、教育信息；在双方合作结束后，淘友技术公司、淘友科技公司未按协议要求及时删除相关用户信息，仍将包括新浪微博用户职业信息、教育信息在内的相关信息用于脉脉软件，该行为不符合《开发者协议》的约定。淘友技术公司、淘友科技公司员工的证人在无法准确区分脉脉用户与非脉脉用户的情况下，却同意向脉脉软件授权好友关系，可见用户授权行为具有一定的随意性，更不能以此作为非脉脉用户的授权行为。即使在淘友技术公司、淘友科技公司与微梦公司合作期间，淘友技术公司、淘友科技公司也不能当然地依据《脉脉服务协议》收集脉脉用户在其新浪微博中可能留存的相关非脉脉用户的信息，因为淘友技术公司、淘友科技公司还应同时遵守《开发者协议》中要求的事先获得用户同意，并按 Open API 权限规则通过申请接口获取信息的程序性要求。故淘友技术公司、淘友科技公司未取得用户许可即获取并使用涉案非脉脉用户的相关新浪微博信息。法院特别指出，“互联网应用软件经营者充分发挥智慧、拓展经营模式，尽可能吸引、扩大用户群的主观意愿是正当的，但不能以不经用户许可，侵害用户知情权的方式非法抓取、使用竞争对手的用户信息、用户关系”。

在二审中，法院根据《消费者权益保护法》第 29 条[②]、《关于加强网络信息保护的决定》第 2 条[③] 的规定，得出“网络服务提供者收集、利用用户（即

① 北京知识产权法院民事判决书（2016）京 73 民终 588 号。

② 《消费者权益保护法》第 29 条第 1 款规定：“经营者收集、使用消费者个人信息，应当遵循合法、正当、必要的原则，明示收集、使用信息的目的、方式和范围，并经消费者同意。经营者收集、使用消费者个人信息，应当公开其收集、使用规则，不得违反法律、法规的规定和双方的约定收集、使用信息。”

③ 《关于加强网络信息保护的决定》（2012 年 12 月 28 日第十一届全国人民代表大会常务委员会第三十次会议通过）第 2 条第 1 款规定：“网络服务提供者和其他企业事业单位在业务活动中收集、使用公民个人电子信息，应当遵循合法、正当、必要的原则，明示收集、使用信息的目的、方式和范围，并经被收集者同意，不得违反法律、法规的规定和双方的约定收集、使用信息。”

信息源主体）信息应当遵循合法、正当、必要的原则并经被收集者同意”的结论；并指出根据国际上关于个人信息保护方面的主要法律文本，如 OECD 隐私框架、APEC 隐私框架、欧盟《通用数据保护条例》（*General Data Protection Regulation*）、欧美“隐私盾”协议（Privacy Shield）、美国“消费者隐私权法案（讨论稿）”（Consumer Privacy Bill of Rights Act of 2015）等规定，商业化利用个人信息必须告知用户并取得用户的同意。因此，法院指出：

互联网中，对用户个人信息的采集和利用必须以取得用户的同意为前提，这是互联网企业在利用用户信息时应当遵守的一般商业道德。在大数据和云计算的时代，包括个人信息在内的数据，只有充分地流动、共享、交易，才能实现集聚和规模效应，最大限度地发挥价值。但数据在流动、易手的同时，可能导致个人信息主体及收集、使用个人信息的组织和机构丧失对个人信息的控制能力，造成个人信息扩散范围和用途的不可控。因此，在涉及个人信息流动、易手等再利用时应给予用户、数据提供方保护及控制的权利。同时，尊重个体对个人信息权利的处分和对新技术的选择，是在个人信息保护和大数据利用的博弈中找到平衡点的重要因素。

故，Open API 开发合作模式中数据提供方向第三方开放数据的前提是数据提供方取得用户同意，同时，第三方平台在使用用户信息时还应当明确告知用户其使用的目的、方式和范围，再次取得用户的同意。因此，在 Open API 开发合作模式中，第三方通过 Open API 获取用户信息时应坚持“用户授权”+“平台授权”+“用户授权”的三重授权原则。

（四）三方利益平衡

由于对数据的使用是否合理，并非完全是基于产权理论而形成的，因此，在某些情况下，或者对于某些数据类型而言，法院也提出了可能会考虑信息源主体/用户、记录人、转用人三方利益平衡的问题。也就是说，在缺乏信息源主体/用户或者记录人明确许可或者授权的情况下，转用人对数据的使用也可能会合理。在这个均衡价值的判断中，信息源主体/用户权益、记录人权益、转用人权益都是可能考虑到的要素。

用户权益当然是需要首先考虑的重要内容。当用户作为信息源主体在接受记录人的产品和服务的过程中，可能会存在一种默示的许可，即其需要以某种信息为对价，获得对方的产品和服务。但是，如果超出这种默示许可的合理范畴，法律就不会支持相关数据的使用。在“新浪微博诉脉脉”一案中，法院指出，脉脉对数据的使用不合用户权益，原因有三：一是淘友技术公司、淘友科技公司未在《脉脉服务协议》中充分告知脉脉用户上传通讯录的要求及后果，且脉脉用户无权选择关闭相关对应关系或展示方式；二是未考虑，亦未尊重新浪微博用户对个人微博信息是否公开、如何公开的自主意愿，使相关不愿通过手机号等方式查找到自己的新浪微博用户在不知情的情况下由于某些原因成为他人通讯录联系人而暴露自己的新浪微博用户身份及信息；三是未提供脉脉用户与其一度人脉、二度人脉之间共同好友展示状态的选择，使那些不愿出现在相关人脉圈的用户在不知情的情况下被关联。①

在考虑用户利益的基础上，也要考虑数据记录人、转用人所代表的经营者与用户所代表的消费者之间的平衡，以及记录人、转用人之间的相互平衡。“新浪微博诉脉脉”一案中法院看到了这一相互关系，指出作为微博开放平台的微梦公司相对于淘友技术公司、淘友科技公司处于优势地位，而作为脉脉软件经营者的淘友技术公司、淘友科技公司相对于用户个人亦处于优势地位。法院指出：“不论是无法客观还原合作当时的合同内容以及合同履行情况，还是在格式合同中设置各种单方利益条款，甚至不考虑可能涉及的第三方用户合法权益的情形，都是处于相对优势地位的互联网经营者未能以诚信态度对待自身地位的表现。”

对三方利益的平衡还需要考虑相关数据对于记录人和转用人的重要性和必要性，以及这种数据的使用是否能够构成一种行业惯例。显然，在“新浪微博诉脉脉”一案中，法院认为在这种利益平衡的考量机制下，数据的转用人脉脉并不具有充分的理由能够将其转用数据的情形正当化，因为：

用户职业信息、教育信息具有较强的用户个人特色，不论是对于新浪微博还是脉脉软件，都不属于为程序运行和实现功能目的的必要信息，而是需

① 北京知识产权法院民事判决书（2016）京73民终588号。

要经营者在经营活动中付出努力，挖掘并积累用户资源中的重要内容。另外，头像、昵称、职业、教育、标签等用户信息的完整使用能刻画出用户个人的生活、学习、工作等基本状态和需求，淘友技术公司、淘友科技公司未能在合作结束后仍使用新浪微博用户的这些信息之必要性给予合理解释，因此，淘友技术公司、淘友科技公司在合作期间对涉案新浪微博用户职业信息、教育信息的获取及使用行为，以及在合作结束后对涉案新浪微博用户相关信息的使用行为均缺乏正当性。要成为行业惯例，通常应满足为实现产品或服务的必要功能并被该行业经营者普遍采用的情形。本案中，淘友技术公司、淘友科技公司承认这种对应关系的展示是为了引导脉脉用户邀请新浪微博用户加入脉脉，该行为显然属于为淘友技术公司、淘友科技公司增加用户规模的市场行为，非必要的功能性设置。当前，大部分社交应用软件不论对其用户作何种分类、采取何种方案尽可能多地建立用户之间的联系，都基本遵循在应用软件中展示注册用户相关信息的规则，在提供用户手机通讯录与应用软件好友之间的关系时，也只展示手机通讯录好友中同时为应用软件用户的信息，不体现手机通讯录好友与作为登录应用软件入口的开放平台用户之间的对应关系。即便存在微人脉软件在导入用户手机通讯录后，在“您的人脉”栏目下出现非微人脉用户的新浪微博用户信息，仅此为例并不能认定获取并使用这种对应关系属于行业惯例。

但是在 hiQ 诉领英一案中，从法院的初步判断来看，却显示出向数据转用人一方利益保护的倾向。法院在考虑用户、领英、hiQ 三方利益平衡的时候，需要考虑领英用户的隐私是否会受到侵害；领英是否能够提供任何关于 hiQ 活动造成的损害，财务或其他方面的证据；也需要考虑 hiQ 所面临的艰难情况——hiQ 号称其将“遭受直接和不可挽回的损害，因为它的整个商业模式依赖于获得领英的数据。如果领英占上风，那么 hiQ 就会倒闭”[①]。

① HIQ LABS，INC. v. LINKEDIN CORP.，Case No. 17-cv-03301-EMC，273 F.Supp.3d 1099（2017）; HIQ LABS，INC. v. LINKEDIN CORP.，No. 17-16783，938 F.3d 985（2019）.

（五）更多的平衡考虑

对于互联网领域数据使用的合理性判断，除了考虑信息源主体的用户利益、数据记录人的财产投入、各方的利益平衡等因素之外，还应当考虑产业发展和互联网环境所具有信息共享、互联互通的特点，对更多的平衡因素进行考虑，这包括数据转用人的自由竞争的权力、公众自由获取信息的利益等公共利益、市场效率与创新等。

例如，在大众点评诉百度案中，法院考虑了市场效率和创新问题。法院指出：

当某一劳动成果不属于法定权利时，对于未经许可使用或利用他人劳动成果的行为，不能当然地认定为构成反不正当竞争法意义上的“搭便车”和“不劳而获”，这是因为“模仿自由”，以及使用或利用不受法定权利保护的信息是基本的公共政策，也是一切技术和商业模式创新的基础，否则将在事实上设定一个“劳动成果权”。但是，随着信息技术产业和互联网产业的发展，尤其是在“大数据”时代的背景下，信息所具有的价值超越以往任何时期，越来越多的市场主体投入巨资收集、整理和挖掘信息，如果不加节制地允许市场主体任意地使用或利用他人通过巨大投入所获取的信息，将不利于鼓励商业投入、产业创新和诚实经营，最终损害健康的竞争机制。市场经济鼓励的是效能竞争，而非通过阻碍他人竞争、扭曲竞争秩序来提升自己的竞争能力。如果经营者是完全攫取他人劳动成果，提供同质化的服务，这种行为对于创新和促进市场竞争没有任何积极意义，也可能使得其他市场主体不愿再就信息的收集进行投入，破坏正常的产业生态，并对竞争秩序产生一定的负面影响。①

有意思的是，关于公共利益的考虑，不同的视角可能会得出不同的结论。在 hiQ 和领英的争端中，双方都认为对方的做法不利于公共利益，而自己的做法则有利于公共利益，有利于信息的自由流动。hiQ 认为，任何人都没有单方面的权力限制其他人获取公开信息。“授予这种权力将会引发严重的宪法

---

① 上海知识产权法院民事判决书（2016）沪 73 民终 242 号。

问题，若如此，相当于此人拥有可以决定谁可以参加互联网思想市场，个人言论自由的宪法权力将遭到极大的侵害，这将有损公共利益。”领英则认为，除了保护用户隐私之外，领英的地位实际上也是最重要的位置。领英认为，“如果用户知道他们的数据是免费提供给第三方的，以任何目的进行不受限制的收集和分析，他们将不太可能在网上提供这些信息”。就目前而言，法院略倾向于 hiQ 的公共利益观，因为一方面，领英用户在其公开数据中的实际隐私利益是不确定的，那些选择向公众公开数据的人很可能期望他们的个人信息被搜索、数据挖掘、聚合和分析；另一方面，授予领英这样的私人实体的权利，阻止公众以任何理由禁止访问者在其网站上公开获得的信息，并受到 CFAA 制裁的支持，这可能会通过承诺互联网对公共话语和自由流通的信息构成威胁。①

三、值得进一步思考的其他要素

尽管在最近的案例中，法院已经从很多方面展开了对数据使用的合理性问题的探讨，但仍然还是存在一些问题需要我们进一步进行思考和完善。这些问题包括如下几个方面。

（一）数据的类型化

数据的类型化是一个需要重点考虑的方向。事实上，“数据”本身是一个抽象的概念，代表了庞大的具体数据类型的体系。如果只是抽象地将“数据”作为一个概念上的整体来讨论权属或者使用的合理性，其实很难得出一个统一的答案。将数据进行类型化，进而针对不同性质的数据来具体地讨论数据权限，是一个正确的方向。

而数据的类型化，也面临着不同的标准。可以考虑按照以下不同的标准来考虑数据的分裂：

---

① HIQ LABS，INC. v. LINKEDIN CORP.，Case No. 17-cv-03301-EMC，273 F.Supp.3d 1099（2017）; HIQ LABS，INC. v. LINKEDIN CORP.，No. 17-16783，938 F.3d 985（2019）.

1. 基础数据和增值数据[①]

基础数据，或称原始数据，指来自直接的信息源主体的信息，经过记录人记录所形成的数据。而增值数据则是指数据处理人（可能是记录人，也可能是转用人），对基础数据或者原始数据进行增值行为所形成的新数据或者数据产品。数据增值行为是对基础数据进行检索、分类、整理、标注、比对、分析、挖掘等处理和利用行为，即基于基础数据直接为客户创造附加价值的活动，如生产出客户需要的数据产品，提供客户需要的数据分析服务。这些分析挖掘行为在基础数据的原有价值的基础上增加了新的价值，是大数据产业的核心。

2. 个人信息数据和非个人信息数据

个人信息数据，指个人信息经过记录形成的数据。我国立法和实践中使用“用户个人信息”来概括这一类信息。例如，《电信和互联网用户个人信息保护规定》第 4 条规定，用户个人信息，是指电信业务经营者和互联网信息服务提供者在提供服务的过程中收集的用户姓名、出生日期、身份证件号码、住址、电话号码、账号和密码等能够单独或者与其他信息结合识别用户的信息以及用户使用服务的时间、地点等信息。《脉脉服务协议》第 2 条约定“用户信息条款”对“用户个人信息”定义为“用户真实姓名、头像、手机号码、IP 地址”。“非用户个人信息”则定义为“用户对脉脉服务的操作状态、使用记录、使用习惯等反映在淘友公司服务器端的全部记录信息及其他一切……用户个人信息范围外的信息，均为普通信息，不属于用户信息”。“第三方平台记录信息”定义为“用户通过新浪微博账号、QQ 账号等第三方平台账号注册、登录、使用脉脉服务的，将被视为用户完全了解、同意并接受淘友公司通过已包括但不限于收集、统计、分析等方式使用其在新浪微博、QQ 等第三方平台上填写、登记、公布、记录的全部信息”。

2016 年欧盟《通用数据保护条例》（GDPR）采用了“个人数据”（personal data）这一用语。第 4 条规定，GDPR“个人数据指任何与特定自然人（数据主

① 丁道勤：《基础数据与增值数据的二元划分》，载《财经法学》2017 年第 2 期；陈筱贞：《大数据权属的类型化分析——大数据产业的逻辑起点》，载《法制与经济》2016 年第 3 期。

体）或者可辨别的自然人（数据主体）有关的所有信息。可辨别的自然人是指通过参考诸如姓名、识别号码、位置数据、在线识别符等标识符，或者与一个自然人有特定关联的物理的、生理的、遗传的、精神的、经济的、文化的或社会的一个或多个要素，能够直接或者间接地辨识出的人”[①]。

可以看出，GDPR 所界定的个人数据，仅仅限于自然人个人数据，而不包括指明或者能够辨识出企业等拟制主体的数据。我国的“用户个人信息”虽然也主要以保护自然人信息为主，但并没有明确“用户个人”仅指自然人，还是包括非自然人用户个人。在实务中，也存在观点认为个人数据的主体包括自然人和法律上拟制的人。[②]

非个人信息数据，包括两类：一类是本身不具有个人指向的基础数据或者原始数据，如对于天气的记录，匿名投票等；另一类则指经过匿名化处理脱敏后的、没有具体的主体指向的数据或者数据产品。

3. 以公开为目的的数据和以不公开为目的的数据

以直接的信息源人发布信息的意图为标准，可以将数据分为以公开为目的的数据和以不公开为目的的数据。绝大部分的个人数据是以不公开为目的的，这构成了对用户隐私保护的基础。但现实中的确还存在诸多以公开为目的的数据。典型的例子包括新闻、广告、网红信息的发布、对购买的评价、求职信息或者包括潜在求职意向的信息等。例如，人们之所以对购买进行评价，其主要目的是让潜在的购买者能够知晓既存购买者对产品或者服务的感受。特别是当既存的购买者对产品和服务有强烈的感受，感觉特别好或者感觉特别差的时候，尤其是后者，信息源主体就具有强烈的动机让更多的人分享其体验。又例如，前文所提到的 hiQ 诉领英一案中，领英是一家全球职业社交网站，商业客户的社交网络（SNS）的目的在于帮助用户打造职业形象、获取商业洞察、拓展职业人脉并发现更多职业机遇。领

---

① REGULATION（EU）2016/679，Article 4.

② 吴晓灵：《谁的数据谁做主》，载 http: //news.cnstock.com/news，bwkx-201607-3838818.htm，最后访问日期为 2017 年 12 月 1 日。吴晓灵认为，个人数据包括“关于一个主体（包括自然人和法人）的特征、财产、行为等方面的数据”。

英用户在其公开数据中的实际隐私利益可能是不确定的，尤其是选择向公众公开数据的人很可能期望他们的个人信息被搜索、数据挖掘、聚合和分析。[①]

对数据进行类型化，有助于针对不同类型的信息施加不同的保护措施，或者根据不同的指标来衡量对数据的使用是否合理：对于基础数据和增值数据而言，基础数据的保护强调信息源主体和记录人的权益，而增值数据则主要强调增值者的权益。[②]对于个人信息和非个人信息而言，前者主要强调个人关于保护其数据的权利和基本自由，而后者则可能涉及较多的增值者权益甚至公共利益。[③]而对于以公开为目的的数据和以不公开为目的的数据，对前者数据的使用，事实上就不再需要信息源主体的授权，甚至在一定条件限制不需要记录人的授权，转用人就能够使用或者进行增值加工；而对于后者

---

① HIQ LABS，INC. v. LINKEDIN CORP.，Case No. 17-cv-03301-EMC，273 F.Supp.3d 1099（2017）; HIQ LABS，INC. v. LINKEDIN CORP.，No. 17-16783，938 F.3d 985（2019）.

② 例如，2015 年“北京百度网讯科技公司与朱某隐私权纠纷案”就涉及百度对搜索用户进行个性化推荐广告是否构成侵犯隐私。在该案中，一审法院认为，用户在互联网空间留下私人的活动轨迹展示了个人上网的偏好，反映个人的兴趣、需求等私人信息，在一定程度上标识个人基本情况和个人私有生活情况，属于个人隐私的范围。百度使用 cookie 技术收集了用户的网上活动轨迹，并据此展示与用户上网信息有一定关联的推广内容，进一步利用了他人隐私进行商业活动，构成侵犯他人的隐私权。但二审法院认为，cookie 信息主要说明哪些范围的 URL（链接）是有效的。百度通过 cookie 技术收集、利用的数据并不能与特定网络用户个人身份形成对应识别，该数据信息是匿名化的，并不符合“个人信息”的可识别性要求。网络用户通过使用搜索引擎形成的检索关键词记录，虽然反映了网络用户的网络活动轨迹及上网偏好，具有隐私属性，但这种网络活动轨迹及上网偏好如果并不与特定用户身份挂钩，也就是无法确定具体的信息归属主体，那么也就不再属于个人信息范畴。法院最终判定，百度的个性化广告推送服务不侵犯用户的隐私权。参见江苏省南京市中级人民法院民事判决书（2014）宁民终字第 5028 号。

③ 例如，吴晓灵认为，对于无主体指向的数据，也就是脱敏后的、没有指向具体个人或企业的数据，具有公共资源属性。这类数据，除非涉及社会稳定和国家安全问题（如基因数据等），应当向社会公众开放。这类数据的持有机构，应当负责加工处理并向社会提供这类数据，并可因此收取费用。比如，社会资金流向的地图、商品和物流图和金融生态状态图。参见吴晓灵：《谁的数据谁做主》，载 http：//news.cnstock.com/news，bwkx-201607-3838818.htm，最后访问日期为 2017 年 12 月 1 日。

的数据，用户的隐私、严格的授权、甚至遗忘权[①]等内容就是值得重点考虑的方向。

（二）信息源主体的同意

尽管现行的立法和判例都认同商业化利用个人信息必须告知用户并取得用户的同意，并且在新浪诉脉脉案中形成三重授权模式。但是，到底如何是获取了用户的同意，在当前的技术手段之下仍然是不清楚的。在新浪诉脉脉一案中，法院提到“……暂且不论该格式合同中对于取得用户同意收集相关数据信息的方式是否适当”，从而将探讨转入了其他方面。

的确，在现行的商业模式下，普遍默认的是，商家将获取用户信息作为向用户提供产品和服务的一种“对价”，特别是在免费提供产品和服务的时候，获取信息和数据更加是必不可少的用户支出。获取数据的主要方式是格式合同。而消费者由于信息、知识、观念、能力等方面的原因，会签署这些格式合同，但这些格式合同的内容不一定是合理的。例如，在新浪诉脉脉一案中，描述出如下用户协议：

2014 年 11 月 25 日，在安卓系统手机中安装脉脉软件，出现的《脉脉服务协议》第 1 条明确该协议为淘友科技公司与脉脉服务使用人之间的服务协议，还强调“用户下载、注册、登录、使用及连接脉脉服务等行为均被视为用户完全了解、接受并同意遵守本协议项下的全部内容。本协议可由淘友公司单方随时修改，修改后的协议条款一经淘友公司公布即代替本协议的原条款，构成用户与淘友公司之间就本协议主题事由的全部、最新协议。如果用户不接受淘友公司修改后的最新协议条款，请立即停止使用脉脉服务。如用户选择继续使用脉脉服务，则视为用户完全了解、接受并同意遵守淘友公司修改后的最新协议条款。用户特此声明，已经完全理解本协议相关内容，并不存在任何重大误解；同时，认可协议内容并不存在显失公平的情形”。

---

① 欧盟 2012 年的 General Data Protection Regulation 第 17 条提出了遗忘权，希望赋予人们删除那些不充分、不相关或过时不再相关的数字信息的权利，帮助人们摆脱尴尬的过去。参见邓志峰：《网络社会的被遗忘权研究》，载《法商研究》2015 年第 6 期。

“用户一旦使用第三方平台账号注册、登录、使用脉脉服务，淘友公司对该第三方平台记录的信息的任何使用，均将被视为已经获得了用户本人的完全同意并接受。”“重要提示：为向客户提供脉脉服务，淘友公司将可能使用用户个人信息、非用户个人信息及第三方平台记录信息。用户一旦注册、登录、使用脉脉服务将视为用户完全了解、同意并接受淘友公司通过包括但不限于收集、统计、分析、使用等方式使用用户信息。”“特别说明：用户授权的明确性和不可撤销性。用户注册、登录、使用脉脉服务的行为，即视为明确同意淘友公司收集和使用其用户信息，无需其他意思表示。用户对淘友公司的前述明确同意是不可撤销、基于其自身真实意思表示的授权。淘友公司对用户信息的使用无需向用户支付任何费用。用户可关闭账号或者停止使用脉脉服务，但是用户前述关闭或停止使用的行为，淘友公司此前经用户同意和授权对用户信息的一切使用行为，仍然合法有效。”

微梦公司与微博用户达成的《微博服务使用协议》第6.2条约定，“保护用户隐私和其他个人信息是微梦公司的一项基本政策，微梦公司保证不会将单个用户的注册资料及用户在使用微博服务时存储在微梦公司的非公开内容用于任何非法的用途，且保证将单个用户的注册资料进行商业上的利用时应事先获得用户的同意，但下列情况除外：……6.2.4 用户自行在网络上公开的信息或其他已合法公开的个人信息”。新浪微博对用户的《微博个人信息保护政策》明确载明，“未经您本人允许，微博不会向任何第三方披露您的个人信息，下列情形除外：（1）微博已经取得您或您监护人的授权；……（4）根据您与微博相关服务条款、应用许可使用协议的约定；……”微梦公司在其与微博用户的《微博服务使用协议》《微博个人信息保护政策》中明确约定可以无需征得用户同意即将其公开的个人信息作为商业使用并向第三方披露。

显然，这些对用户的信息获取、处理的方式明显地具有不公平、不合理之处，但是用户在现有的技术条件下无力对抗。在这种情况下，一方面，需要依靠司法机构和执法机构对这种不平衡的现象进行纠正，重新对格式合同的内容进行平衡；另一方面，随着技术的发展，以及“被遗忘”理念，“阅后即焚”技术的进一步完善，希望通过市场竞争迫使商家提供合理的数据获取条件。

（三）互联网商业网站“非经授权进入”的重新考虑

在领英与 hiQ 的争议中，法院在颁布禁令的过程中考虑了“非经授权进入”互联网商业网站在何种情况下才真正构成违法的问题。

在该案中，法院考虑的是对于《计算机欺诈与滥用法》（CFAA）中关于未经授权访问计算机的禁止是否适用于可以轻易通过接口的商业网站。CFAA 规定“故意访问计算机而未授权或超出授权访问权限，从而获得……的任何人”承担民事和刑事责任。但 CFAA 所针对的是不正当地访问受保护的计算机，包括未经授权获取访问；获得授权访问权限，但不正确地使用访问权限。法院认为，CFAA 必须在其历史语境下解读，也就是考虑到国会的立法目的。CFAA 并没有打算在互联网上为公共网站监督通信——互联网在 1984 年还不存在。CFAA 的目标是处理“黑客”或“侵入”到私人的、通常是有密码保护的大型计算机（所以其实可能不适用现在这种情况）。对公众开放网站适用 CFAA 将会产生深远的影响，远远超出国会的预期。对 CFAA 的宽泛解读可能会扼杀国家和地方法律的动态演变和渐进式发展，导致公开获取信息和隐私之间的脆弱平衡被打破。

法院还指出，关于“准人”和“未经授权”也值得进一步探讨。进入私人空间和进入营业空间存在差别。法院引用了科尔（Orin Kerr）教授的一篇学术论文。[①] 科尔认为，在物质空间的背景下，行为是否构成侵害行为取决于一套共同的社会规范，“这些规范告诉我们，在一个直观的层面上，什么时候禁止进入财产，什么时候被允许”。在通常情况下，未经许可进入私人住宅是不被允许的。但是，在白天营业时间推开一家店铺没锁的门不能算作是一种入侵，因为“一般人都认可那通常是店主对潜在的顾客开放”。此外，这些准则不仅适用于进入的时间，而且也适用于进入的方式；通过后窗进入店铺可能是一种入侵，然而通过门进入不是人侵。这种实体空间进入私人空间和进入营业空间的差别同样可能也适用于数字空间。网络本质上就是开放的。因为它“允许世界上的任何人发布任何人都可以访问的信息，这样的访问不

① Orin S. Kerr，“Norms of Computer Trespass”，*116 Colum. L. Rev.*，1143（2016）.

需要进行身份验证”，法院应该通过“采用推定的网络开放规范”来纳入这一规范。从这个角度来讲，科尔似乎是认为进入网络空间本身有别于进入私人财产。

此外，同物理空间相比，如果一个网站所有者设置了一个密码认证系统来规范访问，在互联网上向所有人开放的可公开查看的网页中，直白的“未经授权”“访问”的含义更加具有模糊性。比如，一个实体的门店对公众开放，店主也可能限制访问的方式和范围（如限制访问存储区或仅限员工区域）。但是，如果一个企业在公共街道和人行道上的所有人都可以看到店面窗口上显示出一个标志，那么它就不能禁止一个人看到该标志，并要求这个人违反这种禁止。领英就好像是这种情况：领英公开了其信息（并且允许 Google 搜索到），又禁止他人访问，就类似于禁止 hiQ 查看所有公众可见的标志。

对此，法院指出，hiQ 至少对 CFAA 的适用性提出了严重的质疑。①

（四）数据在先与事业在先

领英与 hiQ 的纠纷还提出了另一个非常有趣而且值得重视的问题——数据在先与事业在先。事件的发展过程可以大致推断出争端所发生的重要结点：

hiQ 长期以来依赖从领英的公开页面中抓取基础数据作为原材料，通过增值行为加工为增值数据——Keeper（分析公司最有可能跳槽的员工）和 Skill Mapper（员工技能分析，包括员工知识的深度和广度）。领英长期以来允许包括 Google 在内的全网搜索引擎收录信息，也不禁止 hiQ 使用其数据进行增值生产。

可以认为，在这个时期内，领英和 hiQ 并没有实质上的竞争关系，hiQ 的数据产品并不会造成领英的商业和职业网络的社交服务业务的减损。而当 hiQ 的事业发展起来能够具有商业价值的时候，领英发现自己可以利用自己的数据做与 hiQ 类似的产品。当自己拥有原材料，同时再生产增值产品的时候，领英无疑具有极高的优势。只要领英不再向 hiQ 或者其他潜在的竞争者

① HIQ LABS，INC. v. LINKEDIN CORP.，Case No. 17-cv-03301-EMC，273 F.Supp.3d 1099（2017）; HIQ LABS，INC. v. LINKEDIN CORP.，No. 17-16783，938 F.3d 985（2019）.

提供基础数据的原材料，那么领英就可以在增值产品市场中获取垄断的优势。

在这个纠纷中，领英是基础数据的拥有者，也就是数据在先者；而 hiQ 则是增值服务的领跑者，也就是事业在先者。如果领英一早就对其自己的数据进行了同样的分析和再造，那么不允许其他人使用是为了避免对自己产品的替代。这时，如果根据业务的“实质替代”标准禁止事业在后者使用数据，可能会具有一定的合理性基础。但是，领英一直没有这样的事业，而长期允许其他人使用当初自己认为价值不高的基础数据，从而形成了其他的新事业，那么领英是否可以要求其他人停止这一事业，就可能会涉及反垄断领域。

hiQ 向法院提出的辩解和理由，指出领英构成了相关数据领域的基础设施拥有者，hiQ 为了进行自己的事业，必须要从领英这里获得数据，而没有任何其他的数据来源。法院认为这是一个郑重的、值得探讨的问题。[①]

① HIQ LABS，INC. v. LINKEDIN CORP.，Case No. 17-cv-03301-EMC，273 F.Supp.3d 1099（2017）; HIQ LABS，INC. v. LINKEDIN CORP.，No. 17-16783，938 F.3d 985（2019）.

第三章
反垄断框架下的大数据要素

一、大数据对竞争的影响

（一）大数据

数据不仅仅是一种具有商业价值的“财产”，同时业已成为一种核心的竞争力，尤其是“大数据”（Big Data）概念出现之后。

对于什么是“大数据”，不同的研究者从不同的角度给出了不同的定义。加德纳（Gartner）认为：“大数据是需要新处理模式才具有更强的决策力、洞察发现力和流程优化能力的海量、高增长率和多样化的信息资产。”麦肯锡公司的报告认为，大数据是超过了典型数据库软件工具捕获、存储、管理和分析数据能力的数据。但它同时强调，并不是说一定要超过特定 TB 值的数据集才能算是大数据。根据维基百科的定义，“大数据是指无法在可承受的时间范围内用常规软件工具进行捕捉、管理和处理的数据集合”。美国国家标准和技术研究院 NIST 则认为“大数据是指数据的容量、数据的获取速度或者数据的表示限制了使用传统关系方法对数据的分析处理能力，需要使用水平扩展的机制以提高处理效率”。随着大数据的流行，大数据的定义呈现多样化的趋势，达成共识非常困难。本质上，大数据不仅意味着数据的大容量，还体现了一些区别于“海量数据”和“非常大的数据”的特点。①

① 李学龙、龚海刚：《大数据系统综述》，载《中国科学》2015 年第 1 期。

2013 年，OECD 在其报告“Exploring Data–Driven Innovation as a New Source of Growth：Mapping the Policy Issues Raised by Big Data”中尝试对大数据进行总结，提出了量（Volume）、速度（Velocity）、多样性（Variety）和价值（Value）的“四 V”要素。

报告指出，此前人们对于大数据的关注主要在于“量”。例如，麦肯锡全球研究所（MGI,2011）将大数据界定为“规模超出典型数据库软件工具捕获、存储、管理和分析能力的数据”。但是，单纯以“量”作为大数据界定标准是有问题的，因为这个超出一般规模的“量”一直在变动，因为其取决于可用存储技术的不断发展。

报告指出，对于大数据而言，“量”并不是唯一重要的特征。“速度”也是人们关注的另一个重要要素。数据的生成、访问、处理和分析的速度非常重要，分析人员能否使用现成的数据来进行实时的“即时预测”，是衡量企业是否具有大数据能力的重要指标。

有时候，大数据是由分析多种非结构化数据集的能力来定义的，这些数据集包括网络日志、社交媒体、移动通信、传感器和金融交易等来源。这就要求一种能够连接不同数据集的能力。由于信息高度依赖于上下文，而在不正确的背景下信息就可能没有价值。因此，这种连接多种非结构化数据集，并且从这些数据集中提取有效信息的能力非常关键。据测算，一个企业所占有的所有数据中，有 80%—85% 的数据是非结构化的、零散的，它们大部分还未被开发未被充分利用。以前，从非结构化数据中提取价值是劳动密集型的。而现在，利用大数据分析可以将未利用数据的孤岛联系起来并进行分析，从而以自动化、经济、高效的方式提取潜在有价值的信息。

报告总结说，Volume、Velocity 和 Variety 通常被认为是大数据的三个主要特征，通常被称为三个 V。但是，价值 Value 是大数据的第四个 V，其与使用数据而能获得的不断增加的社会经济价值紧密相关。前三个 V 取决于数据存储的发展和加工技术，第四个 V 却最终能够超越这些纯粹技术的要素，最终激发企业对数据进行积累、处理和使用。[①]

（二）大数据能够对竞争产生影响

随着大数据的发展，人们开始意识到数据不仅仅能够给数据拥有者带来商业利益，而且还能影响到相关市场的竞争。数据对于垄断力量的获取和维持具有重要作用，人们也开始在反垄断法框架下考虑数据因素。早在2007年，Google 和 DoubleClick 合并案就让人们关注到大数据对于竞争存在强烈的影响。美国联邦贸易委员会委员哈勃（Pamela Jones Harbour）首次提出了“数据市场”的概念，认为Google在合并前已经占据了数据市场的较大份额，两家公司合并会加强 Google 在搜索引擎服务市场的支配地位，因此不赞成二者合并。[②] 欧盟委员会在《网上平台和欧洲数字单一市场的机遇和挑战》报告中指出：“在中小企业整个生态系统的业务模式依赖于获得少量在线平台的情况下，或者说平台可以获取的数据集已经达到空前规模的情况下，可能已经形成了一种新的不对等。这时，即使没有一个既存的平台支配地位，平台的供应商仍然很容易受到不公平的对待。”[③] 欧盟委员会竞争委员维斯塔格（Margrethe Vestager）也认为，有时候，在经营者集中案件中，数据可能是影响竞争的一个重要因素。一家公司甚至可能为了获得数据而收购竞争对手，即使目前还无法将这些数据通过金钱来衡量。因此，我们正在探索是否需要

---

① Organization for Economic Co-operation and Development（OECD）, Committee for Information, Computer and Communications Policy, “Exploring Data-Driven Innovation as a New Source of Growth: Mapping the Policy Issues Raised by ‘Big Data,’”（Paris: OECD, Directorate for Science, Technology and Industry, June 18, 2013）, http://www.oecd-ilibrary.org/science-and-technology/exploring-data-driven-innovation-as-a-new-source-of-growth_5k47zw3fcp43-en .

② 曾彩霞、尤建新：《大数据垄断对相关市场竞争的挑战与规制：基于文献的研究》，载《中国价格监管与反垄断》2017年第6期。

③ European Commission, “Online Platforms and the Digital Single Market Opportunities and Challenges for Europe”（communication from the Commission to the European Parliament, the Council, the European Economic and Social Committee and the Committee of the Regions, May 25, 2016 COM（2016）288）, 13, http://eur-lex.europa.eu/legal-content/EN/TXT/?uri=CELEX: 52016DC0288,（Last visited on June 28, 2019）.

开始考虑涉及有价值的数据的兼并，尽管拥有它的公司没有很大的营业额。① OECD在前述报告中称，当数据对于产品的提供至关重要，但竞争对手无法获得这些时，可能会形成一种“无与伦比的优势”，使竞争对手难以进行竞争。②

二、反垄断法框架下对数据要素的考虑

（一）大数据与必要设施理论

对于大数据的反垄断规制，首先需要考虑的就是某个大数据库是否构成了必要设施。在hiQ与领英的纠纷中，hiQ提出了垄断问题，并且明确点明了必要设施问题。hiQ认为，领英禁止其使用领英数据的行为违反了“必要设施原则”（Essential Facilities Doctrine），该原则禁止具有垄断地位或试图垄断的企业拒绝将其控制的必要设施向其竞争对手开放。法院认为，hiQ提出了值得重视的问题。

的确，对于大数据的拥有者而言，必要设施的问题是一个特别值得关注的点。尤其是对于数据的记录者而言，需要大量的财力才可能将纷繁复杂的信息记录下来，并形成庞大的数据库。根据大数据的四V维度，大数据的形成并不是一件容易的事情。虽然说记录者的投入应当获得合理的回报，从而不能轻易地强制大数据的拥有者开放数据，但是，如果一旦其拥有的大数据构成了必要设施，并且数据的开放对隐私没有明显的危害，就可能涉及反垄

① Margrethe Vestager，“Big Data and Competition”（speech before the EDPS-BEUC Conference on Big Data，Brussels，September 29，2016），http：//ec.europa.eu/commission/2014-2019/vestager/announcements/big-data-and-competition_en（Last visited on June 28，2019）.

② Organization for Economic Co-operation and Development（OECD），Committee for Information，Computer and Communications Policy，“Exploring Data-Driven Innovation as a New Source of Growth：Mapping the Policy Issues Raised by ‘Big Data，’”（Paris：OECD，Directorate for Science，Technology and Industry，June 18，2013），http：//www.oecd-ilibrary.org/science-and-technology/exploring-data-driven-innovation-as-a-new-source-of-growth_5k47zw3fcp43-en（Last visited on June 28，2019）.

断法理论上“必要设施原则”的调整。

必要设施理论在国内的翻译有“基础设施理论”“基础设施原则”“关键设施原则”等控制必要设施的企业，如果拒绝对其他竞争者提供进入某种商品或服务的合理途径，并且这些商品或服务是这些竞争者要与之竞争所必需的，那么控制必要设施企业的这种拒绝交易行为将可能违反反垄断法。该理论对规制经营者滥用市场支配地位行为具有重要的作用和意义。必要设施可以是传统上的有形设施，也可以是著作权等无形资产。当一个设施被认定为必要设施后，该设施的控制者在一定条件下就承担了以合理条件开放必要设施的义务，如果拒绝开放则构成滥用市场支配地位。[①]

必要设施理论中的“设施”实际上是一种进入或准入壁垒，是阻止竞争者进入市场的障碍。竞争者在经营过程中必须使用该设施，否则难以开展经营，并将会遭受严重损失。早期的必要设施主要指有形的设施，包括铁路、港口、桥梁等，但随着新技术的发展和革新，计算机和互联网等产业快速发展，必要设施的范围不再限于有形设施，还逐步扩展到无形资产领域，如技术标准、知识产权等。必要设施理论也从传统的自然垄断领域逐步扩展到无形资产领域。要判断某一个设施是否必需，需要视其是否具备不可或缺性、不可替代性及不可复制性。不可或缺性指某一设施对于经营者展开经营活动和竞争极为重要，必不可少；不可替代性则是指该设施没有其他的替代品，拒绝竞争者使用此设施一般是永久性的，并且被授权使用此设施后可以获得的利益很难从其他渠道获得；而不可复制性是指由于技术、法律、经济等因素，竞争者几乎没有可能复制该设施。

（二）使用必要设施理论的要件

在 1912 年美国司法部诉铁路终端协会的判决中，法院确立了必要设施理论。美国第七巡回上诉法院在 MCI 案中，明确揭示了适用必要设施理论须具

① 史际春、肖竹：《反公用事业垄断若干问题研究———以电信业和电力业的改革为例》，载《法商研究》2005 年第 6 期；黄勇、董灵：《反垄断法经典判例解析》，人民法院出版社 2002 年版，第 176 页；孔祥俊：《反垄断法原理》，中国法制出版社 2001 年版，第 578 页。

备的四个要件：

第一，必要设施拥有者控制了该必要设施。这个标准包括两个要件：（1）该设施是必需的、必要的。也就是说，垄断者控制的必要设施对竞争是关键的和必要的，没有该必要设施就会阻碍下游市场的竞争，阻碍潜在的市场准入，其他企业也就无法和垄断者进行竞争。在MCI案件中，AT&T公司坚决抵制MCI的电信设备接入其通话终端系统，MCI公司因此无法为客户提供廉价的长途电信服务，也就无法在电信电报业务的下游市场竞争。（2）拥有必要设施的企业在相关市场上是占有支配地位的。如果一个企业拥有比竞争者更先进、更有效率的设施，但这个企业在同行业市场上没有支配地位，那么这个设施也就不能被称为必要设施，这个企业也就没有满足他人使用该设施的义务。对于支配地位的定位要准确：支配地位本身并不违法，只有当这种支配地位的使用阻碍了市场竞争、构成了市场进入障碍，才会受到法律规制。

第二，竞争者无法通过合理努力复制该必要设施。该要件对于判断是否适用必要设施理论很关键，指的是该设施不能有其他替代品，或者不能以合理方式复制该设施。如果可以复制同样的设施对竞争也就构不成限制了。需要注意的是，这里所说的竞争者不是指市场中的某一个竞争者，而是指所有与该设施所在市场相关的竞争者。拥有者对该必要设施的拒绝授权阻碍了所有相关竞争者的使用，才会构成垄断。“无法通过合理努力复制”是指由于地形地貌上的限制（如港口码头等）或其他原因（如专利权、著作权等），复制该设施几乎是不可能的，或者即使可以复制也要付出巨大代价。这种设施已经在市场上占据了排他的优势地位。港口码头等有形设施是因为天然的地理条件而不能复制，对于知识产权、操作系统等无形资产而言，不能被复制的原因主要是它们的独占性和排他性，此特性具体来说就是即使市场上有替代品，但由于消费者的偏好等原因，这些替代品不能产生相同的作用，那么这样的无形资产就可以被定义为无法被合理复制。①

① 王晓晔：《竞争法》，社科文献出版社2007年版，第212页；李剑：《反垄断法中核心设施的界定标准——相关市场的视角》，载《现代法学》2009年第3期。

第三，拥有者拒绝竞争者使用该设施。这里的拒绝竞争者使用包括两个层面，不仅局限于直截了当拒绝交易，也包括独占者以极其不合理条件（如索要高价使用费用等）授权竞争对手使用该设施。这种方式虽然在形式上没有拒绝交易，但不合理、不公平的条件（如收取的费用甚至高过成本）能将竞争者排除在市场之外，构成了事实上的拒绝交易。

第四，拥有者提供该必要设施是可行的。这里所说的可行性可以从经济学角度直观判断，即比较拥有者和竞争者共同使用某设施的成本和收益。共同使用设施可能带来两种结果：一是共同使用设施的管理成本和交易成本大于竞争所带来的收益；二是小于竞争所带来的收益。只有收益大于成本，才能用必要设施理论规制拥有者。①

而在欧盟，到了20世纪90年代，竞争法上才确立了必要设施理论。尽管在美国，必要设施理论并没有最终进入立法文本，但该理论在欧盟受到了青睐，它给欧盟委员会规制电子通信必要设施垄断企业，并向有利益关系的服务商开放提供了一个合理的理由，为欧盟判例中禁止歧视和拒绝交易的竞争规则的发展提供了有力的依据。欧盟竞争法的首要法源是《欧盟条约》的第81条和第82条，欧盟法院和欧盟委员会早在引进该理论之前的United Brands等著名案件（1978年）中，就根据市场支配性企业的地位滥用理论，对特定商品或服务具有垄断力企业的拒绝交易行为以违反第82条为由确定商品和服务的提供义务。1995年以后，欧盟委员会在对第82条的适用上强调指出，必要设施的概念对共同市场具有重要意义，尤其是在成员国原来由国家垄断性支配的产业部门在自由化和民营化的过程中，持有必要设施的市场支配性企业在新的竞争者进入必要设施的上下游市场时的阻碍危险有了深刻的认识，从而将“必要设施理论”作为鼓励竞争的手段运用。第82条禁止市场支配性企业地位滥用第2种行为类型规定，“生产、销售、限制技术发展，损害消费者利益的行为，以及对同种交易的其他相对人科以不同的交

① 1983年的微波通讯公司诉电话电报公司案（MCI Corp. v.AT&T Co.）确定了这四项要件；在后来Aspen案的判决意见中，法院又增加第五个条件：没有正当的商业理由拒绝使用该必要设施。

易条件而带来竞争上的不利益行为”都可适用“必要设施的拒绝接触”进行规制。[①]

欧盟委员会根据第82条禁止滥用市场支配地位的规定，在Holyhead港口案中首次明确提出了必要设施理论。通常认为，Sealink案是必要设施理论在欧洲得以确立的标志。欧洲法院在判决中指出，当满足以下条件时，拒绝交易知识产权会受到规制：（1）阻碍了存在消费者需求的新产品进入市场；（2）不存在合理理由；（3）排除了“二级市场”上的竞争。[②]在另一个报纸发行案件中，原告Bronner是一家小型报纸出版商，报纸发行范围较窄。被告Mediaprint是一家颇具规模的出版商，Mediaprint不但占据了约50%的市场发行份额，更拥有全国范围的家庭发行系统，并且Mediaprint是唯一一家拥有此系统的公司。原告想使用被告的家庭发行系统，但遭到了被告的拒绝。原告将被告起诉至法院，认为被告的行为属于滥用市场支配地位。法院经过审理没有支持原告的观点，否认了被告的拒绝行为属于滥用市场支配地位。法院认为，Mediaprint在出版发行市场上占有支配地位，Bronner的发行范围与Mediaprint没有可比性，也就是说，Bronner没有相匹配的竞争力重建设施。在这一标准下，法院认定被告的拒绝行为不属于滥用支配地位。另外，法院认为Bronner还有其他可以尝试的发行方式，如邮政、报亭等，而不一定必须使用Mediaprint的家庭发行系统。该案总结出欧盟判定必要设施理论适用的四个条件：（1）企业占有市场支配地位；（2）企业拥有或控制的设施具有不可替代性，即市场上具有何种能力的企业复制该设施均不可行；（3）企业拒绝竞争者使用该设施的行为限制甚至消除了竞争；（4）拒绝使用没有正当理由。

（三）必要设施理论从有形财产向无形资产扩展

必要设施理论最早起源于对有形财产的规制，最早可追溯1912年美国

① 徐士英：《必要设施理论在规制滥用市场优势行为中的运用》，载《经济法研究》2006年第5期。

② 彭景、陈萍萍：《论美欧知识产权人拒绝交易的反垄断法规制》，载《知识产权》2012年第7期。

的 St.Loui 铁路运输案：出入圣路易斯所必须经过的铁路桥梁和转轨设施被几家铁路公司联合控制，由于他们的阻挠，其他服务商或竞争者无法经过圣路易斯或在此地提供运输服务。美国联邦最高法院认为，拥有这些设施的这几家铁路公司的行为违反了《谢尔曼法》第 2 条。这几家铁路公司拥有进出 St.Louis 的必经通道的所有权与排他控制权。他们拒绝将其铁路桥梁和转轨设施提供给其他铁路公司使用的行为，削弱了 St.Louis 州际运输市场上的竞争，有违自由竞争原则。法院因此依据《谢尔曼法》，强制这几家铁路公司必须以合理的条件将其铁路桥梁和转轨设施提供给其他铁路公司使用。

1983 年，在 MCI Corp. v. AT&T Co. 案中，必要设施的范畴扩展到了通信的终端系统：AT&T 公司是美国电信市场上的垄断企业，本地通话终端系统是所有长途电话呼叫的必要设施，这个终端系统由 AT&T 公司控制。MCI 公司作为另一个经营电信业务的公司，要想向用户提供价格低廉的长途电话服务必须通过 AT&T 公司的本地通话终端系统。AT&T 公司为了维护自己在长途电话市场上的垄断地位，坚决抵制 MCI 的电信设备进入其通话终端系统。MCI 公司向法院提起诉讼称：AT&T 公司没有履行合理的互联互通义务，由于 AT&T 公司拒绝将 MCI 的高级微波技术与其本地通话线路连接，使得 MCI 用户无法以低廉的价格接打长途电话。对此，AT&T 辩称，其拒绝履行互联互通义务是由于与 MCI 公司的竞争关系使得他们本身并没有义务去履行此义务，技术上的不兼容也让实际履行起来变得很困难。上诉法院经审理认为：AT&T 拒绝 MCI 接取其本地通话线路的行为是违法的，它可能导致垄断者对必要设施的控制从一个生产阶段发展到另一个阶段，从一个市场延伸到另一个市场。最终，法院认定 AT&T 公司违法了《谢尔曼法》第 2 条，AT&T 公司垄断性地控制了原告从事生产经营活动所必需的关键设备，这种拒绝竞争者使用的行为应该用必要设施理论加以规制。联邦第七巡回上诉法院根据此案确立了必要设施理论在反托拉斯法中适用的四项基本条件：一个经营者垄断着网络或必要设施；竞争者不能复制必要设施或者虽然可以复制但经济上十分不合理；垄断者拒绝让竞争者使用该设施；垄断者提供该必要设施具有可行性。①

但必要设施理论是否能够用于知识产权，美国法院的态度存在严重的分歧。“柯达”一案是在知识产权案件中最早适用“必要设施理论”的案件，当时的巡回法院认为，专利人或者知识产权所有人，如果拒绝竞争者的专利许可要求，可能违反反托拉斯法，“只有当垄断者拒绝有合法的竞争意图时，垄断者才有权拒绝与竞争者交易，即便是由于专利而获得的垄断地位也是如此”。但柯达公司辩称，它有权拒绝独立组织的使用，是因为它享有专利。但法院坚持认为，这不是合法的竞争意图，“无论是专利法，还是反托拉斯法，都不能容忍竞争者以商业理由的借口来掩盖反竞争行为”②。但2004年的TRINKO案③之后，必要设施理论在美国彻底式微了。

但必要设施理论在欧盟得到了繁荣。该理论引入欧盟竞争法后，首先也是在有形财产领域实施的，Holyhead港口是一个在英格兰和爱尔兰之间支持渡船业务的港口。这个港口主要由Sealink公司控制经营，该公司同时也在港口经营渡船业务。另一个竞争对手B&I公司同时也在Holyhead港口经营渡船业务。Sealink公司为了更多地抢夺渡船业务修改了港口的使用时刻表。这种行为严重干预了B&I公司的正常经营。B&I公司遂对此提起诉讼。欧盟委

---

① [美]盖尔霍恩、科瓦契奇、卡尔金斯：《反垄断法与经济学》(第五版)，任勇、邓志松、尹建平译，法律出版社2009年版，第147页。

② 徐士英：《“必须设备理论”在规制滥用市场优势行为中的运用》，载《经济法研究》2006年第5期。

③ 1996年的《美国电信法》要求地方电话运营商为新的市场进入者提供分类服务路线。原告TRINKO是一个美国电话电报公司的客户，刚刚进入纽约市场。他起诉VERZION通讯公司，称VERIZON通过拒绝提供给竞争者美国电信电报公司必要设施而垄断了当地的电话服务。地区法院驳回诉讼请求。但是，巡回法院认为主张有效并给予了支持。最后，最高法院又一次推翻了这一判决。在五位法官联合发表的意见中，斯卡利法官认为，“‘必要设施理论’要求一个公司和竞争对手分享垄断地位，与反托拉斯法基本的、鼓励竞争的目标不一致”。此案没有对知识产权适用“必须设备”的概念。斯卡利法官的意见暗示，如果法院对拒绝专利许可适用“必要设施理论”概念，将会非常不合适。“垄断优势本身及由此收取的垄断价格，并不违法，这是自由市场体系的重要元素。正是收取垄断价格的机会（至少在短期内）在第一时间吸引着商人的敏锐眼球；因为这降低了经济创新和增长中的风险。为了保护经济创新的动力，只要没有反竞争行为，垄断优势本身并不违法。”徐士英：《“必须设备理论”在规制滥用市场优势行为中的运用》，载《经济法研究》2006年第5期。

员会认为 Holyhead 港口属于必要设施，Sealink 公司的行为违反了《欧共体条约》第 82 条。在这个案例中，欧盟委员会第一次给出必要设施的定义："一个设施或者必要设施，如果不准许进入，竞争者就不能够提供服务给他的消费者。"①

到了 1995 年，必要设施理论在欧盟的 Magill 案中扩展到了具有著作权的出版物内容上：原告是爱尔兰和北爱尔兰从事广播电视业务的 RTE、ITV 和 BBC 三家电视台，被告 Magill 公司是爱尔兰的一家出版商。Magill 公司以"Magill 电视指南"为名出版了一个周刊，预告可以在爱尔兰收视的一周电视节目。Magill 公司出版电视指南之前，RTE、ITV 和 BBC 三家电视台是通过报纸预告它们的当日节目，或在周末和节假日预告节目。根据爱尔兰和英国的法律规定，周期性节目预告属著作权法保护的内容。因此，当 Magill 电视指南预告一周电视节目的名称、频道和时间后，三家电视台便以 Magill 侵犯著作权为由向爱尔兰法院起诉。法院经过审理，以保护著作权为由禁止 Magill 出版电视指南。Magill 于 1986 年 4 月向欧共体委员会申诉。欧共体委员会在 1988 年 12 月裁定，三家电视台滥用市场支配地位，违反了《欧共体条约》第 82 条。法院认为三家电视台维护自己的专属权是为了巩固其在电视指南市场的垄断地位，它们的行为阻止了有效市场需求的新产品的产生。作为制裁手段，委员会要求电视台以非歧视方式向第三方提供每周电视节目预告，并允许第三方复制其电视节目单。裁决还指出，在允许第三方复制节目单时，电视台可以收取合理报酬。三家电视台不服委员会的裁决，向欧共体初审法院提出申诉。初审法院驳回申诉后，又向欧共体法院提出上诉。欧共体法院于 1996 年 4 月对该案作出终审判决：维持初审法院的判决，驳回原告的上诉。

进入 21 世纪，必要设施理论在欧盟的 IMS 案中正式扩展到了无形资产领域。该案涉及的市场是德国提供地区性药物销售数据的国内市场，涉及的对象是提供药物信息服务。IMS 公司自 20 世纪 70 年代起就在药物信息市场上拥有垄断或准垄断地位。直到 PIPharmaintranet 公司（以下简称 PI 公司）

① 金美蓉:《开放救济在电信业并购反垄断控制中的适用》，载《河南社会科学》2016 年第 9 期。

在1999年进入这个市场之前，IMS公司在德国并没有遇到真正的竞争者。IMS公司利用这种垄断地位做出了多种滥用支配地位的行为，如搭售和超高定价等。2000年7月，国家数据公司（以下简称NDC公司）通过收购PI公司的股份，进入了这个市场。NDC公司使用了一种类似于"1860砖型结构"的方法，但是IMS公司向德国地方法院申请到了禁令，禁止NDC公司使用"1860砖型结构"方法或据以衍生出的方法。因此，NDC公司向欧共体委员会提起诉讼，主张IMS公司由于拒绝许可其使用他们在"1860砖型结构"上拥有的著作权而违反了《欧共体条约》第82条。"1860砖型结构"将德国领土分成了1860块，并以此形成以地区为基础的关于药物销售情况的报告。这种报告可以用来确定药物制造商区域销售代表的报酬，以利于更有效地巩固市场。事实上，"1860砖型结构"方法带给IMS公司的不仅是可以快速进入市场，从而产生竞争优势，还是一个限制市场准入的极大障碍，这种障碍几乎是永久性的。因为德国制药业很难认同其他标准。这样说的理由是根据欧共体委员会的调查，这个标准一直受到德国制药业的支持，并且从1999年开始就被德国制药业当作提供地区销售报告的重要行业标准。委员会认为：由于其他厂商不能使用"1860砖型结构"方法就无法在相关市场上进行竞争，因此IMS公司没有合理理由而拒绝许可他人使用这种结构就很有可能消除该市场上的竞争。据此，"1860砖型结构"方法应被认定为一种必要设施。委员会要求IMS公司向该市场上所有提供德国药物销售资料的企业授予许可，允许其他竞争者使用"1860砖型结构"方法。[①]

目前，必要设施理论再一次面临着是否适用于大数据案件的问题，这将是一个新的挑战。尽管美国反垄断法从2004年的TRINKO案后逐渐式微，并且在知识产权领域的适用存在较大的障碍。但是，大数据的本质还与知识产权有所不同。必要设施理论能够适用在大数据案件中，需要我们拭目以待。

① 许光耀：《著作权拒绝许可行为的竞争法分析——欧洲法院IMS案判决研究》，载《环球法律评论》2007年第6期；王宏：《知识产权保护与维护自由竞争——由欧洲法院的IMS案为探讨基点》，载《知识产权》2006年第3期。

（四）大数据要素对反垄断案件分析的其他影响

无论必要设施理论能否用于大数据案件，毋庸置疑的是，大数据要素对于反垄断案件的分析产生了重要的影响。特别是对于数据驱动型产业或者数据驱动型企业而言，大数据要素必须被纳入对市场界定、市场力量判断、市场效果等一系列问题的判断中去。总的来讲，在对案件进行反垄断分析的过程中，以下问题应当注意到大数据问题。

1. 相关市场的界定与市场力量的判断

美国联邦贸易委员会委员哈勃曾首次提出了“数据市场”的概念，并认为Google占领了数据市场，从而不赞成Google和DoubleClick进行集中。数据本身能够构成所谓的“数据市场”？根据反垄断法对相关市场界定的基本原理，以及现有的企业对于数据的使用状况，即使是一个所谓的数据驱动型企业，其对数据的使用也并不是单纯将数据作为一种产品来销售的。从这个意义上讲，仅仅因为拥有数据无法构成所谓的“数据市场”，因为相关市场的界定必须以一个确定的产品作为基础（关于产品界定的相关论述请见第二部分第二章内容）。但是，也并不排除数据或者某类特定的数据在未来可能构成相关市场的可能，这取决于该数据是否能够成为企业销售的直接产品，而不再作为企业销售其他产品的辅助力或者驱动力。当下企业对于数据的使用的确仍然主要是将其作为一种销售特定产品的辅助力量。例如，通过消费者用户数据的分析去进行促销，通过消费者的浏览记录向其推送广告，根据消费者的消费记录进行定价（这种行为可能构成价格歧视，但现实中的确存在），等等。数据本身还不能算是产品。但是，假设领英案进一步发展，最终形成领英允许hiQ付费使用其基础数据并进一步生产增值产品，这时数据就会像有形产品领域的原材料一样，本身构成产品，从而形成产品市场。事实上，新浪和脉脉之间的交易，从某种意义上就涉及数据的交易，只是尚不明显而已。

即使数据仅仅是企业销售其他产品的辅助力，数据本身不构成相关市场，但是在既定的相关市场中，在判断企业的市场力量时，数据也应当称为衡量企业市场力量的重要因素。目前，我国《反垄断法》第18条规定，认定经营者具有市场支配地位，应当依据下列因素：(1)该经营者在相关市场的市场份额，以及相关市场的竞争状况；(2)该经营者控制销售市场或者原材料采购市场的能力；(3)该经营者的财力和技术条件；(4)其他经营者对该经营者在交易上的依赖程度；(5)其他经营者进入相关市场的难易程度；(6)与认定该经营者市场支配地位有关的其他因素。数据要素可能构成企业控制市场的能力、被其他企业依赖的能力、市场进入壁垒要素的维度之一，也可能直接构成一个新的、独立的要素。

2. 对市场竞争的促进与限制

垄断协议，是指排除、限制竞争的协议、决定或者其他协同行为。随着反垄断法的实施，企业间明目张胆地签订协议的做法逐渐减少，而代之以更多的心照不宣的协同行为。默示、追随等方法都是协同垄断行为的主要方法。随着大数据的发展，企业拥有了更多的数据时，根据对数据的分析去判断竞争对手的行为就变得更加容易，或者说，市场主体之间的博弈变得更加透明。

博弈的本质在于概率的判断。在经典的纳什均衡之下，囚徒困境的分析假设建立在对方每种行为的概率平均为50%的情况，因而能够做出自己最优的判断。正如博弈论开发出了形形色色的均衡变种一样，市场竞争中对手所要采取的方案的概率是千差万别的。而大数据的发展有利于企业判断对手采取某种行为的概率，或者说有利于企业发现对手的动向。这可能导致竞争更加激烈和残酷——当对于分析对象的动向有更精确的把握时，更加容易制定出应对的政策。这些分析的对象可能是消费者，企业可能会更加精准地分析消费者偏好，从而制定交易策略；这些分析对象也可能是竞争对手，企业可能通过对大数据的分析能够更加理解竞争对手的策略，从而制定与之抗衡的策略。但另一方面，博弈的透明度增加可能会促进垄断协议的产生和加固——当企业之间更加清楚对方的策略的时候，也可能采取追随和默示合谋的策略。在这种情况下，寻找企业之间合谋的证据，即使是间接证据，也将变得更加困难。

三、前沿案例

（一）hiQ 诉领英[①]

为了阻止数据分析公司 hiQ 从领英批量抓取公开的用户信息进行数据加工，2017 年 5 月，领英向 hiQ 发出了《终止通知函》，声称 hiQ 违反了领英的用户协议，并要求 hiQ 停止访问和复制来自领英的服务器的数据。领英称，如果 hiQ 继续访问领英的数据，将违反州和联邦法律，包括《计算机欺诈与滥用法》、《数字千年版权法》、加州刑法第 502 条第 c 款，以及加州的侵权普通法。该函进一步指出，领英已“采取了技术措施，通过一个检测、监视和阻止抓取活动的系统来阻止 hiQ 的访问并帮助其他人访问 LinkedIn 网站”。

hiQ 对领英提起诉讼，要求法院确认领英不能合法根据上诉法律对自己采取行动。美国加州北区地方法院批准了 hiQ 公司申请初步禁令的动议，命令领英撤回其终止通知函，消除对 hiQ 访问公开资料的任何现有技术障碍，并避免采取任何法律或技术措施，以阻止 hiQ 访问公开资料。领英提出了上诉。2019 年，上诉法院支持了初审法院的裁决。

hiQ 要求法院对领英颁发初步禁令，并不是一个反垄断诉讼，hiQ 提出了一些涉及垄断的问题。

hiQ 认为，领英的行为从两个方面违反了美国反垄断法的精神：首先，领英不正当地将其在“职业社交网络服务市场”（professional networking market）的市场力量，“传导”（leveraging）到“数据分析市场”（data analytics market），使得领英滥用其在职业社交网络服务市场的支配地位，以获得在其他市场上不正当的竞争优势。其次，领英的行为违反了必要设施原则，该原则禁止具有垄断地位或试图垄断的企业拒绝将其控制的必要设施向其竞争对手开放。法院同意，hiQ 提出了值得重视的问题，因为它声称领英在专业网络市场上以反竞争的目的在不公平地利用其权力。

---

① HIQ LABS，INC. v. LINKEDIN CORP.，Case No. 17-cv-03301-EMC，273 F.Supp.3d 1099（2017）; HIQ LABS，INC. v. LINKEDIN CORP.，No. 17-16783，938 F.3d 985（2019）.

法院指出，《谢尔曼法》禁止企业传导其垄断力量去“排除封锁竞争或获得竞争优势，或者摧毁竞争对手”。本案中，法院认为 hiQ 似乎令人信服地主张了领英在职业社交网络服务市场拥有市场支配地位。此外，hiQ 提供证据证明，领英正试图进入数据分析市场与 hiQ 展开竞争。2017 年 6 月 21 日电视新闻中，领英 CEO 宣布，领英会充分利用 5 亿用户的数据，确保个体用户获得工作讯息，帮助雇主用户了解其所需的职员技能以及潜在雇员信息。换句话说，领英已准备开发一种与 hiQ 的 SkillMapper 产品（该产品帮助雇主了解其雇员具有的相关工作技能）直接竞争的产品。因此，一个貌似合理的推论便是，领英终止 hiQ 获得其公开的用户数据，很大程度上可能是因为其试图将这类数据排他性地控制，用于其自身的商业目的。因此，hiQ 面临实际存在的威胁。该推论得到相关事实的支持，即领英启动相关竞争性产品的时间与其禁止 hiQ 获取公开用户数据的时间大体吻合。

领英指出，其终止 hiQ 获取其用户数据仅仅是为了保护用户的隐私。法院则认为，由于领英的用户数据仍向第三方开放，hiQ 在本案中也只是收集那些用户选择公开的信息，因此领英这一主张的真实性存疑。但领英只要能够证明其行为并非基于反竞争目的，其行为实际上就不存在违反反垄断法的威胁。

（二）德国卡特尔局对 Facebook 数据收集问题的反垄断调查

Facebook 未经同意将用户在第三方平台的数据整合至 Facebook 账号的数据收集行为引起了德国联邦卡特尔局长达三年的调查。2019 年 2 月，德国联邦卡特尔局正式作出决定，禁止 Facebook 的数据收集行为。这成为重要的大数据反垄断案。

1. 2017 年发布的审理程序背景信息①

2017 年 12 月 19 日德国反垄断法执行机构联邦卡特尔局发布了《关于 Facebook 审理程序的背景信息》（以下简称《背景信息》）。德国联邦卡特尔局就对 Facebook 数据收集事件的调查谈到了以下问题：

---

① 19. Dezember 2017 Hintergrundinformationen zum Facebook-Verfahren des Bundeskartellamtes.

（1）反垄断机构为何具有对数据保护问题的管辖权

联邦卡特尔局指出，社交网络是一个数据驱动的产品。当数据成为企业竞争的主导因素时，企业对用户个人数据的处理不仅事关数据保护机构，也与联邦卡特尔局有关。

联邦卡特尔局负责监督市场支配企业的市场行为。数据收集和其他数据加工行为在互联网经济中很大程度上是与竞争相关的企业行为，《反对限制竞争法》第 18 条第 3 款明确将上述行为，特别是在线上平台和网络进行的数据收集、加工行为归为与市场力量相关行为。鉴于市场支配企业的数据处理情况，联邦卡特尔局具有数据保护机构无可替代的独特使命。从这一意义上来说，企业对市场的支配搭建起了卡特尔法与数据保护法之间的桥梁，这使联邦卡特尔局在审查不适当的供货条件时必须充分考虑数据保护法的评估。因此，联邦卡特尔局与数据保护部门需要密切合作。

（2）市场力量

Facebook 对于市场的支配首先体现在企业巨大的市场份额上。其地位通过市场中基于身份的网络效应力进一步得到加强。在社交网络市场中，市场壁垒很高。由于伴随网络效应所产生的锁定效应，用户很难转向其他竞争对手。除了直接的网络效应，市场中的间接效应也增加了新竞争者进入市场的难度：对于依靠"吸引流量"，也就是依靠广告赞助而生存的平台，其网站盈利依赖于众多私人用户信息，由此在广告客户中产生积极的间接网络效应。只有拥有一定数量的用户，并且用户把广告页面平台当作活跃的广告场所，新进入市场的竞争者才能依靠广告生存。

Facebook 的直接网络效应让新竞争者达到同样多的用户数量变得很困难。此外，Facebook 还通过其网络效应产生规模效应以节约成本，这一巨大优势使 Facebook 与其他竞争者相比明显拥有更多的战略回旋余地。鉴于 Facebook 近乎垄断超过 90% 的用户份额这一事实，很难说并行的用户行为（即多属行为）对于平台市场和网络市场可以产生彻底分散的效果。

在市场力量评估中，联邦卡特尔局还特别谈到了数据的重要作用。除了传统的评估市场力量的因素，联邦卡特尔局特别指出：Facebook 掌握着与竞争相关的重要数据渠道，特别是其用户的个人数据。因为社交网络是数据驱动型产品，所以数据渠道是极为重要的竞争因素。数据对产品设计很重要，对可能出现的服务垄断也很重要。因此，缺少类似的数据收集渠道可能导致新的市场壁垒。

（3）Facebook 可能滥用市场支配地位

联邦卡特尔局指出，如果一个占市场主导地位的公司要求用户允许其在处理个人数据时具有极大的自由度，以此作为让用户使用其服务的条件，那么这就有可能构成反垄断法上的滥用市场支配地位的一种情形——“条件滥用”（也就是附加不合理的条件）。

某个合同条件是否合理，需要根据民法的一般价值或者从利益平衡的基础来进行检查。其目的在于防止缔约一方处于不平衡合同地位。在此基础上，联邦卡特尔局根据数据保护评级审查了 Facebook 的合同条款。而从《数据保护法》的目的看，法律要保护数据主体免受市场竞争对手对其个人数据进行不正当处分。其目的是确保用户能够独立自主地决定对其个人数据的处分。

在本案中，Facebook 的做法可能损害竞争对手和用户。Facebook 是一项免费服务。因此，条件滥用不会导致用户的直接财产损失。这里的损失主要在于用户失去对数据的控制权：他不再能自行决定如何使用其个人数据——他无法全面掌握这些数据的来源，而又出于何种目的被汇总到某个文件中去。经过汇总后形成的个人数据具有不可预测的重要性。由于存在市场力量，用户无法逃避数据被汇总这一后果。这也是对其受宪法保护的信息自决权的干涉。

当然，对于 Facebook 自身而言，数据本身具有巨大的经济价值。一方面，Facebook 可以在已经占据市场支配地位的基础上优化自己的服务，留住更多的用户。通过汇总数据，“基于身份的网络效应”和对 Facebook 有利的锁定效应以及其他社交网络提供商的费用会持续增加。此外，Facebook 可以根据创建的用户配置文件改进其广告定投。对于广告商来说，社交网络正变得越来越重要。近年来广告销售额的快速增长也反映了这一点。

2. 2019 年的行政决定[①]

根据德国《反对限制竞争法》（GWB）第 32（1）条，联邦卡特尔局于

① ADMINISTRATIVE PROCEEDINGS Decision under Section 32（1）German Competition Act（GWB），6th Decision Division，B6-22/16.

2019 年 2 月正式针对 Facebook 的数据收集行为作出了行政决定。在长达约 300 页的决定书（英文版）中，联邦卡特尔局介绍了 Facebook 集团及其产品、Facebook 的服务条款和数据政策，分析了案件的相关市场和行为，并最终认定 Facebook 的行为构成了滥用。

（1）Facebook 集团和产品

Facebook 集团为智能手机开发和运营各种数字产品、在线服务和应用程序。Facebook 的母公司是 FacebookInc.，总部位于美国门罗公园。总部位于汉堡的 Facebook 德国有限公司和总部位于都柏林的 Facebook 爱尔兰有限公司是 FacebookInc. 的全资子公司（所有公司统称为 Facebook）。

集团的主要产品是扎克伯格开发的“Facebook.com”服务，通过广告盈利。通过 Facebook.com（在德国则是 Facebook.de），Facebook 集团提供一系列针对不同群体的产品和服务，包括社交网络 Facebook，主要面向私人用户和发布者；对于广告商来说，Facebook 提供与 Facebook 集团的社交网络和其他服务相关的各种产品；Facebook 开发者平台（“面向开发者的 Facebook”）通过“Facebook 商业工具”为第三方公司提供进一步的软件产品和开发其服务的编程接口。

除了 Facebook.com，Facebook 还提供 Instagram 服务，该服务之前由独立的 InstagramInc. 运营，位于美国旧金山。Facebook 于 2012 年收购了 InstagramInc.。Instagram 是一项分享照片和视频短片的服务，通常被称为“照片网络”或“照片博客”服务。

另一个重要的子公司和产品则是 WhatsApp 公司提供的“WhatsApp”移动应用程序。WhatsApp 公司由 JanKoum 和 BrianActon 于 2009 年在美国加州成立。2014 年，Facebook 以 190 亿美元收购了该公司。WhatsApp 用户可以在个人用户和群组之间交换文本信息、图片、视频、音频文件、位置、文档和联系人。

除此之外，Facebook 集团还拥有更多的子公司，这些子公司还提供在线服务和应用程序。

（2）Facebook 的服务条款和数据条款

Facebook 的服务条款通常适用于 Facebook 定义为“Facebook 产品”或“产

品”的所有产品、功能、应用程序、服务、技术和软件的使用。服务条款包含关于用户创建和共享内容的数据处理规定，以及关于用户使用广告和赞助内容行为的用户名、简介图片和信息的使用。

数据政策应该告知Facebook用户他们的数据是如何处理的。它描述了Facebook“收集”的是哪种数据（“信息”），以及如何“处理”和“共享”。至于服务条款，除非另有说明，否则数据政策适用于所有Facebook产品。

Cookies政策则补充了数据政策，并解决了Cookies和其他存储技术的使用。

此外，Facebook旗下其他服务WhatsApp、Instagram、Oculus和Masquerade的条款和条件，使用Facebook商业工具的条件也与案件相关。

（3）处理

联邦卡特尔局认为，Facebook构成了滥用市场支配地位。

案件中的相关市场被定义为德国社交网络市场，但LinkedIn和Xing这类专业交际网络以及Snapchat、YouTube或Twitter、Pinterest和Instagram等产品都被排除在外。此外，Facebook.com上广告客户的市场方面也受到本审查行为的影响。广告商主要提供针对性的广告，对此必须处理大量数据。必须将广告商的市场侧与社交网络的其他市场侧分开考虑。受影响的市场是非搜索在线广告的全国市场。

联邦卡特尔局主要考虑了Facebook在德国社交网络市场的市场力量：根据市场份额（大于80%）以及社交网络的直接与间接网络效应等要素，Facebook在全国范围内私人用户社交网络市场上具有支配地位。

联邦卡特尔局认为，Facebook的服务条款和数据条款有大量的内容行为违反了德国《反对限制竞争法》第19条，《欧盟运行条约》第102条，同时也违反了GDPR关于数据保护的规定：例如，Facebook收集与使用任何Facebook产品相关的所有数据（除了用户主动分享的信息，还包括使用网络时浏览器或设备自动传输到Facebook的数据）；……Facebook.com还可以从使用Facebook商业工具的广告商、应用开发者和发布者（“合作伙伴”）那里收集Facebook.com以外用户活动的数据；……这些信息用于“提供、个性化和改进我们的产品”……作为Facebook公司的一部分，WhatsApp（等公司）

从 Facebook 公司接收信息，并与之共享信息……

联邦卡特尔局要求 Facebook 修改政策条款并据此调整相关数据处理活动，仅得在取得用户“自愿同意”（Voluntary consent）的基础上，方得使用其旗下平台以及第三方网站和软件中收集的用户数据，将其整合至用户 Facebook 账号中。如果 Facebook 坚持在未取得用户“自愿同意”的基础上进行数据收集和整合，那么其处理活动将从数量、内容、目的等诸多方面受到严格的限制，且 Facebook 须于 4 个月内就此提出可行的处理方案，否则将面临罚款。

后记 *Postscript*

我在刚刚上研究生的时候，正式在期刊上发表了我的第一篇论文。那是我的“法律经济学”课程论文，主要内容是研究当时互联网在我国蓬勃发展时域名的初始分配问题。作为法学院学生，能够在《经济学季刊》这样高级别的经济学期刊上发表习作，主要是源自授课老师姚洋教授的指导、鼓励和支持。在世纪之交，我国刚刚进入互联网高速发展阶段，域名作为一种新型的财产随着互联网的兴起而进入人们的生活和视野，域名权冲突的案件层出不穷。对这些有趣的“产权竞争”案例的研究，成为我研究互联网问题的起点。

从 2000 年我上研究生开始，就跟随导师盛杰民教授研习竞争法。在 21 世纪之初，互联网领域产生了很多新的企业、新的产品和新的市场。它们发展变化极快，企业更替频繁，产品迭代迅速，市场竞争激烈、活跃度高。因此一直到 2007 年我国《反垄断法》正式颁布时，其关注点仍然主要是传统产业的垄断问题，甚至有很多学者当时认为我国没有什么需要《反垄断法》来规制的市场生长出来的大企业,《反垄断法》主要的规制对象应当是跨国集团、国有企业和政府行为。我也重点研究了市场转型过程中的政府限制竞争问题，并且赴俄罗斯考察了竞争法在其经济转型过程中的作用，完成了我的博士论文《反垄断制度与政府管制》。

然而新世纪头一个十年还没有过完，互联网领域的竞争通过优胜劣汰，就催生出了新的产业巨头。2009 年，百度就被唐山人人公司诉至法庭，“3Q 大战”也一触即发……随之而来的是互联网领域的集中不断加强，互联网平台竞争、标准竞争日益激烈，涉嫌垄断的案件和事件层出不穷。

我获得国家社科基金支持，从 2013 年开始集中关注互联网领域的竞争和反垄断规制问题。几年来，我一直孜孜不倦地追逐着互联网市场发展的步伐，观察着新的相关市场的开辟，关注着新的商业模式和竞争方式的出现，认真分析新的案例、新的细节，不断与传统产业进行对比和总结。其间，我也到美国密歇根大学法学院进行访问，在这里我获得了很多国际上的新文献，了解到很多前沿的新观点。我尽量把我所了解到的所有关于互联网反垄断的内容都整合到了这本书中，使得这本书的书稿一再更新，一直拖到今天才出版。我希望我所收集到的案例和文献，我所进行的归纳、总结、思考和分析，能够对大家有所帮助和启发。

但互联网的发展实在太过迅速，有很多更新的问题，比如大数据的反垄断问题，在本书中只能算开了个头；算法引起的竞争问题，本书还没有纳入进来。我也一如既往地追逐着这些前沿的内容，希望能够在我的下一部作品中有所体现。

最后，我需要感谢我的导师盛杰民教授对我的指导，感谢我的家人对我的支持。本书的顺利出版，也要感谢中国法制出版社孙璐璐编辑和吕静云编辑的支持和帮助。

2020 年 2 月于北京家中

图书在版编目（CIP）数据

反垄断法在互联网领域的实施 / 张江莉著 . —北京：中国法制出版社，2020.7

ISBN 978-7-5216-1144-1

Ⅰ . ①反… Ⅱ . ①张… Ⅲ . ①网络经济—反垄断法—研究—中国 Ⅳ . ① D922.294.4

中国版本图书馆 CIP 数据核字（2020）第 098001 号

策划编辑：孙璐璐

责任编辑：吕静云 封面设计：杨鑫宇

反垄断法在互联网领域的实施

FANLONGDUANFA ZAI HULIANWANG LINGYU DE SHISHI

著者 / 张江莉

经销 / 新华书店

印刷 / 北京京华虎彩印刷有限公司

开本 / 710 毫米 ×1000 毫米 16 开 印张 / 24.25 字数 / 371 千

版次 / 2020 年 7 月第 1 版 2020 年 7 月第 1 次印刷

中国法制出版社出版

书号 ISBN 978-7-5216-1144-1 定价：99.00 元

北京西单横二条 2 号 邮政编码 100031 传真：010-66031119

网址：http://www.zgfzs.com **编辑部电话：**010-66066620

市场营销部电话：010-66017726 **邮购部电话：**010-66033288

（如有印装质量问题，请与本社印务部联系调换。电话：010-66032926）